AQA A-level

German

includes AS

Amy Bates
Louise Fenner
Helen Kent
Paul Stocker

Approval message from AQA

This textbook has been approved by AQA for use with our qualification. This means that we have checked that it broadly covers the specification and we are satisfied with the overall quality. Full details of our approval process can be found on our website.

We approve textbooks because we know how important it is for teachers and students to have the right resources to support their teaching and learning. However, the publisher is ultimately responsible for the editorial control and quality of this book.

Please note that when teaching the **AQA A-level German** course, you must refer to AQA's specification as your definitive source of information. While this book has been written to match the specification, it cannot provide complete coverage of every aspect of the course.

A wide range of other useful resources can be found on the relevant subject pages of our website: www.aqa.org.uk.

Photo credits and acknowledgements can be found on pages 298–299

Hachette UK's policy is to use papers that are natural, renewable and recyclable products and made from wood grown in sustainable forests. The logging and manufacturing processes are expected to conform to the environmental regulations of the country of origin.

Orders: please contact Bookpoint Ltd, 130 Milton Park, Abingdon, Oxon OX14 4SB.
Telephone: (44) 01235 827720. Fax: (44) 01235 400454. Email education@bookpoint.co.uk

Lines are open from 9 a.m. to 5 p.m., Monday to Saturday, with a 24-hour message answering service. You can also order through our website: www.hoddereducation.co.uk

ISBN: 978 1 4718 5802 4

© Amy Bates, Helen Kent, Louise Fenner, Paul Stocker 2016

First published in 2016 by

Hodder Education,
An Hachette UK Company
Carmelite House
50 Victoria Embankment
London EC4Y 0DZ

www.hoddereducation.co.uk

Impression number   10 9 8 7 6 5 4 3 2

Year   2020 2019 2018 2017 2016

All rights reserved. Apart from any use permitted under UK copyright law, no part of this publication may be reproduced or transmitted in any form or by any means, electronic or mechanical, including photocopying and recording, or held within any information storage and retrieval system, without permission in writing from the publisher or under licence from the Copyright Licensing Agency Limited. Further details of such licences (for reprographic reproduction) may be obtained from the Copyright Licensing Agency Limited, Saffron House, 6–10 Kirby Street, London EC1N 8TS.

Cover photo reproduced by permission of © imageBROKER/Alamy

Typeset by DC Graphic Design Limited

Printed in Italy

A catalogue record for this title is available from the British Library.

CONTENTS

	Maps	6
	About the AS and A-level exams	8
	Understanding how this book works	10

Theme 1   Aspects of German-speaking society

Unit 1 Familie im Wandel — 13
- 1.1 So viele verschiedene Familienformen! — 14
- 1.2 Auf immer und ewig? — 18
- 1.3 Das heutige Familienleben — 22

Unit 2 Die digitale Welt — 27
- 2.1 Soziale Netzwerke — 28
- 2.2 Die Sucht nach Technik — 32
- 2.3 Das Internet — 36

Unit 3 Jugendkultur: Musik, Mode und Fernsehen — 41
- 3.1 Musik und Lieder — 42
- 3.2 Promis aus dem Herkunftsland — 46
- 3.3 Mode und Image — 50
- 3.4 Die Rolle des Fernsehens — 54

Theme 2   Artistic culture in the German-speaking world

Unit 4 Feste und Traditionen — 59
- 4.1 Frohe Festtage! — 60
- 4.2 Vielfältige Feste und Traditionen in verschiedenen Regionen — 64
- 4.3 Fest oder Geschäft? — 68

Unit 5 Kunst und Architektur — 73
- 5.1 Meilensteine der Architektur bis 1900 — 74
- 5.2 Deutsche Kunst — 78
- 5.3 Der Zeit ihre Kunst – der Kunst ihre Freiheit — 82
- 5.4 Wiederaufbau oder Neuaufbau? — 86

Unit 6 Das Berliner Kulturleben damals und heute — 91
- 6.1 Berlin – geprägt durch seine Geschichte — 92
- 6.2 Kulturmetropole Berlin — 96
- 6.3 Berlin im Schatten des Dritten Reichs — 100
- 6.4 Berlin – Hauptstadt der Vielfalt — 104

Literature and film — 109

1. Wladimir Kaminer: *Russendisko* — 110
2. Jana Hensel: *Zonenkinder* — 112
3. Tom Tykwer: *Lola rennt* — 114
4. Wolfgang Becker: *Good Bye, Lenin!* — 116
5. Heinrich Böll: *Die verlorene Ehre der Katharina Blum* — 118
6. Bernhard Schlink: *Der Vorleser* — 120
7. Friedrich Dürrenmatt: *Der Besuch der alten Dame* — 122
8. Florian Henckel von Donnersmarck: *Das Leben der Anderen* — 124
9. Hans Weingartner: *Die fetten Jahre sind vorbei* — 126
10. Bertolt Brecht: *Mutter Courage und ihre Kinder* — 128
11. Yasemin Samdereli: *Almanya: Willkommen in Deutschland* — 130
12. Marc Rothemund: *Sophie Scholl – Die letzten Tage* — 132
13. Max Frisch: *Andorra* — 134
14. Franz Kafka: *Die Verwandlung* — 136
15. Siegfried Lenz: *Fundbüro* — 138
16. Heinrich Heine: *Gedichte* — 140

Writing an AS essay — 142
Writing an A-level essay — 144

Theme 3 Multiculturalism in German-speaking society

Unit 7 Einwanderung — 151
- 7.1 Einwanderungsland Deutschland — 152
- 7.2 Neue Wege nach Deutschland — 156
- 7.3 Maßnahmen gegen Masseneinwanderung — 160

Unit 8 Integration — 165
- 8.1 Woher kommst du? — 166
- 8.2 Ein Volk, viele Einflüsse — 170
- 8.3 Radio Multikulti — 175

Unit 9 Rassismus — 181
- 9.1 Alltagsrassismus — 182
- 9.2 Die Ursprünge des Rassismus — 186
- 9.3 Der Kampf gegen Rassismus — 190

Research and presentation — 195

Theme 4   Aspects of political life in the German-speaking world

Unit 10 Deutschland und die EU — 203
- 10.1 Sind Sie Deutsche(r) oder Europäer(in)? — 204
- 10.2 Die Auswirkungen der EU-Erweiterung auf Deutschland — 208
- 10.3 Die Rolle Deutschlands in Europa — 212

Unit 11 Politik und die Jugend — 217
- 11.1 Macht mit! — 218
- 11.2 Engagier dich! — 222
- 11.3 Wehrpflicht: Ja oder Nein? — 226

Unit 12 Die Wiedervereinigung und ihre Folgen — 231
- 12.1 Friedliche Revolution in der DDR — 232
- 12.2 Wie vereinigt ist Deutschland überhaupt? — 236
- 12.3 Alte und neue Bundesländer – Kultur und Identität — 240

Unit 13 Vertiefung — 245
- 13.1 Pflegekinder und Adoptivkinder — 246
- 13.2 Unruhen in Stadtbezirken — 250
- 13.3 Hassliebe: Die komplizierte Beziehung zwischen Bildhauern und Politik — 254
- 13.4 Wie schaut man in die Zukunft, ohne die Gegenwart zu vergessen? — 258

Grammar — 263

Index of strategies — 297

Acknowledgements — 298

Deutschland

Deutschsprachige Länder

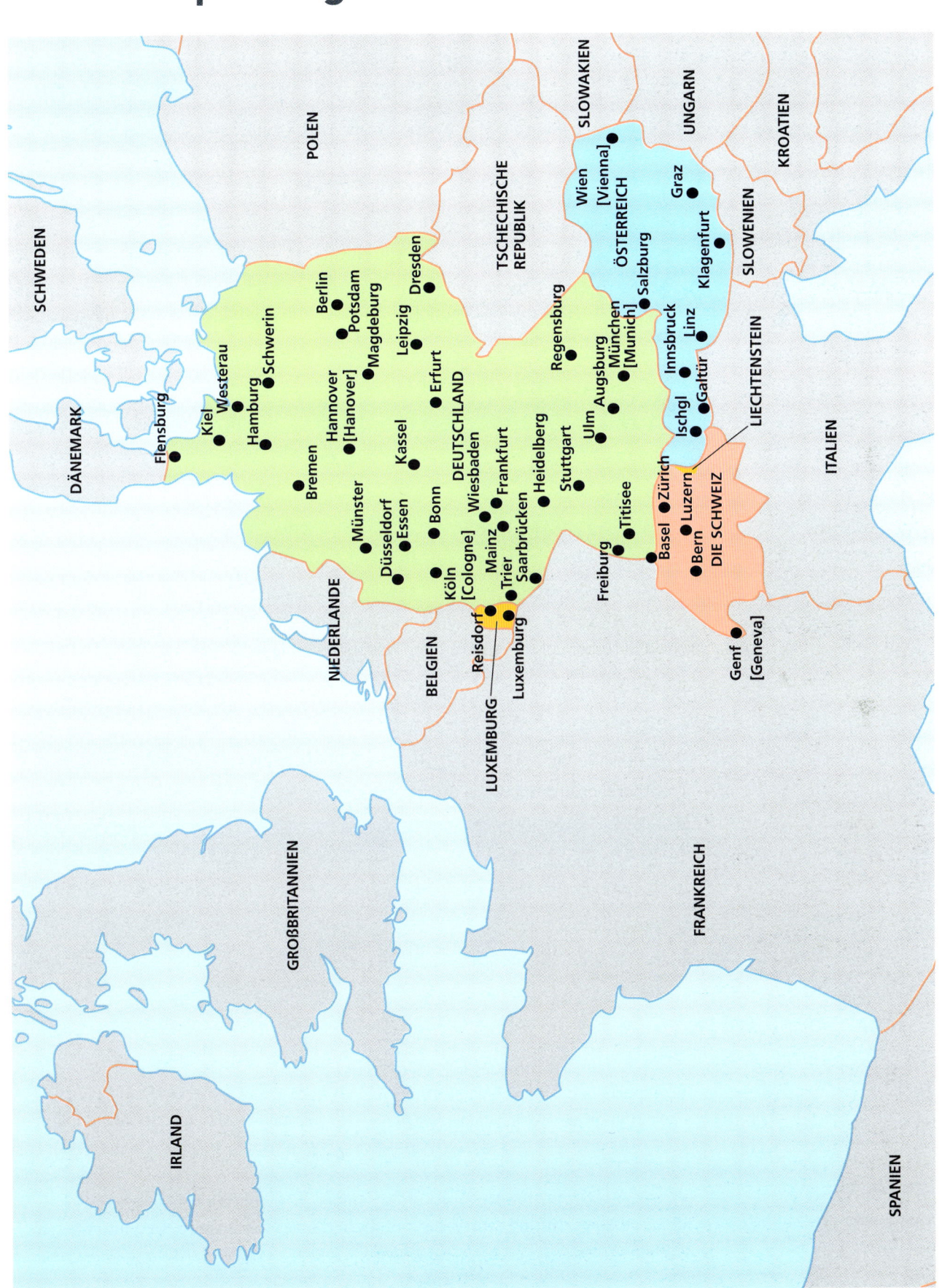

About the AS and A-level exams

This course has been compiled to prepare students for two different exams: AS and A-level German. Both exams are linear, which means that students sit all their exams at the end of the course. The most usual situation would be for students completing a 1-year course to take an AS exam at the end of their course, and for students completing a 2-year course to take an A-level exam at the end.

The AS exam

The *core* content of the AS exam has three elements:
1. social issues and trends 2. artistic culture 3. grammar

You have to study either a film or a literary text from a list of six films and ten literary texts. The lists, which are common to both AS and A-level, are given in the contents pages (pp. 3–5).

The AS exam consists of three papers:

Paper	Skills	Marks	Timing	Proportion of AS
1	Listening, reading and writing	90	1 hour 45 minutes	45%
2	Writing	50	1 hour 30 minutes	25%
3	Speaking (oral exam)	60	12–14 minutes	30%

The A-level exam

The *core* content of the A-level exam has three elements:
1. social issues and trends 2. political and artistic culture 3. grammar

You have to study either two literary texts or one film and one literary text. You must study at least one literary text — the study of two films is not accepted.

The A-level exam consists of three papers:

Paper	Skills	Marks	Timing	Proportion of A-level
1	Listening, reading and writing	100	2 hours 30 minutes	50%
2	Writing	80	2 hours	20%
3	Speaking (oral exam)	60	21–23 minutes	30%

Four themes

AQA has listed four themes for you to study:
1. Aspects of German-speaking society: current trends
2. Artistic culture in the German-speaking world
3. Aspects of German-speaking society: current issues
4. Aspects of political life in the German-speaking world

AS students study only Themes 1 and 2. If you are preparing for A-level, you study all four themes. In this course, each of these themes has been divided into a series of units, which correspond to the AQA sub-themes. For more details about these, please see the contents pages (pp. 3–5).

Grammar

The grammar lists for AS and A-level German are similar, but there are a few more sophisticated grammar points that you need to master only at A-level. For details about which grammar points apply just to AS, please refer to the AQA specification. The grammar points are introduced and practised throughout the course. For the complete list of grammar points in this book, refer to the grammar index on page 263.

Literary texts and films

A complete list of the literary texts and films is given on pp. 3–5. In the middle of this book is a section that offers a taster spread on each of the films and texts in the specification. Any of the titles can be studied for AS or A-level.

More information about the exam papers

Paper 1

This exam has two sections. Section A is listening and writing. Section B is reading and writing. In section A you listen and respond to spoken passages from a range of contexts from the themes (two themes for AS and four for A-level). In section B you read and respond to a variety of texts from the themes. All the questions are in German. The reading and listening passages in this book offer you plenty of practice for these tasks. In section B you also carry out a translation from German to English, about 70 words for AS and 100 for A-level. A-level Paper 1 also contains a translation from English to German, about 100 words. No access to a dictionary is allowed.

Paper 2

At the beginning of the AS exam only, there is a translation of a series of sentences from English to German. This is followed by an essay of about 250 words based on a literary work or a film. For each work there are two questions to choose from, each requiring a critical response about aspects such as the plot, the characters or other stylistic features appropriate to the work studied. Bullet points are given for guidance with structuring the essay and deciding which features to discuss.

The A-level exam requires two essays, each about 300 words, either on two books or on a book and a film from the same list of films and literary works. These essays require a critical and analytical response, and this time you are expected to structure your own essays and decide how best to respond to the question. No access to dictionaries, texts or films is allowed during the assessment.

Paper 3

In both AS and A-level you have to take part in a discussion with the examiner that is based on stimulus cards from one of the AQA sub-themes. The cards are available during the preparation time, but you are not allowed to use a dictionary. At AS two cards are discussed, but at A-level only one.

A-level students also have to give a short presentation on a subject of their own choice that they have researched during the course. This is followed by a discussion based on the subject matter introduced in the presentation.

How this book works

How the units and sub-units work

Each of the four AQA themes (see p. 8) is divided into three units. The topics covered by Units 1–12 are determined by the exam board. If you are studying for AS, you need to refer only to the material up to the end of Unit 6. If you are studying for A-level, all 12 units are relevant. To see at a glance what is included in each one, refer to the contents pages (pp. 3–5). Each unit is further divided into three or four sub-units. A sub-unit contains two spreads, as shown in a typical example below.

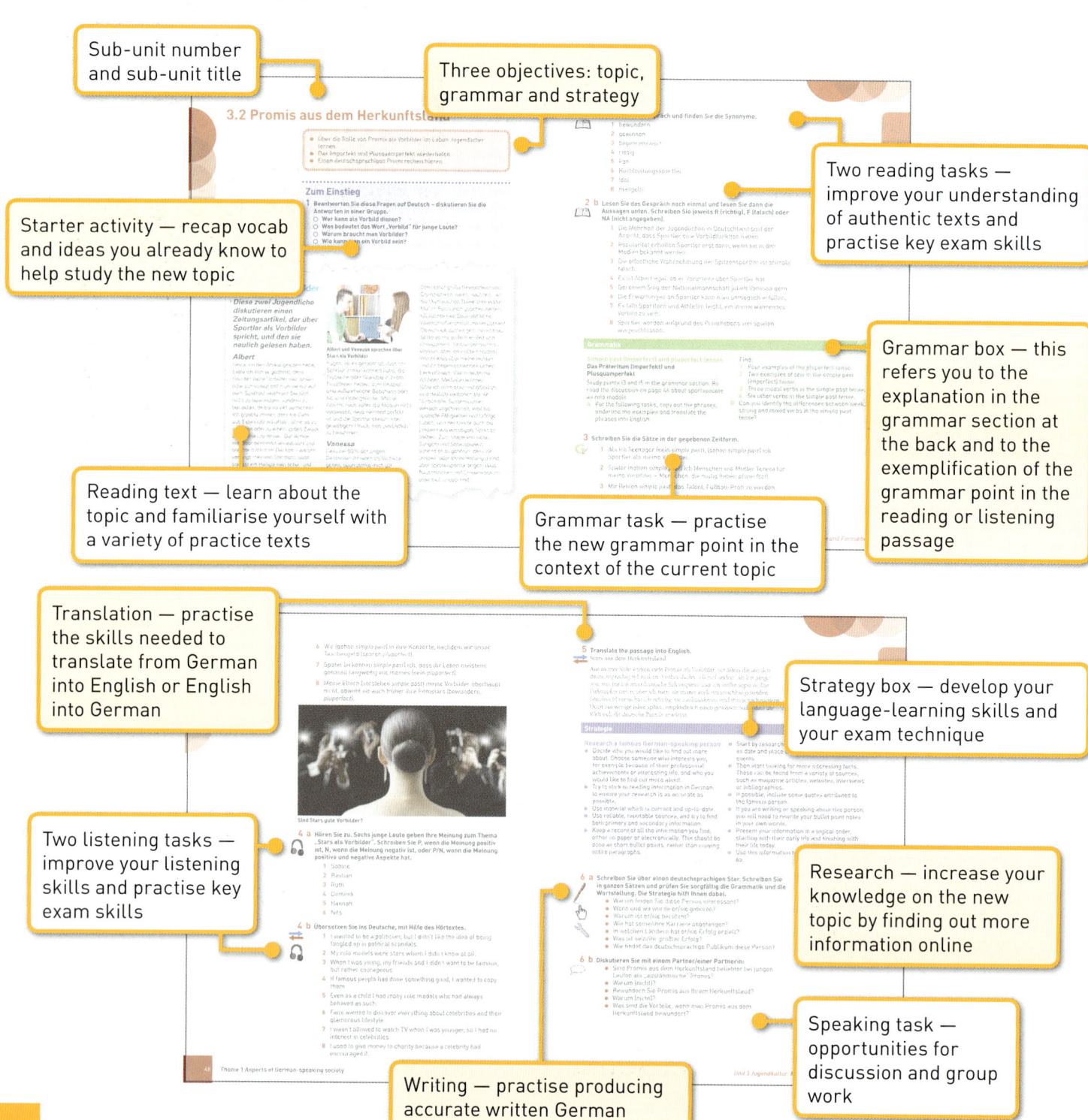

- Sub-unit number and sub-unit title
- Three objectives: topic, grammar and strategy
- Two reading tasks — improve your understanding of authentic texts and practise key exam skills
- Starter activity — recap vocab and ideas you already know to help study the new topic
- Grammar box — this refers you to the explanation in the grammar section at the back and to the exemplification of the grammar point in the reading or listening passage
- Reading text — learn about the topic and familiarise yourself with a variety of practice texts
- Grammar task — practise the new grammar point in the context of the current topic
- Translation — practise the skills needed to translate from German into English or English into German
- Strategy box — develop your language-learning skills and your exam technique
- Two listening tasks — improve your listening skills and practise key exam skills
- Research — increase your knowledge on the new topic by finding out more information online
- Writing — practise producing accurate written German
- Speaking task — opportunities for discussion and group work

What is Unit 13 for?

This is a revisiting unit. If you are taking an A-level exam, you will need to revise Units 1–6 that you studied in your first year. Since then, your language level will have improved, so Unit 13 is based on the same themes as Units 1–6 but at a more sophisticated level.

Literature and film section

This section is devoted to the study of literature and film and is divided into 16 taster spreads — one for each literary work or film listed in the AQA specification. For the AS exam you need to study just one film *or* book, while for the A-level exam, you need to study one book *and* one film, or two books.

Although you need to study just one or two titles in detail (depending on whether you are taking the AS or the A-level exam), there are many advantages to familiarising yourself with the other titles on the AQA list.

One important way to improve your language is to increase your exposure to authentic German, and what better way to do it than watching German films and reading German books. As you probably will not have time to study all the works on the list, why not work your way through the tasters and decide which ones you are interested in?

As you work your way through the tasters, you will gain useful practice in AS- and A-level-style comprehension questions on reviews, articles and interviews on the different works. You will also be introduced to different strategies that help you to develop techniques for criticising and analysing novels, plays and films.

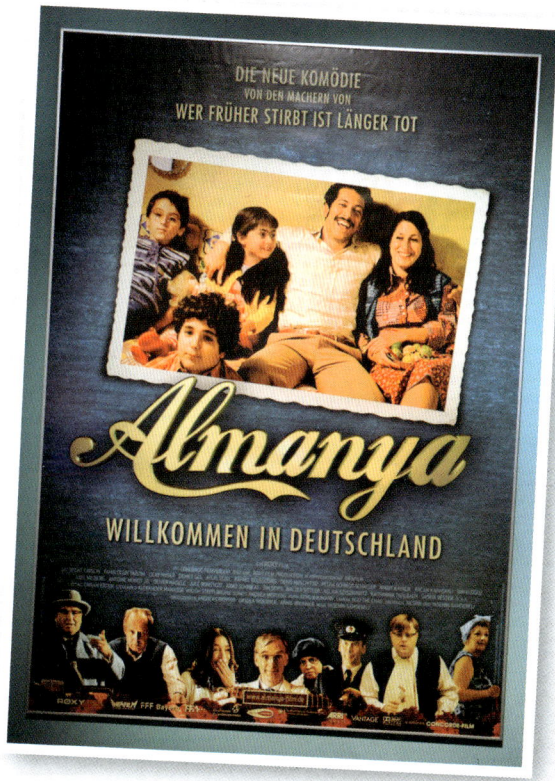

Research and presentation section

This section is for A-level candidates only. The aim of the section is to help you with your individual research project, which you have to present and discuss as part of your oral exam. It gives you some ideas about:
- the sort of subjects you might like to research
- how to go about the research
- organising the information into a coherent presentation
- preparing yourself for this part of your oral exam.

Should I work through the book in order?

It is not essential because the book is organised in stages of learning. Each sub-unit or spread is pitched at a certain stage of learning.

If you are in year 12, you are likely to concentrate on the first two stages of learning: Transition from GCSE and AS. If you are continuing to A-level, you will be working from the second half of the book, where most of the sub-units are pitched at the two higher stages of learning: A-level and Extension.

The books and films have been separated into AS and A-level stages of learning to offer a variety of levels of difficulty in the film and literature section, but all the works can be studied for either the AS or A-level exam.

TRANSITION STAGE

A-LEVEL STAGE

AS STAGE

EXTENSION STAGE

What do the different icons mean?

This reading task is one of two based on the accompanying text. Usually one of these tasks is similar to the sort of reading questions you could expect to find in the exam. The other task helps you with your language learning, e.g. by helping you to familiarise yourself with new topic vocabulary.

These tasks also come in pairs and they indicate that you need to access the audio recording to carry out the task (available as a digital file in Dynamic Learning or in your Student eTextbook). At least one of the tasks is of the sort you could expect to find in the exam. Transcripts are also provided in Dynamic Learning and are useful for follow-up tasks.

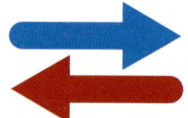

This involves a translation either from German to English or from English to German. The length and complexity of these passages is similar to those in the AS and A-level exams. There is at least one of each sort per unit.

This indicates an opportunity for discussion, which might be with a partner, a group or with the whole class. You need to get used to explaining information, weighing up points of view, giving your own thoughts and justifying them in order to prepare yourself for your oral exam.

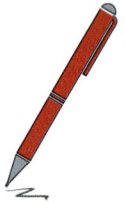

As you work through the different themes, you are not asked to write essays. This is because the only essays you have to write in the exam are based on literary works and films. Most of the times you see this icon you are asked to produce a paragraph about the topic you have just studied. These paragraphs will provide useful revision material. Check each one carefully for accuracy each time.

This indicates some grammar information or a grammar task. Each grammar box or activity focuses on one or two grammar points for you to learn or revise in order to be confident before you take the exam.

Strategies are the essential tools you need to use to be an effective language learner. This icon indicates strategy boxes and tasks throughout to help you improve your skills such as memorising vocabulary, pronunciation, revision and many more.

Every unit contains suggestions for online research. Don't forget to use German search engines so that you find authentic information from German websites. This will enable you to supplement what you learn from this book with the most up-to-date information available.

UNIT 1

Familie im Wandel

Theme objectives

This unit looks at how family life is changing in German-speaking society. Over the three sub-units, you will:
- Compare different types of family in German-speaking countries.
- Learn about modern marriage and partnerships in German-speaking countries.
- Learn how the idea of a modern family is changing.

Grammar objectives

You will also study and practise various grammar points. You will:
- Revise the present tense.
- Revise definite and indefinite articles.
- Revise adjectives.

Strategy objectives

Finally, you will develop different strategies that will help you when it comes to exam time. Over these three sub-units you will:
- Learn techniques to improve reading skills.
- Find and use useful information online.
- Learn how best to organise notes for the AS/A-level course.

1.1 So viele verschiedene Familienformen!

- Verschiedene Familienformen in deutschsprachigen Ländern vergleichen.
- Das Präsens wiederholen.
- Textverständnis verbessern.

Zum Einstieg

1 a Wie viele Wörter kennen Sie schon zum Thema „Familie"? Machen Sie mit der Klasse eine Liste von so vielen Familienmitgliedern wie möglich.

1 b Was bedeutet das Wort „Familie" für Sie? Schauen Sie sich diese Bilder an und beschreiben, was Sie sehen.

Ein alleinerziehender Vater

Eine Familie an Ostern

Eine alleinerziehende Mutter

Eine Familie am Strand

2 a Lesen Sie die zwei Berichte und finden Sie die entsprechenden deutschen Vokabeln.

1	childhood	5	relieved
2	argument	6	jealous
3	to divorce	7	surprise
4	only child	8	rarely

2 b Lesen Sie noch einmal die Berichte. Wer sagt was? Schreiben Sie den passenden Buchstaben (B oder M) zu jeder Aussage. Die Strategie hilft Ihnen dabei.

1 Die Scheidung war keine Überraschung für mich.
2 Ich verbringe fast nie Zeit mit meinem Vater.
3 Ich habe keine Geschwister.
4 Ich bin umgezogen.
5 Ich finde es nicht gut, dass ich eine neue Familie habe.
6 Die Scheidung war nicht gut für mich.
7 Als ich jünger war, gab es immer viel Streit zu Hause.
8 Die Scheidung hat mich krank gemacht.

Theme 1 Aspects of German-speaking society

Scheidungseltern und Scheidungskinder

Hier sprechen zwei Kinder über die Scheidung ihrer Eltern.

Bettina: Ende gut, alles gut

Eine Scheidung kann sehr traurig für Kinder sein.

Ich bin zwölf Jahre alt und meine Eltern haben sich vor einem Jahr scheiden lassen. Es war eine große Überraschung, weil sie nicht so viel gestritten haben. Ich konnte weder essen noch schlafen. Nach einer Woche hatte mein Vater eine neue Wohnung gefunden, und er wohnt noch immer dort mit seiner neuen Freundin und ihrer Tochter. Ich bin manchmal eifersüchtig, da er so viel Zeit mit seiner „neuen" Familie verbringt, sodass ich ihn kaum sehe. Aber das Leben zu Hause ist jetzt ruhiger und meine Mutter ist glücklicher – für mich ist das das Wichtigste.

Michael: meine neue Familie

Meine Kindheit war nicht so schön. Ich bin ein Einzelkind und meine Eltern sind jetzt geschieden, aber damals gab es viel Krach. Mein Vater ist Geschäftsmann und er hat sehr viel gearbeitet, und deshalb war er fast nie zu Hause. Als ich herausfand, dass sie sich trennen, war ich nicht schockiert, sondern erleichtert. Mutti und ich haben ein schönes Haus in einer neuen Stadt gefunden, und das war ein Neubeginn für uns. Ich sehe meinen Vater selten, aber ich habe jetzt eine Patchworkfamilie, die aus meinem Stiefvater, meinen zwei Stiefbrüdern und meinem Hund besteht, was ich ausgezeichnet finde. Wir kommen sehr gut miteinander aus.

STRATEGIE

Reading strategies

- Take a good look at the text before you read anything. Are there any pictures or subheadings? These will help to 'set the scene' and give you some general ideas.
- Remember that you don't need to understand the exact meaning of every word. Look at the questions or statements – they can help you decide what information to concentrate on, as well as giving you clues to help with deciphering unknown expressions.
- Skim or gist read to work out the general topic area.
- Pick out cognates and near-cognates to help you with your understanding of the text.
- Focus on key words which you already know.
- Now look at whole sentences. Concentrate first on sentences that you must understand to help towards understanding the text as a whole.
- Use context to try and work out any unknown words.
- Use grammatical knowledge to work out any unknown words – for example, is the word a noun, a verb, an adjective or something else? What tense is the information in?
- Use these strategies to help you with exercise 2b.

Frühstück mit Papa

3 a Unser Familienleben. Vier junge Leute sprechen von ihren Familienerlebnissen. Hören Sie zu. Schreiben Sie auf Deutsch eine Liste der Familienmitglieder, die Sie jetzt hören. Es sind 13! Übersetzen Sie die Wörter ins Englische.

3 b Hören Sie noch einmal zu und beantworten Sie die Fragen auf Deutsch.

1. Wie beschreibt Thomas seine Familie?
2. Wie findet Thomas Patchworkfamilien?
3. Warum bleibt Julias Mann zu Hause?
4. Warum findet Julia diese Situation gut?
5. Wie viele Geschwister hat Markus?
6. Warum spricht Markus Türkisch zu Hause?
7. Wie viele Kinder hat Heike?
8. Was ist das größte Problem für Heikes Familie?

GRAMMATIK

Present tense of weak, strong and irregular verbs

Das Präsens

Study point H1 in the grammar section. Listen to the recording again about family members. If you need further help, read the transcript at the same time.

First find the following key verbs in the passage:
1. Six weak verbs in the first person singular present tense.
2. Three weak verbs in the third person plural present tense.
3. Three forms of the verb *sein* in the present tense.
4. Four strong verbs in the third person singular present tense.
   A. Now write down the phrases containing the verbs, and translate them into English.
   B. Can you identify the three vowel changes from the infinitive when the strong verbs have been conjugated?

4 Setzen Sie in den Sätzen die jeweilige Form des Präsens der Verben in Klammern ein. Notieren Sie, ob das jeweilige Verb schwach, stark oder unregelmäßig ist.

1. Seine Eltern (*sein*) geschieden, aber er (*sprechen*) nie darüber.
2. Peter (*leben*) bei seiner Mutter, aber er (*fahren*) alle zwei Wochen zu seinem Vater in London.
3. Meine Mutter (*arbeiten*) bei einer großen Firma, aber meine Eltern (*haben*) immer Zeit für uns Kinder.
4. Obwohl Sonja ein kleines Baby (*haben*), (*treffen*) sie sich oft mit ihren Freunden.
5. Michael (*werden*) im April Vater. Er (*nehmen*) die Verantwortung bestimmt ernst.
6. Er (*sehen*) seine Eltern oft, und sie (*kommen*) gut miteinander aus.
7. Auch wenn es manchmal Probleme (*geben*), (*halten*) unsere Familie zusammen.
8. Mein Vater (*raten*) uns immer, erst mit 25 zu heiraten.

Theme 1 Aspects of German-speaking society

5 Translate the following paragraph into English.

Das Recht auf Elternschaft

Soll jeder das Recht auf Elternschaft haben? Wenn eine Familie nicht aus Mama und Papa besteht, sondern stattdessen aus Mama und Mama oder Papa und Papa, dann wird das eine Regenbogenfamilie genannt. Derzeit wachsen in Österreich zwischen 5000 und 7000 Kinder in so einer Familie auf, aber für gleichgeschlechtliche Paare ist es nicht immer leicht, ein Kind zu bekommen. Künstliche Befruchtung ist nur für heterosexuelle Partner erlaubt, deshalb müssen homosexuelle Paare, die sich ein Kind wünschen, oft ins Ausland fahren, zum Beispiel nach Belgien oder Dänemark, um medizinische Hilfe zu suchen. Sie bekommen hierfür auch keine finanzielle Unterstützung von der Krankenkasse.

6 a Was sind die Vor- und Nachteile der verschiedenen Familienformen in der Liste unten für die Kinder und für die Eltern? Machen Sie Notizen und diskutieren Sie Ihre Meinungen mit einem Partner/einer Partnerin.

- Alleinerziehende Eltern
- Gleichgeschlechtliche Eltern
- Geschiedene Eltern, die sich das Sorgerecht für die Kinder teilen
- Eine traditionelle Familie
- Zwei Eltern und ein Einzelkind
- Eine Patchworkfamilie
- Eine berufstätige Mutter

6 b Wählen Sie eine Familienform von Übung 6a und schreiben Sie einen Absatz.

- Beschreiben Sie diese Familienform.
- Geben Sie zwei Vorteile.
- Geben Sie zwei Nachteile.

Unit 1 Familie im Wandel

1.2 Auf immer und ewig?

- Über die moderne Ehe und Partnerschaft in deutschsprachigen Ländern lernen.
- Bestimmte und unbestimmte Artikel wiederholen.
- Nützliche Informationen im Internet finden und benutzen.

Zum Einstieg

1 a Was sind die Hauptgründe für eine Ehe? Und was sind die Hauptgründe für eine Scheidung? Wie denken Sie über gleichgeschlechtliche Ehen? Erstellen Sie mit der Klasse oder mit einer Gruppe eine Mind-Map zu diesem Thema.

1 b Diskutieren Sie die Ergebnisse in einer Gruppe.

2 a Lesen Sie den Magazinartikel und finden Sie diese Wörter und Ausdrücke.

1 Finden Sie die deutschen Wörter.

   a lesbians   **b** gay men   **c** civil partner   **d** spouse

2 Finden Sie die gleichbedeutenden Ausdrücke.

   a richtig   **b** sich trauen lassen   **c** verboten   **d** homosexuell

3 Finden Sie die Antonyme.

   a hoffnungslos   **b** zeigen   **c** minderjährig   **d** zugunsten von

2 b Lesen Sie den Magazinartikel noch einmal durch und beantworten Sie die Fragen auf Deutsch.

1 Was dürfen gleichgeschlechtliche Paare in Deutschland gesetzlich nicht tun und was wird für sie besser? (2)

2 Warum ist die Bundesregierung gegen die gleichgeschlechtliche Ehe?

3 Seit wann dürfen gleichgeschlechtliche Paare in Österreich heiraten?

4 Was dürfen gleichgeschlechtliche Paare in Österreich tun, aber nicht in Deutschland?

5 Was ist das Mindestalter für eine gleichgeschlechtliche Ehe in Österreich?

6 Wie ist die Situation gleichgeschlechtlicher Paare in der Schweiz im Vergleich zu Deutschland und Österreich?

7 In Bezug auf die gleichgeschlechtliche Ehe, wie unterscheidet sich Zürich vom Rest der Schweiz?

8 Wie ist die Einstellung der Schweizer Regierung zur gleichgeschlechtlichen Ehe?

Die gleichgeschlechtliche Ehe in deutschsprachigen Ländern

Wie sieht die gleichgeschlechtliche Ehe in den deutschsprachigen Ländern aus?

Heutzutage ist die Homosexualität kein großes Thema mehr und das heißt, dass homosexuelle Paare ihre Liebe nicht mehr verstecken müssen.

Am ersten August 2001 sind die ersten homosexuellen Paare **in Deutschland** aufs Standesamt gegangen.

Seitdem haben mehr als 20 000 Lebenspartner diesen Schritt auch gemacht, aber mehr als zehn Jahre später ist die gleichgeschlechtliche Ehe noch keine „wahre" Ehe – sie ist eine „eingetragene Lebenspartnerschaft". Einfach gesagt, haben die Paare nicht die gleichen Rechte wie heterosexuelle Paare, obwohl sie jetzt mehr finanzielle Rechte als zuvor haben. Zum Beispiel ist es ihnen untersagt, gemeinsam ein Kind zu adoptieren. Die Regierung ist gegen die gleichgeschlechtliche ein-Kind-Ehe und die Religion spielt hier eine Rolle. Laut der Kirche ist die Ehe eine Verbindung zwischen Mann und Frau, die mit Gott beginnt.

Die erste eingetragene Lebenspartnerschaft **in Österreich** wurde im Jahr 2010 geschlossen, und im Vergleich zu Deutschland ist das Land auf dem Weg zur Gleichberechtigung einen Schritt weiter. Hier können seit 2013 Lesben und Schwule ein Kind adoptieren. So eine Familie heißt ‚Regenbogenfamilie'. Manche finden es komisch, dass Österreich das einzige europäische Land ist, wo Adoption für gleichgeschlechtliche Paare erlaubt ist, der Ehebund aber nicht. Man sagt aber, dass es aufgrund dieser Entscheidung keinen Grund mehr gebe, die gleichgeschlechtliche Ehe nicht zu erlauben. Jedoch müssen beide Personen volljährig sein, um zu heiraten, während das Mindestalter für eine „traditionelle" Ehe 16 Jahre ist.

Obwohl es erst seit kurzer Zeit (2007) die eingetragene Lebenspartnerschaft **in der Schweiz** gibt, sieht die Zukunft für gleichgeschlechtliche Paare gut aus. Nicht nur die Regierung sondern auch die Schweizer Bevölkerung befürwortet die Idee einer „Ehe für alle". In Zürich haben gleichgeschlechtliche Lebenspartner die gleichen Rechte wie heterosexuelle Ehepartner und die Regierung möchte gesetzliche gleichgeschlechtliche Ehen im ganzen Land einführen, und zwar so bald wie möglich.

GRAMMATIK

Definite and indefinite articles, *kein* and possessive adjectives
Bestimmte und unbestimmte Artikel
Study points C1, C2 and C4.4 in the grammar section. Re-read the article on pages 18 and 19.

For the first four points, find the examples and copy out the phrases. Then underline the examples and translate the phrases into English.

Find:
1. Five examples of singular feminine definite articles.
2. Four examples where the definite article has been shortened or changed because of a preposition.
3. Three examples of plural articles.
4. Two examples of indefinite negative articles.
5. Four examples of where the definite article is used in German, but not in English.

Unit 1 Familie im Wandel

3 Ergänzen Sie die folgenden Sätze. Nicht alle Wörter erfordern eine Endung!

1 Im Durchschnitt dauert ein ____ Ehe 14 Jahre.
2 D____ meisten Leute suchen immer noch ein____ Partner für d____ Leben.
3 Mein____ Großmutter hat mit 18 geheiratet. Sie hatte drei Töchter, aber kein____ Sohn.
4 Heutzutage glauben d____ meisten Leute, dass ein ____ Homosexueller d____ Recht haben sollte, sein____ Partner zu heiraten.
5 Unser____ Eltern sind viel toleranter als eur____.
6 Sollten Homosexuelle ein____ Kind adoptieren dürfen? D____ Meinungen sind geteilt!
7 Ich meine, jed____ Kind hat das Recht, in ein____ Familie zu leben.
8 Für unser____ Generation spielt d____ Gleichberechtigung ein ____ große Rolle.

4 a Ehe und Scheidungen. Hören Sie sich das Gespräch zum Thema „Scheidung" an und erklären Sie die Zahlen auf Deutsch. Welche Ergänzung unten passt zu diesen Zahlen?

| 14 | 7 | 11 | 169 800 |

a Die Anzahl der Ehen in Deutschland, 2013.
b Die Anzahl der Scheidungen in Deutschland, 2012.
c Die Anzahl der Scheidungen in Deutschland, 2013.
d Die durchschnittliche Ehedauer (Jahre) vor der Scheidung, 2011.
e Die durchschnittliche Ehedauer (Jahre) vor der Scheidung, 2013.
f Die durchschnittliche Ehedauer (Jahre) vor der Scheidung, 1993.
g Die durchschnittliche Ehedauer (Jahre) vor der Scheidung, 2003.
h Das seltenste Scheidungsjahr.
i Das häufigste Scheidungsjahr.
j Das schwierigste Ehejahr.

4 b Hören Sie sich das Gespräch noch einmal an. Lesen Sie dann die Sätze unten und wählen Sie jeweils die Ergänzung, die am besten zu dem Inhalt des Textes passt.

1 Im Jahr 2012 gab es ____ Scheidungen im Vergleich zu 2013. *mehr / weniger / keine*
2 Heutzutage dauert eine Ehe vor der Scheidung im Durchschnitt ____. *40 Jahre / 4 Jahre / 14 Jahre*
3 Die Scheidungsrate bei ____ Ehepaaren ist höher geworden. *alten / jungen / allen*
4 Frauen haben jetzt weniger finanzielle ____. *Hilfe / Probleme / Informationen*
5 Es ist vielen Leuten wichtig, das Leben zu ____. *verschwenden / genießen / verlängern*
6 Vor fünfzig Jahren war eine Scheidung ____. *schwieriger / beliebter / verboten*
7 ____ der Ehepaare wird sich scheiden lassen. *Drei Viertel / Die Mehrheit / Die Hälfte*
8 Die meisten ____ gibt es im 7ten Jahr. *Probleme/Konflikte/Scheidungen*

Theme 1 Aspects of German-speaking society

5 Translate the following paragraph into English.

Unverheiratete Eltern

Ein „uneheliches Kind" war vor fünfzig Jahren eine Katastrophe oder etwas Peinliches, aber heutzutage wird fast jedes dritte Baby in Deutschland außerhalb einer Ehe geboren. Darüber hinaus hat sich der Anteil unehelicher Neugeborene in den vergangenen zwanzig Jahren mehr als verdoppelt. Viele Eltern leben schon lange vor der Geburt ihres Kinds ohne Trauschein zusammen und ohne Druck von der Gesellschaft, sich das Jawort zu geben. Verheiratete Eltern sind keine Voraussetzung mehr für das Wohlergehen des Kindes. Finanzielle Anreize zur Ehe gibt es auch nicht mehr, weil Elterngeld und Erziehungsurlaub auch unverheirateten Eltern zustehen.

STRATEGIE

Finding and using useful online material
- Write down some bullet points about what you need to find out.
- Work out which German words you need to use to find useful information.
- Open a German search engine (try the usual ones with .de at the end) and key in your search terms.
- Choose a reliable source from the list of sites you are presented with.
- Look through the site to find the information you need and write a few sentences under each bullet point.
- Write in German, but try to use your own words rather than copying chunks of text from the article.
- Check the information you have found by looking at at least one other website – some sites are more reliable than others!
- Use these steps to carry out your research for activity 6a.

6 a Finden Sie im Internet nützliche Informationen zum Thema „Ehe und Scheidung" in einem deutschsprachigen Land (nicht Deutschland!) mit Hilfe der Strategie. Kopieren Sie diese Tabelle und füllen Sie sie aus.

Name des Landes: _____

	1953	2003	2013
Anzahl der Ehen			
Anzahl der Scheidungen			
Die durchschnittliche Ehedauer vor der Scheidung			

6 b Arbeiten Sie mit einem Partner oder einer Partnerin und vergleichen Sie die Tabellen mit Hilfe dieser Vokabeln.
- Partner A: Was haben Sie herausgefunden?
- Partner B: Die Anzahl der Ehen in … ist höher/niedriger im Jahr … als im Jahr … .

6 c Arbeiten Sie mit einem Partner oder einer Partnerin und erklären Sie die Tabellen mit Hilfe dieser Vokabeln.
- Partner A: Was sind die Gründe dafür?
- Partner B: Ich denke/Ich meine/Ich finde/Meiner Meinung nach/Meiner Ansicht nach … .

6 d Schreiben Sie einen Absatz, in dem Sie zwei Statistiken aus der Tabelle analysieren. Vergleichen Sie die Statistiken und nennen Sie Gründe für die Veränderungen.

1.3 Das heutige Familienleben

- Lernen, wie sich das Leben einer modernen Familie verändert.
- Adjektive wiederholen.
- Notizen für den AS/A-Level-Kurs organisieren.

Zum Einstieg

1 a Wie sagt man diese Substantive auf Englisch? Wie heißt diese Art von Substantiv? Kennen Sie weitere Substantive zum Thema „Familienleben"?

Enkelkind	Haushaltskosten	Zusammenleben
Familienmitglied	Elternhaus	Lebensereignis
Arbeitslosigkeit	Elternteil	Ehescheidung

1 b Welche Vor- und Nachteile gibt es, wenn verschiedene Generationen unter einem Dach wohnen? Diskutieren Sie mit einem Partner/einer Partnerin.

Eine große Familie unter einem Dach

Unser Mehrgenerationenhaushalt

Gemeinsam statt einsam

In Deutschland ist etwa jeder Vierte über 60 Jahre alt. Die Mehrheit ist stolz darauf, dass sie sozial aktiv, lebensfroh, gesund und selbstständig ist. Vor allem werden ihre Beziehungen zu Kindern und Enkelkindern immer enger. Anstatt sich an den Ruhestand zu gewöhnen, engagieren sich Großeltern als Freunde, Betreuer und Ratgeber ihrer Enkel – sie werden nicht mehr als mürrisch oder brummig betrachtet. Ein Projekt der Bundesregierung will den sozialen Zusammenhalt weiter stärken mit sogenannten Mehrgenerationenhäusern, sodass drei Generationen zusammen unter einem Dach wohnen. Die Vorteile sind klar – man kann die Haushaltskosten trennen, ein Babysitter steht immer zur Verfügung und weder die Alten noch die Jungen fühlen sich allein. Damit das Zusammenleben erfolgreich und reibungslos abläuft, müssen alle Familienmitglieder tolerant und kompromissbereit sein, selbst wenn es schwierig erscheint, die Verantwortung für wichtige Entscheidungen zu teilen. Die Hauptsache ist gegenseitiges Geben und Nehmen.

Zurück ins Elternhaus

Wenn die Kinder zurückkommen

Es ist ein sehr wichtiger Teil des Erwachsenwerdens, das Elternhaus zu verlassen, obwohl dieser Auszug oft zu Trennungsschmerz führen kann, nicht nur bei den Eltern, sondern auch bei den Kindern. Aber was passiert, wenn die Kinder wieder nach Hause kommen müssen? „Hotel Mama" wird immer beliebter – jeder dritte junge Erwachsene in Deutschland wohnt bei den Eltern. In Spanien, Italien und Kroatien ist die Anzahl noch höher. Es wird häufig behauptet, dass sie das Beste aus beiden Welten wollen und keine Pflichten übernehmen wollen, aber manche bleiben, weil sie keine Arbeit finden können, weil sie länger studieren müssen oder weil sie nicht genug Geld haben, allein zu wohnen. Bei den jungen „Nesthockern" oder „Bumerangkindern", die zurückkommen, gibt es häufig ein wichtiges Lebensereignis, wie zum Beispiel Ehescheidung oder Arbeitslosigkeit. Es kann für beide Generationen schwierig sein, diese neu entdeckte Freiheit aufgeben zu müssen und nicht in alte Rollen zurückzufallen. Die Eltern müssen sich alle Mühe geben, die jungen Erwachsenen nicht wie Kinder zu behandeln.

2 a Lesen Sie den Artikel. Lesen Sie dann die Aussagen unten. Schreiben Sie jeweils R (richtig), F (falsch) oder NA (nicht angegeben).

1. 25% der deutschen Bevölkerung sind jünger als 60 Jahre.
2. Mehr-Generationen-Häuser sind in Deutschland sehr beliebt.
3. Die Regierung fördert ein Projekt, das Mehr-Generationen-Häuser unterstützt.
4. Es gibt finanzielle Vorteile, wenn man in einem Mehr-Generationen-Haus wohnt.
5. Junge Erwachsene in Südeuropa wohnen selten bei den Eltern.
6. Manche junge Erwachsene bleiben aus finanziellen Gründen zu Hause.
7. Obdachlosigkeit ist der Hauptgrund, warum Erwachsene zurück nach Hause kommen.
8. Mädchen verlassen das Elternhaus früher als Jungen, weil sie selbstständiger sind.

2 b Korrigieren Sie die falschen Sätze.

2 c Schreiben Sie eine Zusammenfassung einer Lebenssituation, die im Artikel erwähnt wird. Schreiben Sie in vollständigen Sätzen und prüfen Sie sorgfältig die Grammatik und die Wortstellung. Achten Sie auf folgende Punkte:
- Welche Lebenssituationen beschrieben werden.
- Zwei Hauptgründe und/oder Vorteile der Lebenssituation. (2)
- Welcher Rat für die Lebenssituation gegeben wird. (2)

Unit 1 Familie im Wandel

GRAMMATIK

Adjectives
Adjektive 2

Study point E1 in the grammar section. Re-read the article on pages 22 and 23 about different generations living together.

Find the following:
1. Five adjectives which are used after the verb *sein*.
2. One example of an adjective with a masculine indefinite article.
3. One example of an adjective with a masculine definite article.
4. One example of an adjective with a neuter indefinite article.
5. Two examples of adjectives which have changed case following a preposition.
6. Four examples of adjectives in their comparative form.
A. For the examples you have found, copy out the phrases, underline the examples and translate the phrases into English.
B. What happens to adjective endings when an adjective is used with *sein*?

3 Ergänzen Sie die folgenden Sätze. Nicht alle Adjektive erfordern eine Endung!

1. Ein gut ___ Freund von mir wohnt mit seiner jung ___ Frau immer noch bei seinen Eltern.
2. Früher lebten erwachsen ___ Kinder oft in der ___ Strasse zu ihren Eltern.
3. Mein jung ___ Bruder ist arbeitslos ___ und kann sich keine eigen ___ Wohnung leisten. Zum Glück hat er eine gut ___ Beziehung zu unseren Eltern.
4. Frauen mit einer gutbezahlt ___ Stelle bekommen ihr erst ___ Baby oft erst Mitte dreißig.
5. Die hoh ___ Mieten in den Städten machen es den jünger ___ Leuten schwer ___, ein unabhängig ___ Leben zu führen.
6. Ich habe viele gut ___ Freunde, die ledig ___ sind.
7. Manche jung ___ Leute wollen immer noch zu Hause leben, weil sie dort ein schön ___, bequem ___ Leben führen.
8. Am wichtigsten für mich ist ein gut ___ Beruf als erfolgreich ___ Geschäftsmann. Erst dann will ich eine nett ___ Lebenspartnerin finden und häuslich ___ werden.

STRATEGIE

Organising notes for the AS/A-level course

It is important to start organising your notes early! It will help you to revise and keep on top of your workload. Can you think of any other organisational strategies which work for you?
- Use a big ring-binder folder to keep any written work.
- Use dividers to separate your folder into different sections for every topic. For any work stored electronically, use different folders, subfolders and documents to divide up topics.
- Keep skills separate, for example grammar, practice exam papers and vocabulary lists.
- Sort and file your work regularly so your folders stay organised. For electronically stored files, name them carefully so you can easily find them for future reference.
- Spend some time after each lesson organising your work – make sure you have completed every task, written down all new vocabulary and reviewed the lesson's work.

Theme 1 Aspects of German-speaking society

4 a  Die Entscheidung für Kinder. Vier Personen sprechen über die Geburtenrate in Deutschland. Hören Sie sich zunächst die erste Person an und schreiben Sie die jeweilige Geburtenrate dieser Länder auf.

1. Deutschland
2. Österreich
3. Schweiz
4. Europa

4 b  Hören Sie sich alle vier Interviews an. Wählen Sie von der Liste jeweils das Wort, das am besten in die Textlücke passt. Sie müssen die richtigen Formen der Verben und Adjektive einsetzen. Sie brauchen nicht alle Wörter (vier passen nicht).

trotz	Lebenserwartung	mehr	anstrengend
weniger	Geburtenrate	bezahlen	haben
erfolgreich	wegen	ermutigen	Flexibilität

Es gibt immer (1) _____ Babys, die in der Bundesrepublik geboren werden, während die (2) _____ steigt. Die Regierung will die Bürger zum Beispiel mit Hilfe von Elterngeld dazu (3) _____, Kinder zu kriegen, aber diese Initiative war nicht so (4) _____ wie erwartet. Und (5) _____ Versprechungen fehlt es an (6) _____ in Bezug auf Kinderbetreuung. Für viele Frauen (7) _____ die Arbeit Vorrang – nach einer (8) _____ Studienzeit wollen sie sich hocharbeiten, anstatt eine Familie zu gründen.

5 Translate the following paragraph into English.

Leute werden älter

Deutschland hat nach Japan eine der am schnellsten alternden Bevölkerungen der Welt. Bis zu einem gewissen Grad ist die ältere Generation dank der Rentenreform gut versorgt und das Armutsrisiko ist geringer als bei anderen Altersgruppen. Jedoch reicht diese Sozialhilfe oftmals nicht aus, da die Pflegekosten so hoch sind und 400.000 Senioren können es sich nicht leisten, in ein Pflegeheim zu ziehen. Daher müssen Kinder häufig die Verantwortung für ihre Eltern übernehmen, indem sie sich zum Beispiel zu Hause um sie kümmern oder selbst einen Pflegeplatz finanzieren. Beides kann eine finanzielle Belastung sein.

6 Führen Sie ein Gespräch mit einem Partner/einer Partnerin, in dem Sie Ihre Meinung zum Thema „Mehr-Generationen-Häuser" zusammenfassen. Sie können Vokabeln und Ideen vom Artikel auf Seite 23 benutzen.

- Würden Sie gern in einem Mehr-Generationen-Haus wohnen?
- Warum/Warum nicht?
- Was sind die Vorteile und die Nachteile für die Kinder?
- Was sind die Vorteile und die Nachteile für die Eltern?
- Was sind die Vorteile und die Nachteile für die Großeltern?
- Was sind die Vorteile und die Nachteile für die Regierung?
- Was ist die ideale Lebenssituation für eine Familie? Warum?
- Gibt es Ihrer Meinung nach heutzutage mehr oder weniger Mehr-Generationen-Häuser als vor fünfzig Jahren? Warum?

Vokabular

The lists below contain the key vocabulary for each sub-unit and need to be learnt by heart.
More complete lists are available in the Dynamic Learning package.

1.1 So viele verschiedene Familienformen!

    (gut) mit jdm. auskommen *v* to get along (well) with sb.
    eifersüchtig *adj* jealous
das **Einzelkind(er)** only child
    geschieden *adj* divorced
    glücklich *adj* happy
die **Geschwister** siblings
die **Kindheit(en)** childhood
der **Krach** argument
    sich fühlen *v* to feel
    sich scheiden lassen *v* to get divorced
die **Scheidung(en)** divorce
die **Streitigkeiten** arguments/squabbles
    streiten *v* to argue
    traurig *adj* sad
die **Überraschung(en)** suprise
    sich (gut) mit jdm. verstehen *v* to get along (well) with sb.
    verheiratet *adj* married
    zu Hause *adv* at home

1.2 Auf immer und ewig?

    befürworten *v* to support
die **eingetragene(n) Lebenspartnerschaft(en)** civil partnership
die **Ehe(n)** marriage
das **Ehejahr(e)** year of marriage
das **Ehepaar(e)** married couple
der **Ehepartner(-)** spouse
    geschieden werden *v* to get divorced
    geschieden *adj* divorced
    gleichgeschlechtlich *adj* same-sex
    heiraten *v* to marry
der **Lebenspartner(-)** civil partner
die **Lebenspartnerschaft(en)** civil partnership
das **Paar(e)** couple
    sich scheiden lassen *v* to get divorced
die **Scheidung(en)** divorce
das **Scheidungsjahr(e)** year of divorce
die **Scheidungsrate(n)** divorce rate

1.3 Das heutige Familienleben

die **Arbeitslosigkeit** unemployment
die **Beziehung(en)** relationship
die **Bevölkerung** population
das **Bumerangkind(er)** boomerang child
die **Ehescheidung(en)** divorce
das **Elterngeld** parental allowance
    erwachsen werden *v* to grow up/to become an adult
das **Familienmitglied(er)** family member
die **Geburtenrate(n)** birth rate
die **Hauptsache(n)** the main/most important thing
die **Haushaltskosten** household costs
die **Kinderbetreuung** childcare
das **Lebensereignis(se)** life event
das **Mehrgenerationenhaus(¨er)** multi generational house
der **Nesthocker(-)** boomerang child
der **Zusammenhalt** cohesion
das **Zusammenleben** living together/co-habitation

UNIT 2

Die digitale Welt

Theme objectives

This unit looks at how technology affects the way German speakers are living now. Over the three sub-units, you will:
- Examine the role of social networks in our everyday lives.
- Learn about the development of mobile phone and computer technology and the role of mobile phones and computers today.
- Learn about modern internet celebrities and the darker side of technology.

Grammar objectives

You will also study and practise various grammar points. You will:
- Revise gender and case.
- Revise pronouns.
- Revise word order.

Strategy objectives

Finally, you will develop different strategies that will help you when it comes to exam time. Over these three sub-units you will:
- Use bilingual and online dictionaries.
- Participate fluently in discussions.
- Learn the best ways to memorise vocabulary.

2.1 Soziale Netzwerke

- Die Rolle von sozialen Netzwerken im täglichen Leben untersuchen.
- Genus und Kasus wiederholen.
- Zweisprachige Wörterbücher und Internetwörterbücher benutzen.

Zum Einstieg

1 Was für Technologien benutzen Sie jeden Tag? Handy, Laptop, Computer, Tablet? Machen Sie eine Umfrage in der Klasse und zeigen Sie die Ergebnisse mit Hilfe einer Tabelle oder einer Grafik.
- Was benutzen Sie?
- Wie oft?
- Warum?
- Was ist Ihr Lieblingsgerät?

Soziale Netzwerke und junge Leute

Wie beliebt sind soziale Netzwerke?

90 Prozent der 12- bis 19-jährigen in Deutschland, Österreich und der Schweiz haben ein Profil in <u>mindestens</u> einem sozialen Netzwerk und fast 90 Prozent besuchen täglich Seiten wie Facebook, Instagram und Twitter – es ist eine der Lieblingsfreizeitaktivitäten von Jugendlichen und ein wichtiger Teil des heutigen Lebens.

Warum benutzt man soziale Netzwerke?

Wie der Name schon sagt, werden soziale Netzwerke zu geselligen <u>Zwecken</u> vielseitig benutzt. Dazu gehören, mit Freunden in <u>Verbindung</u> zu bleiben und Treffen zu planen. Der Hauptvorteil für Jugendliche ist, immer und überall erreichbar zu sein, ob in der Schule, am Esstisch oder sogar im Bett – und viele Eltern <u>beklagen</u> sich darüber!

Warum sind soziale Netzwerke so beliebt?

Die Nutzer von sozialen Netzwerken sind nicht nur <u>Zuschauer</u>, sondern auch <u>Gestalter</u>, indem sie schreiben, filmen und fotografieren können, um ihre Interessen und Hobbys mit der ganzen Welt zu <u>teilen</u>. Außerdem werden diese Aktivitäten im Netz in der Regel nicht von Erwachsenen <u>beobachtet</u>, was sehr anzieht junge Leute.

Was für eine Rolle spielen soziale Netzwerke für junge Leute?

Haben soziale Netzwerke Vorteile?

Es versteht sich von selbst, dass soziale Netzwerke <u>gefährlich</u> sein können. Auf der anderen Seite geben sie jungen Leuten eine Chance, mit Leuten weltweit in Kontakt zu treten und damit einen größeren Freundeskreis aufzubauen. Wenn es einem schwer fällt, im wirklichen Leben Freundschaften zu schließen, fühlt man sich oft <u>selbstsicherer</u> im Internet.

Strategie

Use bilingual and online dictionaries
- It is your choice whether you use paper or online dictionaries, but you need to know how to use both correctly.
- For advanced level studies, you should be using large paper dictionaries rather than pocket dictionaries.
- Use a reputable online dictionary recommended by your teacher.
- Familiarise yourself with symbols and abbreviations used to denote gender and plurals.
- Remember to look up the infinitive when you are finding verbs, and the singular form when you are finding nouns.
- Choose the English word which fits best as you will often have many options.
- Consider the context and meaning to help you to choose the correct German word.
- Translate German words back into English to be certain you have chosen the correct one.
- Use these strategies to help you to complete exercise 2 and then exercise 5.

TRANSITION STAGE

2 a Im Artikel gibt es zehn unterstrichene Wörter. Finden Sie die englischen Übersetzungen mit Hilfe eines Wörterbuches. Die Strategie hilft Ihnen dabei.

2 b Lesen Sie den Artikel. Lesen Sie dann die Sätze unten. Welche vier Sätze stimmen mit dem Inhalt des Textes überein? Schreiben Sie die Nummern auf.

1. Soziale Netzwerke sind wichtig, um Freundschaften zu pflegen.
2. Soziale Netzwerke werden immer gefährlicher.
3. Jugendliche bringen den Eltern bei, wie soziale Netzwerke benutzt werden.
4. Eltern wissen manchmal nie, was Kinder im Internet machen.
5. Es ist einfacher, Leute im Internet kennenzulernen als im wirklichen Leben.
6. Freunde im Internet sind nicht echte Freunde.
7. Soziale Netzwerke fördern Kreativität.
8. Zeit in sozialen Netzwerken zu verbringen wird als Zeitverschwendung betrachtet.

2 c Lesen Sie die Sätze unten und wählen Sie jeweils die Ergänzung, die am besten zu dem Inhalt des Textes passt.

1. ____ der Jugendlichen in deutschsprachigen Ländern benutzen soziale Netzwerke.
   Drei Viertel / Die Mehrheit / Die Hälfte
2. Bei Jugendlichen haben soziale Netzwerke ____ .
   keine Zukunft / den Vorrang / viele Vorteile
3. Mit sozialen Netzwerken ist man immer ____ .
   müde / kontaktfreudig / verfügbar
4. Kinder ____ , wenn ihre Eltern keine Ahnung vom Internet haben.
   sagen / wissen / freuen sich
5. Selbstdarstellung ist ____ im Internet.
   interessant / einfach / unmöglich
6. ____ Leute profitieren von sozialen Netzwerken.
   Schüchterne / Junge / Gesellige
7. Durch soziale Netzwerke kann man sein Wissen über die Welt ____ .
   verringern / erweitern / sehen

Unit 2 Die digitale Welt

Grammatik

Gender and case
Genus und Kasus

Study points A and B in the grammar section. Re-read the article on page 28.

Find examples of the following in the article:
1 One masculine noun in the nominative case.
2 Three feminine nouns in the dative case.
3 One neuter noun in the accusative case.
4 Five contractions due to the use of dual case prepositions.
5 Two plural nouns in the genitive case.
6 One singular noun in the genitive case.

Copy out the phrases, underline the examples and translate them into English.

3  Notieren Sie, ob das jeweils fettgedruckte Substantiv Maskulinum, Femininum oder Neutrum ist, und den Grund für den Kasus.

1 Für einen normalen **Jugendlichen** gehört ein **Handy** zum täglichen **Leben**.
2 Ich chatte sehr oft mit meinen **Freunden** und **Freundinnen** im **Internet**.
3 Meine **Mutter** hat es nicht gern, dass sie die ganze **Zeit** per **E-Mail** mit unerwünschter **Werbung** bombardiert wird.
4 Die **Zuverlässigkeit** der **Informationen**, die man auf einer **Webseite** findet, ist oft umstritten.
5 **Erwachsene** haben oft eine etwas skeptischere **Einstellung** zum **Internet** als ihre **Kinder**.
6 Der **Nachteil** einer elektronischen **Zeitung** ist, dass man nur die **Meinungen** liest, die mit den eigenen übereinstimmen.
7 Trotz seiner ausgezeichneten **Computerkenntnisse** hat mein **Bruder** manchmal Probleme mit dem **Internetzugang**.
8 Der **Verkäufer** hat meiner **Schwester** diesen **Laptop** empfohlen.

4 a Hören Sie sich den Bericht zum Thema „Facebook Experiment" an. Fassen Sie den Bericht auf Deutsch zusammen mit ungefähr 50 Wörtern, mit Hilfe dieser Punkte. Schreiben Sie in ganzen Sätzen und prüfen Sie sorgfältig die Grammatik und die Wortstellung.
- Was war das Experiment? [1]
- Was wollte man herausfinden? [2]
- Was waren die Ergebnisse? [2]

4 b Hören Sie sich den Bericht noch einmal an und beantworten Sie die Fragen auf Deutsch.
1 Was hat Facebook manipuliert?
2 Wie lange hat das Experiment gedauert?
3 Wie findet Facebook die Ergebnisse?
4 Was passiert, wenn man positive Sachen auf der Seite sieht?
5 Was für einen Einfluss haben soziale Netzwerke laut dem Experiment?
6 Warum war das Experiment laut Facebook nötig?
7 Wofür wird Facebook die Ergebnisse benutzen?
8 Wie fühlen sich die Nutzer? Warum?

5 Translate the following passage into English with the help of the strategy box on page 29 and a dictionary.

Privatsphäre im Internet?

Soziale Netzwerke werden bei Jugendlichen immer beliebter, aber sie können auch Nachteile und Gefahren mit sich bringen. Viele persönliche Informationen müssen eingegeben werden, um alle Funktionen zu benutzen, aber das Netz macht möglich, was im wirklichen Leben oft nicht so einfach ist: Die Nutzer können entscheiden, welche Bilder sie veröffentlichen und welche Neuigkeiten sie posten. Das heißt, man weiß nie, mit wem man spricht, und die unkontrollierte Verbreitung von Bildern und Daten kann die Folge sein.

6 Diskussionsthema: „Soziale Netzwerke heute verursachen viele Probleme!" Bilden Sie zwei Gruppen mit gegensätzlichen Meinungen und führen Sie eine Debatte.
- Machen Sie eine Liste von Argumenten für und gegen diese Meinung (die Texte und die Hörübungen helfen Ihnen bei den Vokabeln).
- Schreiben Sie eine Liste der fünf besten Meinungen und Gründe.
- Entscheiden Sie, ob Sie für oder gegen diese Äußerung sind.
- Debattieren Sie!

2.2 Die Sucht nach Technik

- Über die Entwicklungen der Handy- und Computertechnik und die Rolle von Handys und Computern heutzutage lernen.
- Pronomen wiederholen.
- Mit jemandem diskutieren.

Zum Einstieg

1 Was kann man mit einem Handy machen? Erstellen Sie eine Liste von Infinitiven. Was machen Sie am häufigsten mit Ihrem Handy?

Die Entwicklung der Handysucht

Handys sind sehr beliebt heute, und deshalb ist die Handysucht ein ganz neues Phänomen. Hier sprechen eine Großmutter, eine Mutter und eine Tochter über ihre Einstellungen zu Handys und neuer Technologie.

Technologie bei den unterschiedlichen Altersgruppen

Die Großmutter: Ich bin 75 Jahre alt und ein bisschen misstrauisch gegenüber Technologie. Ich kann Handys nicht leiden, aber glücklicherweise brauche ich sie eigentlich nicht. Vorletztes Jahr war ich bei meinem Schwager und er hat mir einen Computer geschenkt, aber ich benutze ihn fast nie. Ich bin in Ostberlin aufgewachsen und nach dem zweiten Weltkrieg dachte ich, dass neue Technologie keine gute Sache war, weil wir Angst vor ihr hatten. Es war uns ganz fremd.

Die Mutter: Ich bin 40 Jahre alt. Als ich jung war, war die Technologie von heute Teil der fernen Zukunft, deshalb meine ich, dass dieses Verlangen nach den neuesten Handymodellen echt übertrieben ist. Meine Tochter hat mich überredet, ein Smartphone für sie zu kaufen. Aus Sicherheitsgründen bin ich froh, dass sie immer erreichbar ist, aber ich wünschte, dass sie nicht so versessen darauf wäre. Demgegenüber ist mein Mann ein Technikfeind. Mit seinem neuen Handy muss ich ihm oft erklären, wie es funktioniert. Ich würde es nie zugeben, aber ich genieße es, ihm zu helfen, weil ich gleichzeitig meine Kenntnisse verbessern kann!

Die Tochter: Ich bin 15 Jahre alt. Ich bin nicht stolz darauf, dass kein Tag vergeht, an dem ich nicht auf mein Handy schaue. In meiner Altersgruppe sind Handys viel mehr als Modeartikel – ich benutze es natürlich zu sozialen Zwecken. Meine Mutter macht sich Sorgen, dass ich abhängig werde. Neulich habe ich eine App heruntergeladen, die mir zeigt, wie viel Zeit ich mit meinem Handy verbringe, weil ich ganz neugierig war – hatte meine Mutter Recht? Ich war total geschockt – im Durchschnitt gucke ich alle zwölf Minuten auf mein Handy! Ein schneller Blick auf die Uhr, eingegangene Nachrichten überprüfen, ein Paar Videos aufnehmen ... Das sind kleine Sachen, aber die Zeit geht so schnell vorbei!

2 a Lesen Sie den Text. Lesen Sie dann die Aussagen unten. Schreiben Sie jeweils R (richtig), F (falsch) oder NA (nicht angegeben).

Die Großmutter
1 Sie benutzt häufig neue Technologie.
2 Man hat ihr einen Computer gegeben.
3 Sie ist in der DDR geboren.

Die Mutter
4 Handys haben Vorteile für Eltern.
5 Sie muss ein Handy bei der Arbeit benutzen.
6 Sie lernt gern über neue Technologie.

Die Tochter
7 Sie hat ein sehr teures Handy.
8 Sie wollte herausfinden, ob sie handysüchtig war.
9 Das Ergebnis war keine Überraschung für sie.

2 b Fassen Sie die Meinung jeder Person in ungefähr 30 Wörtern zusammen und schreiben Sie Ihre Antworten auf Deutsch. Schreiben Sie in ganzen Sätzen und prüfen Sie sorgfältig die Grammatik und die Wortstellung. Achten Sie auf folgende Punkte:

- Beschreiben Sie, wie sie Handys finden.
- Beschreiben Sie, wie sie neue Technologie finden.
- Erklären Sie, warum.

Grammatik

Pronouns – subject, object, indirect object
Pronomen – Subjekt, Objekt, Dativobjekt

Study point D1 in the grammar section. Re-read the text on page 32. For the following tasks, copy out the phrases, underline the examples and translate the phrases into English.

1 Subject: Find four personal pronouns which are the subject of the sentence. Which case does this correspond to?
2 Direct object pronouns: Find three instances where direct object pronouns are used. Which case does this correspond to?
3 Indirect object pronouns: Find four instances where indirect object pronouns are used. Which case does this correspond to?
4 *Sie*: Find three different uses of the pronoun *sie*. Note down the case for each example.

3 Füllen Sie die Lücken mit dem richtigen Pronomen aus. Begründen Sie Ihre Wahl.

1 Mein Computer? Ich hasse ____ (*it*), weil ____ (*it*) so langsam ist!
2 Mein Bruder lebt in Australien, aber ____ (*I*) bin oft mit ____ (*him*) über Skype in Kontakt.
3 Meine Eltern haben ____ (*me*) erklärt, das neueste iPhone sei viel zu teuer und ____ (*I*) könne es ____ (*me*) alleine nicht leisten.
4 Meine Schwester und ____ (*I*) haben immer ein Handy dabei, wenn wir abends ausgehen, damit Eltern und Freunde ____ (*us*) anrufen können.

Unit 2 Die digitale Welt

5 Mit dieser App sind ___ (you) jederzeit auf dem Laufenden. Sie hilft ____ (you), Ihr Leben zu organisieren.

6 Ich verspreche ____ (you), ich suche ___ (me) die möglichst günstigste Handy-Flatrate aus.

7 Habt ___ (you) diese neue App gesehen? ____ (it) ist unheimlich nützlich!

8 Wenn ___ (one) auf seinen Vorschlag eingeht, müsste ___ (I) ___ (him) jeden Tag anrufen.

4 a  Sie hören jetzt einen Bericht zum Thema „Die Zukunft der alten Technologie". Beantworten Sie die Fragen auf Deutsch.

1 Wo arbeitet Herr Riegler?
2 Wie findet er lesen?
3 Warum findet er lieber Informationen im Internet?
4 Warum liest er lieber E-Bücher?
5 Was sagt Frau Bartenstein über digitale Medien?
6 Warum finden sie Bücher besser als E-Bücher?
7 Warum haben Bücher einen hohen emotionalen Wert?
8 Warum findet sie es besser, Informationen in Zeitungen und Zeitschriften zu lesen anstatt im Internet?

4 b Hören Sie sich die Interviews noch einmal an. Wählen Sie von der Liste das Wort, das zur jeweiligen Textlücke am besten passt. Sie müssen die richtigen Formen der Verben und Adjektive einsetzen und Sie brauchen nicht alle Wörter (es gibt 12, die nicht passen).

wertvoll	Freiheit	besser	feindlich
nützlich	wichtig	Zukunft	finden
sinnlos	Geld	Zeit	nutzlos
Kontrolle	möglich	zeitgemäß	Wert
veraltet	benutzen	speichern	Zeit

Herr Riegler sagt, dass Bücher keine (1) _____ mehr haben. Obwohl er Bücher (2) _____ findet, liest er gern, aber er (3) _____ lieber Informationen im Internet. Der E-Reader ist eine (4) _____ Erfindung für ihn und er kann auch (5) _____ damit sparen. Frau Bartenstein ist Autorin und sie weiß, dass die neuen Medien immer (6) _____ werden. Trotzdem macht sie sich Sorgen, dass es nicht genug (7) _____ im Internet gibt. Sie behauptet, dass Bücher (8) _____ für die Umwelt sind.

5 **Translate the following passage into English.**

Handysucht – eine moderne Sucht

Nach einer amerikanischen Studie ist die Handynutzung in den Vereinigten Staaten außer Kontrolle. Mehr als 60% der Befragten sagen, dass sie handysüchtig sind. Die Folgen der Handysucht sind sowohl klar als auch beunruhigend: man konzentriert sich weniger in der Schule oder bei der Arbeit, es gibt häufiger Konflikte unter Freunden oder in der Familie und manchmal führt sie sogar zu Gesundheitsproblemen. Die Amerikaner verbringen neun Stunden täglich am Handy und bei den Deutschen sind das drei Stunden. Das ist viel weniger, aber immer noch zu viel, warnen Experten.

Strategie

Participate fluently in conversations
- Remember that it is absolutely fine to ask for clarification if you are unsure what someone has said to you. Learn phrases to help with this, such as 'Please could you repeat that?' (*Können Sie das bitte wiederholen?*) and 'What do you mean by …?' (*Was meinen Sie mit …?*)
- Learn some useful filler words or phrases to give you some thinking time, such as 'Let me think' (*Lassen Sie mich überlegen*), 'Well…' (*Na ja*) and 'That may well be' (*Das mag sein*).
- Keep your answers succinct – do not waffle. If you have made your point, stop talking and wait. If the other speaker requires more information, they will ask for it.
- Try to steer the conversation to a topic that you are comfortable with. You will have more confidence if you are dealing with familiar ideas and vocabulary.
- Don't panic if you forget a word. Use vocabulary that you know to describe the unknown word, so you can still get your point across.
- Finally, remember to be natural, relax and enjoy the conversation. It is a fun experience to express your ideas and opinions in another language, and practice makes perfect!
- Keep these tips in mind when completing exercise 6a.

6 a Sind Sie handysüchtig? Beantworten Sie die folgenden Fragen auf Deutsch. Schreiben Sie kurze Notizen zu diesen Fragen und diskutieren Sie die Antworten mit einem Partner oder einer Partnerin mit Hilfe der Strategie.
- Was für ein Handy haben Sie?
- Wie finden Sie es?
- Wofür benutzen Sie es?
- Wie oft benutzen Sie es?
- Wie lange pro Tag benutzen Sie es?
- Können Sie ohne Ihr Handy leben? Warum (nicht)?

6 b Schreiben Sie jetzt einen kurzen Absatz, in dem Sie auf diese Fragen eingehen.

2.3 Das Internet

- Über moderne Internet-Promis und die Schattenseiten der Technologie lernen.
- Wortstellung wiederholen.
- Wie man am besten Vokabeln lernt.

Zum Einstieg

1 Denken Sie an Webseiten, die Sie gern benutzen. Äußern Sie zusammen mit einem Partner oder einer Partnerin Ihre Meinung zu den folgenden Punkten. Begründen Sie Ihre Wahl!

Welche Webseiten benutzen Sie gern, um …
- Fotos zu sehen?
- Promis zu folgen?
- mit Freunden in Kontakt zu bleiben?
- die Nachrichten zu lesen?
- Informationen zu lesen?
- Schularbeiten zu schreiben?

2 a Was wird hier beschrieben? Finden Sie mit Hilfe der Texte die gleichbedeutenden Wörter oder Begriffe im Text.

Nomen
1. ein Mitglied eines sozialen Netzwerkes
2. eine Gruppe von Leuten, die etwas sehr gern haben
3. man schreibt ein Tagebuch auf einer Webseite
4. man hat etwas gemacht und ist dadurch bekannt geworden

Adjektive
5. wichtig oder nützlich
6. wenn man andere Menschen gern kennen lernt
7. sehr schwer zu verstehen
8. kein Talent haben

2 b Lesen Sie die Meinungen (1–6) oben zum Thema „Promis im Internet". Schreiben Sie P (wenn die Person eine positive Meinung äußert), N (wenn die Person eine negative Meinung äußert), oder P/N (wenn die Person positive und negative Meinungen äußert).

Promis im Internet

Das Fernsehen wird immer unbeliebter bei deutschsprachigen Jugendlichen. Sie verbringen stattdessen immer mehr Zeit im Internet und es gibt eine neue Generation von Promis, die dadurch Ruhm im Internet gefunden haben. Sechs junge Leute geben ihre Meinungen dazu.

Stars im Internet werden immer wichtiger für junge Leute.

1. Diese Versessenheit auf Promis im Internet ist total lächerlich, wenn nicht sogar beunruhigend. Junge Leute müssen lernen, dass Ruhm und Reichtum nicht das Ein und Alles sind, aber ich fürchte, dass es schon zu weit gegangen ist. Das sind sowohl Zeichen der Zeit als auch eine echte Schade.

2. Mit mehr als einer Million Abonnenten ist mein Lieblingsyoutuber mein Vorbild – trotz seines Alters hat er so viel erreicht, ohne seine Wurzeln zu vernachlässigen. Mit dem Schreiben eines Tagesbuches bietet er uns einen Einblick in seinen Alltag. Ich weiß, dass er sich durch Werbeeinnahmen finanziert, aber das finde ich sinnvoll.

3. Einmal pro Woche gehe ich ins Kino und als Freizeitbeschäftigung blogge ich. Meine Fangemeinde ist superklein, dennoch freut es mich sehr, die freundlichen Kommentare zu lesen und lebhafte Gespräche zu führen. Ich respektiere Internet-Promis, aber beruflich würde ich das nicht tun, denn das wäre weniger angenehm.

4. Ich bevorzuge, Internet-Plattformen wo man Fotos veröffentlichen kann – klar gibt es Promis, aber der Unterschied ist, dass sie etwas Wertvolles machen. Sie müssen jeden Tag sehr hart arbeiten, hinter den Kulissen! Sogenannte „Stars" im Internet haben das Netz gesättigt, aber nicht mit Leidenschaft sondern mit einer Sehnsucht nach Geld.

5. Es ist kaum zu glauben, dass man weltweit und über Nacht zum Star werden kann und das kann man an einem eindeutigen Beispiel belegen: Vor fast zehn Jahren wurden plötzlich zwei Mädchen aus Hessen Kultstars, weil sie ein lustiges Video hochgeladen hatten! Irgendwann wäre ich so gerne ein Promi im Internet, doch ich bezweifle, dass ich zu unbegabt bin.

6. Es kann wohl sein, dass Schauspieler reich und hübsch sind, aber sie sind nicht zugänglich. Sie ermutigen die Fans über ihre Verhältnisse zu leben, womit ich nicht einverstanden bin. Demzufolge bewundere ich lieber Promis im Internet, da sie authentischer sind. Ich gebe aber zu, dass ich ganz neidisch auf sie bin!

Grammatik

Word order
Wortstellung

Study point N3 in the grammar section. Re-read the text above.

A Find the following examples of word order:
 1 A phrase including a time and a place.
 2 A phrase including time and manner.
 3 A phrase including time, manner and place.
 4 A phrase including a negative **adjective**.
 5 A phrase including a negative **verb**.

B Copy out the phrases containing the examples and translate them into English.

Unit 2 Die digitale Welt

3 Bilden Sie Sätze aus den Gruppen von Wörtern.

1. alleine, er, vor seinem Computer, jeden Abend, sitzt
2. Wie?, digitaler Medien, man, vor den Gefahren, sich, schützt
3. mit ihren Kindern, über Online-Inhalte, Eltern, sprechen, sollen
4. interessiere, überhaupt, mich, für Online-Spiele, ich, nicht
5. zu kommunizieren, bieten, uns, soziale Netzwerke, in Echtzeit, die Möglichkeit
6. für immer, wenn, im Netz, sind, sie, im Netz, Fotos, sind, einmal
7. der sozialen Netzwerke, ein, halten, die Altersbeschränkungen, viele Jugendliche, nicht
8. nicht nur, dienen, zur Unterhaltung, digitale Medien, sondern, bei der Bewältigung, vieler Aufgaben, auch, helfen

4 a Sie hören drei Jugendliche, die über das Thema „Probleme mit dem Internet" sprechen. Beantworten Sie die Fragen auf Deutsch.

1. Wie hat Sara bemerkt, was passiert ist?
2. Was ist Saras persönliche Einstellung zum Thema Cybermobbing?
3. Warum ist laut Sarah Cybermobbing so einfach?
4. Wofür benutzt Lukas sein Handy?
5. Warum musste Lukas das Internet benutzen?
6. Was war die Strafe?
7. Warum hat die Oma von Marlies die Kontodaten per E-Mail geschickt?
8. Wer hat die Oma von Marlies angerufen?
9. Wie hat Marlies geholfen?

4 b Übersetzen Sie die Sätze mit Hilfe des Hörtextes ins Deutsche.

1. People don't understand that bullying via nasty messages can be hurtful.
2. After an argument with my friends they bullied me on social media.
3. It doesn't bother me – it shows that they are immature.
4. My phone is really important for chatting with friends, especially at school.
5. The internet can help with homework, but it's not perfect!
6. My parents found out that I had forgotten to do my homework.
7. I was shocked when my account data was stolen.
8. Internet criminals can steal passwords and clear out bank accounts.

Strategie

Learn the best ways to memorise vocabulary
- Learn vocabulary on a regular basis and have a system for doing so.
- Use the vocabulary lists at the end of this unit and the end of this book as well as the online vocabulary.
- Ensure that you write down all new vocabulary as you hear or read it, including gender and plural for nouns.
- Use cue cards or lists to keep all of your vocabulary together, transferring it from your class notes.
- Get into the habit of revising vocabulary 'little and often', for example 20 words and 15 minutes per day.
- Use the 'look, cover, write, check' method with bilingual vocabulary lists:

  – **Look** at the English and German words or expressions on the list and read them aloud to yourself.
  – **Cover** up the English word or expression and say the German and English aloud.
  – **Write** out the German word or expression with the correct spelling.
  – **Check** this against the original word or expression.
- Keep going until you reach the bottom of the list and repeat up to three times for any words or expressions you didn't get right.
- Now cover up the German and repeat the process the other way round.
- Keep going until you have memorised the vocabulary, and remember to re-test yourself a week or two later.

5 a Machen Sie Recherchen im Internet über einen deutschen Promi im Internet. Beantworten Sie diese Fragen.
- Warum ist er/sie berühmt?
- Wie sind seine/ihre Fans?
- Wie findet er/sie die Berühmtheit?
- Wie ist das Leben von einem Internet-Promi?
- Was sind die Vor- und Nachteile seines/ihres Berühmtseins?

5 b Machen Sie ein Rollenspiel (zwei bis drei Minuten lang) mit einem Partner oder einer Partnerin. Partner(in) A spielt die Rolle von einem Promi im Internet und Partner(in) B interviewt A. Die Texte und die Fragen helfen Ihnen dabei.
- Warum sind Sie berühmt?
- Wie sind Ihre Fans?
- Wie finden Sie das Berühmtsein?
- Wie ist das Leben von einem Internet-Promi?
- Was sind die Vor- und Nachteile Ihres Berühmtseins?

Unit 2 Die digitale Welt 39

Vokabular

The lists below contain the key vocabulary for each sub-unit and need to be learnt by heart. More complete lists are available in the Dynamic Learning package.

2.1 Soziale Netzwerke

anziehend *adj* attractive
die **Daten** data
erreichbar *adj* reachable
die **Gefahr(en)** danger
gesellig *adj* sociable
der **Gestalter(-)** designer
der **Kommentar(e)** comment
die **Nachricht(en)** news/message
die **Neuigkeit(en)** news
im **Netz** *adv* on the Internet
der **Nutzer(-)** user
selbstsicher *adj* self-confident
das **Tablet(s)** tablet (computer)
vielseitig *adj* varied
der **Zuschauer(-)** spectator
der **Zweck(e)** purpose

2.2 Die Sucht nach Technik

abhängig *adj* addicted
Angst vor etw. haben *v* to be scared of sth.
beliebt *adj* popular
beunruhigend *adj* worrying
im Durchschnitt *adv* on average
erklären *v* to explain
erreichbar *adj* contactable / reachable
fremd *adj* strange
funktionieren *v* to work
die **Handynutzung(en)** mobile phone usage
die **Handysucht(¨e)** mobile phone addiction
handysüchtig *adj* addicted to one's mobile phone
herunterladen *v* to download
nötig *adj* necessary
nutzlos *adj* useless
das **Smartphone(s)** smartphone
sich Sorgen machen *v* to worry
sparen *v* to save
der **Technikfeind(e)** technophobe
zeigen *v* to show
zeitgemäß *adj* contemporary

2.3 Das Internet

der **Abonnent(en)** subscriber
das **Berühmtsein** fame
bewundern *v* to admire
hochladen *v* to upload
nützlich *adj* useful
der **Promi(s)** celebrity
der **Ruhm** fame
der **Reichtum** fortune
das **soziale Netzwerk(e)** social network
unbegabt *adj* untalented
das **Vorbild(er)** role model

Theme 1 Aspects of German-speaking society

UNIT 3

Jugendkultur: Musik, Mode und Fernsehen

Theme objectives

This unit looks at the interests and trends of young people living in German-speaking countries. Over the four sub-units, you will:
- Learn about music and songs.
- Learn about the role of celebrities as role models in the lives of young people.
- Learn about fashion trends.
- Learn about the development of TV-watching technology.

Grammar objectives

You will also study and practise various grammar points. You will:
- Revise present tense modal verbs.
- Revise the simple past (imperfect) and pluperfect tenses.
- Ask questions.
- Revise infinitive constructions.

Strategy objectives

Finally, you will develop different strategies that will help you when it comes to exam time. Over these four sub-units you will:
- Translate into English.
- Research a famous German speaker.
- Acquire techniques to improve reading skills.
- Translate accurately from English into German.

3.1 Musik und Lieder

- Über Musik und Lieder in deutschsprachigen Ländern lernen.
- Modalverben im Präsens wiederholen.
- Ins Englische übersetzen.

Zum Einstieg

1 Schreiben Sie die Sätze zu Ende.
  a Meine Lieblingsgruppe ist ___, weil ___ .
  b Mein Lieblingssänger ist ___, weil ___ .
  c Mein Lieblingslied ist ___, weil ___ .
  d Meine Lieblingsmusikrichtung ist ___, weil ___ .
  e Ich höre gern Musik, weil ___ .

2 a Schreiben Sie eine Zusammenfassung der Äußerungen über Musik. Schreiben Sie in ganzen Sätzen und prüfen Sie sorgfältig die Grammatik und die Wortstellung. Achten Sie auf folgende Punkte:
- Warum deutschsprachige Künstler auf Englisch singen.
- Die Vorteile, wenn deutschsprachige Künstler auf Englisch singen.
- Die Nachteile, wenn deutschsprachige Künstler auf Englisch singen.

2 b Lesen Sie die Äußerungen über Musik noch einmal durch. Wählen Sie von der Liste das Wort, das zu der jeweiligen Textlücke am besten passt. Sie müssen die richtigen Formen der Verben und Adjektive einsetzen und Sie brauchen nicht alle Wörter (es gibt vier, die nicht passen).

bieten	Herz	zunehmend
fallen	wichtig	geben
erreichen	Musiker	gleichgültig
unvermeidlich	Muttersprachler	verpassen

Laut Johann ist der (1) ____ Einfluss des Englischen in der Musikszene (2) ____ , denn die Sprache ist so weit verbreitet. Englische Titel (3) ____ einen wesentlichen Vorteil, weil man sie einem globalen Publikum zugänglich machen kann.

Helena denkt, dass die Bedeutung eines Liedes nicht unterschätzt werden darf. Dabei ist es aber (4) ____ , ob man auf Deutsch oder Englisch singt. Hauptsache ist, dass wenn man das Lied singt, es vom (5) ____ kommt.

Mauritz zufolge ist es nötig, auf Englisch zu singen, um kommerziellen Erfolg zu (6) ____ . Obwohl er Lieder auf Englisch schreibt, weil es ihm leichter (7) ____ und er sich seinen Fans anpassen will, ist er deutscher (8) ____ .

Theme 1 Aspects of German-speaking society

Sollten Deutsche auf Englisch singen dürfen?

Für deutsche Bands heute, die Welterfolg anstreben, stellt sich häufig die Frage – soll man in der Muttersprache singen?

In welcher Sprache soll man singen?

Johann: Meines Erachtens nach hat die englische Sprache sich im Musikbereich völlig durchgesetzt, nicht zuletzt deshalb, weil es die Weltsprache ist und Sänger und Plattenfirmen aus Deutschland wollen überall bekannt werden. Um erfolgreich zu sein, muss man eine Sprache wählen, die die Mehrheit der Fans verstehen kann und in der sie mitsingen mag. Wenn die Idole und die große Stars auf Englisch singen, tut man es fast zwangsläufig. Außerdem klingen mir Wörter auf Englisch einfach melodischer in schönen Liebesballaden, weil Deutsch so harte Laute hat. Wir haben leider eine relativ harte Sprache!

Helena: Ich bin der entschiedenen Ansicht, dass man nur mehr mit Texten spielen kann, wenn man Muttersprachler ist, sei es Deutsch oder Englisch. Wer nicht absolut sattelfest in der englischen Sprache ist, wird nie auf Englisch schreiben und sich mitteilen können wie auf Deutsch. Ein gutes Lied kann nur durch gute Wortwahl entstehen, deshalb soll man in der Sprache singen, in der man auch mit den Zuhörern reden würde. Wenn man wirklich persönliche Gefühle ausdrücken will, soll man stolz darauf sein, dass man sich treu bleibt und in seiner Muttersprache singt.

Mauritz: Die Sprache des Liedes ist ja ein heikles Thema heutzutage. In den sechziger Jahren versuchten weltbekannte Stars Beliebtheit bei den Deutschen zu gewinnen, indem sie ihre Hits auf Deutsch gesungen haben. Es ist schade, dass es heute umgekehrt ist, aber einfach gesagt: was sich verkauft, muss produziert werden, und auf Deutsch zu singen wird leider eine begrenzte Hörerzahl und weniger Gewinn bedeuten. Als deutschsprachige Künstler bin ich immer besser mit Englisch klargekommen, obwohl ich je nach Stimmung entweder deutsche oder englische Texte verfasse. Diese Freiheit darf als Vorteil betrachtet werden, zum Beispiel mag ich, wie man mit der englischen Grammatik das Grundgerüst eines Liedes superleicht bauen kann.

Grammatik

Present tense modal verbs
Modalverben im Präsens

Study point J1.1 in the grammar section. Re-read the text above about music and language.

A For the following tasks, copy out the phrases, underline the examples and translate the phrases into English.
  1 Find two sentences including *können*.
  2 Find two sentences including *sollen*.
  3 Find two sentences including *müssen*.
  4 Find two sentences including *wollen*.
  5 Find one sentence including *mögen*.
  6 Find one sentence including *dürfen*.
  7 Find one sentence including *sollen* and *dürfen*.
  8 Find one sentence including *können* and *mögen*.

B What type of verbs are modal verbs used with? What are the word order rules for modal verbs?

3 Ersetzen Sie den Infinitiv durch die passende Form des Präsens.

1. Diese Musik (können) ich nicht leiden.
2. Auch englische Texte (müssen) man mit amerikanischem Akzent singen – mit einem englischen Akzent klingen sie urkomisch.
3. Die deutsche Sprache (sollen) härter als Englisch klingen, aber das (können) nicht wahr sein, weil die Laute beider Sprachen fast gleich sind.
4. Deutsche Sänger (müssen) nicht alles auf Englisch singen, aber viele (wollen) schon ein paar englische Songs in ihrem Repertoire haben.
5. Als englischsprachiger Fan (wollen) er keine Musik aus anderen Ländern hören.
6. Ich (mögen) aber Lieder mit einer längeren Tradition – die Musik von Schubert.
7. Französische Sender (dürfen) nur einen bestimmten Prozentsatz von Songs mit englischen Texten senden. Mindestens 40% (müssen) auf Französisch sein.
8. Englische Sänger und Entertainer (können) meistens keine Fremdsprachen.

4 a Hören Sie sich den Bericht „Musik und deutschsprachige Jugendliche" an und erklären Sie die Zahlen auf Englisch.

1. 12–19
2. ¼
3. 73%
4. ½
5. 90%
6. 3rd
7. 98%
8. ⁴/₅

4 b Hören Sie sich den Bericht noch einmal an und beantworten Sie die Fragen auf Deutsch.

1. Wozu benutzen deutsche Jugendliche Musik?
2. Was bedeutet „musizieren"?
3. Warum lehnen österreichische Jugendliche das Radio ab?
4. Warum gibt es immer weniger Musikfernsehsendungen in Österreich?
5. Wie beliebt ist Fernsehen in der Schweiz im Vergleich zu Musikhören?
6. Wie hat sich die Nutzung von MP3-Spielern in der Schweiz verändert?
7. Warum hören schweizerische Jugendliche Musik lieber auf dem Handy?
8. Warum lädt man gern Musik vom Internet herunter?

Strategie

Translation from German into English

- Before you start translating, read through the text. This will help you to understand the general topic area.
- If there are any words you don't know, try to use the context to work them out. If you have access to a dictionary, make sure you choose the word which is most suitable.
- Decide what tense each sentence is in by looking at the verb.
- Remember that you are translating meaning, not words. A literal translation is often not possible, and is not always a good idea. Your aim is to find an equivalent phrase in English which conveys the same information.
- It is okay to move, change or even add appropriate words or phrases to make the text sound more natural in English, for example using the passive voice instead of the active voice. German word order rules are not the same as English.
- Always read through your final version carefully. If it doesn't sound natural, then change it. The best translations are those that you can't tell are translated!
- Use these strategies to help you to complete exercise 5.

5 Translate the following passage into English with the help of the tips above and a dictionary.

Die Wichtigkeit der Musik

Das Sprichwort „Sag mir, was du so hörst, und ich sag dir, wer du bist" soll klarmachen, wie die Musik einen für das Leben prägen kann. Musiker wollen mit ihrer Musik etwas bewegen, daher ist es kein Wunder, dass viele junge Musiker ihre eigene Musikrichtung durch den Einfluss von Sängern und Gruppen finden. Um junge Leute zu beeinflussen, müssen die Lieder nicht immer lehrreich oder tiefsinnig sein, sondern Jugendliche mögen fröhliche Musik, die sie mit guten Erlebnissen verbinden können.

6 a  Finden Sie Informationen über einen deutschsprachigen Musiker/ eine deutschsprachige Gruppe. Diskutieren Sie Ihre Antworten.

1. Was ist die Musikrichtung dieser Band/dieser Gruppe?
2. In welcher Sprache singt diese Person/diese Gruppe?
3. Spielt diese Person/diese Band Instrumente (welche?) oder hat diese Person eine Band?
4. Was war sein/ihr größter Hit?
5. Ist diese Person/diese Gruppe weltweit bekannt? Wo?
6. Wie findet das deutschsprachige Publikum diese Person?

6 b  Schreiben Sie die Informationen auf, die Sie gefunden haben. Schreiben Sie in ganzen Sätzen und prüfen Sie sorgfältig die Grammatik und die Wortstellung.

3.2 Promis aus dem Herkunftsland

- Über die Rolle von Promis als Vorbilder im Leben Jugendlicher lernen.
- Das Imperfekt und Plusquamperfekt wiederholen.
- Einen deutschsprachigen Promi recherchieren.

Zum Einstieg

1 Beantworten Sie diese Fragen auf Deutsch – diskutieren Sie die Antworten in einer Gruppe.
- Wer kann als Vorbild dienen?
- Was bedeutet das Wort „Vorbild" für junge Leute?
- Warum braucht man Vorbilder?
- Wie kann man ein Vorbild sein?

Sportler als Vorbilder

Diese zwei Jugendliche diskutieren einen Zeitungsartikel, der über Sportler als Vorbilder spricht, und den sie neulich gelesen haben.

Albert

Bevor ich den Artikel gelesen habe, hatte ich immer gedacht, dass Sportler keine Vorbilder sein sollen oder zumindest soll man sie nur auf dem Spielfeld verehren! Sie sind nicht zu bewundern, sondern zu beneiden, da sie so viel verdienen! Ich glaubte immer, dass sie Geld aus Eigennutz scheffeln, ohne es zu spenden oder zu einem guten Zweck zukommen zu lassen. Der Artikel war aber bestimmt lesenswert und brachte mich zum Denken – warum verlangt man von Sportlern, dass sie fast ein Heilige sein sollen und immer ihre Vorbildfunktion im Auge behalten sollen? Ich musste mich

Albert und Vanessa sprechen über Stars als Vorbilder

fragen, ob es gerecht ist, dass ich Sportler immer kritisiert hatte, die Probleme oder Skandale in ihrem Privatleben hatten, zum Beispiel eine außereheliche Beziehung oder sie sind Dopingsünder. Meiner Ansicht nach sollen die Medien nicht vergessen, dass niemand perfekt ist und die Sportler stehen unter gewaltigem Druck, sich „vorbildlich" zu benehmen.

Vanessa

Dass bei 93% der jungen Deutschen Athleten als Vorbilder gelten, überraschte mich gar nicht. Es erinnerte mich an meine Kindheit, als ich und meine Schwester große Bewunderer von Olympioniken waren, nachdem wir die Olympischen Spiele zum ersten Mal im Fernsehen gesehen hatten. Ich konnte kein Spiel und keine Wettkampfveranstaltung verpassen! Obwohl ich damals gern Sport trieb, fehlte es mir einfach an Zeit und Engagement, Spitzensportlerin zu werden, aber ich wollte trotzdem immer alles über meine Helden und ihr begehrenswertes Leben herausfinden. Wenn deutsche Athleten Medaillen erringen, fühle ich mich stolz und glücklich, und deshalb verdienen sie die Vorbildrolle. Spitzensportler werden angehimmelt, weil sie spezielle Fähigkeiten und Erfolge haben, und das könnte auch die jungen Fans ermutigen, Sport zu treiben. Zum Image von vielen Sängern und Schauspielern scheint es zu gehören, dass sie drogen- oder alkoholabhängig sind, aber Spitzensportler zeigen, dass Rauschtrinken und Drogenkonsum eigentlich uncool sind.

2 a Lesen Sie das Gespräch und finden Sie die Synonyme.

1. bewundern
2. gewinnen
3. begehrenswert
4. riesig
5. Fan
6. Hochleistungssportler
7. Idol
8. mangeln

2 b Lesen Sie das Gespräch noch einmal und lesen Sie dann die Aussagen unten. Schreiben Sie jeweils R (richtig), F (falsch) oder NA (nicht angegeben).

1. Die Mehrheit der Jugendlichen in Deutschland sind der Ansicht, dass Sportler eine Vorbildfunktion haben.
2. Popularität erhalten Sportler erst dann, wenn sie in den Medien bekannt werden.
3. Die öffentliche Wahrnehmung der Spitzensportler ist oftmals falsch.
4. Es ist Albert egal, ob er Vorurteile über Sportler hat.
5. Bei einem Sieg der Nationalmannschaft jubelt Vanessa gern.
6. Die Erwartungen an Sportler kann man unmöglich erfüllen.
7. Es fällt Sportlern und Athleten leicht, ein immerwährendes Vorbild zu sein.
8. Sportler werden aufgrund des Privatlebens von Spielen ausgeschlossen.

Grammatik

Simple past (imperfect) and pluperfect tenses
Das Präteritum (Imperfekt) und Plusquamperfekt

Study points I3 and I5 in the grammar section. Re-read the discussion on page 46 about sportspeople as role models.

A For the following tasks, copy out the phrases, underline the examples and translate the phrases into English.

Find:
1 Four examples of the pluperfect tense.
2 Two examples of *sein* in the simple past (imperfect) tense.
3 Three modal verbs in the simple past tense.
4 Six other verbs in the simple past tense.

B Can you identify the differences between weak, strong and mixed verbs in the simple past tense?

3 Schreiben Sie die Sätze in der gegebenen Zeitform.

1. Als ich Teenager (sein *simple past*), (sehen *simple past*) ich Sportler als meine Vorbilder.
2. Später (halten *simple past*) ich Menschen wie Mutter Teresa für meine Vorbilder – Menschen, die mutig (leben *pluperfect*).
3. Mir (fehlen *simple past*) das Talent, Fußball-Profi zu werden.
4. Ich (wollen *simple past*) und (müssen *simple past*) glauben, dass ich meine Vorbilder nachahmen (können *simple past*).
5. Ich (tragen *simple past*) ähnliche Kleider und (hängen *simple past*) ihre Bilder an die Wand.

Unit 3 Jugendkultur: Musik, Mode und Fernsehen

6 Wir (gehen *simple past*) in ihre Konzerte, nachdem wir unser Taschengeld (sparen *pluperfect*).

7 Später (erkennen *simple past*) ich, dass ihr Leben meistens genauso langweilig wie meines (sein *pluperfect*).

8 Meine Eltern (verstehen *simple past*) meine Vorbilder überhaupt nicht, obwohl sie auch früher ihre Filmstars (bewundern, *pluperfect*).

Sind Stars gute Vorbilder?

4 a Hören Sie zu. Sechs junge Leute geben ihre Meinung zum Thema „Stars als Vorbilder". Schreiben Sie P, wenn die Meinung positiv ist, N, wenn die Meinung negativ ist, oder P/N, wenn die Meinung positive und negative Aspekte hat.

1 Sabine
2 Bastian
3 Ruth
4 Dominik
5 Hannah
6 Nils

4 b Übersetzen Sie ins Deutsche, mit Hilfe des Hörtextes.

1 I wanted to be a politician, but I didn't like the idea of being tangled up in political scandals.
2 My role models were stars whom I didn't know at all.
3 When I was young, my friends and I didn't want to be famous, but rather courageous.
4 If famous people had done something good, I wanted to copy them.
5 Even as a child I had many role models who had always behaved as such.
6 Fans wanted to discover everything about celebrities and their glamorous lifestyle.
7 I wasn't allowed to watch TV when I was younger, so I had no interest in celebrities.
8 I used to give money to charity because a celebrity had encouraged it.

Theme 1 Aspects of German-speaking society

5 Translate the passage into English.

Stars aus dem Herkunftsland

Aus meiner Sicht wirken viele Promis als Vorbilder, vor allem die aus den deutschsprachigen Ländern. Früher dachte ich mal anders: als ich jünger war, mochte ich amerikanische Schauspieler und ich wollte sogar in ihre Fußstapfen treten, aber ich hatte sie immer auch unerreichbar gefunden. Gleichwohl versuchte ich ständig, sie nachzuahmen und ihnen nachzueifern. Doch nur wenige Jahre später, empfinde ich einen gewissen Stolz, dass die Welt sich für deutsche Promis erwärmt.

Strategie

Research a famous German-speaking person
- Decide who you would like to find out more about. Choose someone who interests you, for example because of their professional achievements or interesting life, and who you would like to find out more about.
- Try to stick to reading information in German, to ensure your research is as accurate as possible.
- Use material which is current and up-to-date.
- Use reliable, reputable sources, and try to find both primary and secondary information.
- Keep a record of all the information you find, either on paper or electronically. This should be done as short bullet points, rather than copying entire paragraphs.
- Start by researching basic information such as date and place of birth and significant life events.
- Then start looking for more interesting facts. These can be found from a variety of sources, such as magazine articles, websites, interviews or bibliographies.
- If possible, include some quotes attributed to the famous person.
- If you are writing or speaking about this person, you will need to rewrite your bullet point notes in your own words.
- Present your information in a logical order, starting with their early life and finishing with their life today.
- Use this information to help you with exercise 6a.

6 a Schreiben Sie über einen deutschsprachigen Star. Schreiben Sie in ganzen Sätzen und prüfen Sie sorgfältig die Grammatik und die Wortstellung. Die Strategie hilft Ihnen dabei.
- Warum finden Sie diese Person interessant?
- Wann und wo wurde er/sie geboren?
- Warum ist er/sie berühmt?
- Wie hat seine/ihre Karriere angefangen?
- In welchen Ländern hat er/sie Erfolg erzielt?
- Was ist sein/ihr größter Erfolg?
- Wie findet das deutschsprachige Publikum diese Person?

6 b Diskutieren Sie mit einem Partner/einer Partnerin:
- Sind Promis aus dem Herkunftsland beliebter bei jungen Leuten als „ausländische" Promis?
- Warum (nicht)?
- Bewundern Sie Promis aus Ihrem Herkunftsland?
- Warum (nicht)?
- Was sind die Vorteile, wenn man Promis aus dem Herkunftsland bewundert?

Unit 3 Jugendkultur: Musik, Mode und Fernsehen

3.3 Mode und Image

- Über die Modetrends in deutschsprachigen Ländern lernen.
- Fragen stellen.
- Fähigkeiten erwerben, um das Textverständnis zu verbessern.

Zum Einstieg

1 Was für ein Image haben diese jungen Leute oben rechts? Schauen Sie sich diesen Bildern rechts an und beantworten Sie diese Fragen.
- Was für einem Modetrend folgt er/sie?
- Wie finden Sie diesen Modetrend?

Strategie

Acquire techniques to improve reading skills
There are some exam board specific tasks which will appear on the AS-level paper. The most important thing to remember for all reading tasks is to never leave any blanks – always make an educated guess if necessary.

Cloze:
- Decide what type of word you need – is it a noun, verb, adjective or something else? Its position in the sentence will help you with this.
- Check adjective and verb endings carefully – case, gender and number are important.
- Ensure your answer makes sense both grammatically **and** based on what you have read.

Answering in German:
- Ensure you understand the question and that you have read the question words carefully. You must understand what is being asked.
- Look for key words in the question and find them in the text to help you locate important information.
- Don't copy the information word for word – rephrase expressions to answer the question asked.
- Keep your answers short and succinct, ensuring that you have provided enough information.

True, false or not mentioned:
- Use key words from the statement to find the section of text you need. Read it very carefully, as small words such as negatives or time phrases could change the meaning completely.
- If a statement is true, the text will confirm it. It will not be the exact same wording, but rather the same idea or information presented differently.
- If a statement is false, the text will contradict it. You will find the opposite idea or information.
- If a statement is not mentioned, there will be no relevant information in the text. Even if you understand every word, you will still not be able to confirm or reject the statement.
- Use these strategies to help you with exercise 2b.

2 a Suchen Sie Antonyme zu diesen Adjektiven im Artikel.

1. unglücklich
2. altmodisch [4]
3. möglich
4. sinnvoll
5. bescheiden
6. unbeliebt
7. hübsch
8. wenig

Theme 1 Aspects of German-speaking society

Machen Kleider Leute?

Drei junge Mädchen sagen, wie wichtig Mode für sie ist

„Mir ist die Mode sehr wichtig"

„Mode verändert sich so schnell"

„Ich verstehe Mode nicht"

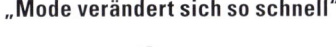

Lana: Ich fühle mich in meiner Haut gar nicht wohl, wenn ich die angesagte Markenkleidung nicht trage. Wie angeberisch klingt das? Würde meine Clique sich über mich lustig machen, wenn ich schlecht angezogen wäre? Meine Kumpels achten sehr darauf, was unsere Mitschüler anhaben, und es wird viel über die hässlichen Klamotten gelästert. Wer bei uns keine modischen Kleider anhat, wird ausgeschlossen, und manchmal ist es wie ein Wettkampf, jede Saison so viele Kleidungsstücke wie möglich zu kaufen, die der aktuellen Mode völlig entsprechen. Was ist gerade heiß begehrt? Selbstverständlich weiß ich das immer.

Emma: Ausgerechnet meine Mutter, eine Modedesignerin, behauptet immer, dass das, was heute im Trend liegt, uns Jahrzehnte später zum Lachen bringt. Ich will das belegen – wir sind kürzlich umgezogen und mussten sowohl mein Kinderzimmer als auch den Dachboden ausräumen. Was für Kleidung haben wir entdeckt? Kaum zu beschreiben! Wer glaubt schon an zeitlose Mode? Sagen wir einfach, dass es eher um fragwürdigen Geschmack geht! Meine Mutter hat mir auch beigebracht, dass man die Mode nicht so ernst nehmen soll. Es soll Freude machen, durch die Läden zu schlendern und zahlreiche Muster und Farben zu mischen.

Monika: Mir ist Mode ein Rätsel, das ich nie verstehen werde. Warum weist man so deutlich darauf hin, dass es bei der Mode um Individualität und Selbstdarstellung geht, wenn alle dieselben Farben und Stile tragen? Es ist mir einfach unbegreiflich, wie man hunderte von Euros für Klamotten ausgeben kann. Wann findet man die Zeit, stundenlang einkaufen zu gehen? Ich habe Besseres zu tun, deshalb finde ich das sinnlos, besonders wenn die Kleidung nächstes Jahr weggeschmissen wird. Ich achte natürlich nicht sonderlich darauf, immer voll im Trend zu sein, aber manchmal kaufe ich etwas, das zufällig gerade modisch ist!

2 b Lesen Sie den Artikel noch einmal. Wählen Sie von der Liste das Wort, das am besten zur jeweiligen Textlücke passt. Sie müssen die richtigen Verben und Adjektiven einsetzen und Sie brauchen nicht alle Wörter (es gibt vier, die nicht passen). Die Strategie hilft Ihnen dabei.

verändern	vor allem	zwingen
trotzdem	müssen	deshalb
peinlich	sein	interessant
keinesfalls	lächerlich	
Außenseiter	Besseres	

Lana will nicht als (1) ____ von ihren Freunden betrachtet werden, deshalb fühlt sie sich (2) ____ , der Mode zu folgen. Sie fragt sich, ob die Mode das Ein und Alles (3) ____ soll, aber sie kauft trotzdem immer neue Sachen.

Emmas Mutter arbeitet im Modebereich und (4) ____ sagt sie, dass nichts zeitlos ist. Emma hat neulich alte Kleidung gefunden, und das war sehr (5) ____ für sie! Es ist ihr klar geworden, dass Mode sich von Jahr zu Jahr dramatisch (6) ____ kann.

Monika findet es (7) ____, dass Mode sowohl teuer als auch schnell veraltet ist, und sie ist (8) ____ ein Ausdruck der Individualität. Sie behauptet, dass sie (9) ____ zu tun hat, anstatt einen Einkaufsbummel zu machen.

Grammatik

Forming questions
Fragen stellen

Study points D7 and F6 in the grammar section.
Re-read the text on page 51 about fashion.

A For the following tasks, copy out the phrases, underline the examples and translate the phrases into English.
Find sentences which include the following question words:
1 How
2 What
3 What sort of
4 Who
5 Why
6 When
7 Find two questions which are formed without a question word.

B What are the word order rules when forming questions, with and without interrogative pronouns and adverbs?

3 Schreiben Sie eine passende Frage für jede Antwort unten.

1 Manche Teenager werden gemobbt, weil sie die „falschen" Handys haben.

2 Wenn sie nicht die richtigen Marken tragen, trauen sich manche Schüler nicht in die Schule.

3 Tätowierungen können zu medizinischen Problemen wie Infektionen und allergischen Reaktionen führen.

4 Nein – eine Tätowierung, die man nicht mehr mag, lässt sich nie ganz entfernen.

5 Ich kaufe meine Kleider meistens bei H & M.

6 Auch die coolste Frisur von heute sieht in 10 Jahren lächerlich aus.

7 Ich gehe immer mit meiner Freundin einkaufen.

8 Billige Modeartikel werden oft in Ausbeuterbetrieben in Südostasien hergestellt.

Theme 1 Aspects of German-speaking society

4 a Sie hören den Bericht „Tätowierung bei Jugendlichen". Wählen Sie die vier Aussagen, die mit dem Sinn des Berichts übereinstimmen.

1. Die Eltern haben einen großen Einfluss auf die Entscheidung, ob man sich tätowieren lässt.
2. Man muss sich eine Tätowierung gut überlegen.
3. Die Entfernung einer Tätowierung kann schwierig sein.
4. Junge Leute lassen sich tätowieren, um anders als ihre Freunde auszusehen.
5. Mangelnde Erfahrung kann gefährlich sein.
6. Eltern können die Sucht nach Tattoos nicht verstehen.
7. Eine Tätowierung ist zeitlos.
8. Mit einer Tätowierung wollen Jugendliche sich den Gleichaltrigen anpassen.

4 b Schreiben Sie zu jeder Antwort eine Frage auf Deutsch. Benutzen Sie das Fragewort in Klammern. Der Hörtext hilft Ihnen dabei.

1. Jeder dritte Jugendliche. (Wie viele)
2. Wie die Tätowierung in der Zukunft aussehen wird. (Worüber)
3. Ganz klein, aber man muss trotzdem noch vorsichtig sein. (Wie)
4. Das Studio muss sauber sein und der Tätowierer muss Handschuhe tragen. (Was)
5. Weil man eine Tätowierung das ganze Leben lang hat. (Warum)
6. Bei einer Party oder im Urlaub. (Wo)
7. Die Eltern. (Wer)
8. Wenn man achtzehn Jahre alt ist. (Wann)

5 Translate the passage into English.

Kleidung in der Schule

Werden Schüler und sogar Kindergartenkinder von Gleichaltrigen ausgegrenzt und gehänselt, nur weil sie sich teure Sachen nicht leisten können? Es scheint so zu sein, da die Kluft zwischen arm und reich immer größer wird. Laut einer Umfrage wird jede neunte junge Person in Deutschland aufgrund ihrer Bekleidung verspottet. Soll die Regierung bundesweit eine Schuluniform einführen, um ein stärkeres Zusammengehörigkeitsgefühl zu fördern? 2.6% der Schulen in Deutschland haben das schon gemacht.

6 a Diskutieren Sie die Rolle der Mode bei Jugendlichen mit einem Partner/einer Partnerin. Finden Sie Informationen über Trends in den deutschsprachigen Ländern und diskutieren Sie mit einem Partner/einer Partnerin.

- Was sind wichtige/beliebte Trends in den deutschsprachigen Ländern?
- Warum folgt man diesen Trends Ihrer Meinung nach?
- Was sind die Einflüsse auf diese Trends?
- Wie finden Sie diese Trends?
- Ist es wichtig, modisch zu sein?

6 b Wie wichtig finden Sie die Mode? Schreiben Sie einen Absatz. Schreiben Sie in ganzen Sätzen und prüfen Sie sorgfältig die Grammatik und die Wortstellung.

Unit 3 Jugendkultur: Musik, Mode und Fernsehen

3.4 Die Rolle des Fernsehens

- Über die Entwicklung des Fernsehens im Internet lernen.
- Infinitivkonstruktionen wiederholen.
- Vom Englischen ins Deutsche übersetzen.

Zum Einstieg

1 Wie sehen Sie lieber fern? Diskutieren Sie mit einem Partner/einer Partnerin oder in einer Gruppe.
- Wo? (z.B. im Wohnzimmer/im Schlafzimmer/unterwegs)
- Wie? (z.B. im Internet/mit einem Streamingdienst/auf dem Handy)
- Wann? (z.B. jeden Tag/stundenlang, aber nicht täglich/nur am Wochenende)
- Mit wem? (z.B. allein/mit Freunden/mit der ganzen Familie)

Die Entwicklung des Fernsehens

Seit fast einem Jahrhundert lässt das Fernsehen uns an allen wichtigen Weltgeschehen teilnehmen, ohne vom Sessel aufzustehen. Es lässt sich aber nicht leugnen, dass nichts in den vergangenen Jahren so stark an Bedeutung verloren hat wie das Fernsehen. Wir sprechen mit Christian Schultz, Medienexperte

Das Fernsehen verliert an Bedeutung

Wie verändert sich das Fernsehen?

Das Internet hat eine neue Art des Fernsehens geschaffen und will es massentauglich machen. Online-Videotheken und Streamingdienste wie Amazon und Netflix bieten für eine geringe monatliche Gebühr jedem die Möglichkeit, sein eigener Programmdirektor zu sein, anstatt nur einem Fernsehdienst treu bleiben zu müssen. Die Zuschauer werden nicht gezwungen, alles anzuschauen, was ein Sender zeigt. Sie lassen uns Beiträge auswählen, die uns am meisten interessieren, ohne an feste Startzeiten gebunden zu sein. Um sich diese Serien, Filme und Sendungen anzuschauen, bedarf es weder eines großen technischen Wissens noch teurer Apparate.

Netflix und Amazon werden auch immer beliebter, oder?

Seit Mitte September 2014 ist Netflix in Deutschland verfügbar und seitdem tobt der Kampf um Zuschauer. Die Firma aus Los Gatos, Kalifornien, will auch in Deutschland schaffen, was ihr in den Vereinigten Staaten bereits gelungen ist: den TV-Markt zu revolutionieren. Amazon und Netflix locken das Publikum nicht nur mit einer überlegenen Technik an. Sie stellen auch Inhalte her, die süchtig machen. Das Publikum wird angefixt mit hochklassigen Serien; mit Geschichten, die so noch nie erzählt worden sind. Über Serien wird heute geschwärmt und diskutiert wie sonst nur noch über Fußball.

Welche Rolle spielt die Webseite YouTube bei diesen Veränderungen?

Googles Videoplattform gilt vielen als Hort süßer Kätzchenvideos. Doch der Internetkonzern investiert gerade viel Geld und Personal, um das zu ändern. Mit folgendem Ziel: Das Fernsehen, wie wir es kennen, neu zu erfinden. Sie strahlen typische Samstagabendshows aus – nur dass sie nicht mehr im Fernsehen laufen, sondern im Internet. In Los Angeles, Tokio und London betreibt YouTube dafür eigene TV-Studios.

Wie sieht die Zukunft des Fernsehens aus?

Nur eins bleibt klar – der Computer verdrängt langsam aber sicher zahlreiche andere technische Geräte aus dem Wohnzimmer. Bedrängt von Anbietern wie Netflix und Amazon sind gute Geschichten die letzte Chance der traditionellen öffentlich-rechtlichen deutschen Sender wie ARD und ZDF, einen eigentlich verlorenen Kampf noch zu wenden.

2 a

Lesen Sie das Interview. Wählen Sie aus der Liste das Verb, das am besten passt, um die Sätze zu ergänzen, und schreiben Sie die richtige Form auf. Es gibt vier Verben, die Sie nicht brauchen.

investieren	anpassen	abonnieren
empfangen	kaufen	ermöglichen
zwingen	erlauben	übertragen
beginnen	probieren	wachsen

1. Die wettbewerbsfähigen Preise bieten die Gelegenheit, mehrere Dienste gleichzeitig zu _____ .
2. Der Fernsehabend muss nicht mehr pünktlich nach der „Tagesschau" _____ .
3. Es ist denkbar einfach, Streamingdienste zu _____ .
4. Amazon und Netflix _____ den Zugriff auf mehrere Tausend Filme und Serien.
5. YouTube _____ kräftig, um neue Kunden anzulocken.
6. YouTube kann jetzt Sendungen live aus den YouTube-Studios _____ .
7. Die Nervosität bei den öffentlich-rechtlichen deutschen Sendern _____ ständig.
8. Die traditionellen TV-Sender werden sich rasch _____ müssen.

2 b

Lesen Sie das Interview noch einmal. Lesen Sie dann die Aussagen unten. Schreiben Sie jeweils R (richtig), F (falsch) oder NA (nicht angegeben).

1. Die Fernsehgeräte heute sind internetfähig und mit Streamingdienst-Apps ausgestattet.
2. Ein riesiges Angebot ist bei Netflix und Amazon kostenlos verfügbar.
3. Ein Vorteil des Internetfernsehens ist, dass die einzige Voraussetzung darin besteht, dass man Lust und Zeit hat.
4. YouTube will jedes bekannte Fernsehformat von Grund auf neu überdenken.
5. Wegen des Konkurrenzes der Internetfernsehprogramme leiden Bild- und Tonqualität.
6. Fast ausnahmslos ziehen die Deutschen einen festen Programmablauf vor.
7. Firmen wie Netflix und Amazon versenden Filme und Serien über das Internet, sodass die Inhalte zu jeder Zeit an jedem Ort abgerufen werden können.
8. Seit langem unterschätzen Fernsehsender die Macht des Internets.

2 c

Korrigieren Sie die zwei falschen Sätze.

Grammatik

Infinitive constructions
Infinitivkonstruktionen

Study point J9 in the grammar section. Re-read the text on page 54 about TV technology.

A For the following tasks, copy out the phrases, underline the examples and translate the phrases into English.

1 Two phrases using the *um ... zu* construction.
2 Two phrases using the *ohne ... zu* construction.
3 One phrase using the *anstatt ... zu* construction.

B Can you identify the word order rules for infinitive constructions? Where do the elements appear in the sentence?

3 Verbinden Sie die Sätze mit *um ... zu ...*, *ohne ... zu ...*, und *anstatt ... zu ...*

1 Früher saß die ganze Familie abends vor dem Fernseher. Sie sahen ihre Lieblingssendungen. (*um ... zu ...*)
2 Meine Oma will ganz einfach fernsehen. Sie will keinen Computer kaufen müssen. (*ohne ... zu ...*)
3 Sie ist zu alt. Sie will sich nicht an Live-Streaming gewöhnen müssen. (*um ... zu ...*)
4 Ich spiele am Computer. Ich verbringe kaum Zeit im Freien. (*anstatt ... zu ...*)
5 Ich finde es schade, dass mein Bruder den ganzen Abend am Computer sitzt. Er sagt kein Wort. (*ohne ... zu ...*)
6 Man verbessert das Online-Fernsehen. Man muss die vielen Probleme beseitigen. (*um ... zu ...*)
7 Man kann die meisten Kanäle im Digitalfernsehen kostenlos empfangen. Man muss keine Fernsehgebühren bezahlen. (*ohne ... zu ...*)
8 Man muss sich seine Lieblingssendungen nicht mehr zu bestimmten Zeiten ansehen. Man kann sie sich nachträglich per Streaming ansehen. (*anstatt ... zu ...*)

4 a Die Beliebtheit der Castingshows. Hören Sie zu – drei Personen sprechen über Castingshows im Fernsehen. Beantworten Sie die Fragen auf Deutsch.

1 Wie unterscheiden sich Castingshows von anderen Sendungen?
2 Was hat dieser Aufschwung gebracht?
3 Was zeigt den Erfolg von „Deutschland sucht den Superstar"? (2)
4 Was finden viele Teilnehmer am wichtigsten?
5 Wie verbessern Castingshows die Berufsaussichten?
6 Was für eine Macht hat das Publikum?
7 Warum ist es schwierig, sich eine Meinung über die Teilnehmer zu bilden?
8 Warum muss man stark sein, um an einer Castingshow teilzunehmen?

4 b Schreiben Sie eine Zusammenfassung des Berichts mit Hilfe des Hörtexts. Schreiben Sie in ganzen Sätzen und prüfen Sie sorgfältig die Grammatik und die Wortstellung. Achten Sie auf folgende Punkte:
- Woran wir sehen, dass Castingshows bei Jugendlichen so beliebt sind.
- Warum Castingshows so beliebt bei Teilnehmern sind.
- Warum Castingshows so beliebt bei Zuschauern sind.

Strategie

Translate accurately from English into German

In the A-level exam, you are required to translate a passage from English into German. You will be provided with a supporting text in German, giving you some of the vocabulary you will need.
- Read the information in both languages carefully before you start your translation, as you will find specialised vocabulary in the German text, although it may be in a different context.
- Underline or make a note of vocabulary and phrases which you can see in both the German text and English sentences.
- Underline or make a note of any unknown vocabulary in the English sentences to remind yourself to come back to it later – you may come across it in the German text.
- Remember to translate meaning rather than individual words – this means that you can use different sentence structures or word order as long as the message is conveyed clearly and accurately.
- You may need to change tenses and verbs in your German sentences.
- Pay attention to the different ways to use active/passive voice in English and German.
- Check your work thoroughly – does it sound authentically German? Pay particular attention to verb endings and word order.
- Use this information to help you with exercise 5.

5 Translate the following passage into English.

Zu viel Fernsehen

Es lässt sich nicht leugnen, dass es immer einfacher wird, überall fernzusehen, aber genau das beunruhigt mich am meisten. Mein sechzehnjähriger Sohn wacht morgens einfach nicht auf, nachdem er die ganze Nacht ferngesehen hat, ohne mit mir über den Inhalt oder die Themen zu reden. *Die Vereinigung Familie und Erziehung* hier in der Schweiz empfiehlt, dass seine Altersgruppe nicht mehr als zwei Stunden pro Tag fernsieht, aber solche Empfehlungen lassen sich besonders schwer umsetzen. Um ihm zu helfen, sich mehr vom Fernsehen abzulenken, will ich ihm abends den Internetzugang verbieten, aber leider ist es mir bislang noch nicht gelungen, diesen Plan vollkommen durchzusetzen.

6 a Diskutieren Sie die folgenden Punkte mit einem Partner/einer Partnerin.
- Was sind die Unterschiede zwischen Fernsehen in Deutschland und Fernsehen in England?
- Was sind die wichtigsten jüngsten Veränderungen beim Fernsehen?
- Was sind die Vor- und Nachteile dieser Veränderungen?
- Wie sehen Sie lieber fern (im Internet, im Fernsehen, mit Streamingdiensten)? Warum?
- Wie sieht die Zukunft des Fernsehens aus?

6 b Was halten Sie vom Fernsehen und Streamingdiensten? Schreiben Sie in ganzen Sätzen und prüfen Sie sorgfältig die Grammatik und die Wortstellung.

Vokabular

The lists below contain the key vocabulary for each sub-unit and need to be learnt by heart.
More complete lists are available in the Dynamic Learning package.

3.1 Musik und Lieder

- **angesagt** *adj* trendy
- die **Beliebtheit(-)** popularity
- das **Gefühl(e)** feeling
- der **Gewinn(e)** profit
- **gewinnen** *v* to gain
- **klingen** *v* to sound
- der **Künstler(-)** artist
- die **Laute(-)** noises
- das **Lied(er)** song
- die **Musikrichtung(en)** music genre
- die **Plattenfirma(-en)** record company
- der **Text(e)** lyrics
- **verfassen** *v* to compose
- **völlig** *adj* completely
- **weltbekannt** *adj* world-famous
- der **Welterfolg(e)** world success
- der **Zuhörer(-)** listener

3.2 Promis aus dem Herkunftsland

- der **Bewunderer(-)** admirer
- **bewundern** *v* to admire
- die **Bewunderung(en)** admiration
- der **Dopingsünder(-)** a sportsperson who takes drugs
- der **Held(en)** hero
- **nachahmen** *v* to copy
- **nacheifern** *v* to emulate
- der **Spitzensportler(-)** top athlete
- der **Sportler(-)** sportsperson
- **verehren** *v* to worship
- das **Vorbild(er)** role model
- **vorbildlich** *adj* in an exemplary manner

3.3 Mode und Image

- **angeberisch** *adj* pretentious
- **angesagt** *adj* trendy
- **gut/schlecht angezogen** *adj* well/badly-dressed
- **anhaben** *v* to wear
- **sich ausdrücken** *v* to express oneself
- das **Aussehen(-)** appearance
- die **Bekleidung(en)** clothing
- der **Geschmack(¨e)** taste
- die **Klamotten** clothes
- die **Kleider** clothes
- das **Kleidungsstück(e)** piece of clothing
- die **Markenkleidung(en)** branded clothing
- die **Selbstdarstellung(en)** self-expression
- **sich leisten können** *v* to be able to afford
- **zeitlos** *adj* timeless

3.4 Die Rolle des Fernsehens

- **sich [einen Film] anschauen** *v* to watch
- **ausstrahlen** *v* to broadcast
- der **Fernsehdienst(e)** television provider
- **öffentlich-rechtlich** *adj* public (TV channels)
- der **Sender(-)** station/channel
- die **Serie(n)** series
- die **Startzeit(en)** starting time
- der **Streamingdienst(e)** streaming service
- **verfügbar** *adj* available
- der **Zuschauer(-)** viewer

Theme 1 Aspects of German-speaking society

UNIT 4

Feste und Traditionen

Theme objectives

This unit looks at how festivals and holidays are celebrated in Germany. Over the three sub-units, you will:
- Learn how New Year and Christmas are celebrated in Germany and where some of these traditions come from.
- Find out how carnival is celebrated in different areas of Germany, research other festivals using the internet, and compare them.
- Decide if public holidays are simply a business opportunity.

Grammar objectives

You will also study and practise various grammar points. You will:
- Revise the perfect tense and the simple past (imperfect) tense of *haben*, *sein* and the modal verbs.
- Identify how separable and inseparable verbs are used in a sentence.
- Revise how to deal with reflexive verbs.

Strategy objectives

Finally, you will develop different strategies that will help you when it comes to exam time. Over these three sub-units you will:
- Show understanding of the listening strategies you have learnt so far.
- Learn how to find the main points in a text and summarise them.
- Learn how to answer questions, including inferring meaning.

4.1 Frohe Festtage!

- Lernen, wie Silvester und Weihnachten in Deutschland gefeiert werden und wo manche dieser Traditionen herkommen.
- Wiederholen, wie man mit dem Perfekt und dem Imperfekt von „haben", „sein" und den Modalverben umgeht.
- Verstehen, wie man einem Text zuhört.

Zum Einstieg

1 a Ordnen Sie die folgenden Wörter in dieses Venn Diagramm ein. Ein Kreis ist für Weihnachten und der andere ist für Ostern.

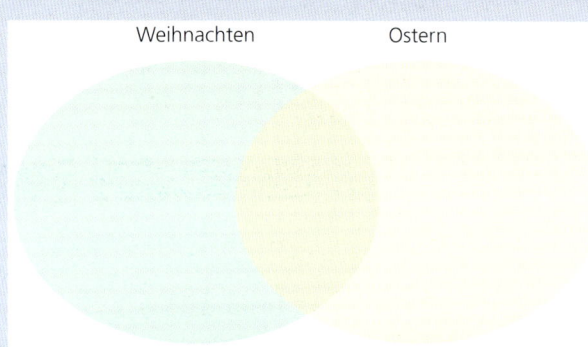

Geschenke	Nikolaus	christlich
Religion	Blumen	Geburt
Feiertag	Schokolade	Familie
Dezember	Bräuche	Materialismus
essen	Frühling	Lamm
April	feiern	

1 b Feiern Sie Weihnachten oder Ostern zu Hause? Warum/Warum nicht? Was für Ähnlichkeiten und Unterschiede gibt es zwischen beiden?

2 a Lesen Sie den Artikel. Lesen Sie die Aussagen. Welche vier Sätze unten stimmen mit dem Inhalt des Textes überein? Schreiben Sie die vier richtigen Nummern auf.

1. Silvester wird in Deutschland nicht gefeiert.
2. Deutsche sehen zum Neujahrsfest fern.
3. Die Sendung ist auf Deutsch.
4. Miss Sophie ist neunzig Jahre alt.
5. Es gibt vier Gäste bei Miss Sophies Party.
6. Bleigießen ist eine Region in Deutschland.
7. Wenn das Metall einen Adler formt, hat man Glück bei der Arbeit.
8. Man wird reich, wenn das Metall einen Frosch formt.

2 b Lesen Sie den Artikel noch einmal. Wählen Sie von der Liste das Wort, das zu jeweiligen Textlücke am besten passt. Drei Wörter brauchen Sie nicht.

| um | sich | sehen | Sendung | sieht |
| ist | über | gleich | anders | |

Deutsche feiern Weihnachten und Silvester jedes Jahr (1) _____. Man (2) _____ fern und man streitet (3) _____ mit der Familie. *Dinner for One* ist eine (4) _____, die die Deutschen besonders lieben. Obwohl es auf Englisch (5) _____, ist es in Deutschland sehr beliebt. Es geht (6) _____ eine alte Frau, die ihren Geburtstag feiert.

„Prost Neujahr!"

Wir alle lieben Traditionen. Geschenke unter dem Weihnachtsbaum, ein richtig großes Mittagessen, gute Filme im Fernsehen und natürlich Streit mit der Familie. Viele Feste haben sehr bekannte und beliebte Bräuche.

Feuerwerk zu Silvester am Brandenburger Tor in Berlin.

„Same procedure as every year, James"

Was machen die meisten Deutschen am 31. Dezember? Sich ihre beliebteste Fernsehsendung *Dinner for One* ansehen! Es geht um eine Frau (Miss Sophie), die ihren neunzigsten Geburtstag feiert. Die anderen Gäste sind leider alle schon gestorben, also muss ihr Butler nicht nur ihren Mann vertreten, sondern auch die anderen Gäste: Sir Toby, Admiral von Schneider, Mr. Pommeroy und Mr. Winterbottom. Nach jedem Gang gibt es einen Trinkspruch, also wird der Butler immer betrunkener. Diese Sendung zu sehen ist zu einem Ritual geworden. Es stört die Deutschen nicht, dass dieser Sketch auf Englisch ist, da die Situationskomik einfach zeitlos ist.

Bleigießen – in die Zukunft schauen!

Zu Silvester kauft man kleine Stücke Blei (eigentlich benutzt man heutzutage Zinn, da Blei hochgiftig ist) und einen Schmelzlöffel. Man schmelzt das Metall in dem Löffel über einer Teelichtflamme. Das Metall wird erhitzt, bis es flüssig ist. Dann wirft man das geschmolzene Blei in kaltes Wasser, damit es schnell abkühlt. Das

Metall bildet eine Form, woraus der Teilnehmer/die Teilnehmerin seine/ihre Zukunft voraussagen kann.

Bleigießen – wie wird das Jahr?
Die Bedeutung der Figuren

Form	Bedeutung
Adler	Erfolg im Beruf
Auto	langes Leben
Blume	Es entwickelt sich eine neue Freundschaft
Dreieck	finanzielle Verbesserung
Frosch	Lottogewinn
Hand	Treue
Hut	gute Nachrichten
Schiff	große Reise
Torte	Achte auf dein Gewicht!
Vase	Du verliebst dich!

TRANSITION STAGE

Strategie

Show understanding of the listening strategies you have learnt so far.

- Think about the topic, look at the title and any pictures and see what conclusions you can already draw.
- Read through the questions carefully. Make sure you understand all of the question words, so that you can focus on extracting precise information from what you hear.
- Using the words you understand, try to create some meaning from the sentence or paragraph.
- Talk it through with your neighbour. Has he/she understood words you haven't? Trade some of your vocabulary.
- Try to identify which unknown words are essential to understanding. Verbs are often crucial, but intensifiers probably aren't.
- Watch out for idiomatic language.
- Keep these points in mind for exercises 3 a, 3 b and 3 c.

Unit 4 Feste und Traditionen

3 a Hören Sie sich die zwei Telefongespräche „Silvester und der Weihnachtsbaum" an, wo viele Fragen über *Dinner for One* und Weihnachtsbaum schmücken gestellt werden. Lesen Sie dann die Liste der Fragen. Bringen Sie die Fragen in die richtige Reihenfolge mit Hilfe der Strategie.

1 Womit schmückt ihr euren Baum?
2 Aber wer hat diesen Sketch geschrieben?
3 Existiert das auch in England?
4 Gibt es sie auch im Ausland?
5 Warum hat man Tannenbäume?
6 Seit wann läuft es in Deutschland?
7 Kommst du heute Abend mit? Wir gehen auf den Weihnachtsmarkt in Aachen.
8 Findet man es lustig, auch wenn man kein Englisch kann?
9 Haben wir schon immer Christbäume gehabt?
10 Möchtest du zum Neujahrsfest zu mir kommen?

Weihnachtsmarkt in Frankfurt

3 b Hören Sie sich die Telefongespräche noch einmal an. Haben Sie richtig gewählt?

3 c Hören Sie die Telefongespräche noch einmal. Lesen Sie die Aussagen unten. Schreiben Sie jeweils R (richtig), F (falsch) oder NA (nicht angegeben).

1 Benjamin feiert dieses Jahr Silvester mit seiner Familie.
2 Letztes Jahr hat er im Ausland gefeiert.
3 Die Schauspieler in *Dinner for One* sind berühmt.
4 Peter Frankenfeld hat den Sketch geschrieben.
5 *Dinner for One* sieht man auch in Österreich und der Schweiz.
6 Den Weihnachtsbaum zu schmücken ist ein alter Brauch.
7 Wir benutzen Tannenbäume aus kirchlichen Gründen.
8 Die königliche Familie hat diesen Brauch verboten.

Grammatik

Perfect and simple past (imperfect) tense of *haben*, *sein* and modal verbs
Das Perfekt und Imperfekt von *haben*, *sein* und den Modalverben

Study points H2 and H3 in the grammar section. Re-read the article on page 61 and, if possible, look at the transcript of the two telephone conversations. Find the following:

- Three phrases in the perfect tense with *haben* as the auxiliary verb
- Two phrases in the perfect tense with *sein* as the auxiliary verb.
- Two examples of the simple past (imperfect) tense.

Copy out the phrases, underline the examples and translate the phrases into English.

Theme 2 Artistic culture in the German-speaking world

4 Schreiben Sie jeden Satz im Perfekt (oder im Imperfekt, falls das Verb *haben, sein* oder ein Modalverb ist).

1. Am 31. Dezember sehen wir uns wie immer *Dinner for One* an.
2. Zum Bleigießen müssen wir Zinn kaufen, was nicht sehr teuer ist.
3. Ich kann nicht sagen, welcher Brauch mir am meisten Spaß macht.
4. Natürlich gehen wir am Heiligabend in die Kirche und singen die schönen Weihnachtslieder.
5. Ich bin erst sieben Jahre alt und freue mich immer auf die Bescherung. Das Christkind bringt uns tolle Geschenke!
6. Schon im November schreibt mein Bruder einen Brief an das Christkind, aber er bekommt trotzdem nicht das iPhone, das er sich wünscht!
7. Ich habe immer noch Heimweh – ich denke oft an Weihnachten zu Hause!
8. Als Kind hat man ein bisschen Angst – vielleicht kommt in der Nacht zum 6. Dezember der Sankt Niklaus nicht!

5 Read the last paragraph in the text on page 61, „Bleigießen – in die Zukunft schauen!", again and translate it into English.

6 a Diskutieren Sie mit einem Partner/einer Partnerin, wie man Weihnachten und Neujahr in Deutschland, Österreich oder der Schweiz feiert.

6 b Wählen Sie entweder A oder B.

A Sie waren letztes Jahr über Weihnachten und Neujahr in Deutschland, Österreich oder der Schweiz. Beschreiben Sie mit 50 bis 70 Wörtern, wie Sie dort Weihnachten **oder** Silvester gefeiert haben. Schreiben Sie in ganzen Sätzen und prüfen Sie sorgfältig die Grammatik und die Wortstellung. Vergessen Sie nicht:

- interessante Sätze zu schreiben, das heißt:
  - spezifische Vokabeln zu benutzen (sehen Sie sich den Hörtext an und benutzen Sie wenn möglich diese Wörter oder Sätze in Ihrem Aufsatz)
  - Details und Meinungen zu geben.
- die Arbeit zu checken, zum Beispiel Perfekt (drei Teile), Rechtschreibung und Wortstellung (TMP Regel).

B Wie haben Sie das letzte Zuckerfest mit Ihren Freunden und Verwandten gefeiert? Schreiben Sie mit Hilfe der Vokabeln unten einen Absatz.

das Zuckerfest Eid al-Fitr (at end of Ramadan)	**Streit haben** to have an argument
der Fastenmonat month of fasting	**verzeihen** to pardon, forgive
das Gebet prayer	**dauern** to last
die Moschee mosque	**der Koran** Koran
die Süßigkeiten sweets	**die Pflicht** duty
verteilen give out	**auf etwas verzichten** to do without something

Unit 4 Feste und Traditionen

4.2 Vielfältige Feste und Traditionen in verschiedenen Regionen

- Herausfinden, wie Karneval in verschiedenen Regionen Deutschlands gefeiert wird, andere Feste im Internet recherchieren und miteinander vergleichen.
- Lernen, wie trennbare und untrennbare Verben in einem Satz benutzt werden.
- Lernen, wie man die Hauptpunkte in einem Text erkennt und zusammenfasst.

Zum Einstieg

1 a Man sagt, dass Karnival die fünfte Jahreszeit ist. Malen Sie eine Tabelle mit vier Spalten – eine Spalte für jede Jahreszeit. Danach, ordnen Sie die Feste/Festtage in die richtige Spalte ein: Weihnachten, Ostern, Pfingsten, Karneval, Fasching, Berliner Loveparade, Oktoberfest, der Tag der deutschen Einheit, Rock am Ring, Nikolaus, Ihr Geburtstag, Heiligabend, Silvester und das Mittsommerfest.

1 b Kann man Ramadan, das Zuckerfest und das Opferfest einer Spalte zuordnen? Warum/warum nicht?

1 c Feiern Sie alle diese Feste/Festtage? Warum/warum nicht?

2 a Lesen Sie den Text und die Sätze unten und entscheiden Sie, ob sie K (Karneval), F (Fastnacht) oder B (beide Feste) beschreiben. Übersetzen Sie die Sätze danach ins Englische.

1. Man verkleidet sich.
2. Es findet in Süddeutschland, in der Schweiz und in Österreich statt.
3. Dieser Brauch ist sehr alt.
4. Es geht um Geister.
5. Es gibt Umzüge.
6. Es findet im Rheinland statt.
7. Es hat religiöse Hintergründe.
8. Es wird eher in Nordwestdeutschland gefeiert.

2 b Lesen Sie den Text noch einmal. Lesen Sie die Aussagen unten. Welche dieser Sätze stimmen mit dem Inhalt des Textes überein? Schreiben Sie die richtigen Nummern auf.

1. Es gab schon Karnevalsumzüge im Jahr 1250.
2. Karneval existiert in ganz Deutschland.
3. Karneval wird in der Schweiz gefeiert.
4. Karneval ist ein Sommerfest.
5. Man trägt lustige Kleider.
6. Karneval dauert nur einen Tag.
7. Man arbeitet am Rosenmontag nicht.
8. Karneval ist schon vor Ostern vorbei.

Karneval: Ein alter Brauch

Feste und Festzüge

Schon im 13. Jahrhundert gab es Karnevalsumzüge und ein Karnevalskönig wurde gewählt. Karneval wird nicht überall in Deutschland gefeiert, aber besonders viele Menschen feiern es im Rheinland. Auch in Süddeutschland, Österreich und der Schweiz feiert man dieses Fest. Nur gibt man dort dem Fest einen anderen Namen – „Fastnacht" oder „Fasching".

Karneval in Köln

Ein Karnevalsumzug

Im Rheinland wird der Karneval gefeiert. Vieles erinnert dort an die Zeit von 1823. Der Krieg gegen die Franzosen war gerade vorbei und in Köln fand wieder der erste Karnevalsumzug statt. Schon am 11. November um 11.11 Uhr beginnt die Zeit des Karnevals mit lustigen Festen. Aber richtig gefeiert wird erst im Frühling. Fast eine Woche lang geht man zu Karnevalsfeiern oder auf Karnevalsumzüge mit großen bunt geschmückten Wagen. Der Höhepunkt ist ein langer Umzug am Rosenmontag (der Montag vor Fastnachtsdienstag). Viele Festzüge gehen durch die Stadt und viele Menschen stehen an den Straßen und schauen zu. Man verkleidet sich und zieht bunte Kleider oder Masken an. Die Schulen und die meisten Geschäfte sind an diesem Tag geschlossen.

Am Aschermittwoch ist alles vorbei

Zwei Tage später ist dann alles vorbei. Am sogenannten „Aschermittwoch" endet der Karneval. Jetzt beginnt die 40-tägige Fastenzeit als Vorbereitung auf das Osterfest.

Eine Hexe

Den Winter vertreiben

In Süddeutschland, aber auch in der Schweiz und in Österreich, heißt der Karneval „Fas(t)nacht". Oft sieht man in der Fastnachtszeit Menschen mit Masken durch die Straßen ziehen. Diese Masken sollen Angst machen. Auch Hexen mit ihren Besen kann man sehen. Manche der Gestalten tragen auch Glocken oder Peitschen, mit denen sie viel Lärm machen.

Dieser Brauch ist schon sehr alt. Früher wollte man damit den Winter vertreiben. Die bösen Geister, die Wachstum und Ernte bedrohen, sollten verscheucht werden. Und die guten Geister, die den Frühling bringen, sollten geweckt werden.

---

2 c Korrigieren Sie die Aussagen die nicht mit dem Text übereinstimmen.

Grammatik

Separable and inseparable verbs
Trennbare und untrennbare Verben

Study point J5 in the grammar section.
A Find the three sentences which contain the following verbs in the article above for the following:
1. to take place
2. to wear
3. to watch.

Copy them out and underline the conjugated verb and the separable prefix. What do you notice? Can you work out the rule? Think back to vocabulary on daily routine and household chores.

B Now note the verbs that have inseparable prefixes. What is the basic difference between a separable and an inseparable prefix? What difference does the *ver*-prefix make to the meaning of verbs?

3 Setzen Sie die passende Form des Verbs in den Satz ein.

1 Am Rosenmontag (verkleiden, *present*) wir uns und (anziehen, *present tense*) Masken.

2 An der Weiberfastnacht (abschneiden, *perfect*) mir eine Kollegin meine neue Krawatte – ich (vergessen, *pluperfect*), eine alte zu (anziehen)!

3 Letztes Jahr (teilnehmen, *perfect*) wir am Karneval in Köln. Das war das erste Mal, dass ich sowas (erleben, *perfect*). Drei Tage lang (unternehmen *simple past*) und (erleben *simple past*) wir unheimlich viel.

4 In vielen Gegenden (stattfinden, *present*) am 11. November, dem „Elften Elften", ab 11.11 Uhr, die offizielle Eröffnung der Karnevalssaison.

5 Wir (übernachten, *perfect*) in Bonn, weil sämtliche Hotels in Köln (ausbuchen, *past participle*) waren.

6 Während der Karnevalszeit (ausgeben, *present*) man eine Menge Geld und (vollessen, *present*) sich.

7 Wenn ihr Lust habt zu (mitfahren, *present*), (mitnehmen, *present*) wir euch gerne.

8 Ich (kennenlernen, *simple past*) meine Freundin während der Karnevalssaison – sie sich (verkleiden, *pluperfect*) als Gartenzwerg.

4 a Sie hören Interviews mit vier Personen zum Thema „Feiertage in den verschiedenen Bundesländern". Finden Sie die folgenden Wörter:

1 event
2 federal state
3 Catholic population
4 the feast of Assumption
5 Christian
6 origin
7 denomination
8 hypocritical

4 b Hören Sie noch einmal zu. Lesen Sie dann die Aussagen unten. Schreiben Sie den passenden Namen auf, L (Luise), P (Peter), C (Christian) oder J (Jana).

1 Die Gründe für die Feiertage sind veraltet und nicht mehr gerechtfertigt.

2 Ich habe dieses Jahr zwei Wochen weniger gearbeitet als meine Freundin in Hessen.

3 Obwohl wir viele Feiertage haben, verliert unser Land deswegen kein Geld.

4 Es gibt bestimmte Tage, an denen der Arbeitstag verkürzt ist.

5 Ich finde die Situation unfair und bin verärgert.

6 Nur bestimmte Teile des Landes feiern alle Feiertage.

7 Es gibt im Sommer einen Feiertag, den es sonst in keinem anderen Land gibt!

8 In dem Land, das am wenigsten Feiertage hat, gehts wirtschaftlich am schlechtesten!

4 c Hören Sie noch einmal zu. Übersetzen Sie die Aussagen unten ins Deutsche. Benutzen Sie den Hörtext.

1 We Berliners, along with five other states, have the fewest public holidays.
2 Sometimes the working day is shortened and schools are closed.
3 The year when I had 14 public holidays was the best!
4 I am not Christian but I still celebrate the religious public holidays.
5 The majority of public holidays in Germany have a Christian origin.
6 It appears to me to be illogical and unfair that the number of public holidays is dependent on the federal state.
7 It completely surprised me that in England the majority of public holidays are on a Monday.
8 The number of public holidays in Germany is dependent on whether the districts have a majority catholic population or not.

Strategie

Learn how to find the main points in a text and summarise them

Distinguishing between a key point and extra information can be difficult when reading or listening to a text in another language. Here are some ideas to help you:
- Look at the title, sub-titles or captions, as key points are often to be found in these places.
- Focus on the start of a paragraph and on the conclusion. Subsequent information is often a description or example.
- Focus on the 'big ideas'. Identifying key points is not about the details.
- Highlight the key ideas and key words while reading, or jot them down while listening. Do not be tempted to highlight or jot down everything!

A summary is made up of the key ideas you have identified, expressed in your own words. It is, however, perfectly acceptable and indeed desirable to use the topic-specific vocabulary (for example, when summarising Christmas it would be difficult not to use the words 'birth' and 'Christian'.)

To lay out a summary you could:
- Present the overall theme.
- Present the main themes: one point of view and then another **or** the information in a logical sequence.
- Conclude with a general comment (such as a personal opinion).

Keep this in mind when completing the speaking exercises 5a and 5b in this sub-unit.

5 a Was ist Karneval? Erklären Sie Ihrem Partner/Ihrer Partnerin die fünf wichtigsten Details und benutzen Sie mindestens zehn neue Wörter aus dem Text. Benutzen Sie die Vorschläge aus den Strategien.

5 b Wählen Sie ein Fest von der obengenannten Liste (in Übung 1a) und recherchieren Sie im Internet die folgenden Details.
- Wann dieses Fest stattfindet.
- Wo es stattfindet (Land und Stadt).
- Warum es gefeiert wird (Ursprung).
- Ob es ein religiöses Fest ist oder nicht.
- Wie es gefeiert wird (die Bräuche).
- Ihre Meinung darüber (Möchten Sie mitfeiern? Warum/warum nicht?).

5 c Fassen Sie die Informationen in einem Absatz zusammen. Schreiben Sie in ganzen Sätzen und prüfen Sie sorgfältig die Grammatik und die Wortstellung. Lesen Sie es danach Ihrer Klasse vor. Ihre Klassenkameraden müssen raten, welches Fest Sie beschrieben haben.

Unit 4 Feste und Traditionen

4.3 Fest oder Geschäft?

- Entscheiden, ob Feste heutzutage nur noch Geschäft sind.
- Wiederholen, wie man mit reflexiven Verben umgeht.
- Lernen, wie man Information ableitet.

Zum Einstieg

1 Warum feiern wir Ostern? Was war an Pfingsten? Warum feiern wir unseren Geburtstag und was war am 3. Oktober 1990? War Silvester schon immer am 31. Dezember? Was ist die Knoblauchhochzeit? Stellen Sie Ihrem Partner/Ihrer Partnerin einige Fragen über die Geschichte und Hintergründe unserer Feier- und Festtage. Tauschen Sie dann die Rollen.

Strategie

Learn how to answer questions, including inferring meaning

At A-level, the vast majority of questions you will answer in a reading exercise will be phrased in the target language. Here are some ideas on answering questions in the target language successfully.
- Revise your vocabulary regularly so that you will notice synonyms and antonyms in the text. Comprehension questions often rely on the use of these.
- Look carefully at question words to help you understand exactly what is being asked.
- Check your grammar carefully, as your answer needs to make sense in the context of the question.
- Be prepared to assume or infer meaning.
- Be prepared to do quite a lot of mental gymnastics when it comes to answering questions, as the answers won't always be given to you on a plate!

Keep this all in mind when attempting the comprehension questions in this sub-unit!

2 a Finden Sie die richtigen Satzhälften mit Hilfe der Strategie. Vorsicht! Es gibt mehr Endungen als Anfänge!

1	Das Oktoberfest	a	für die Wiesn Reklame machen.
2	München	b	ist die Hauptstadt Deuschlands.
3	Fast drei Viertel der Besucher	c	ist eines der beliebtesten Ziele für Touristen Deutschlands.
4	Die Besucher	d	sind Ausländer.
5	Das Oktoberfest	e	kommen aus Bayern.
6	Der britische Designer Alan Fletcher	f	ist ein bayerisches Fest.
7	Mann braucht nicht mehr	g	geben auch ihr Geld in Geschäften aus.
8	Ein Drittel der Gäste	h	hat Lederhosen getragen.
		i	schafft Arbeitsplätze.
		j	gibt Geld in Geschäften aus.
		k	hat das Logo für die kommerzielle Vermarktung des Oktoberfests kreiert.

Theme 2 Artistic culture in the German-speaking world

Das Oktoberfest als Wirtschaftsfaktor

Durch seinen weltweiten Bekanntheitsgrad ist das Oktoberfest ein touristischer Magnet und Exportartikel par excellence. Das Oktoberfest ist weltweit bekannt und ein „Selbstläufer". Seit 1985, dem Jahr des 175. Oktoberfestjubiläums mit 7,1 Millionen Besuchern, wird für die Wiesn nicht mehr geworben. Heute tragen die sozialen Medien das Oktoberfest in alle Welt: Aktuell findet zum Beispiel der Suchdienst „Google" zum Begriff „Oktoberfest" Einträge in Millionenhöhe, „youtube" findet knapp eine Million Einträge und „Twitter" zwitschert 3,5 Millionen Mal über die Wiesn. Dank dieses einmaligen Volksfestes gehört München zu den führenden Tourismus-Metropolen Deutschlands. Aber ist es ein Fest oder ist es ein reines Geschäft geworden?

1,1 Milliarden Euro werden während der 16 Tage des Oktoberfests ausgegeben, wovon:

Woher kommen die Gäste?

Das Oktoberfest ist nach wie vor ein „bayerisches" Fest: Mit 71 Prozent kommt die überwiegende Mehrheit der Oktoberfestbesucher aus Bayern. 15 Prozent der Wiesn-Gäste reisen aus den übrigen deutschen Bundesländern an. Die restlichen 14 Prozent der Festgäste kommen aus dem Ausland.

München bietet mehr als nur das Oktoberfest

Die Wiesn-Gäste unternehmen weitere Aktivitäten: 36 Prozent der Gäste schauen sich die Münchner Sehenswürdigkeiten an. Mit 35 Prozent am zweithäufigsten nutzen viele Gäste die guten Angebote für einen Einkaufsbummel. Rund ein Viertel der Wiesn-Gäste nutzt die Gelegenheit, um Freunde, Verwandte oder Bekannte zu besuchen

Arbeitsplätze auf dem „Oktoberfest"

Während der „Wiesn-Saison" stehen auf dem Oktoberfest etwa 13.000 Arbeitsplätze bereit. 8.000 Beschäftigte werden in einem festen Arbeitsverhältnis angestellt, weitere 5.000 Personen finden als wechselnde Beschäftigte auf der Wiesn Arbeit.

Merchandising: Oktoberfest-Logo, Plakat und Wiesn-Wastl

Zwei lachende Maßkrüge kreierte der britische Designer Alan Fletcher 1995 als Logo für die kommerzielle Vermarktung des Oktoberfests. Mit Schaffung dieses Gütesiegels soll die Wiesn als ein Stück Münchner Kulturgut weltweit geschützt werden.

1,1 Milliarden Euro werden während der 16 Tage des Oktoberfests ausgegeben, wovon:

- 🟦 Millionen Euro auf dem Oktoberfest direkt ausgegeben werden
- 🟨 Millionen Euro für Einkäufe, Verpflegung usw. in der Stadt ausgegeben werden
- ⬜ Millionen Euro für Übernachtungen ausgegeben werden

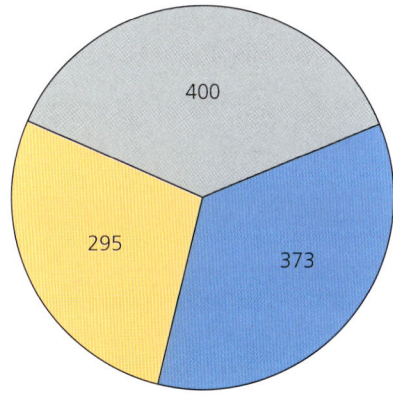

USA	12 %
Schweiz	12 %
Italien	12 %
GB	10 %
Österreich	8 %
Australien	7 %
Frankreich	4 %
Brasilien	3 %
Kanada	2 %
Niederlande	2 %

2 b Lesen Sie den Text. Beantworten Sie die Fragen auf Deutsch.

1. Woher wissen Sie, dass das Oktoberfest weltweit beliebt ist? Geben Sie zwei Gründe.
2. Wie viel Geld hat man für Hotels und Jugendherbergen ausgegeben?
3. Wie viel Prozent der Besucher sind Deutsche, kommen aber nicht aus Bayern?
4. Erklären Sie, was mit „bayerisches Fest" gemeint wird.
5. Was für andere Aktivitäten machen die Besucher noch?

6 Erklären Sie, was für verschiedene Arbeitsplätze es auf dem Oktoberfest gibt.
7 Wie wichtig sind die sozialen Medien für die Wiesn?
8 Ist „Das Oktoberfest" Ihrer Meinung nach ein Fest oder nur ein reines Geschäft?

2 c Malen Sie das Logo.

3 a Deutsche Feste in der Krise. Sie hören einen Bericht über deutsche Feste. Lesen Sie dann die Aussagen unten. Schreiben Sie jeweils R (richtig), F (falsch) oder NA (nicht angegeben).

1 Die Deutschen feiern heutzutage religiöse Feste seltener als in den vergangenen Jahren.
2 Bald werden viele Feste nicht mehr existieren.
3 Die Zahl der Feste ist in den letzten Jahren gesunken.
4 Feste sterben aus, weil sie dem Zeitgeist nicht mehr entsprechen.
5 Man möchte das Hildesheimer Schützenfest annullieren.
6 Jedes Bundesland hat seit dem Jahr 2000 zehn Feste abgeschafft.
7 Die deutschen Volksfeste sind schon als UNESCO Weltkulturerbe anerkannt.
8 Feste sind wichtig, da sie uns an unsere Herkunft erinnern.

3 b Hören Sie noch einmal zu. Schreiben Sie eine Zusammenfassung von dem Text. Schreiben Sie in ganzen Sätzen und prüfen Sie sorgfältig die Grammatik und die Wortstellung. Achten Sie auf folgende Punkte:
- Regionale Tradition.
- Die Zahl der Feste sinkt jährlich.
- Wie man diese Feste schützen kann.

Grammatik

Reflexive verbs
Reflexivverben

Study point J4 in the grammar section.
A Read the article on page 69 again. Find the reflexive verb. Write out the sentence containing this, underline the reflexive verb and translate the sentence into English.
B Now look at the translation passage in exercise 5. Write out the sentences containing reflexive verbs and underline these.
C What do you notice about reflexive verbs in German in the perfect tense?

4 Schreiben Sie das passende Pronomen in den Satz. Ein Pronomen ist nicht in jedem Satz erforderlich!

1 In München will man natürlich auch die Sehenswürdigkeiten anschauen.
2 Zum Oktoberfest-Besuch ziehen einige Münchner Lederhose oder Dirndl an, wie es gehört!
3 Das Münchner Bier trinkt sehr gut.

4 Auf dem Volksfest habe ich in einen netten Jungen verliebt; nach zehn Jahren lieben wir immer noch!

5 Plötzlich bin ich hingefallen – ich habe den Arm gebrochen und wusste nicht zu helfen. Vielleicht habe ich zu viel Bier getrunken!

6 Wenn du duschen und die Haare waschen willst, musst du beeilen – die Gäste sind in einer halben Stunde da.

7 Zu Silvester setzen wir immer vor den Fernseher, um *Dinner for One* zu sehen.

8 Am zweiten. Weihnachtstag haben meine Brüder immer angefangen, zu streiten. Als ihre ältere Schwester habe ich immer ganz brav benommen.

5 Translate the following text into English.

Feste im Herbst

Ich freue mich immer auf das Oktoberfest, weil ich mich mit allen meinen Freunden treffe. Wir entspannen uns zusammen und mein Kumpel Karl trägt dann immer seine Lederhosen. Er fühlt sich dann am wohlsten. Im November gibt es dann Halloween und da erschrecke ich mich viel, denn es gibt überall Gespenster. Meine kleine Schwester hat sich letztes Jahr als Mumie verkleidet. Meine Mutti hat sich geärgert, da es kein Klopapier mehr bei uns gab! Ich habe mich geschämt, weil sie so blöd aussah! Meine Eltern haben sich nicht verkleidet, da sie sich nicht für Halloween interessieren.

6 a Fest oder Geschäft? Lesen Sie die zwei Definitionen rechts und diskutieren Sie in der Klasse.

6 b  Wählen Sie eines dieser Feste. Finden Sie Informationen darüber heraus. Inwiefern sind die Feste eine Art Geschäft? Gibt es Feste, die kein Geschäft sind? Sind sie so beliebt wie andere Feste? Stimmen Ihre Klassenkameraden zu?

- Passionsspiele in Oberammergau, Deutschland
- Weihnachtsmärkte (z. B. Wien, Aachen, Frankfurt)
- Gäubodenvolksfest in Bayern, Deutschland
- Martinstag in Deutschland
- Heckenwirtschaft oder Besenwirtschaft in Deutschland
- Halloween

- Was für ein Fest ist das? Warum wird es gefeiert und seit wann? Wie viele Besucher oder Touristen machen mit?
- Malen Sie ein Venn-Diagramm. Ordnen Sie verschiedene Feste in dem Diagramm ein. Ein Kreis soll für **Feste** sein, der andere für **Geschäft**.
- Wenn sie denken, dass ein Fest nur noch Geschäft ist, fragen Sie sich, ob es immer so war. Wann hat sich die Lage verändert? Warum? Ist das Fest besser, da es jetzt mit Geschäft verbunden ist?

6 c  Was ist Ihre Meinung dazu? Schreiben Sie einen Absatz. Schreiben Sie in ganzen Sätzen und prüfen Sie sorgfältig die Grammatik und die Wortstellung.

das Fest

1. (größere) gesellschaftliche Veranstaltung (in glanzvollem Rahmen)

2. einzelner hoher kirchlicher Feiertag (oder zwei aufeinanderfolgende)

das Geschäft

1. auf Gewinn abzielende (kaufmännische) Unternehmung, (kaufmännische) Transaktion; Handel

2. Gesamtheit kaufmännischer Transaktionen; Verkauf, Absatz

3. Gewinn (aus einer kaufmännischen Unternehmung), Profit

Vokabular

The lists below contain the key vocabulary for each sub-unit and need to be learnt by heart.
More complete lists are available in the Dynamic Learning package.

4.1 Frohe Festtage!

auf etwas verzichten v to do without something
bekannt sein v to be well known
bleigießen v to melt lead
die **Blume(n)** flowers
das **Ende(n)** the end
der **Feiertag(e)** special occasion, bank holiday
die **Fernsehsendung(en)** television show
der **Gast(¨e)** guest
das **Gebet(e)** prayer
die **Geburt(en)** birth
der **Heiligabend(e)** Christmas Eve
der **Koran(e)** Koran
die **Moschee(n)** mosque
das **Neujahr(e)** New year
der **Nikolaus(-)** St Nicholas, who visits children in Germany on 6th December
das **Ostern(-)** Easter
die **Pflicht(en)** duty
prost cheers
die **Religion(en)** religion
sich auf etwas freuen to look forward to something
der **Silvester(-)** New year
der **Teilnehmer(-)** participant
der **Verwandte(n)** relation
verzeihen v to pardon, forgive
voraussagen v to predict
der **Weihnachtsbaum(¨e)** Christmas tree
der **Weihnachtsmarkt(märkte)** Christmas market
das **Zuckerfest(e)** Eid al-Fitr (at end of Ramadan)

4.2 Vielfältige Feste und Traditionen in verschiedenen Regionen

Angst machen v to scare
der **Aschermittwoch(e)** Ash Wednesday
bedrohen v to threaten
der **Besen(-)** broom
böse adj evil, bad
das **Bundesland(¨er)** federal state
christlich adj Christian
die **Ernte(n)** harvest
die **Fastenzeit(e)** Lent
der **Fastnachtsdienstag(e)** Shrove Tuesday
der **Geist(er)** ghost
das **Jahrhundert(e)** century
der **Rosenmontag(e)** day before Shrove Tuesday
schmücken v to decorate
sich anziehen v sep to get dressed
sich verkleiden v to dress up
stattfinden v sep to take place
der **Umzug(¨e)** procession
der **Ursprung(¨e)** origin
verscheuchen v to cast out
vertreiben v to cast out
vorbei sein v to be over
die **Vorbereitung(en)** preparation
das **Wachstum(-)** growth
wecken v to wake
die **Weiberfastnacht(¨e)** day after Ash Wednesday
ziehen v to pull (here: to process)
zuschauen v sep to watch

4.3 Fest oder Geschäft?

anschauen v to look at
aussterben v sep to die out
der **Dank(-)** thanks
etw bieten v to offer/provide something
der **Hintergrund(¨e)** background
in einer Krise stecken v to be in a crisis
kirchlich adj ecclesiastic
das **Maskottchen(-)** mascot
die **Möglichkeit(en)** possibility
die **Sehenswürdigkeit(en)** tourist feature
der **Tag(e) der deutschen Einheit** day of German reunification
trotz adv despite
das **UNESCO Weltkulturerbe** World Heritage Site
unternehmen v to undertake
weltweit adj world wide
der **Wirtschaftsfaktor(en)** economic factor
zurückgehen v sep to return, go back
zweithäufigst adj second most common

UNIT 5

Kunst und Architektur

Theme objectives

This unit looks at building styles and discusses styles of art, focusing on specific artists. Over the four sub-units, you will:
- Describe which features are characteristic of different building styles up to 1900.
- Find out about and discuss various artists and styles of art.
- Discuss opinions about *Jugendstil* art and architecture in Vienna at the turn of the century.
- Consider issues surrounding post-war architecture in Germany.

Grammar objectives

You will also study and practise various grammar points. You will:
- Understand word order in main and subordinate clauses.
- Use comparative and superlative (adjectives and adverbs).
- Understand and use relative pronouns, demonstrative pronouns, indefinite pronouns.
- Use the future tense.

Strategy objectives

Finally, you will develop different strategies that will help you when it comes to exam time. Over these four sub-units you will:
- Make your sentences more interesting.
- Improve and acquire techniques for answering questions.
- Compare contrasting viewpoints and add your own opinion.

5.1 Meilensteine der Architektur bis 1900

- Die Merkmale beschreiben, die verschiedene Baustile bis 1900 prägen.
- Wortstellung in Haupt- und Nebensätzen verstehen.
- Interessante Sätze formulieren (schriftlich und mündlich).

Zum Einstieg

| Burgtheater | Brandenburger Tor | Goldenes Dachl | Hofbräuhaus | Kapellbrücke |
| Kloster Einsiedeln | Neuschwanstein | Reichstagsgebäude | Semperoper | Wiener Staatsoper |

1 a Diese Bauwerke stammen aus verschiedenen Epochen vor 1900. Fünf sind in Deutschland, drei in Österreich und zwei in der Schweiz. Versuchen Sie, jedes Bauwerk einem Land zuzuordnen. Was ist die Funktion des jeweiligen Bauwerks?

1 b Benutzen Sie ein Wörterbuch, um so viele Vokabeln wie möglich zu sammeln, die verschiedene Bauwerke beschreiben.

2 a Wie heißen die Bauwerke in den Fotos? Lesen Sie den Auszug aus einem Geschichtsbuch und verbinden Sie die fettgedruckten Titel 1–7 mit den Bildern a–g.

2 b Ergänzen Sie jeden Satz mit dem Satzende, das am besten passt.

1	Als die Römer Teile des heutigen Deutschland besetzten,	a	mit reich geschmückten Räumen und Gärten gebaut.
2	Während Spitzbögen typisch gotische Merkmale sind,	b	baute man im Norden oft mit Backsteinen.
3	Da es damals kaum andere Baumaterialien in der Nähe gab,	c	an die viel älteren römischen Errichtungen.
4	Im 15. Jahrhundert waren Fachwerkgebäude	d	findet man in romanischen Kirchen eher Rundbögen.
5	Im Barockstil hat man viele prunkvolle Schlösser	e	Merkmale der Spätgotik.
6	Mit ihren Säulen erinnern klassizistische Bauwerke	f	errichteten sie nützliche Bauwerke für das Volk.

2 c Übersetzen Sie diese Sätze ins Deutsche.

1. Many areas in Europe belonged to the Roman Empire.
2. The Romans built roads and bridges in many countries.
3. Cologne Cathedral is one of the most famous churches in Germany.
4. Arches and columns are features of Romanesque architecture.
5. Baroque churches from the 18th century often have onion-dome spires.
6. You can usually recognise Baroque palaces by their beautiful grounds.
7. In North Germany they often used bricks from the local area in public buildings.
8. Although pillars already existed in the Roman Empire, they also characterise Classicism in the 19th century.

Meilensteine der Architektur

a

Römische Überreste

Zum Römischen Reich gehörten jahrhundertelang weite Teile des süd- und westdeutschen Raums, Österreichs und der Schweiz. Die Römer hinterließen nicht nur militärische Festungen, sondern auch öffentliche Bauten wie Thermen und Tempel. Eines der am besten erhaltenen römischen Bauwerke ist ein Stadttor, die **Porta Nigra (1)** in Trier.

Romanik

Obwohl der romanische Baustil seine Blütezeit von 1000 bis 1200 n. Chr. hatte, existieren romanische Kirchen wie der **Speyerer Dom (2)** heute noch. Zu erkennen sind sie an Stilmerkmalen wie Rundbögen, Gewölben, Säulen und Pfeilern, die auch die römische Epoche kennzeichneten. Kirchen haben normalerweise dicke Mauern mit kleinen Fenstern.

b

c

Gotik

Auf die Romanik folgte die Gotik. Gotische Kathedralen wie der **Kölner Dom (3)** hatten zum Himmel emporragende Türme, um die Nähe Gottes zu symbolisieren. Im Vergleich zu den Rundbögen der Romanik waren Spitzbögen für den gotischen Baustil typisch. In norddeutschen Städten, wo man die Materialien der Umgebung benutzte, prägt die Backsteingotik das Stadtbild. Ein Beispiel ist das **Holstentor (4)** in Lübeck. Ebenfalls Merkmal der Spätgotik sind Fachwerkgebäude wie das 1484 errichtete **Rathaus Michelstadt (5)**.

d

Barock

Die barocke Baukunst dominierte bis ins 18. Jahrhundert. Bauwerke waren mit wertvollen Materialien wie Blattgold und Stuckmarmor verziert und hatten häufig Deckengemälde. Bei Kirchen findet man runde Merkmale wie Kuppeln oder Zwiebeltürme, während Schlösser wie **Schönbrunn (6)** in Wien oft großzügig angelegte Gartenanlagen hatten.

Klassizismus

Der Klassizismus dauerte bis in die Mitte des 19. Jahrhunderts. Im Gegensatz zum höchstdekorierten Barockstil hatte ein klassizistisches Gebäude eine eher strenge, schmucklose und geradlinige Form, die wegen Merkmalen wie Säulen an griechische und römische Bauwerke aus der Antike erinnerten. Bekannte Bauwerke sind das Berliner Brandenburger Tor und das **Parlament in Wien (7)**.

e

f

g

Grammatik

Word order in main and subordinate clauses
Wortstellung in Haupt- und Nebensätzen

Study points N1.1 and N1.3 in the grammar section.
A Find examples in the extract on pages 74–75. Find examples of:
1 a sentence where the subject comes after the verb in a main clause
2 a sentence where a subordinate clause starting with a subordinating conjunction follows a main clause
3 a sentence where a subordinate clause starting with a relative pronoun follows a main clause
4 a sentence where a main clause follows a subordinate clause
5 a sentence where the main clause is broken up by a subordinate clause in the middle
6 a main clause followed by an *um ... zu* clause.

Copy the phrases containing the constructions and translate them into English.
B Make a note of the most important thing you need to remember about the difference between English and German word order when you look at the sentences you have written out.

3 Verbinden Sie die Sätze mit den Konjunktionen in Klammern. Verbinden Sie zweimal die Sätze, wo es zwei Konjunctionen gibt.

1 Die Römer eroberten Teile von Deutschland. Sie bauten Festungen und Städte wie Köln. (*und / wo*)
2 Der Baustil von 1000 bis 1200 n.Chr. erinnert an den römischen Baustil. Man nennt ihn Romanik. (*weil*)
3 Die Gotik entstand nicht in Deutschland. (*wie*) Man glaubte das im 19. Jahrhundert. Sie entwickelte sich im 12. Jh. in Frankreich. (*sondern*)
4 In Berlin gibt es so viele Gebäude vom Architekten Karl Friedrich Schinkel. Die Berliner sagen scherzhaft: „Kein Winkel ohne Schinkel". (*dass*)
5 ‚Gotik' sowie „Barock" waren ursprünglich Schimpfwörter. Man wollte damit seine Geringschätzung für diese Baustile ausdrücken. (*denn / weil*)
6 Die Fassade vom Schloss Neuschwanstein sieht mittelalterlich aus. Drinnen ist der Baustil teilweise auch romanisch und gotisch. (*obwohl*)
7 Das Schloss hat viel Geld gekostet und Ludwig II. hatte hohe Schulden. Er wollte in Bayern weitere Schlösser bauen. (*obwohl*)
8 Viele Landbesitzer des 18. Jhs. ließen einen „englischen Garten" bauen. Besucher sollten glauben, diese idealisierte Landschaft sei ganz und gar natürlich. (*damit*)

4 a Sie hören zwei Jugendliche, die über das Schloss Neuschwanstein sprechen. Lesen Sie die Aussagen unten. Schreiben Sie jeweils R (richtig), F (falsch) oder NA (nicht angegeben).
1 Das Schloss Neuschwanstein stammt aus dem Mittelalter.
2 Es diente als Vorbild für das Schloss im Disney-Zeichentrickfilm Cinderella.
3 Das Design weist Merkmale verschiedener Architekturstile auf.
4 An den Wänden sieht man Einflüsse aus den Opern von Richard Strauss.

Schloss Neuschwanstein

5 Ludwig II hatte vor, allein im Schloss zu wohnen.
6 Überraschenderweise hatte das Schloss schon Zentralheizung.
7 Nachdem das Schloss fertiggebaut war, war Ludwig mit der Gestaltung sehr zufrieden.
8 Neuschwanstein wurde im Zweiten Weltkrieg beschädigt.

4 b Hören Sie sich das Gespräch noch einmal an. Füllen Sie die Lücken mit Wörtern aus dem Kasten aus.

| Felsen | gestorben | Innenausstattung | märchenhaftes |
| moderner | prunkvoll | Schulden | entworfen |

König Ludwig II hat Schloss Neuschwanstein (1) ____. Es hat ein (2) ____ Aussehen, das man von weit weg sehen kann, weil es hoch auf einem (3) ____ liegt. Die (4) ____ ist eine Mischung verschiedener Stilrichtungen. Vor allem ist der Thronraum sehr (5) ____ eingerichtet. Es gibt viele Beispiele von (6) ____ Technik, obwohl das Schloss jetzt über hundert Jahre alt ist. Da die Errichtung des Bauwerks sehr teuer war, hatte Ludwig große (7) ____. Bevor das Schloss fertiggestellt wurde, ist der König (8) ____.

Strategie

Make your sentences more interesting.

- Avoid starting all of your sentences in the same way. Look at the extract about architectural styles. Each section could begin with the name of the style e.g. *Die Gotik …*, *Der Klassizismus …* but this would sound repetitive.
- As in the history book extract on pages 74–75, you could sometimes put the subject after the verb, or start the sentence with the subordinate clause, obviously thinking about changes to word order in both cases (see page 76).
- Link sentences with subordinating clauses. Extend the variety of conjunctions which you use to include *obwohl, damit, während, bevor,* *nachdem,* etc. (See page 286 for a full list.) Include some relative clauses too. Use *um … zu* clauses to make a change.
- Give your own opinions and justify them using subordinate clauses with conjunctions such as *weil* and *da*. Listen again to the conversation about Neuschwanstein to see how opinions were expressed and how descriptions were given. Aim to find interesting adjectives rather than *gut, schlecht,* etc. Make a list of the adjectives used in the tasks in this sub-unit.

Use the ideas above when writing your paragraph for exercise 6.

5 Machen Sie Recherchen im Internet über einen von den vier bekannten Architekten aus verschiedenen Epochen unten, dessen Bauwerke Sie interessieren. Finden Sie eine Biografie und eine Liste seiner Bauwerke. Bereiten Sie schriftlich Argumente vor, warum dieser Architekt so erfolgreich war. Schreiben Sie in ganzen Sätzen und prüfen Sie sorgfältig die Grammatik und die Wortstellung.
- Karl Friedrich Schinkel
- Gottfried Semper
- Walter Gropius
- Friedensreich Hundertwasser

6 Arbeiten Sie mit einem Partner/einer Partnerin zusammen, der/die einen anderen Architekten gewählt hat. Lernen Sie Ihre Argumente auswendig und versuchen Sie, Ihren Partner/Ihre Partnerin davon zu überzeugen.

5.2 Deutsche Kunst

- Verschiedene Maler und Stilrichtungen kennenlernen und besprechen.
- Den Komparativ und den Superlativ (Adjektive und Adverbien) benutzen.
- Beim Hörverstehen Fragen auf Deutsch besser beantworten.

Zum Einstieg

1 a Arbeiten Sie in Gruppen. Jede Gruppe macht eine Mind-Map mit dem Wort „Kunst" in der Mitte. Wie viele Wörter in Verbindung mit diesem Wort kennen Sie? Denken Sie an Verben, verschiedene Stilrichtungen, die nötige Ausrüstung, Techniken, usw. Benutzen Sie dabei ein Wörterbuch.

1 b Wer hat die meisten Wörter? Tauschen Sie Ihre Ideen mit dem Rest der Klasse aus und fügen Sie Wörter von anderen Gruppen Ihrer Mind-Map hinzu.

Expressionismus

Der blaue Reiter

Der Expressionismus war eine Stilrichtung in der bildenden Kunst, Literatur und Musik zu Beginn des 20. Jahrhunderts in Deutschland. In zwei Städten bildeten sich Künstlergemeinschaften, um einen neuen Stil zu entwickeln: „Die Brücke" 1905 in Dresden, dann einige Jahre später „Der blaue Reiter" 1911 in München. Expressionistische Künstler wollten ihre Emotionen in ihren Werken ausdrücken und die äußere Welt nicht so darstellen, wie sie ist, sondern wie sie der Künstler empfindet.

Merkmale des Expressionismus

Die Gemälde und Aquarelle des Blauen Reiters waren am häufigsten von der Natur beeinflusst. Für die Künstler war es wichtiger, ihre eigenen Gefühle darzustellen, als die Landschaft oder Tiere ästhetisch und wirklichkeitsgetreu zu malen. Aus diesem Grund erscheinen die Formen oft vereinfacht und ohne klare Linien. Das wichtigste Merkmal des Expressionismus ist die Farbe. Ungemischte Farben wirken noch intensiver durch starke Kontraste, zum Beispiel Hell-Dunkel oder Warm-Kalt.

Wassily Kandinsky (1866-1944)

Kandinsky war ein russischer Maler, der 1896 nach München zog, um Malerei zu studieren. Er ist bekannt als einer der frühesten Begründer der abstrakten Malerei. Seine produktivsten Jahre waren 1911 bis 1914, als er zusammen mit Franz Marc den Blauen Reiter gründete und auch an einer gleichnamigen Zeitschrift arbeitete, um Artikel über die neueste malerische Bewegung zu veröffentlichen. Zu Beginn des Ersten Weltkriegs 1914 verließ Kandinsky Deutschland, kehrte aber 1922 zurück, um am Bauhaus in Weimar zu unterrichten.

Franz Marc, Blaues Pferd I, 1911

Franz Marc (1880-1916)

Marc war einer der bekanntesten deutschen Maler, der eine Vorliebe für die Darstellung von Tieren, am liebsten Pferde, hatte. Er entwickelte seine eigene Philosophie zu Farben: Blau symbolisierte das Männliche und Gelb das Weibliche. Aus einer Mischung dieser Farben bekommt man Grün: die Farbe der Natur. Rot bedeutet die Lebenskraft und Orange steht für Wärme. Rot und Blau zusammen ergeben Violett, die Farbe der Geheimnisse. Für die Maler des Blauen Reiters wirkte ein Bild harmonischer, wenn alle sechs Hauptfarben vorkamen. Marc starb 1916 als Soldat im Ersten Weltkrieg.

2 a Lesen Sie die Auszüge aus einem Buch über Kunst oben und finden Sie die folgenden deutschen Verben:

1 to develop
2 to express
3 to represent
4 to feel
5 to influence

2 b Lesen Sie die Auszüge noch einmal. Finden Sie die Synonyme für diese Wörter:

1 Genre
2 mit Wasserfarben gemalte Bilder
3 realistisch
4 Eigenschaft
5 frauenhaft

2 c Lesen Sie die Auszüge noch einmal. Lesen Sie dann die Teilsätze unten. Wählen Sie jeweils die Ergänzung, die am besten passt.

1 Im 20. Jahrhundert kamen zwei Gruppen von Künstlern zusammen, weil sie …

    a die gleichen Vorstellungen von Kunst teilten.
    b an der neuen Stadtplanung arbeiteten.
    c eine Kunsthochschule besuchten.

2 Für die Künstler war das Ziel des Expressionismus …

    a Gefühle zu unterdrücken.
    b Kunst, Literatur und Musik zu verbinden.
    c Gefühle auszudrücken.

3 Tiere werden in expressionistischen Bildern dargestellt …

    a mit klaren Linien.
    b wie in einem Foto.
    c wie der Künstler sie empfindet.

4 Expressionistische Künstler benutzten vor allem …

    a viel Farbe.
    b gemischte Farben.
    c dunkle Farben.

5 Kandinsky hat in München …

    a als Kind gelebt.
    b studiert.
    c Malerei unterrichtet.

6 *Der Blaue Reiter* war …

    a Kandinskys Künstlername.
    b der Name einer Kunsthochschule.
    c der Name einer Zeitschrift.

7 Franz Marc malte …

    a unwillig Tiere.
    b lebendige Subjekte.
    c nur Pferde.

8 Laut der Philosophie von Marc, wählt der Maler, um etwas Mysteriöses zu zeigen, …

    a Violett.
    b Gelb.
    c Rot.

AS STAGE

Grammatik

Comparative and Superlative: adjectives and adverbs

Der Komparativ und der Superlativ: Adjektive und Adverbien

Study points G1 and G2 in the grammar section.

A There are 11 examples of comparatives and superlatives in the reading text on page 78. Find:
1 Five superlative forms of adjectives.
2 Two superlative forms of adverbs.
3 One comparative form of an adjective.
4 Three comparative forms of adverbs.

Copy out the phrases, underline the comparative or superlative and translate each phrase into English.

B Do you notice any similarities between how the comparative is formed in German and English? When does it differ?

Unit 5 Kunst und Architektur

3 Schreiben Sie das Adjektiv oder das Adverb im Komparativ oder im Superlativ, wie es am besten passt zum Sinn des Satzes.

1. 1905 war der sogenannte Expressionismus die (neu) Stilrichtung in der bildenden Kunst.
2. Für Künstler des Expressionismus war es (wichtig), ihre eigene Empfindung der äußeren Welt darzustellen. Gefühle waren (bedeutend) als Wirklichkeitsdarstellung.
3. Von den expressionistischen Künstlergemeinschaften war „Die Brücke" (früh).
4. Marc und Nolde gehören immer noch zu den (bekannt) und (beliebt) deutschen Künstlern.
5. (häufig) malte Marc Pferde, weil er (gern) Tiere malte als Menschen.
6. Franz Marc ist heute vielleicht ein (berühmt) Maler als Kirchner, obwohl er als Soldat viel (jung) gestorben ist.
7. Emil Nolde war vielleicht der (groß) Aquarellist des 20. Jahrhunderts.
8. Eine der (gut) Kunstsammlungen des Impressionismus befindet sich in der britischen Industriestadt Leicester. Wenigstens ist die Fahrt dorthin (kurz) als die nach New York.

Strategie

Improve techniques for answering questions in German when listening
- Remember always to answer questions in the same language used for the questions.
- Look at the number of marks awarded for each answer and ensure that your answer contains at least that number of clear, separate elements.
- Read the questions before listening to the text so that you know what to listen for. You do not need to understand every word you hear in order to answer the questions.
- Be aware that synonyms may be used to avoid repetition of the same word in the question as in the text. In question 4 of exercise 4a, the verb *etabliert* is different from the one used in the text to mean the same thing (see transcript).
- You will be expected to infer some information. You need to process what you hear to understand the writer's message. For example, in question 7 of exercise 4a, the word *Wendepunkt* (turning point) is not mentioned in the text. An incident is mentioned which amounts to a turning point, but you will have to deduce this from the context of the rest of the sentence.

4 a Hören Sie sich einen Auszug aus der Radiosendung „Bauhaus in Dessau" an und beantworten Sie die Fragen auf Deutsch. Sie hören den Auszug in drei Teilen. Vergessen Sie die Hinweise in der Strategie nicht.

Teil 1
1. Aus welchen Materialien wurde das Bauhaus gebaut? (2)
2. Was ist die heutige Funktion des Gebäudes? (1)
3. Außer Architekten, welche Handwerker bauten die so genannten „Bauhütten" im Mittelalter? (3)

Teil 2
4. Was hat Walter Gropius 1919 in Weimar gegründet? (1)
5. Was waren die wichtigsten Elemente eines Bauhaus-Kunstobjekts? (2)
6. Nennen Sie drei Produkte des Bauhausdesigns. (3)

Teil 3
7. Was war der Wendepunkt für die Bauhausbewegung in Deutschland? (2)
8. Inwiefern hat sich das Bauhaus außerhalb Deutschlands weiterentwickelt? (1)
9. Welche drei Bauhaus-Künstler werden im Text erwähnt? (3)

Theme 2 Artistic culture in the German-speaking world

4 b Hören Sie sich den Text noch einmal an und füllen Sie die Lücken mit Wörtern aus dem Kasten aus. Es gibt sieben Wörter, die Sie nicht brauchen.

billig	Maler	werden	Handwerker	nützlich
Kunst	gehört	geworden	Natur	Tisch
Funktion	Mitglied	Möbel	Form	

Walter Gropius meinte, dass gute Künstler auch gute (1) _____ sein mussten. Für ihn lautete der Grundsatz: Die (2) _____ folgt aus der (3) _____. Kunstobjekte sollten nicht nur schön, sondern auch (4) _____ sein. Heute sind (5) _____ im Bauhausstil zu Kult-Objekten (6) _____. Das Bauhaus-Gebäude in Dessau (7) _____ seit 1996 zum Weltkulturerbe.

Bauhaus-Gebäude in Dessau

5 Lesen sie diesen Auszug aus einem Bericht aus dem Jahr 2012 über den damals teuersten Künstler der Gegenwart. Übersetzen Sie den Text ins Englische.

Gerhard Richter

Abstraktes Bild 1986, Gerhard Richter

Das Auktionshaus Sotheby's hat ein Gemälde des deutschen Künstlers Gerhard Richter für 26,4 Millionen Euro versteigert. Laut Sotheby's handelt es sich um den höchsten Preis, der je für ein Bild eines noch lebenden Künstlers bei einer Auktion bezahlt wurde.

„'Abstraktes Bild' ist eines der Meisterwerke von Gerhard Richter", erklärte Alex Branczik von Sotheby's. „Sein Erscheinen auf dem Markt stellt eine einzigartige Chance für Sammler dar, ein herausragendes Bild eines der wichtigsten lebenden Künstler zu kaufen."

Der 80-jährige Richter zählt zu den bedeutendsten und teuersten Künstlern der Gegenwart. Er ist in Dresden geboren, floh 1961 nach Berlin und lebt inzwischen in Köln. Bekannt wurde er unter anderem mit übermalten Fotos und Collagen, seine Werke sind von Pop-Art und abstraktem Expressionismus beeinflusst.

6 a Machen Sie Recherchen im Internet. Wählen Sie ein Kunstwerk von einem in dieser Einheit erwähnten Künstler, zum Beispiel Wassily Kandinsky, Franz Marc, Walter Gropius, Paul Klee oder Gerhard Richter. Finden Sie ein Bild dieses Kunstwerks und machen Sie eine Zusammenfassung zu den Stichpunkten unten. Schreiben Sie in ganzen Sätzen und prüfen Sie sorgfältig die Grammatik und die Wortstellung.

- das Jahr, in dem das Kunstwerk geschaffen wurde
- die Stilrichtung
- die interessanten Merkmale des Kunstwerks
- Ihre Meinung zum Kunstwerk.

6 b Besprechen Sie das von Ihnen gewählte Kunstwerk mit anderen in der Klasse, indem Sie Ihre Meinung darüber äußern. Die anderen stellen Ihnen Fragen und tauschen ihre Meinungen aus.

5.3 Der Zeit ihre Kunst – der Kunst ihre Freiheit

- Meinungen über Jugendstilkunst und -architektur in Wien um die Jahrhundertwende besprechen.
- Relativpronomen, Demonstrativpronomen, Indefinitpronomen verstehen und verwenden.
- Entgegengesetzte Standpunkte vergleichen und Meinungen ausdrücken.

Zum Einstieg

Sigmund Freud	Arthur Schnitzler
Oskar Kokoschka	Gustav Klimt
Egon Schiele	Gustav Mahler
Josef Hoffmann	Otto Wagner
Adolf Loos	

1 a Diese neun Männer waren bekannte Zeitgenossen am Anfang des 20. Jahrhunderts in Wien. Drei von ihnen waren Maler und drei waren Architekten. Können Sie die Maler beziehungsweise Architekten identifizieren? Und wer sind die Anderen?

1 b Kennen Sie ein Werk von einem oder mehreren der Künstler? Wenn ja, beschreiben Sie es!

Jugendstilkunst und -architektur in Wien

Um die Jahrhundertwende vom 19. zum 20. Jh. entwickelte sich die Kunst des Jugendstils, dessen Zentrum in der damaligen Hauptstadt der österreichisch-ungarischen Monarchie, Wien, war. Zwei junge Wiener besprechen, wer der größte Künstler jener Zeit war. Sie können sich aber nicht einigen, ob es Gustav Klimt oder Otto Wagner war.

Peter

Ich bin fest davon überzeugt, dass der Maler Gustav Klimt der begabteste Künstler seiner Zeit war. Für mich verkörpert „Der Kuss" den Begriff des Jugendstils. Schau dir doch die Umarmung des Liebespaares an. Die beiden Figuren verschmelzen zusammen, doch erkennt man den Mann durch die rechteckigen Formen auf seiner Kleidung. Runde Formen und Blumen kennzeichnen das Kleid der Frau. Dieses Gemälde mit viel Blattgold hat Klimt in seiner „Goldenen Periode" geschaffen. Wunderbar!

Gustav Klimt, Der Kuss, 1908

Christiana

Leider kann ich deiner Meinung nicht zustimmen. Es steht zwar außer Zweifel, dass Gustav Klimt ein erfolgreicher Maler war, jedoch sind seine Gemälde bloß etwas zum Anschauen. Sie sind einfach ästhetisch, während die öffentlichen Bauten des Architekt Otto Wagner nicht nur schön, sondern auch nützlich waren. Erstens die Postsparkasse, das erste moderne Gebäude an der Ringstraße. Dann die Stadtbahn, die er entworfen hat: 45 km Bahnstrecke mit Brücken und mehr als 30 Haltestellen, die teilweise sehr auffallend sind. Ingenieursarbeit mit Kunst integriert – genial! Die Station Karlsplatz kennt jeder, der mit der Stadtbahn fährt. Ein Kunstwerk, das nicht im Museum steht, weil man es jeden Tag benutzt!

Stadtbahnstation Karlsplatz, Otto Wagner, 1898

Peter

Du hast schon recht, dass Otto Wagner ein toller Architekt war. Es ist nicht zu leugnen, dass er das Stadtbild von Wien geprägt hat. Aber man muss nach Wien kommen, um seine Werke zu genießen. Von Klimt hängen Gemälde in Galerien in aller Welt. Außerdem hatte Klimt einen Einfluss auf andere Maler: Egon Schiele und Oskar Kokoschka zum Beispiel, österreichische Vertreter des Expressionismus. Klimt hat auch mit anderen Künstlern an Gesamtkunstwerkprojekten gearbeitet, zum Beispiel am fantastischen Beethovenfries.

Gustav Klimt, Beethovenfries, 1902

Christiana

Das mag wohl sein, aber es ist nicht der Fall, dass Wagner keinen Einfluss auf andere Künstler hatte. Ganz im Gegenteil! Als Professor der Wiener Kunstakademie hat er viele Jugendstilkünstler beeinflusst: Joseph Maria Olbrich, Architekt der Secession*, Josef Hoffmann und Koloman Moser, der goldene Ornamente für Wagners Haus an der Wienzeile und auch Glasmosaikfenster für seine berühmte Kirche am Steinhof schuf.

* Secession – a movement of Austrian artists at the turn of the 20th century

Kirche am Steinhof, Otto Wagner, 1904–1907

2 a **Lesen Sie die Meinungen und finden Sie die Synonyme für die folgenden Wörter:**
  1 genialst(e)
  2 zusammenfließen
  3 beeindruckend
  4 gestalten

2 b **Lesen Sie die Meinungen noch einmal und finden Sie die deutschen Ausdrücke für diese Wörter:**
  1 to embody
  2 gold leaf
  3 cityscape
  4 influence

2 c **Lesen Sie die Meinungen noch einmal. Schreiben Sie den passenden Namen auf – C (Christiana), P (Peter) oder C+P (Christiana und Peter) – zu jeder Aussage unten. Wer meint …,**
  1 dass die Werke dieses Künstlers vor allem zweckmäßig waren?
  2 dass dieser Künstler manchmal Blumenmotive verwendete?
  3 dass man die Werke dieses Künstlers auch außerhalb Wiens sehen kann?
  4 dass dieser Künstler an einer Hochschule unterrichtete?
  5 dass dieser Künstler Maßstäbe für andere Künstler setzte?
  6 dass man keine Ausstellung besuchen muss, um diese Kunst zu sehen?
  7 dass dieser Künstler geometrische Formen als Merkmal einsetzte?
  8 dass dieser Künstler an manchen Projekten mit anderen zusammenarbeitete?

Strategie

Compare contrasting viewpoints and add your own opinion
- The above extracts are full of useful ways of giving opposing points of view in a discussion. These views are expressed politely, but nevertheless firmly.
- Look at the text and make a list of expressions used for disagreeing, e.g. *Es ist nicht der Fall, dass …*
- Now make a list of expressions which are used for agreeing, e.g. *Es steht außer Zweifel, dass …*
- A useful device for showing that you accept a point, but are about to disagree with it is to use *zwar … aber/jedoch …*. Find an example of where this is used in the text.
- When you give an opinion, you don't always have to use an expression like *meiner Meinung nach*. Sometimes it is clear because you choose adjectives which are subjective, e.g. *wunderbar* or *genial*. Note how these words are used in the text. How else are opinions given in the text?
- Try to use these ideas in the debate in exercise 5b.

Grammatik

Relative pronouns, demonstrative pronouns, indefinite pronouns
Relativpronomen, Demonstrativpronomen, Indefinitpronomen

Study points D3, D4 and D6 in the grammar section.

A Identify the following pronouns in the extracts on page 83:
- Four examples of a relative pronoun.
- Two different demonstrative pronouns.
- Three examples of indefinite pronouns.

B Copy out the phrases containing these examples and underline the relevant pronouns before translating the sentences into English.

C What do you notice about word order in the relative clauses? How does this compare to the word order in English relative clauses?

3 a Setzen Sie das passende Relativpronomen ein.

1 Klimts Gemälde „Der Kuss", ___ für viele den Begriff des Jugendstils verkörpert, ____ die Franzosen oft „Art Nouveau" nennen, kennen fast alle, ____ sich für Kunst interessieren.

2 Der Jugendstil, ____ sich um die Jahrhundertwende vom 19. zum 20. Jahrhundert entwickelte, und ____ berühmtester Künstler Gustav Klimt war, ist immer noch beliebt.

3 Das Gebäude, in ____ die erste Secessions-Ausstellung 1898 stattfand, ist in Wien, ____ das Zentrum des Jugendstils war.

4 Fast alles, ____ die Jugendstilkünstler geschaffen haben, ist nur noch in Museen zu sehen.

3 b Füllen Sie die Lücken mit der passenden Form des Demonstrativpronomens oder des Indefinitpronomens aus.

1 ___ (*one*) meiner Freunde mag den Jugendstil überhaupt nicht.

2 Er gab _____ (*each*) von uns ein Buch über den Jugendstil; ____ (*one*) davon habe ich später auf dem Boden gefunden.

3 Kennt ihr Gustav Klimt und Otto Wagner? _____ (*The latter*) war Architekt, _____ (*the former*) war Künstler.

4 Ich habe bisher _____ (*no-one*) gesagt, dass mir dieses Bild gefällt. Von meinen Freunden würden _____ (*several*) das unverständlich finden.

4 a Die Wiener Secession. Hören Sie erst einmal zu, um den Sinn zu verstehen. Ein Wiener Reiseleiter spricht über die Geschichte der Secession. Welche deutschen Wörter benutzt der Reiseleiter für diese englischen?

1. exhibition hall
2. built
3. to create
4. to distance oneself (from)
5. gorgons' heads
6. designed (by)
7. owls
8. laurel leaves
9. tribute
10. tortoise

Die Wiener Secession

4 b Hören Sie noch einmal zu. Welche vier Sätze stimmen mit dem Inhalt des Berichts überein?

1. Die Wiener Secession wurde am Anfang des 20. Jahrhunderts gegründet.
2. Der Architekt des Secessionshauses war Otto Wagner.
3. Viele Wiener mochten das neue Gebäude nicht.
4. Die Künstler der Secession lehnten traditionelle Baustile ab.
5. Die drei Gorgonköpfe symbolisieren Malerei, Architektur und Textilkunst.
6. Die Kuppel am Dach benutzt Motive aus der Natur.
7. Den Beethovenfries kann man immer noch besichtigen.
8. Die Secession ist auf der österreichischen Euromünze dargestellt.

Die drei Gorgonenhäupter

4 c Hören Sie sich den Bericht noch einmal an und schreiben Sie eine Zusammenfassung. Schreiben Sie in ganzen Sätzen und prüfen Sie sorgfältig die Grammatik und die Wortstellung. Achten Sie auf folgende Punkte:
- Wer die Wiener Secession gegründet hat und warum. [2]
- Wie das Gebäude aussieht. [3]
- Welches Kunstwerk man im Ausstellungsgebäude noch sehen kann. [3]

5 a Recherchieren Sie dieses Thema weiter. Finden Sie ein Kunstwerk im Jugendstil (z.B. Bild, Bauwerk, Möbelstück, Schmuckstück), das Ihnen gefällt.

5 b Stellen Sie sich vor, in einer Galerie gibt es nur Platz übrig für ein Ausstellungsstück des Jugendstils. (Im Falle eines Bauwerkes wäre ein Bild davon ausgestellt.) Bereiten Sie Argumente dafür vor, warum das von Ihnen gewählte Kunstwerk diesen Platz einnehmen sollte. Schreiben Sie in ganzen Sätzen und prüfen Sie sorgfältig die Grammatik und die Wortstellung. Verwenden Sie die Ausdrücke in der Strategie.

5 c Führen Sie anschließend eine Debatte in der Klasse, indem Sie Ihre Meinungen ausdrücken, um sich für Ihr Kunstwerk einzusetzen. Sie sollten auch Argumente dafür vorbereiten, warum die von Ihren Klassenkameraden gewählten Kunstwerke nicht ausgestellt werden sollten.

Unit 5 Kunst und Architektur

5.4 Wiederaufbau oder Neuaufbau?

- Über Fragen zur Nachkriegsarchitektur in Deutschland nachdenken.
- Das Futur verwenden.
- Fähigkeiten für Hörverständnisübungen erwerben.

Zum Einstieg

1 Welche Probleme gibt es für Menschen in einem Kriegsgebiet, wenn der Krieg zu Ende geht? Denken Sie an ein Gebiet, wo das heute der Fall ist. Machen Sie eine Liste von den Prioritäten für die Architekten, die dort alles wieder gut machen müssen. Was wäre besser: alles wieder aufzubauen oder etwas Neues zu bauen?

Wiederaufbau nach dem Zweiten Weltkrieg

A 1945 liegt Deutschland in Schutt und Asche. Bei den Luftangriffen im Zweiten Weltkrieg sind viele Stadtviertel fast völlig zerstört worden. Doch bald beginnt ein unglaublicher Bauboom: Innerhalb von 15 Jahren entstehen drei Millionen Wohnungen in der BRD.

B Über den Wiederaufbau der zerstörten Städte wurde viel diskutiert. Wie Gebäude, Wohnviertel und Städte in Zukunft aussehen sollten, darüber stritten Politiker, Bürger, Architekten und Stadtplaner. Einige sahen die Chance für einen Neubeginn: Auf den freigeräumten Flächen schien nun Platz zu sein für moderne und zeitgemäße Architektur. Traditionalisten dagegen wollten die Städte genauso oder ähnlich aufbauen, wie sie vor dem Krieg ausgesehen hatten.

München vor dem Wiederaufbau

C Als die Amerikaner am 30. April 1945 in München einzogen, fanden sie eine Stadt vor, die zur Hälfte dem Erdboden gleichgemacht war. Die historische Altstadt war sogar zu 90 Prozent zerstört. Vor dem Krieg lebten mehr als 800.000 Menschen in München. Danach waren es nur noch knapp 480.000. Doch schon ein Jahrzehnt später waren alle Trümmer beseitigt.

D Weil aber anfangs fast kein Stein mehr auf dem anderen stand, gab es sogar Pläne, München am Starnberger See ganz neu zu erbauen. Diese Pläne wurden aber verworfen. Fortan lautete die Maxime: So viel als möglich bewahren und sich trotzdem dem Neuen nicht verweigern. Denn die Münchner sollten ihre einzigartige und liebgewonnene Stadt wiedererkennen können.

E Viele alte Hausfassaden wurden nach ihrem ursprünglichen Erscheinungsbild restauriert. Gleichzeitig entstanden hinter den Fassaden neue Gebäude. Besonders in der Altstadt mochte man Bauwerke erhalten, um so den ursprünglichen Charakter zu bewahren. Zwölf Kirchen in der Altstadt waren durch die Bombenangriffe schwer beschädigt worden. Bis auf ein Gotteshaus wurden alle wieder aufgebaut. Dank dieser Bemühungen, am historischen Stadtbild festzuhalten, erscheint München heute älter als viele Städte, die nach 1945 umgebaut wurden.

München nach dem Wiederaufbau

2 a Dieser Text ist Teil eines Interviews, bei dem die Fragen fehlen. Lesen Sie den Text. Zu welchem Abschnitt (A–E) passen die jeweiligen Fragen (1–5)?

1. Welche Pläne gab es für den Wiederaufbau von München?
2. Wer hat bestimmt, wie man die zerstörten Großstädte wiederaufbauen sollte?
3. Wie war die Architektur in der BRD in der Nachkriegszeit?
4. Wie setzte man diese Ideen in die Tat um?
5. Welche Auswirkung hatte der Zweite Weltkrieg auf eine Großstadt wie München?

2 b Lesen Sie den Text noch einmal. Lesen Sie dann die Aussagen unten. Schreiben Sie jeweils R (richtig), F (falsch) oder NA (nicht angegeben).

1. Drei Millionen Wohnungen waren im Zweiten Weltkrieg zerstört worden.
2. Nach dem Krieg gab es eine Debatte über den Wiederaufbau der deutschen Städte.
3. Nicht jeder Deutsche wollte in einer modernen Stadt leben.
4. In München beseitigten die Amerikaner die Trümmer.
5. Man schlug vor, einen neuen Standort für München zu finden.
6. Die Stadt München wurde total neu aufgebaut.
7. Die Restaurierung der Altstadtkirchen kostete viel Geld.
8. München sieht heute wie eine alte Stadt aus.

Grammatik

Future tense
Das Futur

Study point H5 in the grammar section.

A For each of these points, write out the sentences and underline the examples.
- How many examples of a future tense using *werden* can you find in the translation task?
- How often are present tense verbs used to express future intention in this task?
- Which other words or expressions are used to indicate that the text is about the future?

B What do you notice about word order in the future tense?

3 Welche Sätze geben keinen Hinweis auf das Futur? Schreiben Sie sie im Futur mit *werden*. In welchen Sätzen ist keine Änderung erforderlich?

1. Wohnen wir in 50 Jahren immer noch in Einfamilienhäusern? Oder müssen wir in Wohnblöcken leben?
2. Forscher meinen, unsere Wohnverhältnisse sehen bis 2070 ganz anders aus.
3. Man sagt, wir müssen fast alles auslagern. Ich vermisse meinen Garten!
4. Wir können nicht mehr sagen: „Eigener Herd ist Goldes wert".
5. Wahrscheinlich besitzen wir dann kein eigenes Auto.
6. Wenn das Stadtleben so schrecklich ist, ziehe ich lieber aufs Land hinaus.

Unit 5 Kunst und Architektur

7 Wenn das Zuhause nur z um Schlafen da ist, wie macht man es sich bequem? Wie kann man sich dort ausruhen?

8 Gott sei Dank müssen wir nie so leben, wie die Forscher es voraussagen.

Strategie

Acquire techniques for listening tasks
- Before listening to the text, read the questions, statements or bullet points so that you can establish the context.
- Listen to the whole text once so that you get an idea of what it is all about and whether different people are speaking.
- Look at the questions and predict an answer, then listen to short sections to see if you are right. Focus on listening for one thing only at a time. In the exam, make sure you do not write anything in the answer box until you are sure of your final answer.
- Listen for synonyms. If the answers consist of statements, you will find different words used from those you hear in the text. In the first bullet point in exercise 4a, the verb *verwenden* is different from the verb used in the text but means the same thing. Can you predict what the other verb might be?
- Practise listening regularly. Get into the habit of listening to something in German every day.

Thier-Galerie Dortmund

4 a Sie hören ein Gespräch zwischen Hannes und Eva über das Lied „Architektur in Deutschland" von Bodo Wartke. Schreiben Sie eine Zusammenfassung des Liedes. Verwenden Sie die Ausdrücke in der Strategie und achten Sie auf folgende Punkte:
- Was für Wörter Bodo Wartke verwendet, um moderne Architektur zu beschreiben.
- Was für Gebäude kritisiert werden.
- Was Hannes selber über moderne Architektur denkt und warum.
- Wie der Sänger das Lied interessant macht.

4 b Ergänzen Sie die Sätze unten mit der richtigen Form der Adjektive oder Verben aus dem Kasten. Vier Wörter werden nicht benutzt.

angehört	ironisch	modern	reimen
aussehen	kritisieren	neu	sein
beschreiben	lustig	öffentlich	waren

1 Das Lied handelt von der ___ Architektur.
2 Verschiedene Baustile werden vom Sänger ___.
3 Die Bauwerke von früher ___ schöner als heute.
4 Für Bodo Wartke ___ ein Plattenbau heutzutage wie ein Parkhaus ___.
5 Hannes mag einige ___ Bauwerke nicht.
6 Eva ist nicht sicher, ob es ein ___ Lied ist.
7 Das Wort „pragmatisch" ___ sich mit „quadratisch".
8 Eva hat sich das Lied noch nicht ___.

4 c Suchen Sie das Lied „Architektur in Deutschland" im Internet und hören Sie sich es an!

Theme 2 Artistic culture in the German-speaking world

5 Translate the following text into English.
Die Stadt der Zukunft

Was für Wohnungen wird es in Zukunft geben? Die Forscher wagen einen Blick ins Jahr 2025 und darüber hinaus. Wir werden nicht mehr in voll ausgestatteten Wohnungen leben, sagen die Zukunftsforscher voraus. Die Ausstattung wird sich auf das Nötigste beschränken. Alles andere wird man auslagern. Die Waschmaschine wird nicht mehr im Bad stehen, sondern im Waschsalon nebenan. Wer mal mit Freunden kochen will, wird sich eine Küche mieten. Abends sitzt man nicht mehr im Wohnzimmer, sondern geht in eine Kneipe. Der Park wird zum Garten, die Bibliothek zum Büro. Die Wohnung wird nicht mehr 42 Quadratmeter groß sein, sondern wird die Fläche der ganzen Stadt haben.

6 a Im Lied von Bodo Wartke kommen die Wörter Sozialismus and Plattenbau vor. Das sind Stichpunkte für die Architektur in der DDR. Recherchieren Sie im Internet und finden Sie ein Beispiel von einer Stadt in der DDR, die nach dem Krieg neu gebaut wurde. Schreiben Sie etwa zwei Absätze über die Architektur in dieser Stadt. Schreiben Sie in ganzen Sätzen und prüfen Sie sorgfältig die Grammatik und die Wortstellung.

6 b Lesen Sie Ihre Absätze in der Klasse vor, während die anderen Schüler Notizen machen. Dann stellen Sie ihnen drei Fragen, die sie mündlich beantworten sollen, um ihr Verständnis zu prüfen.

Vokabular

The lists below contain the key vocabulary for each sub-unit and need to be learnt by heart.
More complete lists are available in the Dynamic Learning package.

5.1 Meilensteine der Architektur bis 1900

- die **Antike** antiquity
- das **Barock** Baroque period
- der **Bau(ten)** construction
- die **Baukunst** architecture
- der **Baustil(e)** building style
- das **Bauwerk(e)** building
- das **Blattgold** gold leaf
- die **Blütezeit(en)** heyday
- das **Deckengemälde(-)** ceiling painting
- **entwerfen** v to design
- die **Epoche(n)** era
- **errichten** v to construct
- das **Fachwerk** half-timbered framework
- die **Fassade(n)** façade
- **geradlinig** adj straight-lined
- die **Gestaltung(en)** design
- das **Gewölbe(-)** arch
- die **Gotik** Gothic style
- der **Klassizismus** Classicism
- die **Kuppel(n)** dome
- **märchenhaft** adj fairy-tale
- das **Merkmal(e)** feature
- das **Mittelalter** Middle Ages
- **n. Chr.** abb (**nach Christus**) A.D.
- der **Pfeiler(-)** column
- **prägen** v to mark, distinguish
- **prunkvoll** adj ostentatious
- die **Romanik** Romanesque period
- der **Römer(-)** Roman
- **verziert** adj adorned

5.2 Deutsche Kunst

- das **Aquarell(e)** water-colour
- **ausdrücken** v to express
- die **Bauhütte(n)** shed
- **bedeutend** adj significant
- der **Begründer(-)** founder
- die **Bewegung(en)** movement
- **einzigartig** adj unique
- **empfinden** v to feel, sense
- der **Expressionismus** Expressionism
- die **Gegenwart** present
- das **Gemälde(-)** painting
- das **Handwerk** craft
- **harmonisch** adj harmonious
- die **Hauptfarbe(n)** primary colour
- **herausragend** adj outstanding
- die **Kunsthochschule(n)** art college
- der **Künstler(-)** artist
- die **Malerei** painting
- das **Meisterwerk(e)** masterpiece
- das **Möbel** furniture
- der **Sammler(-)** collector
- die **Stilrichtung(en)** style trend
- **übermalt** adj painted-over
- **vereinfacht** adj simplified
- **versteigern** v to auction
- **weiblich** adj feminine, female
- das **Weltkulturerbe** world heritage site
- **wirklichkeitsgetreu** adj realistic
- **zweckmäßig** adj functional

5.3 Der Zeit ihre Kunst – der Kunst ihre Freiheit

- **ablehnen** v to reject
- die **Ausstellung(en)** exhibition
- das **Ausstellungsstück(e)** exhibit
- **begabt** adj gifted
- das **Gesamtkunstwerk(e)** total artwork
- die **Gorgo(nen)** gorgon
- **gründen** v to found
- die **Jahrhundertwende(n)** turn of century
- der **Jugendstil** Art Nouveau
- **kennzeichnen** v to identify
- **Maßstäbe setzen** v to set standards
- **rechteckig** adj square
- **schaffen** v to create
- die **Secession** Secession movement
- das **Stadtbild(er)** cityscape
- **verschmelzen** v to merge

5.4 Wiederaufbau oder Neuaufbau?

- die **Ausstattung(en)** equipment
- der **Bauboom(s)** building boom
- **beschädigen** v to damage
- der **Beton(s)** concrete
- **bewahren** v to preserve
- **erbauen** v to construct
- die **Hausfassade(n)** house front
- der **Luftangriff(e)** air attack
- der **Plattenbau(ten)** prefabricated building
- **restaurieren** v to restore
- das **Stadtviertel(-)** district
- der **Stahl** steel
- der **Stein(e)** stone
- die **Trümmer** ruins
- **wiederaufbauen** v to rebuild
- **zeitgemäß** adj contemporary

UNIT 6

Das Berliner Kulturleben damals und heute

Theme objectives

This unit looks at cultural life in Berlin and how it developed over the last two centuries. Over the four sub-units, you will:
- Learn how Berlin developed from the 18th century onwards.
- Find out about theatres, music and museums in Berlin.
- Learn about cultural life in Berlin during the Nazi period.
- Analyse diversity among the population of Berlin.

Grammar objectives

You will also study and practise various grammar points. You will:
- Use prepositions and prepositional adverbs.
- Use Subjunctive 2; *wenn* clauses.
- Adverbs and adverbial phrases.
- Practise using adjectives, with and without articles in all cases.

Strategy objectives

Finally, you will develop different strategies that will help you when it comes to exam time. Over these four sub-units you will:
- Check and edit your writing to improve accuracy.
- Plan and carry out your AS-level revision.
- Adapt a text to your own needs.
- Use the preparation time well in the speaking exam.

6.1 Berlin – geprägt durch seine Geschichte

- Lernen, wie Berlin sich ab dem achtzehnten Jahrhundert entwickelte.
- Präpositionen und Pronominaladverbien benutzen.
- Schriftliche Arbeit überprüfen und bearbeiten.

Zum Einstieg

1 Die Wörter in diesem Quiz findet man in Zusammenhang mit der deutschen Geschichte. Arbeiten Sie in Gruppen, um Punkte zu gewinnen. Welches Wort bzw. welcher Begriff gehört *nicht* in die jeweilige Reihe? Auch wenn Sie die richtige Antwort nicht wissen, raten Sie mal und versuchen Sie, einen Grund für Ihre Antwort zu geben. Ihr(e) Lehrer(in) gibt Ihnen vielleicht Hinweise!

a 1 Erklärung
   2 Aufklärung
   3 Klärung

b 1 Deutschland
   2 Sachsen
   3 Preußen

c 1 Friedrich Wilhelm der Zweite
   2 Karl der Große
   3 Friedrich der Große

d 1 Sanssouci
   2 Charlottenburg
   3 Schönbrunn

Friedrich der Große

Wann wurde Berlin zum ersten Mal Hauptstadt?	Es kommt darauf an, was man damit meint. 1709 wurde Berlin königliche Residenzstadt und Hauptstadt von Preußen unter König Friedrich I. Erst viel später im Jahr 1991 wurde Berlin Hauptstadt der vereinten Bundesrepublik.
Während welcher Epoche wurde Berlin als europäische Metropole angesehen?	Unter Friedrich dem Großen (1712-1786), der einen großen Einfluss auf das Stadtbild von Berlin im 18. Jahrhundert hatte. Berlin sollte sich wie die angesehenen Hauptstädte Wien oder Paris entwickeln und wurde damals als Zentrum der Aufklärung anerkannt.
Wofür interessierte sich Friedrich der Große?	Als Kind für Kunst, Musik und Literatur. Nachher kam Architektur dazu. Der Musikliebhaber spielte Querflöte und komponierte auch klassische Musikstücke. Damit war die Errichtung eines Opernhauses 1743 Unter den Linden verbunden.
Gibt es andere Bauwerke, woran man sein Interesse für Kultur erkennen kann?	Friedrich der Große zählte viele Schriftsteller und Philosophen zu seinen Freunden. 1774 ließ er die Alte Bibliothek am heutigen Bebelplatz für seine riesigen Büchersammlungen bauen.
Hat Friedrich der Große auch den Bau neuer Kirchen beeinflusst?	Ja, dazu zählt auch die St. Hedwigs-Kathedrale, die ein Zeichen der religiösen Toleranz des Königs darstellt. Dabei handelt es sich um den Bau einer katholischen Kirche mitten im protestantischen Staat Preußen.
Welche Residenz wurde für Friedrich den Großen gebaut?	Der König ließ zwischen 1745 und 1747 auf einem Grundstück im Süden Berlins und in Potsdam das Schloss Sanssouci mit Parkanlagen und Weinbergterrassen bauen. Nach seinen Kriegen zog er sich ins Schloss zurück, um sich „ohne Sorgen" (daher der Name aus dem Französischen) zu entspannen.

Theme 2 Artistic culture in the German-speaking world

2 a Lesen Sie das Interview über die Geschichte Berlins. Finden Sie in den Fragen bzw. Antworten Antonyme für diese Wörter.

1 geteilt
2 abreißen
3 winzig
4 Kleinstadt

2 b Lesen Sie das Interview über die Geschichte Berlins noch einmal. Finden Sie in den Fragen bzw. Antworten Synonyme für diese Wörter.

1 betrachtet
2 Autor
3 Grünfläche
4 Freizügigkeit
5 Symbol
6 Zeitalter

2 c Lesen Sie das Interview über die Geschichte Berlins noch einmal. Ergänzen Sie diese Satzanfänge (1–8) mit den passenden Endungen (a–l).

1	Zu verschiedenen Zeitpunkten war Berlin …	a	im 18. Jahrhundert.
2	Berlin war nicht immer Hauptstadt …	b	Dichter und Denker.
3	Im 18. Jahrhundert stieg das Ansehen Berlins …	c	eine Regierung.
4	Friedrich der Große begeisterte sich …	d	an einem Krieg.
5	Viele Freunde des Königs waren …	e	der Bundesrepublik.
6	Unter Friedrich dem Großen herrschte …	f	Ruhe und Erholung.
7	Das Schloss Sanssouci baute man …	g	eine wichtige Großstadt.
8	Der König fand in seiner Residenz …	h	Glaubensfreiheit.
		i	im Ausland.
		j	eine große Familie.
		k	altmodisch.
		l	für Kultur.

Grammatik

Prepositions and prepositional phrases
Präpositionen und Pronominaladverbien

Study point O in the grammar section.
A In the interview on page 92, how many examples of prepositions can you find in the second question and its answer? Write them down with the nouns relating to them and give an English translation for each.
B In the last question and answer of the interview, explain why the preposition *in* is used here in three different ways (*in*, *im*, *ins*).
C Look again at the whole interview (questions and answers). Identify all the examples of prepositions used in a prepositional phrase like *damit*, *daran*, etc. Write down the sentences containing these and translate them into English.
D In the prepositional phrases, what do you notice about how they are constructed when the preposition begins with a vowel?

3 Füllen Sie die Lücken mit einer Präposition (z.B. *auf*) oder einem Präpositionaladverb (z.B. *darauf*) aus.

1 Musik, Kultur, Philosophie: ____ allem interessierte sich Friedrich der Große ____.

Unit 6 Das Berliner Kulturleben damals und heute

2 Einige Gebäude ____ den Zeiten Friedrichs des Großen sind in Berlin noch zu sehen.

3 Das Brandenburger Tor wurde ____ 200 Jahren gebaut. ____ 1990 gilt es als Symbol der Wiedervereinigung.

4 ____ 1900 und 2000 stieg Berlins Einwohnerzahl ____ 1 889 000 ____ 3 382 000. Jetzt liegt sie ____ fast 3 462 000.

5 Die Religionsfreiheit in Preußen im 17. Jahrhundert trug ____ bei, dass Berlin ____ einer Weltmetropole wurde.

6 ____ dem Tod Friedrichs des Großen wurden ihm zahlreiche Denkmäler errichtet, _____ das Reiterstandbild Unter den Linden.

7 Friedrich war ____ seine „Tafelrunden" berühmt; jeden Abend unterhielt er sich ____ Freunden, ____ ihnen Voltaire, ____ Philosophie und Literatur.

8 Was hältst du ____, wenn wir Potsdam und Sanssouci besuchen? Hättest du Lust ____?

Das Brandenburger Tor

4 a Sie hören einen Bericht über das Brandenburger Tor in Berlin. Lesen Sie die Aussagen unten. Welche vier Sätze stimmen mit dem Inhalt des Berichts überein?

1 Das Brandenburger Tor ist seit 1989 Symbol der deutschen Hauptstadt.
2 Friedrich der Große war der Onkel von Friedrich Wilhelm dem Zweiten.
3 Das Tor wurde im 18. Jahrhundert gebaut.
4 Es steht auf fünf Sandsteinsäulen.
5 Es gibt mehr als eine Durchfahrt beziehungsweise einen Durchgang.
6 Im 19. Jahrhundert durfte nur die königliche Familie das Tor benutzen.
7 Die Skulptur oben auf dem Tor zeigt einen römischen Gott mit vier Pferden.
8 Es ist Napoleon gelungen, die Skulptur nach Paris zu bringen.

4 b Hören Sie noch einmal zu und füllen Sie die Lücken aus. In jede Lücke passt entweder eine Zahl oder ein Datum.

1 Das Brandenburger Tor steht seit mehr als _____ Jahren.
2 Man hat das Tor zwischen _____ und _____ gebaut.
3 Das Tor hat ____ Säulen. Jede Säule ist _____ Meter hoch.
4 Nach dem Jahr _____ durfte man die mittlere Einfahrt benutzen.
5 Die Quadriga ist ____ Meter hoch.
6 Im Jahr _____ hat man die Quadriga demontiert.
7 Die Statue konnte man erst _____ Jahre später zurückholen.
8 Der Bau der Berliner Mauer hat das Brandenburger Tor im Jahr _____ abgesperrt.

5 Translate the following text into English.

Berlin als Hauptstadt

Am Ende des Zweiten Weltkriegs wurde Berlin in vier Sektoren aufgeteilt. Die DDR erklärte den sowjetischen Sektor Berlins zur Hauptstadt der DDR. 1949 wurde Bonn zur „provisorischen Hauptstadt" und Sitz der Regierung ernannt. Mit der Wiedervereinigung 1990 gab es eine heftige Debatte darüber, ob Bonn oder Berlin Hauptstadt werden sollte. Viele Politiker machten sich Sorgen um die hohen Kosten eines Umzugs von Bonn nach Berlin. Trotzdem entschied sich der Bundestag 1991 mit einer knappen Mehrheit für Berlin. Ein neues Regierungsviertel an der Spree wurde gebaut. Erst im Sommer 1999 zogen der Bundestag und viele Ministerien nach Berlin.

Strategie

Check and edit your writing to improve accuracy

Always re-read your work when you have finished. It is very easy to miss out words. It is a good idea to run your finger along the line, like when you learnt to read, as this helps you focus on every word. Check specifically for the following:
- Have you used the correct word order? A common error in subordinate clauses is to think you have sent the verb to the end, but then forget to write it.
- Are your articles and adjective endings correct according to gender, number and case? Check them against tables when not in exam conditions.
- Have you used capital letters for nouns?
- Does your verb agree with the subject? Students often use a singular subject with a plural noun and vice versa.
- Are different tenses correctly formed? Don't guess past participles. Check them in a verb table.

When you have completed exercise 6a, check your work for all of the above bullet points.

6 a Informieren Sie sich weiter über den Einfluss von Friedrich dem Großen auf die Entwicklung von Berlin. Wählen Sie einen der Suchbegriffe unten und machen Sie Recherchen im Internet. Schreiben Sie dann etwa 150 Worte. Schreiben Sie in ganzen Sätzen und prüfen Sie sorgfältig die Grammatik und die Wortstellung. Verwenden Sie die Ausdrücke in der Strategie.

- Schloss Sanssouci
- Berliner Dom
- Königliche Porzellanmanufaktur

6 b Sprechen Sie mit einem Partner/einer Partnerin, der/die ein anderes Thema vorbereitet hat. Stellen Sie Ihrem Partner/Ihrer Partnerin fünf Fragen über seine/ihre Recherchen und dann wechseln Sie die Rollen.

6.2 Kulturmetropole Berlin

- Sich über Theater, Musik und Museen in Berlin informieren.
- Konjunktiv 2; *wenn*-Sätze verwenden.
- Themen wiederholen und als Vorbereitung für die AS-Prüfung bearbeiten.

Zum Einstieg

1 a Was verstehen Sie unter dem Begriff „Kulturmetropole"? Was erwartet man von einer Hauptstadt, wenn man sich für Kultur interessiert? Denken Sie an Großstädte, die Sie kennen, und machen Sie eine Liste von kulturellen Stätten und Veranstaltungen, die es dort gibt. Zum Beispiel: Konzerthalle, Opernhaus, …

1 b Welche kulturellen Stätten wird es wohl in Berlin geben? Vielleicht kennen Sie schon einige? Machen Sie noch eine Liste für Berlin. Anschließend vergleichen Sie Ihre beiden Listen innerhalb der Klasse.

2 a Lesen Sie den Artikel über Berlin. Finden Sie fünf Synonyme für die folgenden Wörter:

1. Tourismusbüro
2. Symbol
3. Ereignis
4. erfahren
5. gebaut

2 b Lesen Sie noch einmal den Artikel über Berlin. Finden Sie Antonyme für die folgenden Wörter:

1. ehemalig
2. langweilige
3. vereint

2 c Lesen Sie die Informationen über Berlin noch einmal. Lesen Sie dann die Sätze unten. Welche vier Sätze stimmen nicht mit dem Inhalt des Artikels überein?

1. Erst in der Nachkriegszeit wurde Berlin zu einer Kulturmetropole.
2. Schon in den 20er Jahren hatte Berlin ein Tourismusbüro.
3. Die Musik- und Theaterszenen von heute hatten ihre Wurzeln im Berlin der Weimarer Republik.
4. Die Loveparade war früher ein Festival der elektronischen Tanzmusik.
5. Wäre ein Musikfan zwischen 2010 und 2015 nach Berlin gefahren, hätte er eventuell das Festival Pop-Kultur besucht.
6. In den Theatern kann man Stücke aus verschiedenen Zeitaltern sehen.
7. In zahlreichen Theatern werden Stücke in verschiedenen Sprachen aufgeführt.
8. Wenn man mehr als ein Museum besuchen möchte, könnte man eine Eintrittskarte für die ganze Museumsinsel kaufen.

Kulturmetropole Berlin

Die Museumsinsel

Stadt der Kultur

Schon am Anfang des zwanzigsten Jahrhunderts war ein abwechslungsreiches Kulturangebot ein Merkmal der Großstadt Berlin. Sogar in den Goldenen Zwanzigern konnte man auf den Plakaten des Fremdenverkehrsamtes den Werbespruch „Stadt der Musik und des Theaters" lesen. Diesen Ruf verdient die Kulturmetropole Berlin heute immer noch.

Stadt der Musik

Für Musikliebhaber steht eine Vielfalt von Veranstaltungen zur Verfügung. Wer sich für klassische Musik interessiert, hat die Auswahl von drei Opernhäusern oder kann sich in einem Konzert von einem der acht bekannten Berliner Orchestern mit Werken aus allen Epochen unterhalten lassen. Die Berliner Philharmoniker zum Beispiel sind eines der bekanntesten Orchester der Welt. Wenn man sich eher für Pop und Rock interessiert, kann man in der Musikhauptstadt spektakuläre Auftritte der größten Stars erleben. Wäre man in den neunziger Jahren nach Berlin gekommen, hätten Technofans an der alljährlichen Veranstaltung **Loveparade** teilnehmen können. Neben dem seit 2010 stattfindenden Festival **Berlin Music Week** wird jetzt die Veranstaltung **Pop-Kultur** Künstler und Musiker nach Berlin ziehen.

Stadt der Theater

Mit ungefähr 140 Theatern und Bühnen gibt es in Berlin immer etwas Mitreißendes zu sehen. Ob antike Tragödien oder Komödien der Gegenwart: Allerlei Theaterstücke werden hier aufgeführt. Berlin ist ein Zentrum der Kreativität. Traditionelle Theater wie das Deutsche Theater oder das Berliner Ensemble bieten klassische Inszenierungen an, während das Theater am Potsdamer Platz das Ziel für unterhaltsame Musicals ist. Unterhaltung gibt es auch im Theaterviertel rund um die Friedrichstraße und die Hackeschen Höfe in Bühnen wie dem Chamäleon-Theater, Kabarett-Theater Distel, Friedrichstadtpalast oder Quatsch Comedy-Club. Das Radialsystem V ist ein transformiertes Pumpwerk am Spreeufer, wo man unter anderem Alte Musik, Zeitgenössischen Tanz und Bildende Kunst genießen kann.

Stadt der Museen

Die Berliner Museumsinsel gehört zum UNESCO-Welterbe. Hier wurden fünf Museen mit weltberühmten Sammlungen zur Geschichte der Kunst und Kultur Europas auf einer Insel im Spree von bekannten Architekten ihrer Zeit errichtet: Altes Museum, Neues Museum, Alte Nationalgalerie, Bode-Museum und Pergamonmuseum. Viele Touristen kommen nach Berlin, um ihre Kenntnisse der Zeitgeschichte zu erweitern oder aufzufrischen. Wenn man mehr über die Geschichte dieser einst geteilten Stadt erfahren will, sollte man das Deutsche Historische Museum oder das Mauermuseum am Checkpoint Charlie besuchen.

3 **Translate the following text into English.**

Ein Wochenende in Berlin

Wenn Sie für ein Wochenende nach Berlin fahren, können Sie dort viel unternehmen. Ich würde Folgendes vorschlagen: erstens ein Museum am Vormittag, das Mauermuseum am Checkpoint Charlie vielleicht. Danach könnte man gleich in der Nähe ins Currywurstmuseum gehen, um Appetit aufs Mittagessen zu bekommen. Wie wär's mit einem Besuch am Abend in Europas größtem Revue-Theater, dem Friedrichstadt-Palast? Das würde sicherlich Spaß machen. Würden Sie etwas länger bleiben, dann müssten Sie das Bundestagsgebäude besuchen. Von der Dachterrasse hätten Sie eine tolle Aussicht auf die Sehenswürdigkeiten von Berlin. Wenn Sie dort die berühmte Kuppel besichtigen wollten, würde ich den Audioguide empfehlen. Dieser Führer würde Ihnen ausführliche Details nicht nur über die Geschichte des Gebäudes, sondern auch über die Umgebung geben.

Grammatik

Subjunctive 2; *wenn* clauses
Konjunktiv 2; *wenn*-Sätze

Study point M2 in the grammar section. Find examples of conditionals in the reading text about Berlin and the translation text above. Copy out the relevant sections, underlining the verbs. Find the following:

1 A *wenn* clause and main clause containing verbs in the indicative.
2 An example of a closed conditional where the word *wenn* has been avoided.
3 A *wenn* clause and main clause containing verbs in the subjunctive.
4 A *wenn* clause and main clause where the verbs are **not** in the subjunctive.
5 A clause where you might expect *wenn* at the start, but the sense is conveyed by word order instead.
6 Three examples of *würde* and the infinitive **not** in a *wenn* clause.
7 Three examples of modal verbs used in the subjunctive.
8 One example each of *sein* and *haben* in the subjunctive.

4 Schreiben Sie die Sätze im Konjunktiv 2.

1 Wenn wir noch einen Tag in Berlin bleiben, können wir das Pergamon-Museum besuchen.
2 Hast du Lust, morgen eine Schiffstour mitten durch Berlin zu machen? Das dauert ungefähr zwei Stunden.
3 Wenn das Wetter etwas schöner ist, empfehle ich eine Fahrradtour am Fluss entlang.
4 Was besuchst du heute lieber – ein Museum oder das Reichstagsgebäude?
5 An deiner Stelle besuche ich die Museumsinsel.
6 Du siehst* aus, als ob du im Moment kein Interesse daran hast, in die Gemäldegalerie zu gehen. Magst du lieber essen gehen?
7 Ich wünsche, ich kann noch zwei Tage hier bleiben!
8 Auch wenn ich weiß, dass du nicht mitkommst, gehe ich in die Oper.

* No subjunctive necessary.

5 a Die Goldenen Zwanziger. Drei deutsche Teenager reden über die Zwanziger Jahre auf in Berlin. Was findet jede Person interessant? Schreiben Sie jeweils den passenden Namen auf (Anja, Hannes, Marco).

1 Kino
2 Nachtleben
3 Mode
4 Wirtschaftskrise
5 Rollenverteilung der Geschlechter
6 Dramatik

Marlene Dietrich in ‚Der blaue Engel'

5 b  Hören Sie noch einmal zu und füllen Sie dann die Lücken mit Wörtern aus dem Kasten aus. Vier Wörter passen nicht.

arbeiten	Elend	Interessiert	spannend
Armut	Emanzipation	Künstler	Tragödien
Dramatiker	verändert	Sängerin	traurig

1 Berliner wollten nach dem _____ des ersten Weltkrieges Spaß haben.
2 Für die Reichen war das Leben sehr _____, aber es gab auch viel _____.
3 Berlin wurde zum Zentrum für _____ aller Art.
4 Die Erstaufführung der „Dreigroschenoper" von dem _____ Bertolt Brecht war sehr erfolgreich.
5 Das Leben für Frauen hat sich sehr _____.
6 Viele mussten jetzt selber _____.
7 Die neue Mode war auch ein Symbol ihrer _____.

Strategie

Plan and carry out your AS-level revision
You could:
- Stop for a ten-minute break every forty minutes.
- Only revise one or two topics per day.
- Switch off your mobile phone/TV/i-pod, etc.
- Be clear about what is expected in the exam. Familiarise yourself with past papers, but also look closely at the mark schemes and examiners' reports to see where mistakes are commonly made.
- Don't leave everything until the last minute! At the end of each sub-topic and topic, look through your notes and list useful vocabulary and phrases neatly, then look over these from time to time during the course.
- Revise vocabulary for each sub-topic and topic using a method which works for you. This might be small cards with German on one side and English on the other, or you might prefer making mind-maps or using an electronic tool.
- It is a good idea to pair up with another student and test each other, both on vocabulary and also on questions for the Speaking exam.
- Doing practice plans for a variety of different essay questions, and making a list of key vocabulary and structures you could use for that essay, also helps you to organise your thoughts.

6 a  Wählen Sie ein Thema aus den Bereichen Musik, Theater und Museen in Berlin und recherchieren Sie weiter. Schreiben Sie einen Absatz über dieses Thema. Schreiben Sie in ganzen Sätzen und prüfen Sie sorgfältig die Grammatik und die Wortstellung. Hier sind einige Ideen, aber Sie können natürlich auch andere nehmen:
- das Pergamonmuseum
- die Berliner Philharmoniker
- die Veranstaltung Pop-Kultur
- das Berliner Ensemble

6 b Besprechen Sie das von Ihnen gewählte Thema mit anderen Studenten in der Klasse, um mehr über die anderen Themen herauszufinden.

Unit 6 Das Berliner Kulturleben damals und heute

6.3 Berlin im Schatten des Dritten Reichs

- Verstehen, wie das Kulturleben in Berlin im Dritten Reich war.
- Adverbien und adverbiale Bestimmungen.
- Einen Text für die eigenen Zwecke bearbeiten.

Zum Einstieg

1 a **In welcher Reihenfolge passierten diese Ereignisse?**
  1. Kriegserklärung an Polen.
  2. Die elften Olympischen Sommerspiele in Berlin.
  3. Hitlers Machtergreifung.
  4. Das erste öffentliche Fernsehprogramm der Welt startet in Berlin.
  5. Die Rote Armee marschiert in Berlin ein.
  6. Mit dem Anschluss Österreichs wird Berlin Hauptstadt des „Großdeutschen Reiches".

1 b **Wissen Sie, in welchen Jahren die Ereignisse passierten? Versuchen Sie, jedem Ereignis ein Jahr zuzuordnen.**

a Nach seiner Machtergreifung 1933 hatte Adolf Hitler vor, Berlin als Reichshauptstadt namens Germania umzubauen. Zu dieser Zeit gab es die Gleichschaltung der Kultur. Das heißt, alle Künstler mussten ihre Arbeit der Ideologie der Nationalsozialisten anpassen.

b Jeder Musiker, Komponist, Maler, Schriftsteller, Schauspieler oder Regisseur musste Mitglied der Reichskulturkammer werden, die am 22. September 1933 von den Nationalsozialisten unter der Leitung des Propagandaministers Goebbels in Berlin gegründet wurde. Wer nicht akzeptiert wurde, durfte seinen Beruf im NS-Staat nicht mehr ausüben. Nicht nur Juden waren ausgeschlossen, sondern auch alle Künstler, deren Arbeit als „entartet" angesehen wurde.

c Im NS-Regime wurden viele moderne Kunstwerke als „undeutsch" angesehen. Viele Werke von bekannten deutschen Malern wurden beschlagnahmt und dann entweder ins Ausland verkauft oder zerstört. 1937 zeigte eine Ausstellung in München den Deutschen, wie schrecklich die „entartete Kunst" war. Danach kam die Ausstellung nach Berlin. Zu den verpönten Künstlern gehörte der Berliner Georg Grosz, der in den zwanziger Jahren Teil der Dada-Szene* war. Wie viele andere bedrohte Künstler flüchtete er sicherheitshalber ins Ausland.

d Als „entartet" galten auch verschiedene Musikrichtungen, vor allem diejenigen, deren Einflüsse aus Amerika kamen. Swing- und Jazztanzen sowie englische Texte waren streng verboten. Vor allem Werke jüdischer Komponisten durften nicht mehr gespielt werden. Bei den Berliner Philharmonikern wurden jüdische Musiker entlassen. Der weltbekannte Dirigent Wilhelm Furtwängler war Vizepräsident der Reichsmusikkammer, sah sich aber als unpolitisch und unterstützte erfolgreich einige jüdische Mitglieder des Orchesters.

e Die Universal Film AG (Ufa) mit ihren Studios in Potsdam-Babelsberg bei Berlin war der größte deutsche Filmkonzern. Schon 1933 wurden alle jüdischen Mitarbeiter entlassen. Von nun an mussten Schauspieler und Regisseure Mitglieder der Reichsfilmkammer und deutsche Staatsbürger sein. Der Film wurde zum Propaganda-Instrument des NS-Regimes. Nicht nur antisemitische Propagandafilme wie *Jud Süß* (1940) wurden gedreht, sondern auch unterhaltsame Spielfilme wie *Junge Adler* (1943/44), die die Nazis in einem guten Licht darstellen sollten. Die Regisseurin Leni Riefenstahl erhielt den Auftrag, Dokumentarfilme über die Reichsparteitage und die Olympischen Sommerspiele 1936 in Berlin zu drehen.

*Dada war eine Kunstrichtung, die 1916 während des ersten Weltkriegs (1914 bis 1918) entstand.

2 a Lesen Sie die Textabschnitte. Welcher Titel unten (1–5) passt am besten zu dem jeweiligen Textabschnitt links (a–e)?

1 Die Reichskulturkammer
2 Verbotene Musik
3 Entartete Kunst
4 Propaganda-Instrument Film
5 Hintergrund

2 b Lesen Sie die Textabschnitte noch einmal durch. Ergänzen Sie die folgenden Sätze mit der richtigen Form der Adjektive oder Verben.

antisemitischer	dargestellt	erschien	kam
arbeiteten	entartet	gearbeitet	neuen
ausgeschlossene	erfolgreich	gründete	schildern
berühmter	erhielten	jüdischen	zerstört

1 Hitler wollte Berlin den _____ Namen Germania geben.
2 1933 _____ Goebbels die Reichskulturkammer in Berlin.
3 _____ Künstler durften nicht mehr arbeiten.
4 Man hat auch die Werke _____ Künstler zerstört.
5 Alles, was den Nationalsozialisten als „undeutsch" _____, war verboten.
6 Furtwängler war schon vor dem Krieg als Dirigent _____.
7 Nur Mitglieder der Reichsfilmkammer _____ nach 1933 in der Filmindustrie.
8 In den Propagandafilmen waren Nazis als Helden _____.

2 c Schreiben Sie eine Zusammenfassung des Texts. Schreiben Sie in ganzen Sätzen und prüfen Sie sorgfältig die Grammatik und die Wortstellung. Achten Sie auf folgende Punkte:

- Die Pläne der Nationalsozialisten für die Kultur im Allgemeinen.
- Was Künstler im Dritten Reich tun mussten.
- Welchen Einfluss das Dritte Reich auf Musik hatte.
- Was im Dritten Reich ins Kino kam.

Grammatik

Adverbs and adverbial phrases
Adverbien und adverbiale Bestimmungen

Study point F in the grammar section. Read the extracts again.
A Find and write down examples of:
1 Three single-word adverbs (not time or place) and the verb which is being modified each time.
2 Five examples of an adverb or adverbial phrase of time which come at the start of a sentence.
3 Prepositional phrases used as adverbs.
B What do you notice about the word order of prepositional adverbs in this text? How does this relate to the Time-Manner-Place rule?

Unit 6 Das Berliner Kulturleben damals und heute

3 Setzen Sie das Adverb oder die adverbiale Bestimmung an die richtige Stelle im Satz.

1 Die Nazis verboten alle Kunst und Musik (*schon 1933*), die zu ihrer Ideologie passte (*nicht*).
2 Goebbels gründete die Reichskulturkammer (*in Berlin, im September 1933*). Ein Ausschluss bedeutete Berufsverbot (*natürlich*).
3 Die Nazis betrachteten die moderne Kunst als „undeutsch" (*im Grunde genommen*).
4 Die Ausstellung „Entartete Kunst" sollte dem Publikum die Schrecklichkeit der modernen Kunst zeigen (*vor allem*).
5 Als verschollene „entartete" Skulpturen ans Licht kamen, (*bei U-Bahn-Arbeiten vor dem Roten Rathaus, bei einer archäologischen Grabung, im Jahr 2010*) war dies eine große Überraschung.
6 Für jüdische Musiker und Schauspieler war es schlimm (*besonders*): Auf Befehl der Nazis verboten Orchester und Theater ihnen die Arbeit (*in den ersten Monaten des Nazi-Staates, ohne Kündigung*).
7 Orchester durften die Musik von großen Komponisten, z.B. Mendelssohn oder Mahler, aufführen (*leider nicht mehr, im Konzertsaal*), weil sie Juden waren.
8 Die Nazis wollten der Welt die Vorherrschaft der „Arier" beweisen (*1936, bei den Olympischen Spielen*).

4 a Sie hören ein Gespräch über die Olympischen Spiele in Berlin. Lesen Sie dann die Teilsätze unten und wählen Sie jeweils die Ergänzung, die am besten zum Inhalt des Textes passt.

1 Die Entscheidung für Berlin als Austragungsort der Olympischen Spiele …
   a wurde 1936 getroffen.
   b wurde von Adolf Hitler getroffen.
   c hatte man fünf Jahre vorher getroffen.
2 Andere Länder …
   a boykottierten die Spiele.
   b redeten über einen Boykott.
   c durften keine Juden in ihrer Mannschaft haben.
3 Die Zahl der Teilnehmerländer …
   a war höher als je zuvor.
   b war weniger als bei den vorigen Spielen.
   c blieb gleich wie bei den letzten Spielen.
4 Helene Mayer …
   a hat teilgenommen und war erfolgreich.
   b durfte als Halbjüdin nicht teilnehmen.
   c hat im Weitsprung eine Silbermedaille gewonnen.
5 Während der Spiele …
   a waren Juden in einem Konzentrationslager eingesperrt.
   b führten Juden in Berlin ein eher normales Leben.
   c gab es in Berlin Gewalt gegen Juden.

Die Olympischen Spiele, Berlin 1936

6 Im Olympischen Dorf wohnten nach den Spielen …
   a Sportler.   b Häftlinge.   c Soldaten.
7 Am Ende der Spiele …
   a lag Amerika auf Platz 2 im Medaillenspiegel.
   b hatte Deutschland mehr Goldmedaillen als je zuvor gewonnen.
   c hatte Amerika die meisten Goldmedaillen gewonnen.
8 Die Nationalsozialisten freuten sich nicht, …
   a weil das Deutschlandbild negativ war.
   b weil ein jüdischer Sportler Publikumsliebling war.
   c weil ein Schwarzer der erfolgreichste Athlet der Spiele war.

Strategie

Adapting a text to your own needs
- Whenever you do reading or listening tasks in German, note down any phrases or idioms which you might find useful in your own writing. Make use of the listening text transcripts for this purpose.
- When you are doing revision, go back through your notes and extract words and phrases which you find useful.
- Remember that if you extract phrases, you need to adapt the grammar to the words in your sentence. Look at question 3 in exercise 4b: '… sport and politics are independent'. The vocabulary you need is in the transcript, but you will have to adapt your sentence by making the verb plural.

4 b Hören Sie sich das Gespräch noch einmal an und übersetzen Sie diese Sätze ins Deutsche.

1 The Olympic Games which took place in Berlin in 1936 were a triumph for the Nazi-regime.
2 They appeared to be an ideal opportunity for propaganda.
3 After a discussion, the Americans decided that sport and politics are independent.
4 Jewish sportspeople were not allowed to participate in the German team.
5 Foreign guests did not know what was happening a few kilometres away.
6 A stadium and a new Olympic village were constructed for the Games.
7 The Nazis used the success of the Games to demonstrate their strength.
8 The most famous athlete from the Games in 1936 was the American Jesse Owens.

5 In Übung 4 hören Sie den Satz: „Es gab auch für die deutschen Besucher eine neue Kraft durch Freude Stadt." Was war die Kraft durch Freude (KdF) Organisation? Machen Sie Recherchen im Internet und schreiben Sie einen Absatz darüber. Schreiben Sie in ganzen Sätzen und prüfen Sie sorgfältig die Grammatik und die Wortstellung. Versuchen Sie dabei diese Fragen zu beantworten:
- Was hat die KdF organisiert?
- An wen hat sich die KdF gerichtet?
- Was wollte die KdF mit ihren Initiativen erreichen?

6 Was haben Sie über das Leben in Berlin im Dritten Reich gelernt? Sprechen Sie eine Minute lang, wobei Sie versuchen, so viele Punkte wie möglich zu nennen, während die anderen Studenten zuhören und Stichpunkte aufschreiben. Wer hat die meisten Punkte erwähnt?

KdF Propagandaplakat

Unit 6 Das Berliner Kulturleben damals und heute

6.4 Berlin – Hauptstadt der Vielfalt

- Die Vielfalt innerhalb der Bevölkerung Berlins analysieren.
- Adjektive in allen Fällen mit und ohne Artikel üben.
- Vor der mündlichen Prüfung die Vorbereitungszeit sinnvoll ausnützen.

Zum Einstieg

1 a Was verstehen Sie unter dem Begriff „Vielfalt innerhalb der Bevölkerung"? Arbeiten Sie mit einem Partner/einer Partnerin und machen Sie zusammen eine Mind-Map von den verschiedenen Gruppen in der Bevölkerung einer Großstadt.

1 b Vergleichen Sie Ihre Mind-Map mit denen der anderen Studenten in der Klasse.

2 a Drei Berliner äußern sich zur Frage: Was bedeutet das Wort „Vielfalt" für einen Berliner? Lesen Sie den Text und beantworten Sie die Fragen. Wer …

1. beschreibt Berlin als ein beliebtes Bildungszentrum?
2. macht sich Sorgen, dass Wohnen in Berlin für manche Einwohner zu teuer wird?
3. erwähnt gewalttätige Vorfälle?
4. spricht über die allmähliche Reduzierung der Zahl der Arbeitnehmer in der Stadt?
5. spricht über Menschen verschiedener Glaubensrichtungen?
6. beschreibt Berlin als Zufluchtsort für gewisse Jugendliche?
7. erwähnt die Zeit, als Berlin noch geteilt war?
8. spricht über die Prognose zur demografischen Entwicklung der Stadt?

2 b **Finden Sie das Wort im Text, das zur jeweiligen Definition passt.**

1. Die ethnische Herkunft eines Einwanderers.
2. Gruppen gleichgesinnter Menschen.
3. Negative Einstellungen gegenüber Gruppen.
4. Menschen, die arbeiten können.
5. Irgendwo, wo man gern lebt.
6. Die Uhrzeit, zu der Gaststätten schließen müssen.
7. Jemand, der in die Armee einberufen wird.
8. Wenn ein Bauwerk durch Renovierung modernisiert wird.

Theme 2 Artistic culture in the German-speaking world

Was bedeutet das Wort „Vielfalt" für einen Berliner?

Karneval der Kulturen

Sofia
Für mich deutet „Vielfalt" auf den Migrationshintergrund vieler Einwohner hin. Heutzutage leben Menschen aus mehr als 180 Nationen in dieser multikulturellen Stadt zusammen. Etwa 15 Prozent der Bevölkerung sind ausländischer Herkunft. Natürlich hört man ab und zu Schreckliches über Überfälle auf Ausländer, aber auf der anderen Seite gehen Tausende von Berlinern jedes Jahr auf die Straße, um den Karneval der Kulturen zu feiern. Der Höhepunkt dieses viertägigen Straßenfestes ist der faszinierende Umzug, bei dem etwa hundert Gruppen aus verschiedenen Ländern und Traditionen mitmachen. Die einen tanzen, die anderen machen Musik. Es ist bunt und laut und es macht Spaß! „Vielfalt" hat auch mit Religion zu tun und diese Stadt hat eine hohe Anzahl aktiver Religionsgemeinschaften. Jeden Sommer findet in Berlin die „Lange Nacht der Religion" statt. Viele Gemeinschaften öffnen ihre Kirchen, Moscheen, Tempel, Synagogen oder Gemeindehäuser und empfangen Gäste, um Vorurteile abzubauen.

Alex
In Berlin gibt es nicht nur zahlreiche Kulturen, sondern auch verschiedene Bevölkerungsschichten. Die Stadt ist attraktiv sowohl für junge als auch für ältere Menschen. Zurzeit hat Berlin mehr als 3,5 Millionen Einwohner insgesamt. Im Jahr 2014 waren mehr als 170.000 davon Studenten an Berliner Universitäten und Hochschulen. Aber für die Zukunft gibt es dabei ein Problem: Viele Studenten verlassen die Hauptstadt nach dem Studium. Während der Anteil der über 65-Jährigen in Berlin steigt, vermutet man, dass die Zahl der erwerbsfähigen Bevölkerung bis 2030 sinken wird. Die Hauptstadt muss sich als Wohnstandort für Familien und Kinder attraktiver machen.

Gerd
Das Berliner Kulturleben ist äußerst vielfältig, denn Künstler wie Musiker, Schriftsteller, Schauspieler und Maler werden wegen des riesigen Kulturangebots in die Hauptstadt gelockt. So war das schon immer. In den achtziger Jahren hat sich hier eine Art Subkultur entwickelt. Vor der Wende gab es anders als im Rest des Landes keine Sperrstunde. Das heißt, die Kneipen durften die ganze Nacht offen bleiben. Junge wehrpflichtige Männer, die nicht in die Bundeswehr eingezogen werden wollten, kamen aus Westdeutschland und ließen sich hier nieder. Für Künstler und Studenten wird es aber immer schwerer, billige Wohnungen zu finden, weil ganze Stadtteile saniert werden und nur gutbezahlte Berufstätige sich die Miete für die neugebauten Wohnungen leisten können.

2 c Übersetzen Sie diesen Text ins Deutsche.

Nowadays more and more inhabitants of Berlin have a migration background. Many people from different communities come together to celebrate a variety of traditions. There are fewer prejudices when people get to know each other and have fun together. Berlin's population is getting older and the number of young people able to work is falling. One of the problems is that rents are constantly increasing. It is difficult for students to find a flat which they can afford in a redeveloped area.

Unit 6 Das Berliner Kulturleben damals und heute

Grammatik

Adjectives in all cases, with and without article

Adjektive in allen Fällen mit und ohne Artikel

Study point E1 in the grammar section. Read the opinions in exercise 2 again.

A Find and write down examples of adjectives found in the following cases.
1 Used predicatively (i.e. without an ending) in the:
- Nominative:
- Accusative:
- Genitive:
- Dative:

2 After an article or demonstrative pronoun in the:
- Nominative:
- Accusative:
- Genitive:
- Dative:

3 Not following an article or demonstrative pronoun in the:
- Nominative:
- Accusative:
- Genitive:
- Dative:

B Which ending always comes in the dative or genitive after an article? Find a pattern to help you remember how this changes when there is no article present.

3 Setzen Sie die richtige Form des Adjektivs ein.

1 Berlin muss für jung__ Familien mit klein___ Kindern attraktiver gemacht werden.

2 Ein groß__ Vorteil des Berlin__ Kulturlebens ist die ungeheuer__ Vielfalt der heutig__ Einwohner.

3 Das Neben- und Durcheinander der verschieden__ Stile und Kulturen macht die Stadt attraktiv__ , vor allem für jung__ Menschen aus all__ Welt.

4 Viele neugebaut__ Wohnungen werden von gutbezahlt__ Berufstätig__ gekauft.

5 Berlin hat mehr als 2.500 öffentlich__ Grün- und Erholungsanlagen, die sie zu einer grün__ Stadt machen.

6 Viele Einwohner schätzen Berlin, weil es urban__ Dichte mit hoh__ Lebensqualität verbindet.

7 Dank der viel__ Flüsse und Seen gilt Berlin als einzig__ deutsch__ Großstadt, die ihren enorm__ Trinkwasserbedarf durch eigen__ Grundwasser abdecken kann.

8 Neben kulturell__ Bereicherung und harmonisch__ Miteinander über viel__ Jahrhunderte hinweg spiegeln sich auch die Abgründe der schrecklich__ Nazi-Herrschaft: Ausgrenzung, Verfolgung, Vertreibung.

Molecule Man und Oberbaumbrücke

4 a Wohnen in Berlin. Sie hören eine Radiodiskussion, die von der Vielfalt der Bevölkerung in Berlin handelt. Lesen Sie die Aussagen unten. Schreiben Sie für jede Aussage R (richtig), F (falsch) oder NA (nicht angegeben).

1 Das Wort „Kiez" bedeutet ein Stadtviertel.
2 Polen bilden die zweitgrößte Ausländergruppe in Berlin.
3 Familien mit Kindern wohnen gern am Stadtrand.
4 Bei jungen Singles ist Wannsee ein beliebter Stadtteil.
5 Weniger Berliner wohnen allein als in Wohngemeinschaften.

6 Mehrgenerationenhäuser wurden entwickelt, weil Senioren um Hilfe baten.
7 In einem Mehrgenerationenhaus findet man gegenseitige Unterstützung.
8 Im „Lebensort Vielfalt" werden die Bewohner wegen ihres Migrationshintergrunds nicht diskriminiert.

4 b Korrigieren Sie die drei falschen Aussagen.

4 c Im Bericht hörten Sie die Namen von verschiedenen Stadtteilen. Hören Sie noch einmal zu und schreiben Sie die Orte auf, die im Zusammenhang mit diesen Stichpunkten vorkommen. Finden Sie dann die Bezirke auf einem Berliner Stadtplan und überprüfen Sie die Rechtschreibung.

- Ausländer
- Künstler
- Familien
- Singles
- Lebensort Vielfalt

Strategie

Using the preparation time well in the speaking exam

- You will have five minutes to prepare for a discussion on one of the sub-themes from a choice of two cards. You should already be thoroughly prepared for your presentation, so that you can use this time to focus on the discussion.
- At some point in the discussion you will be asked the three questions on the card so think about your answers to these. You may not have time to write out complete answers, but you should note down any examples of more complex structures and vocabulary which you could include when speaking.
- You will be expected to discuss broader issues within the sub-theme and you must ask your teacher-examiner two questions arising from the material on the card. Try to write down some ideas for these during your five minute preparation time.
- Remember that you need to stick to the sub-theme on the card, but within these constraints you should try to steer the discussion to what you have prepared in the bullet points you have written down.

5 a Recherchieren Sie die neuesten Statistiken für die Bevölkerungsentwicklung in Berlin. Schreiben Sie in ganzen Sätzen und prüfen Sie sorgfältig die Grammatik und die Wortstellung. Machen Sie eine Zusammenfassung, indem Sie die folgenden Stichpunkte berücksichtigen.

- Bevölkerungszuwachs bzw. –rückgang.
- Anteil der Ausländer.
- Herkunftsländer der Ausländer.
- Anteil verschiedener Altersgruppen.

5 b Fassen Sie Ihre Recherchen in einer kurzen Powerpoint Präsentation zusammen, die Sie anschließend vor einer Gruppe oder der ganzen Klasse geben. Sprechen Sie nicht länger als 90 Sekunden.

Vokabular

The lists below contain the key vocabulary for each sub-unit and need to be learnt by heart.
More complete lists are available in the Dynamic Learning package.

6.1 Berlin – geprägt durch seine Geschichte

- **abreißen** *v* to demolish
- **angesehen** *adj* respected
- **das Ansehen(-)** reputation
- **die Aufklärung** Enlightenment
- **aufteilen** *v* to divide
- **demontieren** *v* to dismantle
- **der Denker(-)** thinker
- **der Dichter(-)** poet
- **die Epoche(n)** era
- **die Errichtung(en)** construction
- **die Freizügigkeit** freedom
- **gesperrt** *adj* restricted
- **das Grundstück(¨e)** plot of land
- **die Grünfläche(n)** green space
- **herrschen** *v* to prevail
- **königlich** *adj* royal
- **die Metropole(n)** metropolis
- **die Parkanlage(n)** grounds
- **provisorisch** *adj* provisional
- **die Querflöte(n)** flute
- **das Regierungsviertel(-)** government district
- **die Sammlung(en)** collection
- **der Sandstein** sandstone
- **die Säule(n)** pillar
- **der Umzug(¨e)** move, relocation
- **vereint** *adj* unified
- **die Weinbergterrasse(n)** terraced vineyard
- **das Zeitalter(-)** era

6.2 Kulturmetropole Berlin

- **abwechslungsreich** *adj* varied
- **die Armut** poverty
- **die Aufführung(en)** performance
- **Aufsehen erregen** *v* to cause a sensation
- **aufstrebend** *adj* aspiring
- **der Auftritt(e)** appearance, performance
- **die Bühne(n)** stage
- **der Dramatiker(-)** dramatist
- **die Erstaufführung(en)** premiere
- **das Fremdenverkehrsamt(¨er)** tourist information office
- **die Gegenwart** present day
- **die Inszenierung(en)** production
- **das Karree(s)** square
- **die Kuppel(n)** dome
- **das Merkmal(e)** feature, characteristic
- **mitreißend** *adj* thrilling
- **der Mythos(Mythen)** myth
- **das Pumpwerk(e)** pumping station
- **das Spreeufer** banks of river Spree
- **das Welterbe** world heritage
- **zeitgenössisch** *adj* contemporary
- **die Zeitgeschichte** contemporary history

6.3 Berlin im Schatten des Dritten Reichs

- **der Anschluss(¨e)** annexation
- **antisemitisch** *adj* antisemitic
- **die Ausstellung(en)** exhibition
- **der Austragungsort(e)** venue
- **bedrohen** *v* to threaten
- **beschlagnahmen** *v* to confiscate
- **der Boykott(s)** boycott
- **der Dirigent(en)** conductor
- **drehen** *v* to turn, shoot (a film)
- **entartet** *adj* degenerate
- **entlassen** *v* to dismiss
- **flüchten** *v* to flee
- **die Gleichschaltung** enforced conformity
- **der Häftling(e)** prisoner
- **der Held(en)** hero
- **die Kriegserklärung(en)** declaration of war
- **die Machtergreifung(en)** takeover of power
- **der Medaillenspiegel(-)** medal table
- **der Regisseur(e)** film director
- **der Schriftsteller(-)** author
- **sicherheitshalber** *adv* to be on the safe side
- **unterhaltsam** *adj* entertaining
- **verpönt** *adj* scorned

6.4 Berlin – Hauptstadt der Vielfalt

- **abbauen** *v* to break down
- **der Anteil(e)** share, amount
- **die Bevölkerungsschicht(en)** level of population
- **der Bezirk(e)** district
- **einberufen** *v* to call up, enlist
- **erwerbsfähig** *adj* fit for work
- **das Gemeindehaus(¨er)** community centre
- **die Gemeinschaft(en)** community
- **die Glaubensrichtung(en)** denomination
- **gleichgesinnt** *adj* like-minded
- **die Herkunft(¨e)** origin
- **der Kiez(e)** neighbourhood
- **das Mehrgenerationenhaus(¨er)** multigenerational house
- **die Moschee(n)** mosque
- **sanieren** *v* to renovate
- **sich niederlassen** *v* to settle
- **die Sperrstunde(n)** curfew, closing time
- **der Überfall(¨e)** attack; assault
- **vielfältig** *adj* diverse
- **das Vorurteil(e)** prejudice
- **wehrpflichtig** *adj* liable for military service
- **der Wohnstandort(e)** residential location
- **der Zufluchtsort(e)** place of refuge

Theme 2 Artistic culture in the German-speaking world

Literature and film

This section includes taster pages on all the books and films you could study at AS and A-level. You study only *one* of these books or films at AS, and *two* (either two books or a book and a film) at A-level. The main objective of this section is to introduce you to the book(s) or film you will study and to act as a springboard for further learning. However, you will find it useful to work on other tasters in the following pages in order to:

- encourage you to read more widely in German and to enjoy German literature and film
- help you widen your vocabulary, enabling you to better answer comprehension questions based on different extracts of German literature and film
- increase your exposure to authentic German in an interesting way
- develop a range of critical and analytical skills that can be used in relation to various works of literature and films

At the end of this section there are four pages devoted specifically to helping you to develop the techniques you need to write a well-argued and well-constructed essay.

For a full list of books and films to choose from for AS or A-level study, please refer to the contents pages at the start of the book.

1. Russendisko

- Sich mit dem Buch *Russendisko* vertraut machen.
- Hintergrundinformationen über ein Buch und dessen Schriftsteller recherchieren.

Leserinterview: Was Sie über *Russendisko* wissen sollten

Wann wurde das Buch geschrieben?

Es wurde im Jahr 2000 veröffentlicht.

Was für ein Buch ist es denn? Ist es etwa ein Krimi, wo der Schauplatz eine Disko ist?

Nein, gar nicht. Es ist kein Roman, sondern es besteht aus fünfzig unterhaltsamen Kurzgeschichten. In dieser Sammlung von Anekdoten werden kleine Episoden aus dem Leben des Schriftstellers, Wladimir Kaminer, und seiner Bekannten geschildert. Durch seine Erfahrungen kann man sich über das Deutschlandbild eines russischen Einwanderers in den neunziger Jahren informieren.

Woher kommt denn der Titel?

Die Russendisko ist der Titel einer Anekdote, die ungefähr mitten im Buch erscheint. Man liest über einen Tanzabend mit russischer Musik, der in einer Berliner Kneipe stattfand. In der Werbung für den Abend hieß es: „Wildes Tanzen in den Jahrestag der großen Oktober-Revolution".

Wie hängen denn die verschiedenen Erzählungen zusammen?

Jede Anekdote ist humorvoll und erzählt von der Absurdität des Alltags. Jede Geschichte könnte allein existieren. Du musst nicht immer wissen, was vorher passiert ist oder was nachher kommt. Es gibt keine wichtige Handlung im zentrale Buch.

Was erfährt man von den Geschichten?

Wladimir Kaminer

Man erfährt viel Interessantes über die Unterschiede zwischen dem Leben in Russland und in Deutschland. Dazu lernt man viel über die Eigenheiten der Stadt Berlin. Zum Beispiel über die Vielfalt der Berliner Gesellschaft, wo nicht alles so ist, wie es scheint: Die Griechen, die eine Pizzeria besitzen, sprechen Italienisch, weil das in einer Pizzeria erwartet wird, während man im griechischen Restaurant auf arabische Kellner stößt. In einem türkischen Imbiss wird man von Bulgaren bedient und viele Sushi-Bars gehören Juden aus Amerika statt Japanern.

Beschreiben Sie den Stil, den Kaminer benutzte.

Die einzelnen Texte sind kurz, höchstens vier Seiten lang. Die Satzstruktur ist klar und die Sätze auch nicht zu lang. Man muss eine gewisse Ironie erkennen, denn Kaminer spottet über seine Erlebnisse und nimmt sich selbst nicht sehr ernst.

1 Lesen Sie das Magazininterview. Beantworten Sie die Fragen auf Deutsch.

1. Wann erschien das Buch?
2. Beschreiben Sie die Struktur des Buches.
3. Was lernen wir über den Schriftsteller Wladimir Kaminer?
4. Woher kommt der Titel *Russendisko*?
5. Warum ist es nicht so wichtig, dass ein Leser das ganze Buch liest?
6. Warum wäre das Buch für Ausländer interessant?
7. Erklären Sie, was ein Leser von den Beispielen über Restaurants lernen kann.
8. Was erfahren wir über Kaminers Schreibstil?

Literature and film

2 **Das Leben des Schriftstellers. Sie hören eine Biografie von Wladimir Kaminer. Lesen Sie dann die Teilsätze unten und wählen Sie jeweils die Ergänzung, die am besten zum Inhalt des Textes passt.**

1 Wladimir Kaminer …
   a ist jüdischer Herkunft und kommt aus Deutschland.
   b kommt aus Russland und schreibt deutsche Bücher.
   c ist deutscher Herkunft, wurde aber in Russland geboren.

2 Nach seinem Studium wurde er qualifizierter …
   a Schriftsteller. b Schauspieler. c Techniker.

3 Kaminer beantragte Asyl …
   a in der Hauptstadt der Deutschen Demokratischen Republik.
   b an der deutschen Grenze, bevor er nach Berlin kam.
   c in der Hauptstadt der Bundesrepublik.

4 In Berlin hat er …
   a in einem Theater gearbeitet und Diskos organisiert.
   b in Nachtlokalen und als Schauspieler gearbeitet.
   c regelmäßig Diskos besucht und in einem Theater gearbeitet.

5 Er schreibt …
   a auf Russisch und seine Bücher werden übersetzt.
   b auf Deutsch, weil er zweisprachig aufwuchs.
   c auf Deutsch, obwohl es nicht seine Muttersprache ist.

Strategie

Research background information on the book and its author
- Use the book itself. What's on the cover? Inside the cover?
- Search the internet. Contemporary authors often have a website with contact details.
- If the author is contemporary, search for media interviews with him or her to gain an interesting insight into his/her life and motivations for writing.
- Find out more details about some of the places mentioned in the book. Does information about the geographical locations help the reader visualize the action better?
- Think about the time setting of the story. Research what was happening during that period which might have inspired the author.

3 a  Wählen Sie ein Buch, am besten eines auf Deutsch, das Sie gelesen haben. Recherchieren Sie die Biografie des Autors und versuchen Sie, Beziehungspunkte zwischen den Orten, die im Buch vorkommen, und dem Leben des Autors zu finden. Machen Sie Notizen und besprechen Sie Ihre Ergebnisse mit anderen in der Klasse.

3 b  Recherchieren Sie die Orte, in denen die Ereignisse in *Russendisko* stattfinden, zum Beispiel: *Bahnhof Lichtenberg, Prenzlauer Berg, Tacheles, Schönhäuser Allee, Café Zapata*. Finden Sie diese Orte auf einem Stadtplan von Berlin. Existieren sie alle noch? Welche Bedeutung könnten diese Orte für einen Einwanderer haben?

2. Zonenkinder

- Sich mit dem Roman *Zonenkinder* vertraut machen.
- Methoden lernen, um eine Übersicht zu geben.

Interview mit Jana Hensel

Das Magazin Fluter spricht mit Jana Hensel, Autorin des Buches Zonenkinder. *Hensel ist 1976 in Leipzig geboren und war Teenager, als die Mauer gefallen ist.*

Jana Hensel

Fluter: War es ein Vorteil, zur Wende gerade noch Kind zu sein?

Hensel: Natürlich. Wir hatten Starterleichterungen. Wir hatten keine nachkindlichen Prägungen von der DDR. Wir waren empfänglicher für das neue System. Die Phase zwischen 14 und 25, wo man sich orientiert, wo man die Leute um sich herum imitiert, das fiel praktisch mit dem Nachwendealltag zusammen.

Ich habe nach einem Begriff gesucht, der benennt, was mit der DDR nach 1989 passiert ist. Das ist noch nicht BRD, das ist aber auch nicht mehr DDR, das ist eine Zwischenform. Und das ist für mich die Zone. Deshalb sind wir Zonenkinder. Wir sind sozialisiert in der Ex-DDR, in Ostdeutschland. Nicht in der DDR, sonst wären wir DDR-Kinder. Wir sind aufgewachsen in einer Zeit, wie ich das ja auch schreibe, „in der nichts mehr so war, wie es einmal war, und in der noch nichts so ist, wie es mal sein wird".

Fluter: Warum glaubst du, dass es für deine Generation so wichtig ist, Erfolg zu haben und Karriere zu machen?

Hensel: Da sind schon sehr starke Bemühungen, selbstständig zu sein. Unsere Elterngeneration hat keine Rücklagen. Wir erben auch nichts, wir müssen unser Leben selber bestreiten. Da gibt's keinen Rückhalt. Weder ideell noch finanziell. Mit Karriere ist gar nicht gemeint: Wir wollen alle Popstars werden. Ich glaube einfach, dass meine Generation sehr viele Schritte unternimmt, um selbstständig zu sein. In einem ganz anderen Sinne, als man das im Westen sein muss.

1 Lesen Sie das Interview. Ergänzen Sie die Äußerungen (1–8) jeweils mit einem Vorschlag (a–j) aus der Liste.

1	Für uns war es einfach während der Wendezeit, da wir keine ...	a	keine Identität hatten.
2	Zwischen vierzehn und fünfundzwanzig Jahren ...	b	die Nachwende.
		c	Vorurteile hatten, was die DDR betraf.
3	Die Zeit nach 1989 nennt man ...	d	unpolitisch zu sein.
4	Hensel nennt Leute ihrer Generation „Zonenkinder", da sie nicht mehr in der DDR lebten, aber ...	e	selbstständig zu sein.
		f	hinterlassen kein Erbe.
5	Hensel meint, dass ihre Generation sich anstrengt ...	g	Erfolg zu haben und Karriere zu machen.
6	Hensels Generation strengt sich an ...	h	auch noch nicht in der BRD.
7	Die Eltern von Kindern dieser Generation ...	i	sehr anders als im Westen.
8	Das Erlebnis von Hensels Generation ist ...	j	ahmt man andere nach.

Literature and film

2 Übersicht des dritten Kapitels: die hässlichen Jahre. Hören Sie zu. Lesen Sie die Aussagen unten. Schreiben Sie jeweils R (richtig), F (falsch) oder NA (nicht angegeben).

1. Janas Eltern kauften zu Weihnachten nach Menge und nicht nach Beschaffenheit.
2. Janas Eltern hatten nicht genug Geld, Produkte bei Globus zu kaufen.
3. Janas Eltern wussten nicht mehr, wie sie Weihnachten feiern sollten.
4. Einkaufen in der DDR war einfacher, da es keine große Auswahl an Produkten gab.
5. Doch ohne eine freie Marktwirtschaft war die DDR ein materialistischer Staat.
6. Jeans und Skateboards aus dem Westen waren in der DDR streng verboten.
7. Wir wollten die Mädchen aus dem Westen nicht nachahmen.
8. Janas Eltern mögen es nicht, wenn man sie für Westler hält.

Strategie

Familiarise yourself with methods to give a synopsis of a plot
- Decide what form your synopsis will take: chronological, thematic or character-driven.
- When reading the work, make a list of key events as opposed to developmental extras and focus on these key events in your synopsis.
- Be aware that by rewording events or translating them, you will add your own meaning. Stay as true to the original as possible.
- Use appropriate vocabulary when sequencing events, e.g. *erstens, zweitens, drittens, am Anfang*. The list of useful vocabulary at the end of this spread will provide you with some good ideas.

Keep these points in mind when completing exercise 3 a.

3 a Schreiben Sie eine Übersicht von einem Buch, das Sie schon gelesen haben (am besten ein deutsches Buch). Benutzen Sie die Strategie.

3 b Diskutieren Sie mit einem Partner/einer Partnerin Ihre Bücher. Stellen Sie Fragen.

4 Lesen Sie *Zonenkinder,* wenn möglich, und schreiben Sie eine Übersicht über einen anderen Teil. Benutzen Sie die Strategie.

3. Lola rennt

- Sich mit dem Film *Lola rennt* vertraut machen.
- Informationen und Meinungen über einen Film geben, den Sie gesehen oder von dem Sie gehört haben.

Lola rennt: eine Inhaltsangabe

Tom Tykwers experimentierfreudiger, international erfolgreicher und hochgelobter Film erzählt die Geschichte des jungen Berliner Pärchens Manni und Lola. Als Manni, der als Geldbote für einen Autoschieber jobbt, eine Tüte mit 100.000 Mark verliert, steht er vor einem tödlichen Problem: Sein Boss will das Geld in zwanzig Minuten abholen – sollte Manni die 100.000 Mark bis dahin nicht auftreiben können, wird er für seine Unachtsamkeit mit dem Leben bezahlen.

Also rennt Lola los, um das Geld aufzutreiben. Egal wo, egal wie. In seiner Verzweiflung überfällt Manni derweil einen Supermarkt. Aber als er mit Lola vor der Polizei flüchten will, fallen Schüsse – doch in dem Moment, als alles aus zu sein scheint, wird im Film plötzlich die Zeit zurückgedreht: Das Schicksal gibt Lola und Manni eine zweite Chance. Noch einmal haben sie zwanzig Minuten Zeit, um das Geld zu besorgen. Und wieder rennt Lola los …

Lola rennt

1 a Sehen Sie sich das Filmposter an. Beantworten Sie die Fragen auf Deutsch.

1. Übersetzen Sie den Text auf dem Plakat ins Englische: „Jeden Tag, jede Sekunde, triffst Du eine Entscheidung, die Dein Leben verändern kann".
2. Warum werden „Du" und „Dein" großgeschrieben?
3. Wie wird Farbe auf dem Poster eingesetzt?
4. Was für eine Auswirkung hat das auf den Leser?

1 b Lesen Sie jetzt die Zusammenfassung des Filminhaltes. Beantworten Sie die Fragen auf Deutsch.

1. Wie weiß man, dass dieser Film positiv angenommen wird?
2. Warum muss Manni um sein Leben kämpfen?
3. Warum rennt Lola?
4. Wie ist es möglich, dass Lola und Manni eine zweite Chance bekommen?

2  Verschiedene Meinungen zum Film *Lola rennt*. Hören Sie sich die drei Meinungen über den Film *Lola rennt* an. Lesen Sie dann die Aussagen unten. Welche Aussage passt zu welcher Person? Schreiben Sie jeweils O (Oliver), S (Susi) oder J (Jessica).

1. Ich bin der Ansicht, dass Teile dieses Films voraussehbar waren.
2. Die Filmmusik unterstützt den Film und verleiht ihm eine teils manische Atmosphäre.

3 Meiner Meinung nach war der Film im Jahr 1998 originell.

4 Es ist schwer zu sagen, welchem Genre dieser Film angehört.

5 Ich bin fest davon überzeugt, dass dieser Film einer der raffiniertesten und abwechslungsreichsten Filme aller Zeiten ist.

6 Die Gespräche zwischen den Hauptcharakteren sind nicht glaubhaft.

7 Der Film erinnert mich an andere Filme, die das gleiche Thema behandeln.

8 Es war manchmal schwierig, dem Film zu folgen.

Strategie

Give information and opinions about a film you have seen, read or heard about
- Say whether you have seen the film and whether you liked it or not and why (or if you haven't seen it, say whether or not you would like to see it and why).
- Say what type of film it is, e.g. action, romance, thriller and compare it to other films of this genre you have seen.
- Give information about the setting of the film, e.g. does it belong to a certain era or a certain movement?
- Give information about the characters of the film, saying what is special or unusual about them.
- Give information about the techniques used in the film, e.g. are there any special effects, use of flashbacks, etc? Do these add to the film or detract from them?
- Is or was the film popular? Do you think this is justified and why or why not?

3 a Sprechen Sie mit Hilfe der Strategie mit der Gruppe über einen Film, den Sie neulich gesehen haben. Wenn sie den Film *Lola rennt* gesehen haben, sprechen Sie darüber.

3 b Schreiben Sie mit Hilfe der Strategie jetzt einen kurzen Bericht (circa 75 Wörter) über einen Film, den Sie neulich gesehen haben. Wenn sie den Film *Lola rennt* gesehen haben, schreiben Sie darüber.

4. Good Bye, Lenin!

- Sich mit dem Film *Good Bye, Lenin!* vertraut machen.
- Lesen Sie eine Filmzusammenfassung und erklären Sie, ob und warum er Sie interessieren würde.

Good Bye, Lenin!

Kompensierte Vergangenheit
Rückblickend erinnert sich der Protagonist Alex Kerner an seine Kindheit in der DDR. Er empfindet sie als sorglos und heiter, bis der Vater von einer Dienstreise aus Westberlin nicht mehr zurückkehrt. Fortan findet seine Mutter, Christiane, in politischem Über-Engagement Befriedigung, „heiratete das sozialistische Vaterland", wie Alex ironisch kommentiert.

Gespaltene Ansichten
Elf Jahre später feiert die DDR ihr 40-jähriges Bestehen mit einer gigantischen Militärparade. Bei den Kerners sind die Positionen unterschiedlich: Während Christiane als vorbildliche Parteigenossin zu den Geladenen des Festakts zählt, demonstriert der inzwischen 22-jährige Alex am Abend des 7. Oktober 1989 für Reisefreiheit und überfällige Reformen.

Gesellschaftlicher und privater Infarkt
Als Polizisten die Demonstration zerschlagen, verhaften sie auch Alex. Die Mutter beobachtet die brutalen Szenen, erleidet einen Herzinfarkt und fällt ins Koma.

Wiederkehr des Alten
Kurz vor der Währungsunion im Sommer 1990 erwacht Christiane Kerner. Da ihr die neue Realität das Leben kosten könnte, beschließt Alex, der heiß geliebten Mutter den vertraut verstaubten Alltag vorzuspielen und trimmt die inzwischen „verwestlichte" Plattenbauwohnung wieder auf DDR-Niveau.

Realitätsverzerrungen
Lange kann Alex die neue Wirklichkeit vor der Wohnungstür nicht mehr aufhalten. Während Christianes Geburtstagsfeier wird auf einer gegenüberliegenden Hauswand ein irritierendes Coca-Cola-Transparent aufgerollt.

Hallo Papa
Christiane gibt zu, dass der Vater (Robert) sie nicht wegen einer anderen Frau verlassen hat, sondern weil sein Leben zu schwer gemacht wurde, da er nicht in die Partei eintreten wollte. Kurz danach erleidet die Mutter nochmal einen Herzinfarkt, also meldet sich Alex bei seinem Vater, damit Robert Christiane ein letztes Mal sehen kann.

Geschichte und Geschichten
Alex und Denis (ein Arbeitskollege) werden zu Regisseuren einer erfundenen Wirklichkeit: Erich Honecker tritt zurück und Sigmund Jähn (erster deutscher Kosmonaut) wird Generalsekretär der SED. Er beschließt, die Grenzen zu öffnen, um Sozialismus mit der Welt besser teilen zu können. Christiane tut, als ob sie das Ganze glaubt, obwohl Lara ihr schon die Wahrheit gesagt hat. Christiane stirbt drei Tage später.

Alex und seine Mutter, Christiane

1 a Lesen Sie die Übersicht des Filmes. Lesen Sie dann die Aussagen unten. Schreiben Sie jeweils R (richtig), F (falsch) oder NA (nicht angegeben).

1. Als Alex' Mutter Christiane wieder aufwacht, existiert die DDR nicht mehr.
2. Christiane ist empört, als sie das Coca Cola Transparent sieht.
3. Alex ist in Westdeutschland groß geworden.
4. Alex' Schwester Ariane demonstriert mit Alex zusammen gegen die Regierung.
5. Christiane ist von Alex enttäuscht.
6. Alex' Vater Robert ist während einer Dienstreise gestorben.
7. Christiane ist Sozialistin.
8. Die Zeit kurz nach der Wiedervereinigung war ruhig und friedlich.

1 b Übersetzen Sie die letzten zwei Absätze ins Englische („Hallo Papa" und „Geschichte und Geschichten").

2 *Good Bye, Lenin!*: spektakulärer Erfolg oder nette Abendunterhaltung? Hören Sie zu. Lesen Sie dann die Aussagen unten. Schreiben Sie den passenden Namen: K (Kai), J (Jana) oder M (Marek).

1. Die DDR-Zeit wird nicht objektiv repräsentiert.
2. Wenn das Ziel des Filmes ist, die Zeit authentisch darzustellen, so ist das komplett fehlgeschlagen.
3. Der Plot ist bahnbrechend.
4. Humor wird missbraucht, um über Themen zu lachen, die man ernst nehmen soll.
5. Die Regisseure haben einen ausgezeichneten Film gedreht.
6. Der Film hat die neue Ostalgiewelle verstärkt.
7. Das Thema wird nur oberflächlich bearbeitet.
8. Das Thema des Filmes wird genauestens behandelt.

Strategie

Read the synopsis of a film and say whether the film would interest you and why
- Look for information on the genre, the director and actors.
- Consider whether this is the type of film that would interest you and why, e.g. actors, genre.
- Remember that commenting is a personal and opinionated style of writing; it is, therefore, more subjective than reviewing or explaining.
- A commentary needs to be a well-considered personal assessment. It is your individual view of what you consider important about a film.
- Use a monolingual dictionary or thesaurus to ensure your vocabulary is rich and varied.
- Try to use some of the useful phrases that accompany this double-page spread.

Keep these points in mind when you complete exercises 3a and 3b.

3 a Entscheiden Sie mit Hilfe der Strategie und der Übersicht des Filmes, ob Sie diesen Film gerne sehen möchten oder nicht. Machen Sie dazu Notizen und besprechen Sie Ihre Meinung mit Ihren Klassenkamaraden.

3 b Schreiben Sie einen kurzen Absatz darüber. Sehen Sie sich die Strategie und die Vokabeln an.

5. Die verlorene Ehre der Katharina Blum

- Sich mit dem Roman *Die verlorene Ehre der Katharina Blum* vertraut machen.
- Ein Werk in seinem historischen Kontext untersuchen und bedenken, ob es als Produkt seiner Zeit gilt.

Die verlorene Ehre der Katharina Blum von Heinrich Böll

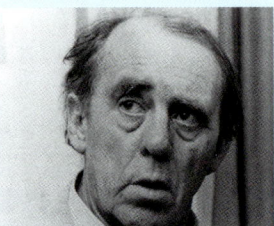

Wer sind die Hauptfiguren?

Katharina Blum

Katharina Blum ist eine 27-jährige, bescheidene und anständige Frau, die als Haushaltsgehilfin arbeitet. Auf einer Karnevalsparty lernt sie einen von der Polizei gesuchten Mann kennen und verbringt die Nacht mit ihm. Danach wird sie von der Polizei verhört. Sie ist die Zentralfigur der in Form eines Berichts geschriebenen Erzählung. Ihr Charakter wird aus drei Perspektiven ausführlich dargestellt. Erstens beschreibt sie sich selbst während der polizeilichen Vernehmung, zweitens wird sie von ihren Bekannten geschildert und drittens liest man die negativen Äußerungen der Zeitung über sie.

Werner Tötges

Werner Tötges ist ein skrupelloser Journalist, der für eine Boulevardzeitung arbeitet. Er ist ehrgeizig und interessiert sich eher für gute Schlagzeilen als für die Wahrheit. Seine Funktion ist, die Gefahren der Pressefreiheit darzustellen. Er verstößt gegen die Regeln, zum Beispiel, wenn er Katharinas Mutter auf der Intensivstation besucht. Wenige Stunden später stirbt die Frau. Dieser Vorfall führt zur Erschießung von Tötges durch Katharina Blum.

Dr Hubert Blorna

Dr Hubert Blorna ist Katharinas Arbeitgeber. Er ist Rechtsanwalt und seine Frau, Trude, ist Architektin. Das Ehepaar ist reich und wohnt in einer großen Villa. Als sie von Katharinas Sorgen hören, brechen sie ihren Urlaub ab, um ihr zu helfen. Dr Blorna ist sehr beunruhigt über die Unwahrheiten, die in Artikeln der Zeitung über Katharina veröffentlicht werden.

Ludwig Götten

Ludwig Götten ist der junge Mann, mit dem Katharina die Nacht verbringt, und der von der Polizei wegen eines vermutlichen Bankraubs gesucht wird. Obwohl sein kurzes Verhältnis zu Katharina für die Handlung sehr wichtig ist, spielt er sonst keine große Rolle im Roman.

Erwin Beizmenne

Erwin Beizmenne ist der Kriminalhauptkommissar, der die Vernehmungen leitet. Er stellt sehr persönliche Fragen an Katharina, die mit dem Vorfall nichts zu tun haben. Er lässt Katharinas Telefon abhören und stürmt ihre Wohnung, um Götten zu suchen.

Else Woltersheim

Else Woltersheim ist Katharinas Patentante und Freundin, die die Karnevalsparty veranstaltet. Sie verteidigt Katharina und hilft ihr, soweit sie kann. Sie versucht, Katharina vor den anonymen Briefen zu schützen, die sie von Zeitungslesern wegen der negativen Medienberichte bekommt.

Walter Moeding

Walter Moeding ist Kriminaloberkommissar und Beizmennes Assistent. Er findet Katharina sympathisch und glaubt nicht, dass sie Teil einer großen Verschwörung ist. Katharina geht zu ihm, um den Mord an Tötges zu gestehen.

1 Lesen Sie die Beschreibungen der Hauptfiguren. Ergänzen Sie die Äußerungen (1–8) mit jeweils einem Vorschlag aus der Liste (a–h).

1	In dieser Erzählung lernen wir die Hauptfiguren …	a	die Vernehmung in diesem Fall zuständig.
2	Die Zentralfigur wird als eine nette Frau beschrieben, obwohl …	b	ihm die Wahrheit zu sagen.
3	Der Journalist schreckt vor nichts zurück, um …	c	Katharina von der Polizei und in der Presse behandelt wird.
4	Dr Blorna mag nicht, wie …	d	eine sensationelle Geschichte zu bekommen.
5	Der Leser weiß nicht sehr viel über …	e	durch Bölls Schilderungen in Form von Berichten kennen.
6	Erwin Beizmenne ist für …	f	ihr ständig beisteht.
7	Katharina Blum hat eine Freundin, die …	g	den mutmaßlichen Verbrecher Götten.
8	Katharina sucht Kriminaloberkommissar Moeding auf, um …	h	sie einen Mann ermordet hat.

Literature and film

2 Interview über den Erfolg der Erzählung. Sie hören ein Interview im Fernsehen über das Buch. Lesen Sie die Sätze unten. Wählen Sie von der Liste das Wort, das am besten zur jeweiligen Textlücke passt. Es gibt mehr Wörter als Lücken.

erschien	haben	kritisieren	veröffentlichen
gefallen	hatte	lesen	weiß
geschrieben	herausgegeben	mögen	werden

1 Der Spiegel ließ das Buch in Folgen _____.
2 Eine Filmversion des Buches _____ 1975.
3 Laut Böll konnte man keine objektive Berichterstattung über Terroristen _____.
4 Man warf dem Autor vor, für die Terroristen Mitleid zu _____.
5 Böll wollte die Boulevardzeitungen _____.
6 Dem Springer-Verlag hat das Buch gar nicht _____.
7 Der Leser _____ von Anfang an, wer schuldig ist.
8 Die Ursachen für den Mord _____ im Laufe der Erzählung klar.

Strategie

Examine the setting of a book in history and consider whether it is a product of its time
- Find out the date of the book's publication.
- Investigate what was happening in German society at that time.
- Research the author's biography. Are there any clues that the book may have been written in response to a specific event or development in his life at the time?
- Investigate the opinions of literary commentators about whether the author was influenced by contemporary events by using search terms such as *historischer Kontext*.
- Consider whether the themes of the book are still topical today.

3 a Denken Sie an ein Buch, das im 20. Jahrhundert geschrieben wurde (am besten ein deutsches Buch). Diskutieren Sie mit einem Partner/einer Partnerin über diese Frage: Ist das Buch für einen Leser im 21. Jahrhundert immer noch aktuell oder liest man es heute eher als Geschichtsunterricht? Beachten Sie folgende Stichpunkte:
- Wann erschien das Buch?
- Was war der historische Kontext?
- Welche Themen sind noch aktuell?
- Welche Themen gehören der Vergangenheit an?

3 b Schreiben Sie jetzt einen Absatz als Antwort auf die Frage.

6. Der Vorleser

- Sich mit dem Roman *Der Vorleser* vertraut machen.
- Rezensionen lesen und herausfinden, was man von einem Buch erwarten kann.

Rezension: *Der Vorleser*

Bernhard Schlink

Auf den ersten Blick scheint es bloß eine Liebesgeschichte zu sein, auch wenn sie von einer eher ungewöhnlichen Beziehung erzählt. Michael, ein 15-jähriger Schüler, verliebt sich in Hanna, eine fünfunddreißigjährige Straßenbahnschaffnerin. Der Ich-Erzähler ist Sohn eines Professors und am Anfang findet die Handlung Ende der fünfziger Jahre in Heidelberg statt. Es ist klar, dass die Beziehung keine Zukunft hat. Michael ist zu jung und Hanna verbirgt ein Geheimnis. Aber sie hört gern zu, wenn der Junge ihr aus literarischen Werken vorliest.

Der Roman besteht aus drei Teilen. In jedem Teil erinnert sich Michael an einen Abschnitt seines Lebens: als Jugendlicher, als Student und als Erwachsener. Am Ende des ersten Teils verschwindet Hanna spurlos. Im zweiten Teil berichtet der Ich-Erzähler von seinem Jurastudium um 1965 in Heidelberg. Zu dieser Zeit wurde die NS-Vergangenheit aufgearbeitet und den Jurastudenten wurde erlaubt, einen der KZ-Prozesse zu beobachten. Wie sich die Geschichte dann im Gerichtssaal weiterentwickelt, bestimmt nicht nur den Verlauf des Romans, sondern auch das Leben des Erzählers.

Der Vorleser ist ein typischer Bildungsroman, weil der Protagonist etwas über sich selbst lernt, indem er älter und reifer wird. Die Entdeckung von Hannas Geheimnis ist der Wendepunkt des Romans.

Der Vorleser

Schlinks Schreibstil ist verständlich und klar. Juristische Fachbegriffe und präzise Details über das Gerichtsverfahren sind auf Schlinks Erfahrung als Richter und Jura-Professor zurückzuführen.

---

1 Lesen Sie diese Rezension und beantworten Sie die Fragen auf Deutsch.

1. Warum ist die Liebesbeziehung in diesem Roman ungewöhnlich?
2. Was lernen Sie von der Rezension über die Handlungszeit und den Handlungsort? Geben Sie Details an.
3. Überlegen Sie, warum der Roman *Der Vorleser* heißt.
4. Woher wissen wir, dass ein KZ-Prozess eine wichtige Rolle bei der Handlung spielt?
5. Was erfahren wir über die Struktur des Romans?
6. Was verstehen Sie unter dem Begriff Bildungsroman?
7. Haben Sie den Eindruck, dass der Roman schwer zu lesen wäre? Warum?/Warum nicht?
8. Welche biographischen Details erfahren wir von der Rezension über den Schriftsteller?

2 Gespräch im Deutschunterricht. Drei Schüler (Stefan, Lena und Marco) geben ihre Meinungen zum Roman. Wer äußert sich zu diesen Stichpunkten? Schreiben Sie S (Stefan), L (Lena) oder M (Marco). Zwei Stichpunkte werden nicht benutzt.

1 Freundschaft
2 Liebe
3 Generationskonflikt
4 Vergangenheitsbewältigung
5 Charakterisierung
6 Patriotismus
7 Ich-Erzähler
8 Schreibstil

Strategie

Look at reviews and work out what you might expect from a book
- Use the review to work out the synopsis of the plot, although a good review won't spoil the ending.
- Look for information about the author. Does the review mention if this is typical of his/her work?
- Find information about the historical and/or geographical setting of the book.
- Look for information on whether the book forms part of a particular genre of fiction e.g. *Komödie, Tragödie, Bildungsroman*.
- Find information about the main characters. Does the reviewer give an opinion of them? Is it positive or negative?

3 Schreiben Sie eine Rezension über ein Buch, wenn möglich ein deutsches Buch, das Sie gelesen haben. Berücksichtigen Sie folgende Stichpunkte:
- Kurze Information über den Autor/die Autorin.
- Eine Zusammenfassung der Handlung.
- Struktur und Schreibstil.
- An wen das Buch gerichtet ist.
- Ihre Meinung über das Buch.

4 Vielleicht sind Sie jetzt neugierig darüber, wie sich die Handlung in *Der Vorleser* entwickeln wird. Die Entdeckung des Geheimnisses seiner Geliebten führt zu einem Dilemma für den Ich-Erzähler Michael. Besprechen Sie mit einem Partner/einer Partnerin, was das Geheimnis und das Dilemma sein könnten und teilen Sie dann Ihre Gedanken mit dem Rest der Gruppe. Lesen Sie dann, wenn möglich, das Buch!

7. Der Besuch der alten Dame

- Sich mit dem Theaterstück *Der Besuch der alten Dame* vertraut machen.
- Die Zeit und den Handlungsort eines Stückes untersuchen.

Der Besuch der alten Dame: Eine Inhaltsangabe

Hintergrund

Der Besuch der alten Dame ist eine tragische Komödie in drei Akten von Friedrich Dürrenmatt. Ihre Uraufführung fand am 29. Januar 1956 im Schauspielhaus Zürich statt. Das Stück wurde später in viele Sprachen übersetzt und im Jahr 1964 erschien eine amerikanische Filmversion.

Biografie

Friedrich Dürrenmatt wurde 1921 in einem Dorf im Schweizer Kanton Bern geboren. 1935 zog er mit seiner Familie nach Bern, wo er später Philosophie und Naturwissenschaften studierte. Er interessierte sich sowohl für die Literatur als auch für die expressionistische Malerei. Im Laufe seiner Karriere erhielt Dürrenmatt verschiedene Auszeichnungen. Er starb 1990 in der Schweiz.

Handlung

Nach vielen Jahren kehrt Claire Zachanassian als Multimillionärin in ihre Heimatstadt Güllen zurück. Damals hatte ihr Freund, der inzwischen angesehene Bürger Alfred Ill, die Vaterschaft ihres Kindes geleugnet und in einem Prozess zwei Zeugen bestochen. Claire wurde gezwungen, Güllen zu verlassen. Jetzt ist sie auf der Suche nach Gerechtigkeit und Rache in dieser verarmten Kleinstadt. Die Bewohner brauchen Geld und sie verspricht ihnen eine Milliarde unter einer Bedingung: Alfred Ill muss sterben. Zuerst reagiert die Bevölkerung erschrocken auf diese Idee. Mit der Zeit geben sie aber der Versuchung nach, indem sie sich immer mehr verschulden.

Themen

Das Theaterstück bezieht sich auf gesellschaftliche Probleme, die heute genauso aktuell sind wie in den fünfziger Jahren: die Macht des Geldes, Gerechtigkeit und Rache, Frauenrechte. Auch geht es um die Frage der Kollektivschuld, die in den Nachkriegsjahren im deutschsprachigen Raum ein wichtiges Thema war.

Handlungsort

Die Handlung findet in der fiktiven Stadt Güllen statt, die laut dem Autor zwischen den erfundenen Städten Kaffingen und Kalberstadt liegt. Im ersten Akt warten die Güllener am Bahnhof und reden über die Zugverbindungen, die darauf hindeuten, dass Güllen an der deutsch-schweizerischen Grenze liegt. Der Name Güllen hört sich an wie das Wort „Gülle": stinkendes Düngemittel.

1 Lesen Sie diese Einführung zum Stück von einer Webseite über deutsche Literatur. Lesen Sie dann diese Aussagen. Schreiben Sie jeweils R (richtig), F (falsch) oder NA (nicht angegeben).

1 Friedrich Dürrenmatt stammt aus der Schweizer Stadt Zürich.
2 *Der Besuch der alten Dame* ist der Titel sowohl eines Theaterstücks als auch eines Filmes.

3 Dürrenmatt erhielt eine Auszeichnung für dieses Werk.
4 Claire Zachanassian und Alfred Ill waren die Eltern eines gemeinsamen Kindes.
5 Als junge Frau hat Claire Güllen freiwillig verlassen.
6 Die Bewohner von Güllen erschießen Ill.
7 Die Themen des Stückes sind heute nicht mehr aktuell.
8 In Wirklichkeit existiert Güllen nicht.

2 **Wie war das Stück? Hören Sie einem Gespräch von drei Jugendlichen zu. Inge, Andreas und Regine haben gerade das Stück *Der Besuch der alten Dame* im Theater gesehen. Beantworten Sie die Fragen. Schreiben Sie jeweils I (Inge), A (Andreas) oder R (Regine).**

1 Wer findet die Thematik unpassend für eine Komödie?
2 Wer findet, dass die Namen der Nebenfiguren zur Wirkung beitragen?
3 Wer redet über die Eigenschaften der Güllener?
4 Wer findet die genaue Zeit und den Ort der Handlung unwichtig?
5 Wer meint, dass das Ziel des Stückes ist, die Zuschauer zum Nachdenken über sich selbst zu bringen?
6 Wer würde das Stück wahrscheinlich kein zweites Mal sehen wollen?
7 Wer meint, dass das Stück gesellschaftskritisch ist?
8 Wer glaubt, dass das Stück nicht altmodisch ist?

Strategie

Examine the setting of a play in time and place
- Establish where (geographical location) and when (period in history) the play is set.
- Consider why the playwright chose these settings specifically. If the geographical setting is fictional, suggest reasons for this.
- If the historical setting is a long time in the past, could this be an allegory for the present day? Do you think the era in which it is set is important?
- Consider whether the setting influences the plot or the characters. Note whether the descriptions change throughout the play and whether this has an effect on the plot or characters.

3 **Schreiben Sie einen Absatz über die Handlungsorte und die Handlungszeit eines Theaterstückes, das Sie gelesen oder gesehen haben. Am besten wählen Sie ein Stück auf Deutsch. Beantworten Sie folgende Fragen:**
- Wo und wann findet die Handlung statt?
- Gibt es verschiedene Handlungsorte? Wenn ja, welche Wirkung hat das auf die Hauptfiguren, auf die Handlung und auf den Leser?
- Wie werden die Handlungsorte beschrieben? Geben Sie Beispiele an.
- Bleibt die Handlungszeit gleich oder werden die Hauptfiguren im Verlauf der Geschichte älter? Wie entwickeln sich die Hauptfiguren?

8. Das Leben der Anderen

- Sich mit dem Film *Das Leben der Anderen* vertraut machen.
- Zur Darstellung eines Charakters in einem Film Stellung nehmen.

1 a  Finden Sie im Internet eine Inhaltsangabe von *Das Leben der Anderen* (am besten auf Deutsch). Lesen Sie die Inhaltsangabe und machen Sie dann Übung 1b.

Das Leben des Anderen

Künstlerisch dramatisierend reflektiert Florian Henckel von Donnersmarck in seinem Spielfilm von 2006 *Das Leben der Anderen* das spannungsgeladene kulturpolitische Klima der 1980er-Jahre und die Repressionen durch das Ministerium für Staatssicherheit. In der DDR waren Künstler/innen und Schriftsteller/innen angehalten, die aktuelle kulturpolitische Linie der SED in ihren Werken umzusetzen. Viele von ihnen arrangierten sich – wie die Filmfigur Georg Dreyman – mit dem System. Andere wiederum wandten sich in ihren Werken offen gegen die Herrschenden. Um „Gefahrenherde" rechtzeitig erkennen und beseitigen zu können, wurde die kulturelle Szene durch das Ministerium für Staatssicherheit umfassend überwacht. Viele kritische Kunstschaffende landeten im Gefängnis, erhielten – wie die Figur des Regisseurs Jerska

Gerd Wiesler arbeitet bei der Stasi

– ein faktisches Berufsverbot, verließen das Land aufgrund jahrelanger Repressionen oder wurden ausgewiesen. Vor diesem kulturpolitischen Hintergrund spielt *Das Leben der Anderen*.

Eindringlich und dramatisch akzentuiert versucht *Das Leben der Anderen* eine Zustandsbeschreibung der Kulturszene der 1980er-Jahre in einem repressiven Staat. Argwohn und Vorsicht kennzeichnen privates und öffentliches Verhalten. Auch die Liebesbeziehung zwischen Christa-Maria Sieland und Georg Dreyman ist geprägt von gegenseitigem Misstrauen. Die Schauspielerin verheimlicht ihrem Geliebten die demütigende Affäre mit Minister Hempf. Als Dreyman wiederum die für ihn lebenswichtige Entscheidung trifft, den Artikel für das westdeutsche Nachrichtenmagazin *Der Spiegel* zu schreiben, vertraut er seiner Partnerin dieses gefährliche Geheimnis nicht an. Sie könnte ihn verraten oder hätte als Mitwisserin mit harten Konsequenzen zu rechnen.

Das Leben der Anderen ist ein historisches Gesellschaftsdrama, welches inhaltlich und dramaturgisch um Versatzstücke aus Politdrama und Liebesgeschichte erweitert wurde. Linear und chronologisch spannt der Film einen erzählerischen Bogen von der DDR 1984 bis zum wiedervereinigten Deutschland 1991. Die Erzählperspektive konzentriert sich auf die Künstler-Szene um Dreyman und auf den überwachenden Wiesler.

1 b Lesen Sie die Artikel über den Film *Das Leben der Anderen*. Lesen Sie dann die Aussagen unten. Schreiben Sie jeweils R (richtig), F (falsch) oder NA (nicht angegeben).

1. Die Handlung des Films erstreckt sich über sieben Jahre.
2. Das Ministerium für Staatssicherheit hatte seinen Hauptsitz in Berlin.
3. Manche Kunstschaffende haben sich wegen des Ministeriums für Staatssicherheit umgebracht.
4. Der Regisseur heißt Florian Henckel und der Film wurde im Jahr 2006 gedreht.
5. Während der achtziger Jahren mussten sich die Ostdeutschen vorsichtig verhalten.

6 Georg Dreyman ist Journalist.
7 Die Werke von Künstlern und Schriftstellern wurden zensiert.
8 Es fiel den Künstlern und Schriftstellern schwer, innerhalb der Vorschriften der SED zu arbeiten.

2  **Darstellung eines Charakters im Film. Hören Sie sich ein Gespräch über *Das Leben der Anderen* an, in dem eine Frau ihre Meinung über die Darstellung der Charaktere im Film gibt. Beantworten Sie danach die Fragen.**

1 Warum war Christa Sieland ein geschlechtsspezifisches Klischee?
2 Was sind die Beweise, die uns zeigen, dass sie charakterschwach war?
3 Warum zeigen diese Beweise Ihrer Meinung nach Schwachheit?
4 Inwiefern musste Christa Sieland keine Verantwortung für ihre Taten übernehmen?
5 Erklären Sie, warum die Rednerin die Handlung von Wiesler und Dreyman vorzieht?
6 Beschreiben Sie mit Ihren eigenen Worten, wie Wiesler sich im Laufe des Filmes verändert.
7 Was ist „innere Emigration" Ihrer Meinung nach?
8 Warum wird Dreyman gegen die Partei aktiv?

Strategie

Comment on the portrayal of a character in a film

In order to do this, there are many different questions you should ask yourself.
- What is the directorial intention? How does the director manipulate the audience into understanding, sympathising, etc?
- How has the director chosen to make us see what he/she wants us to?
- What has the director included or omitted?
- To what extent has the actor/actress added his/her own interpretation in portraying the character?
- Do any of the characters remind you of others you have seen or read about? To what extent?
- What are our prejudices before the film?
- Are any stereotypes played out?

Don't forget to link your opinion to something that occurred in the film.

Keep these points in mind when you complete exercise 3.

3 a  **Diskutieren Sie mit Hilfe der Strategie mit einem Partner/einer Partnerin über die Darstellung eines Charakters in einem Film, den Sie gesehen haben, am besten auf Deutsch.**

3 b **Schreiben Sie jetzt einen kurzen Absatz darüber.**

9. Die fetten Jahre sind vorbei

- Sich mit dem Film *Die fetten Jahre sind vorbei* vertraut machen.
- Über einen Regisseur lernen und seine Filmen mit den Filmen eines anderen Regisseurs vergleichen.

1 a Finden Sie im Internet eine Inhaltsangabe von *Die fetten Jahre sind vorbei* (am besten auf Deutsch). Lesen Sie die Inhaltsangabe und machen Sie dann Übung 1b.

Die fetten Jahre sind vorbei – der Regisseur und seine Einflüsse

Hans Weingartner wurde 1970 in Österreich geboren. Sein erstes Geld hat er als Kanufahrer und Skilehrer verdient, aber später ist er nach Wien umgezogen, wo er Physik und Neurochirurgie studierte. Nach ein Paar Jahren, nach einem Studium an der Kölner Kunsthochschule für Medien, hat er seinen ersten Film gedreht, in dem es um einen jungen schizophrenen Mann ging.

Seit diesem gefeierten Debut hat er noch drei weitere preisgekrönte Filme gedreht und er hat sich nie gescheut, heikle Themen zu behandeln, zum Beispiel psychische Krankheit, Arbeitslosigkeit und Verrat. Sein vielleicht bekanntester Film ist *Die fetten Jahre sind vorbei*, ein Kassenschlager in über 50 Ländern, der 2004 große Begeisterung bei den Filmfestspielen von Cannes ausgelöst hat. Damals war es der erste deutsche Beitrag zum Filmfest seit mehr als einem Jahrzehnt und die Geschichte der drei jugendlichen Rebellen hat heutzutage Kultstatus erlangt.

Die kritische Einstellung der Hauptfiguren zum Kapitalismus liegt Weingartner besonders am Herzen – er interessiert sich schon seit langem für sozialverantwortliche Filme. Der einst „wütende junge Mann" wollte die Welt verändern, ist aber mehrfach gescheitert, politisch aktiv zu werden, weil er keine richtige Jugendbewegung gefunden hat. Obwohl sein Leben jetzt total anders ist, hat er diese persönliche Betroffenheit in einen ebenso engagierten wie nachdenklich stimmenden Film eingearbeitet. Die Schauspieler waren mitverantwortlich für die Regie und Weingartner hat oft mit ihnen Szenen improvisiert, die nicht im Drehbuch standen. Der Dreh wurde unkonventionell gestaltet: Mit beweglicher Digitalkamera, keinem

Hans Weingartners beliebster Film

einzigen Spezialeffekt, geringem Budget und ohne Kunstlicht wollte er im Film „Freiheit, Spontanität und Leichtigkeit" darstellen. Er will aber auch verdeutlichen, dass der Film spielerisch und voller Witze ist. „Ich will die Zuschauer zum Lachen bringen", sagt er.

Weingartner gibt zu, dass er ein idealisiertes Bild von Freundschaft und Liebe im Film zeichnet, aber er will zeigen, dass politisch gesehen, die drei Protagonisten mehr gemeinsam als allein erreichen können, da sie die gleichen Werte teilen.

1 b Lesen Sie den Artikel und dann die Aussagen unten. Schreiben Sie jeweils R (richtig), F (falsch) oder NA (nicht angegeben).

1. Hans Weingartner ist in Wien aufgewachsen.
2. Er ist an Schizophrenie erkrankt.
3. *Die fetten Jahre sind vorbei* hat weltweite Beachtung gefunden.
4. *Die fetten Jahre sind vorbei* ist in Cannes völlig gescheitert.
5. Er wurde wegen seiner politischen Aktivitäten verhaftet.
6. Bei den Dreharbeiten hat er nicht ständig versucht, alles hundertprozentig zu kontrollieren.
7. Weingartner musste mit Tageslicht filmen, um die Kosten möglichst gering zu halten.
8. Die Stärke einer Gruppe ist ein Hauptthema des Filmes.

Literature and film

2 Meinungen über Filme.

Sie hören ein Gespräch zwischen drei jungen Leuten, die über den Film *Die fetten Jahre sind vorbei* sprechen. Lesen Sie die Sätze unten. Wählen Sie vom Kasten das Wort, das zur jeweiligen Textlücke am besten passt. Es gibt mehr Wörter als Lücken.

wichtig	enttäuschend	identifizieren	aufregend
glaubhaft	irreführend	entspannt	lehrreich
erwartet	beeindruckt	erwähnenswert	sehen

1 Isabel hat viel mehr vom Film _____.
2 Isabels Meinung nach ist es wichtig, sich mit den Charakteren zu _____.
3 Laut Isabel war der Anfang des Filmes _____.
4 Johannes räumt ein, dass der Film nicht so _____ ist.
5 Johannes war von den Außenaufnahmen im Film _____.
6 Laut Johannes muss die Darstellung _____ sein.
7 Der Inhalt eines Filmes ist sehr _____ für Frauke.
8 Frauke denkt, dass Weingartners erster Film nicht _____ ist.

Strategie

Learn about a film director, comparing his or her films with those of another director

- Start by researching a bit of background information on each director on the internet.
- Select one film from each director to compare.
- In order to successfully compare and contrast two films in sufficient detail, concentrate on three to four main aspects.
- Try to include both similarities and differences between the two directors and their films.
- Decide on a structure. You could compare the directors and their films point by point, or compare and then contrast.
- Whichever structure you choose, use phrases such as *im Gegenteil* (on the contrary) or *auf der anderen Seite* (on the other hand) to clearly signpost your different ideas.
- Use the comparative and superlative.
- Remember to analyse the films, rather than just giving descriptions. What do you think the director(s) wanted to achieve with the technique/scene/setting you are discussing?
- Conclude by stating which director's film you prefer and why, giving reasons to justify your opinions.

Use these strategies to help you with exercise 3 a.

3 a

Vergleichen Sie zwei Filme (am besten deutschsprachige Filme), die Sie gesehen haben. Welchen Film haben Sie am liebsten gesehen? Warum? Wer ist Ihrer Meinung nach der beste Regisseur? Warum? Die Strategie, die Vokabelliste und der Hörtext hilft Ihnen dabei. Diskutieren Sie die Unterschiede zwischen den Regisseuren und Gemeinsamkeiten und überlegen Sie sich danach drei oder vier der folgenden Punkte:

- Die Handlungen/die Nebenhandlungen
- Die Hauptdarsteller
- Die Filmstile
- Die Leitmotive
- Die Musik
- Die Kameratechnik

3 b Schreiben Sie jetzt einen kurzen Absatz darüber.

10. Mutter Courage und ihre Kinder

- Sich mit dem Theaterstück *Mutter Courage und ihre Kinder* vertraut machen.
- Techniken wie Analogie, Ironie und Metapher analysieren.

Schlüsselszenen aus *Mutter Courage*

In diesem Drama von Bertolt Brecht geht es um eine Frau, die im Dreißigjährigen Krieg mit ihren drei Kindern durch Skandinavien zieht. Als Marketenderin begleitet sie militärische Truppen, um sie mit Waren zu versorgen. Der Krieg ist etwas Wichtiges für sie, weil sie dadurch Geschäfte macht.

Mutter Courage, Schauspiel von Bertolt Brecht

A Mutter Courage ist 1631 mit Kattrin und dem Feldprediger unterwegs. Sie treffen auf eine verwundete Bauernfamilie. Der Feldprediger verlangt Leinen, um die Wunden zu versorgen, aber Anna will ihnen nicht helfen. Kattrin rettet ein Kleinkind aus einem zerbombten Haus.

B Die dritte Szene handelt vom zweiten Sohn. Schweizerkas ist jetzt Zahlmeister bei der Armee. Als Mutter Courage und Kattrin in katholische Gefangenschaft kommen, wirft er die Regimentskasse in den Fluss. Die Soldaten fassen Schweizerkas. Mutter Courage versucht, ihren Wagen zu verkaufen, um seine Freiheit zu kaufen. Sie zögert aber zu lange wegen des Preises und Schweizerkas wird hingerichtet.

C Ein Bauernhaus wird von katholischen Soldaten überfallen. Kattrin ist besorgt, dass unschuldige Kinder in Gefahr sind und schlägt eine Trommel auf dem Dach, um alle in der Stadt zu warnen. Weil sie nicht aufhört, wird sie von den Soldaten erschossen.

D Schweden, 1624. Mutter Courage (Anna Fierling) und ihre drei Kinder (Söhne Eilif und Schweizerkas und ihre stumme Tochter Kattrin) ziehen ihren Planwagen. Ein Werber und ein Feldwebel beschweren sich, dass niemand heutzutage Soldat werden will. Am Ende der Szene geht der ältere Sohn Eilif gegen den Willen seiner Mutter mit dem Werber weg, um Soldat zu werden.

E 1632 stirbt der schwedische König. Jetzt gibt es Frieden. Mutter Courage macht sich Sorgen um das Geschäft. Ihr Sohn Eilif wird hingerichtet, weil er ein Bauernhaus überfallen hat. Was im Krieg gelobt wurde, wird im Frieden nicht toleriert. Mutter Courage weiß nichts vom Tod ihres Sohnes.

F Zwei Jahre später ist die Mutter in Polen und hat ihren Sohn Eilif in der Zwischenzeit nicht gesehen. Als sie mit einem Koch beim Verkauf eines Hahns streitet, sieht sie Eilif. Sie hört, wie er erfolgreiche Plünderungen geleitet hat. Diese Taten, die man zu Friedenszeiten als kriminell ansehen würde, werden vom Feldhauptmann gelobt.

G Der Krieg dauert jetzt schon 16 Jahre und Mutter Courage ist mit ihrer Tochter und dem Koch unterwegs. Der Koch erbt ein Wirtshaus in den Niederlanden, das er mit Anna führen will. Da sie Kattrin zurücklassen müsste, entscheidet sich die Mutter dagegen.

1 a Die Handlung besteht aus 12 Szenen. Lesen Sie diese kurze Zusammenfassung von sieben der Szenen aus einem Programmheft und bringen Sie sie in die richtige Reihenfolge.

1 b Übersetzen Sie diesen Text ins Deutsche.

The play is set in different countries in northern Europe during the Thirty Years' War. It is about a mother who provides goods to the soldiers who are fighting in the war. She has three children: two sons and a daughter who is mute. The brothers join the army, but later both are executed. Their sister, Kattrin, is killed when she tries to save innocent children. Although terrible things happen in the war, Mother Courage earns more from war than in times of peace. Brecht uses the character of Mother Courage to express his criticism of war.

2  Das epische Theater. Hören Sie sich das Interview aus einer Radiosendung über Bertolt Brecht an. Welche vier Äußerungen sind richtig?

1. Das Stück Mutter Courage ist ein Beispiel der klassischen Theaterform.
2. Bertolt Brecht hat viele Stücke in dieser Theaterform geschrieben.
3. Im epischen Theater soll sich ein Zuschauer mit der Hauptfigur nicht identifizieren.
4. Bei einem epischen Theaterstück geht es hauptsächlich darum, das Publikum zu unterhalten.
5. Der Verfremdungseffekt bedeutet, dass die Zuschauer Angst bekommen.
6. Im epischen Theater spielt die Ironie eine wichtige Rolle.
7. Manchmal hört man Musik bei einer Aufführung eines epischen Theaterstückes.
8. Das Ende des Stückes ist für den Zuschauer eine Überraschung.

Strategie

Analyse the use of techniques, such as analogy, irony and metaphor

- Dramatists often use these devices because personal circumstances and/or the historical context mean that it might be difficult to stage a play about contemporary real life events.
- Analogy is a comparison between two things or events which have some elements in common. In a book or a play an analogy may be subtle and it might be left to the reader or audience to question whether a comparison is being drawn.
- Irony is the mildly humorous portrayal of a situation which seems contrary to what you might expect. For example, an author might use irony to show how, paradoxically, it is in times of peace that the main character faces ruin, while prospering in wartime.
- Metaphors are used to represent something but this meaning may not always be explained explicitly. In this play, Mutter Courage's wagon could be seen as a metaphor for capitalism. Her children, all with fathers of different nationalities, can be seen as symbols of a multicultural society in times of racism and prejudice.

3 a Recherchieren Sie Brechts Biographie. Inwiefern kann man dieses Stück als Analogie zu den Geschehnissen in seinem Leben ansehen? Machen Sie Notizen. Beachten Sie folgende Stichpunkte:
- Brechts politische Einstellung.
- Bezüge auf Skandinavien beziehungsweise Polen.
- Die wirtschaftliche Lage in Deutschland in den dreißiger Jahren.

3 b Schreiben Sie jetzt einen Absatz, in dem Sie die Stichpunkte betrachten.

11. Almanya: Willkommen in Deutschland

- Sich mit dem Film *Almanya: Willkommen in Deutschland* vertraut machen.
- Untersuchen, wie verschiedene kinematografische Methoden benutzt werden können.

1 a Finden Sie im Internet eine Inhaltsangabe von *Almanya: Willkommen in Deutschland* (am besten auf Deutsch). Lesen Sie die Inhaltsangabe und machen Sie dann Übung 1b.

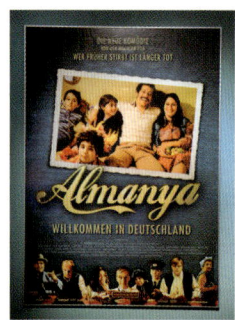

Einen Blick hinter die Kulissen

Almanya: Willkommen in Deutschland

Hallo, ich heiße Andreas und war Kameramann bei dem Film von Yasemin Samdereli, *Almanya: Willkommen in Deutschland*. Wir mussten am Anfang des Films ein großes Problem überwinden. Die Geschichte Hüseyins basierte auf wahren geschichtlichen Ereignissen. Wir mussten das Thema der Gastarbeiter den Zuschauern nahe bringen, ohne dass es wie eine Lektion aus einem Geschichtsbuch erscheint.

Ich hatte die Idee, die Ideen als Sammelalbum zu organisieren, und dann geschichtliche Wahrheiten mit erfundenen Szenen mit Hüseyin zwischendurch zu filmen. Der Zuschauer musste erkennen, was authentisch und was fiktiv war, also haben wir mit Farbe gespielt – schwarz-weiß für die authentischen Bilder und Farbe für die fiktiven.

Ich wollte, dass der Zuschauer sehr schnell das Thema „Gastarbeiter" versteht und dass Zuschauer der älteren Generation echte Ereignisse aus der Zeit sehen. Aus diesem Grund haben wir mehrere Tricks benutzt.

Zum Beispiel kann uns Musik schnell in die Vergangenheit zurückziehen und deshalb haben wir ein Video von dem Hazy Osterwald Sextett wo sie das Lied *Gehen Sie mit der Konjunktur* singen, das während der Zeit zu hören war. Ich habe auch das Deckblatt von der Zeitschrift *Spiegel* miteinbezogen, sowohl als auch eine Fernsehreportage aus dem Jahr 1963, wo über die Not der türkischen Gastarbeiter in Deutschland gesprochen wird. Das Schwierigste war aber, einen Darsteller zu finden, der ähnlich wie Armando Rodrigues aus Portugal aussah. Wir hatten viele Fotos benutzt, die von Helmut Koch im Köln-Deutz Bahnhof gemacht worden waren, als der einmillionste Gastarbeiter angekommen ist, und mussten sie mit unserer farbigen Szene mit Hüseyin zusammenfügen. Der Zuschauer lernt schnell, dass der Film eine Komödie ist, da eigentlich niemand an der Geschichte des einmillionundeinsten Gastarbeiters (oder den Tausenden vorher oder nachher) interessiert ist.

Am Ende des Abschnittes musste ich irgendwie alles mit dem heutigen Tag verbinden, also habe ich eine Totale von Hüseyin gemacht, wo er in das Unbekannte hineinläuft. Der Zuschauer weiß nicht, was mit ihm passiert und er ist verletzbar. Um zu zeigen, dass es die Erinnerungen des 60-jährigen Hüseyins sind, habe ich die Bildschärfe geändert und die Szene ab- und dann aufgeblendet. Der Zuschauer versteht ohne Erklärung, dass er der gleiche Mann ist.

1 b Lesen Sie den Artikel und beantworten Sie die Fragen auf Deutsch.

1. Was war für Andreas am Anfang das Problem der Filmbildung?
2. Welche Lösung hatte Andreas?
3. Wie hat er festgestellt, dass der Zuschauer den Unterschied zwischen fiktiv und authentisch erkannte?
4. Wie hat er in diesem Teil die Musik benutzt?
5. Welche anderen authentischen Quellen hat er benutzt?

6 Was war laut Andreas am schwierigsten?
7 Wie erfährt der Zuschauer, dass der Film eine Komödie ist?
8 Wie erklärt Andreas seine Methoden am Ende des Abschnittes?

2 Integration zum Lachen? Hören Sie sich diese Meinungen an, wie die kinematografischen Methoden in dem Film benutzt wurden. Lesen Sie die Sätze unten und wählen Sie vier, die mit der Audiospur übereinstimmen.

1 Religion und Stereotypen sind Themen im Film.
2 Der Zuschauer weiß sofort, dass er eine Traumszene sieht.
3 Nahaufnahmen werden benutzt, um die Konzentration auf eine bestimmte Person oder einen bestimmten Gegenstand zu richten.
4 Der Zuschauer ist wegen mangelnden Dialogs verwirrt.
5 Nahaufnahmen bestimmter Personen oder Gegenstände zeigen dem Zuschauer, dass die Träume übertrieben sind.
6 Die Regisseurin Yasemin Samdereli ist Deutsche der zweiten Generation türkischer Migranten.
7 Nahaufnahmen helfen uns, uns mit den Gefühlen und Emotionen der Darsteller zu identifizieren.
8 Es hilft dem Zuschauer nicht, die Emotionen besser wahrzunehmen, wenn eine Nahaufnahme der Augen des Darstellers gemacht wird.

Strategie

Investigate how different cinematographic techniques can be used
- When watching a film, think about the techniques and cinematic devices the director and/or the cameraman is using to convey meaning.
- Look at the distance between the camera and the person, i.e. the type of shot, and consider the effect this has on the viewer.
- Consider how the angle of the shot changes the emphasis of the importance of the subject.
- Think about the use of focus: we are drawn to the object we can see best so if everything is out of focus, we will concentrate more on the dialogue.
- Concentrate on the movement of the camera or use of zoom and how this shapes the viewer's perspective of space and time and controls the delivery of narrative information. Note how this alters the relationship between the subject and the camera frame.
- Consider the editing of the shots themselves and the composition of sequences of a scene. What are we shown or not shown? What is the effect on the viewer of this?

3 a Besprechen Sie die im Lesetext erwähnte kinematographische Technik mit Ihren Klassenkameraden.

3 b Recherchieren Sie jetzt, ob diese Methoden typisch in Yasemin Samderelis Filmen sind.

3 c Inwiefern werden diese Techniken in einem anderen deutschsprachigen Film benutzt, den Sie neulich gesehen haben? Verbessern sie das Erlebnis des Zuschauers? Schreiben Sie einen kurzen Absatz darüber. Sehen Sie sich die Strategie und die Vokabeln an.

Literature and film

12. Sophie Scholl – Die letzten Tage

- Sich mit dem Film *Sophie Scholl – Die letzen Tage* vertraut machen.
- Die Sprachebene und die Struktur eines Filmes analysieren.

Ein Gespräch mit der Sophie-Scholl-Darstellerin Julia Jentsch

In den Gestapo-Verhören hat Sophie Scholl Nerven wie Drahtseile bewiesen ...

Sie hat es tatsächlich geschafft, den Vernehmungsbeamten, der ein erfahrener Verhör-Profi war, stundenlang zu täuschen und von ihrer Unschuld zu überzeugen. Wenn man die Protokolle liest, kann einem Sophie fast ein wenig unheimlich werden. Sie muss in diesen Stunden eine enorme Ruhe und Selbstsicherheit gehabt haben. Als dann ihr Kommilitone Christoph Probst überführt wird, als ihr Bruder deswegen schon gestanden hat, als die Beweise gegen sie erdrückend werden und sie nicht mehr leugnen kann, nimmt sie alles auf sich, um ihre Freunde zu schützen (...). Und schließlich besitzt sie auch noch die Stärke, die „goldene Brücke" auszuschlagen, die der Vernehmungsbeamte ihr baut – sie unterschreibt quasi ihr eigenes Todesurteil, indem sie zu ihren Ideen steht und sagt: „Nicht ich, sondern Sie haben die falsche Weltanschauung!"

Am Anfang des Films sieht man, wie Sophie zu einem Lied von Billie Holiday singt und tanzt ...

Ja, es war uns wichtig auch zu zeigen, was für ein lebensfroher Mensch Sophie war. Auf Fotos sieht man, wie sie mit ihren Freunden zum Wandern und Schwimmen gegangen ist, wie sie Feste gefeiert und Wein getrunken hat. (...) Sie war alles andere als eine

„Sophie war ein ganz normales Mädchen."

Todessehnsüchtige, sondern ein neugieriges, interessiertes, lebenslustiges Mädchen.

Ein permanenter Kampf zwischen Stärke und Todesfurcht?

(...) Die Zuschauer sollen sehen, dass Sophie ein ganz normales Mädchen mit Ängsten war – und dass dieses Mädchen Entscheidungen getroffen hat, die wir auch treffen können. Man kann sich nicht einfach herausreden, indem man sagt: „Ich bin halt nicht so stark wie Sophie Scholl." Blödsinn! Auch Sophie ist nicht als Heldin geboren worden, sondern dank ihres Sinns für Freiheit und Gerechtigkeit an ihrer Aufgabe gewachsen. Ihr Beispiel zeigt uns, dass man seine eigenen Ängste und Schwächen auch überwinden kann – und dass man für seine Stärke kämpfen muss.

Also kein Film, der bloß in die Vergangenheit schaut ...

Nein, überhaupt nicht. Das Problem der Zivilcourage stellt sich doch immer wieder – zum Beispiel, wenn in der U-Bahn jemand angepöbelt wird. Sophie zwingt uns dazu, uns zu fragen: Wie würdest du dich verhalten? Handelst du tatsächlich immer so, dass du es vor deinem Gewissen vertreten kannst? Und wie weit würdest du für deine Ideale gehen?

1 a Finden Sie im Internet eine Inhaltsangabe von *Sophie Scholl – Die letzen Tage* (am besten auf Deutsch). Lesen Sie die Inhaltsangabe und machen Sie dann Übung 1b.

1 b  Lesen Sie den Ausschnitt des Interviews oben. Lesen Sie die Sätze unten und füllen Sie die Lücken mit einem passenden Wort aus dem Kasten aus.

Protokoll	überreden	laut
der Rassismus	der Zivilcourage	glauben
habe	wäre	passiert
schützen	sich	gelungen

Literature and film

1 Sophie ist es ____ , den Vernehmungsbeamten zu überreden.
2 Es ist im ____ deutlich erkennbar, dass Sophie enorme Ruhe und Selbstsicherheit hatte.
3 Sophie wollte ihren Bruder und seinen Freund Christoph ____.
4 Sophie sagt, dass der Vernehmungsbeamte die falsche Ideologie _____.
5 Es _____ falsch zu behaupten, dass Sophie etwas anderes als ein ganz normales lebensfrohes Mädchen sei.
6 Jensch erklärt, dass Sophie nicht als Heldin geboren sei, sondern sie hat _____ im Laufe ihres Lebens in eine Heldin verwandelt.
7 _____ Jensch, kann jeder seine Schwierigkeiten besiegen.
8 Das Problem ____ gilt immer noch heutzutage.

1 c Lesen Sie den letzten Absatz noch einmal und beantworten Sie die drei Fragen, die gestellt werden.

2 Eine Analyse der Szene im Gerichtssaal. Sie hören ein Interview über den Film *Sophie Scholl*. Schreiben Sie eine Zusammenfassung des Interviews. Schreiben Sie in ganzen Sätzen und prüfen Sie sorgfältig die Grammatik und die Wortstellung. Achten Sie auf folgende Punkte:
- Warum Bettina diese Szene gewählt hat. (1)
- Wie die Figuren entwickelt werden. (2)
- Wie die Sprachebene benutzt wird. (2)
- Über den Realismus des Films. (3)

Strategie

Analyse the narrative style and structure of a film

When you analyse a scene of a film it is important to know what devices a director might have used so that you can look out for them.
- Think about the narrative style. Is there a narrator, conversation or a mixture of the two and how does this affect the film?
- Consider the level of realism.
- Listen to the language used. What register of language has the director opted for? Consider why this is.
- Look at the structure of the film (flashbacks and/or parallel themes which converge).
- Character development. Consider how each character develops throughout the film.

Keep this all in mind when completing exercise 3 a.

3 a Wählen Sie eine Szene von einem anderen Film, den Sie gesehen haben. Analysieren Sie danach mit Hilfe der Strategie die Filmtechniken, wie Bettina es im Hörtext gemacht hat. Teilen Sie Ihre Analyse in verschiedene Absätze ein.
- Welche Rolle spielt diese Szene im Aufbau der Geschichte; warum haben Sie sie ausgewählt?
- Wie entwickeln sich die Figuren?
- Wie ist die Sprachebene?
- Wie ist die Stufe der Realität während der Szene?

3 b Diskutieren Sie jetzt mit einem Partner/einer Partnerin, der/die einen anderen Film gesehen hat. Stellen Sie die Fragen oben.

13. Andorra

- Über das Theaterstück *Andorra* lernen.
- Techniken lernen, um die Handlung eines Theaterstückes oder eines Buches zusammenzufassen.
- Erfahren, wann das Werk geschrieben wurde und überlegen, ob es vom damaligen Alltag handelt.

ANDORRA

Dieses Theaterstück wurde vom Schweizer Dramatiker Max Frisch geschrieben. Der Schauplatz ist ein fiktives Land, das Andorra heißt. Laut dem Autor hat dieses Land nichts mit dem Kleinstaat in den Pyrenäen zu tun. Die Uraufführung fand in den sechziger Jahren statt, aber die genaue Zeit der Handlung steht nicht fest.

Die Hauptfigur ist Andri, der zwanzigjährige (1)___ des Lehrers. Im Nachbarstaat werden Juden von den Einheimischen, den so genannten „Schwarzen", (2)___ und getötet. Alle glauben, dass der Lehrer Andri als jüdisches Kind aus jenem Staat gerettet hat. In Wahrheit jedoch ist er sein (3)___ Sohn, dessen Mutter eine „Schwarze" ist. Sogar Andri weiß die Wahrheit nicht.

Auch die Andorraner haben (4)___ gegen Juden und Andri wird von ihnen als ein typischer (5)___ angesehen. Zum Beispiel wirft der (6)___, bei dem Andri eine Lehre macht, ihm vor, einen schlechten Stuhl angefertigt zu haben. In Wirklichkeit hat ein Geselle den Stuhl gemacht, aber dieser Mann klärt den Irrtum nicht auf.

Andri verliebt sich in Barblin, die Tochter des Lehrers, und will sie heiraten. Natürlich verbietet der Vater die Hochzeit, weil die beiden Geschwister sind. Andri meint aber, der Lehrer will ihn als Schwiegersohn nicht (7)___, weil er Jude ist. Nach und nach nimmt Andri die (8)___ eines Juden an.

Eine Frau aus dem Nachbarstaat, die (9)„___", taucht in Andorra auf, um Andri zu besuchen. Er ahnt nicht, dass sie seine Mutter ist. Der Lehrer bittet den (10)___, Andri über die Wahrheit der Familienbeziehungen aufzuklären. Andri ist aber von seiner jüdischen Herkunft so überzeugt, dass er dem Pater nicht glaubt. Auf ihrem Heimweg wird die Señora mit einem Stein (11)___ . Die Andorraner beschuldigen Andri der Tat.

Am Ende marschieren die „Schwarzen" ein und suchen nach Juden. Eine (12)„___" findet statt und Andri wird als Juden identifiziert. Er wird hingerichtet und sein Vater begeht (13)___. Barblin wird wahnsinnig.

 1 Oben ist eine Beschreibung der Handlung in *Andorra*. Im Kasten unten finden Sie Schlüsselwörter aus dem Text. Setzen Sie die richtige Wörter in die Lücken ein und lesen Sie den Text noch einmal.

akzeptieren	Jude	Pflegesohn	Tischler
außerehelicher	Judenschau	Selbstmord	verfolgt
erschlagen	Pater	Señora	Vorurteile
Identität			

Strategie

Learn techniques for summarising the plot of a play or book

- Make brief notes as you read a play or book, using sticky markers to identify key passages.
- Aim to write a sentence or two about each scene or chapter when you reach the end of it.
- When you have finished reading the play or book, re-read your scene or chapter summaries and ensure that you have included details about the main characters as well as something about the action at the beginning, in the middle and at the end.
- Cut down the amount of illustrative material you may have collected. While this will be important evidence in an essay, a summary of the plot is not the place for it.
- Decide which tense to use to describe the action. Often the present tense will sound better even though you are describing events in the past.

Literature and film

2 Meinungen zum Theaterstück. Sie hören eine Diskussion zwischen zwei Schülern, Paul und Lena, über das Stück *Andorra*, das sie in der Schule gelesen haben. Lesen Sie dann die Teilsätze unten und wählen Sie die Ergänzung, die am besten zum Inhalt des Textes passt.

1 Paul interessiert sich am meisten für …
   a den Aufbau des Stückes.   b die Charakterisierung des Stückes.   c die Thematik des Stückes.

2 Bei der „Judenschau" werden Juden durch …
   a ihre Kleidung erkannt.   b ihren Füßen erkannt.   c ihre Haarfarbe erkannt.

3 Laut Paul ist Andorra …
   a ein Stück, das in der Nazizeit geschrieben wurde.   b ein Stück mit vielen Parallelen zur aktuellen Gesellschaft.   c ein Vergleich mit der Gesellschaft im Dritten Reich.

4 Lena meint, in Andorra geht es …
   a nur um den Judenhass.   b um Vorurteile im Allgemeinen.
   c um das Leben in einem Kleinstaat.

5 Die Schauspieler tragen …
   a Kleider von heute.   b Kleidung wie im Dritten Reich.   c ihre eigenen Kleider.

6 Die Uraufführung …
   a war ein Misserfolg.   b fand in 25 Theatern statt.   c war ein großer Erfolg.

7 Laut vielen Kritikern handelte das Stück von der Bevölkerung von …
   a Andorra im Dritten Reich.   b Deutschland unter Hitler.
   c der Schweiz im Zweiten Weltkrieg.

8 Frisch hat viele Preise gewonnen …
   a und gab das Geld manchmal weg.   b und war deswegen sehr glücklich.
   c und gab das Geld für Luxusartikel aus.

Strategie

Consider if the work was about life at that time
- Find out when the book or play was first published. The date of the first edition will be inside the cover.
- With a play, search for the date of the premiere. This may not be the same year as publication.
- Read critical reviews of the play or book and see if they have changed over time.
- Research the historical context and decide if the play or book describes life at the time, or whether its themes allow you to draw parallels with that period.

3 a Wählen Sie ein Stück oder ein Buch, das Sie gelesen haben. Am besten wählen Sie ein Werk auf Deutsch. Fassen Sie die Handlung schriftlich zusammen.

3 b Arbeiten Sie mit einem Partner/einer Partnerin zusammen, der oder die das gleiche Werk gewählt hat. Vergleichen Sie Ihre Zusammenfassungen. Besprechen Sie, inwiefern Sie die gleichen Aspekte erwähnt haben und wo es Unterschiede gibt.

3 c Besprechen Sie mit Ihrem Partner/Ihrer Partnerin, ob die Themen in dem von Ihnen gewählten Stück bzw. Buch einen Einblick in das damalige Alltagsleben geben.

14. Die Verwandlung

- Sich mit der Erzählung *Die Verwandlung* vertraut machen.
- Den Erfolg eines Werkes heute und zur Zeit seiner Veröffentlichung recherchieren.

Die Verwandlung: Handlung

Die Handlung findet um die Jahrhundertwende vom 19. zum 20. Jahrhundert in Prag (1)_____. Gregor Samsa, der als Geschäftsreisender arbeitet, wohnt mit seiner Schwester Grete und seinen Eltern zusammen. Eines Tages (2)_____ er auf und stellt fest, dass er sich ohne Grund in ein Ungeziefer verwandelt hat.

Wegen seines panzerartigen (3)_____ und seiner dünnen Beine kann Gregor sich nicht leicht bewegen, also zieht er sich in sein Bett zurück. Da denkt er viel über sein bisheriges Leben und seinen (4)_____ Vater nach. Gregor ist der einzige Verdiener in der Familie und seine Eltern haben Schulden. Ein Prokurist an seiner Firma sucht ihn in seiner Wohnung auf, läuft aber entsetzt weg, als er das Ungeziefer sieht. Wenn Gregors Vater versucht, ihn ins Zimmer zurückzutreiben, wird Gregor am Bein (5)_____.

Obwohl Gregor versteht, was andere sagen, kann er sich nicht (6)_____. Anfangs kümmert sich seine Schwester um ihn und bringt ihm Küchenabfälle als Nahrung. Es wird klar, dass der Vater sich mehr Sorgen um den Verlust des Einkommens als um den Zustand seines Sohnes macht. Komischerweise gewöhnt sich Gregor langsam an seine neuen

Die Verwandlung

(7)_____. Mit der Zeit finden die Mutter, die Schwester und auch der Vater eine Arbeit und drei Untermieter ziehen in die Wohnung ein. Dadurch werden ihre (8)_____ Probleme zumindest vorübergehend gelöst.

1 a Im Artikel geht es um die Handlung der Erzählung. Diese Wörter kommen im Text vor. Welche Definition passt zu jedem Wort?

1	Ungeziefer	a	wenn man sich wegen etwas schämt
2	Schulden	b	Geldbeträge, die noch bezahlt werden müssen
3	Nahrung	c	für eine begrenzte Zeit
4	Untermieter	d	kleine Tiere, die Menschen in ihrer Wohnung nicht haben wollen
5	panzerartig		
6	vorübergehend	e	eine Person, die eine Wohnung von einer anderen Person mietet, und der die Wohnung nicht gehört
7	peinlich		
8	überflüssig	f	zur Erhaltung des Lebens notwendiges Essen
		g	etwas, was nicht mehr nötig ist
		h	sehr hart, um etwas zu schützen

1 b Lesen Sie die Zusammenfassung der Handlung. Wählen Sie von der Liste unten das Wort, das zur jeweiligen Textlücke am besten passt. Es gibt mehr Wörter als Lücken.

Leben	Kopf	Lebensbedingungen	ein
statt	finanziellen	strengen	wacht
traurigem	Rückens	verletzt	erleichtert
verständigen	Wohnzimmer	arbeitet	größte

Literature and film

Strategie

Investigate the popularity of a work, now and when it was first published
- See if you can find out how many copies were printed when the book was first published.
- Were there different draft versions of the story originally? For example, a shorter version might have been published in a magazine or newspaper.
- Research how popular the book is today. Find out how many times it has been reprinted.
- Look at reviews of the book from different periods. Have opinions changed over time?
- What reasons can you find for the book's popularity (or lack of it) then and now?
- Can you find any evidence of other creative works which might have been inspired by a story which would testify to its popularity? (For example 'spin-offs' in film, theatre, music, visual art, ...)

A-LEVEL STAGE

2 *Die Verwandlung* damals und heute. Sie hören einen Bericht in drei Teilen über die Erzählung *Die Verwandlung* von Franz Kafka. Beantworten Sie die Fragen auf Deutsch.

Teil 1
1. Wann und wo wurde Kafka geboren?
2. Was hat er studiert?
3. Wie alt war er, als er starb?

Teil 2
4. In welchem Jahr erschien *Die Verwandlung*?
5. Was hatte Kafka vor seinem Tod gefordert?
6. War *Die Verwandlung* beliebter vor oder nach dem Tod des Schriftstellers?
7. Was zeigt, dass das Werk auch im 21. Jahrhundert noch interessant ist?

Teil 3
8. Nennen Sie vier Adjektive, die benutzt werden, um die Erzählung zu beschreiben.
9. Was könnte das Ungeziefer laut einer Interpretation symbolisieren?
10. Welche zwei anderen Themen werden als Interpretationsmöglichkeiten vorgeschlagen?

3 a Wählen Sie ein Buch aus dem 20. Jahrhundert, wenn möglich ein deutsches, das Sie gelesen haben. Recherchieren Sie, wie beliebt es war bzw. noch ist. Machen Sie Notizen.
- Wie erfolgreich war das Buch zur Zeit seiner Veröffentlichung?
- Wird es heute immer noch gelesen?
- Was sind Ihrer Meinung nach die Gründe dafür?
- Ist die Geschichte durch eine Verfilmung oder aus anderen Gründen bekannt geworden?

3 b Besprechen Sie dann die Informationen mit einem Partner/einer Partnerin.

3 c Schreiben Sie einen Absatz, in dem Sie die Fragen von Übung 3a beantworten.

Literature and film

15. Fundbüro

- Sich mit dem Roman *Fundbüro* vertraut machen.
- Eine Figur in einem Roman einstudieren und untersuchen, ob diese Figur eine zentrale Rolle in der Handlung spielt.

Ein Protagonist für moderne Zeiten

Im *Fundbüro* von Siegfried Lenz, einem der bekanntesten deutschsprachigen Erzähler der Nachkriegszeit, geht es nicht nur um Verlust, sondern auch um die Verlierer in der Gesellschaft.

Der vierundzwanzigjährige Henry Neff setzt sich keine Ziele im Leben. Für ihn sind Aufstiegschancen und Konkurrenz unwichtig. Als er eine Stelle beim Fundbüro eines Hauptbahnhofs antritt, freut er sich über die Geschichten, die ihm die Besitzer der verlorenen Gegenstände erzählen und gewinnt dadurch einen Einblick in das Leben von anderen.

Henrys Ansichten zum Leben ändern sich, als er eines Abends von einer Motorrad-Gang überfallen wird. Kurz darauf wird ein Bekannter auch von der Gang angegriffen. Paula, eine Mitarbeiterin, von der Henry sehr angetan ist, ärgert sich darüber, dass die Motorrad-Gang ihres Bruders von Mitgliedern eines Eishockey-Clubs überfallen worden ist. Sie vermutet, dass Henry als begeisterter Eishockeyspieler daran beteiligt war, was nicht der Fall ist.

Die Motorrad-Gang erscheint wieder vor Henrys Haus. Dort überfallen sie einen aus Nigeria stammenden Briefträger. Diesen ausländerfeindlichen Angriff kann Henry nicht dulden, und er mischt sich mit einem Eishockeyschläger ein. Mit Hilfe von Nachbarn gelingt es ihm, die Gang zu vertreiben.

Die Behörden wollen die Bahn und das Fundbüro rationalisieren. Der gutmütige Henry will seine eigene Stelle kündigen, damit ein älterer Kollege weiterhin arbeiten kann. Jedoch erleidet dieser einen

Siegfried Lenz

Schlaganfall und muss sowieso in die Rente gehen. Henry wird die Stelle als stellvertretender Fundbüro-Leiter angeboten, er lehnt aber das Angebot ab.

 1 Lesen Sie den Artikel über *Fundbüro*. Wählen Sie die vier Aussagen, die mit dem Sinn des Textes übereinstimmen. Schreiben Sie die richtigen Buchstaben auf.

1. Der Roman handelt nur von verlorenen Gegenständen.
2. Henry Neff ist keineswegs zielstrebig.
3. Mit seiner Stelle im Fundbüro ist Henry zufrieden.
4. Henry mag seine Kollegin Paula.
5. Henry hat an dem Angriff auf die Motorrad-Gang teilgenommen.
6. Der Briefträger ist Opfer einer rassistischen Attacke.
7. Henry jagt die Gang allein weg.
8. Am Ende des Romans verliert Henry seine Stelle.

2 Henry Neff – Held oder Anti-Karrierist? Sie hören ein Gespräch zwischen zwei Leuten, die den Roman gelesen haben. Lesen Sie dann die Teilsätze unten und wählen Sie jeweils die Ergänzung, die am besten zum Inhalt des Textes passt.

1 Der Mann fand den Roman
   a langweilig.   b unbefriedigend.   c fantasielos.

2 Der Familienhintergrund von Henry Neff …
   a spielt eine wesentliche Rolle im Roman.   b wird überhaupt nicht erwähnt.
   c hat keine realistische Verbindung mit der Handlung.

3 Für den Mann spielt der Mathematiker Lagutin in dem Roman …
   a eine wichtigere Rolle als Henry.   b eine genauso wichtige Rolle wie Henry.
   c keine so wichtige Rolle wie Henry.

4 Die Frau beschreibt Henry Neff als …
   a den liebenswürdigsten Helden in einem Roman von Lenz.   b eine Ausnahme in den Werken von Lenz.   c ein typisches Beispiel von Charakteren von Lenz.

5 Laut der Frau ist Henry im Fundbüro …
   a total angepasst.   b auffallend anders.   c der glücklichste von allen Kollegen.

6 Für den Mann sind Henrys Zeitvertreibe …
   a kindisch.   b gewalttätig.   c unverständlich.

7 Die Frau meint, der Autor will durch Henry …
   a etwas Negatives in der heutigen Gesellschaft zeigen.   b ein Beispiel des modernen Helden zeigen.   c die Gefahren von Zivilcourage zeigen.

8 Das Mann und die Frau sind sich am Ende fast einig, dass Henrys Charakter …
   a das Heldentum darstellt.   b symbolisch zu verstehen ist.   c unglaublich realistisch ist.

Strategie

Study a character in a novel and analyse whether he or she has a pivotal role to play in the plot

- Think about the character's background. Where has he/she come from? What are his/her aims?
- Find out what the author tells you about his/her physical appearance. Does this contribute to his/her role in the novel?
- Look carefully at words and actions. What do your findings tell you about the character? What effect do these have on the plot?
- Is he/she well developed as a character?
- Consider his/her emotional state. Why is he/she in this state?
- Assess social status. How does he/she relate to other characters in the novel?
- Think about how the plot would be affected were this character to be removed.
- Does the character change in the course of the novel? How does this change come about and what effect does it have on the plot?

Keep these points in mind when completing exercise 3.

3 a Denken Sie an ein Buch, am liebsten auf Deutsch geschrieben, in dem die Hauptfigur Sie interessiert. Besprechen Sie Ihre Ideen mit einem Partner oder einer Partnerin, indem Sie die folgenden Fragen beantworten:

- Was erfährt der Leser über den Hintergrund des Charakters?
- Wird er oder sie negativ oder positiv dargestellt?
- Wie handelt der Charakter?
- Wie verändert sich die Figur im Laufe des Romans?
- Vergleichen Sie die Hauptfigur mit anderen Figuren im Roman.
- Wäre die Handlung möglich, wenn die Hauptfigur ein anderer Charaktertyp wäre?

3 b Schreiben Sie einen kurzen Absatz über die Hauptfigur. Achten Sie dabei auf die Hinweise in der Strategie.

Literature and film

16. Heine: Gedichte

- Sich mit einem von Heinrich Heine geschriebenem Gedicht, „Die Loreley", vertraut machen.
- Die Funktion „musikalischer" Effekte sowie rhetorischer Stilmittel in der Poesie untersuchen.

Heinrich Heine: Die Loreley (1824)

Ich weiß nicht was soll es bedeuten,
Dass ich so traurig bin;
Ein Märchen aus alten Zeiten,
Das kommt mir nicht aus dem Sinn.

Die Luft ist kühl und es dunkelt,
Und ruhig fließet der Rhein;
Der Gipfel des Berges funkelt
Im Abendsonnenschein.

Die schönste Jungfrau sitzet
Dort oben wunderbar;
Ihr goldnes Geschmeide blitzet,
Sie kämmt ihr goldenes Haar.

Sie kämmt es mit goldenem Kamme
Und singt ein Lied dabei;
Das hat eine wundersame,
Gewaltige Melodei.

Den Schiffer im kleinen Schiffe
Ergreift es mit wildem Weh;
Er schaut nicht die Felsenriffe,
Er schaut nur hinauf in die Höh.

Ich glaube, die Wellen verschlingen
Am Ende Schiffer und Kahn;
Und das hat mit ihrem Singen
Die Loreley getan.

Auf der Loreley 152m über dem Rhein

Heinrich Heine (1797-1856) war ein deutscher Dichter, der seine wichtigsten Werke im Vormärz schrieb. So bezeichnet man die Zeit vor der ersten bürgerlichen Revolution in Deutschland im Jahr 1848. In seiner Jugend schrieb er viele Gedichte über unerfüllte Liebe. Viele dieser Gedichte hatten einen volksliedhaften Charakter und sind heute in gesungener Form mit Musik von Komponisten wie Franz Schubert und Robert Schumann bekannt.

1824 erschien der Lyrikband *Dreiunddreißig Gedichte* mit seinem berühmtesten Gedicht „Die Loreley", das inzwischen als ein beliebtes Volkslied mit einer Melodie von Friedrich Silcher sehr bekannt ist. Im Gedicht handelt es sich um die Legende einer schönen Jungfrau namens Loreley, die auf einem Felsen am Rheinufer saß, ihre goldenen Haare kämmte und ein melodisches Lied sang. So bezaubernd waren das Aussehen und das Singen des Mädchens, dass die Matrosen auf vorbeifahrenden Schiffen zu ihr hinaufsahen, wobei sie die Felsen im Wasser nicht bemerkten. Ihre Schiffe zerschellten an den Felsen und die Schiffer kamen ums Leben.

Obwohl es dem Leser vorkommt, als ob Heine eine alte Geschichte erzählt, meinen viele, dass die Loreley-Sage eine Erfindung des romantischen Dichters Clemens Brentano war. Es ist auch unklar, ob Heine dieses Gedicht mit einer für viele seiner Werke typischen Ironie schrieb.

1 Lesen Sie das Gedicht und hören Sie es sich an. Lesen Sie auch den Artikel über Heine und „Die Loreley" und beantworten Sie die Fragen.

1. Welches Thema kam bei vielen von Heines frühen Werken häufig vor?
2. Warum sind viele von Heines Gedichten auch heute noch bekannt?
3. In welcher Gegend von Deutschland soll die Handlung dieses Gedichts stattgefunden haben?
4. Wie heißt der Komponist, der das Loreley-Gedicht vertonte?
5. Laut der Legende, wer war Loreley?
6. Welche Adjektive (4) und welches Adverb (1) werden im Gedicht benutzt, um sie und ihr Singen zu beschreiben?

Literature and film

7 Warum sind viele Schiffer tödlich verunglückt? (2)

8 Welchers Stilmittel war ein Merkmal Heines in vielen seiner Werke?

2  **Vier Arbiturienten sprechen mit ihrem Lehrer über das Gedicht „Die Loreley". Hören Sie zu und lesen Sie die folgenden Äußerungen. Schreiben Sie dann jeweils den passenden Namen auf – R (Rufus), S (Sophie), T (Thomas) oder A (Anna).**

Wer spricht …

1 … über die Merkmale eines Volkslieds?

2 … über das Reimschema?

3 … darüber, was in jeder Strophe passiert?

4 … über Wörter, die mit den gleichen Buchstaben anfangen?

5 … über das Versmaß?

6 … über die Struktur des Gedichts?

7 … über rhetorische Stilmittel?

8 … über einzelne Wörter, die sich nicht genau reimen?

Strategie

Explore the impact of 'musical' effects and literary devices such as metaphor and simile in the medium of poetry
- Consider musical effects such as rhyme and rhythm, and literary devices such as metaphor and simile.
- Read poetry aloud to get a sense of how rhythm and rhyme help it to flow.
- Identify rhyme schemes used in the poems you are studying and use terms to describe these, such as *Reimschema* (rhyme scheme), *Kreuzreim* (alternate rhyme), *Paarreim* (couplets) and *Binnenreim* (internal rhyme).
- Become familiar with terms used to describe rhythm including *Hebung* (stressed syllable), *Senkung* (unstressed syllable), *Versmaß* (metre) and *Enjambement* (enjambment).
- Identify literary devices such as metaphor, simile, imagery, alliteration, assonance, irony and narrative techniques.
- Think about why the poet has chosen to use these devices and what effect they have on the reader or listener. Do they help to set the scene, or to evoke certain emotions or atmosphere?
- When reading a poem, identify which effects and devices are used and make a note of these features.

Keep these points in mind when completing exercise 3.

3 a  **Suchen Sie das Gedicht „Winter" von Heinrich Heine im Internet („Die Kälte kann wahrlich brennen …"). Lesen Sie es vor. Beantworten Sie diese Fragen mit Hilfe der Strategie.**

1 Beschreiben Sie den Aufbau des Gedichts.

2 Welches Reimschema wird hier benutzt?

3 Beschreiben Sie das Versmaß.

4 Welche Beispiele von rhetorischen Stilmitteln finden Sie?

5 Was für eine Wirkung haben das Reimschema, das Versmaß und die Stilmittel auf den Leser bzw. die Leserin?

3 b **Besprechen Sie Ihre Antworten mit Ihrem Partner/Ihrer Partnerin. Haben Sie die gleichen Ergebnisse und Meinungen?**

Literature and film

17. Writing an AS essay

- Sich über die Voraussetzungen für den literarischen Teil der AS-Level-Prüfung informieren.
- Eine Vielfalt von nützlichen Strategien lernen, um einen gut strukturierten Aufsatz über einen Film zu schreiben.

Einführung

In der Prüfung müssen Sie einen Aufsatz über einen Film beziehungsweise ein Buch von der Liste auf Seite 4 schreiben. Sie werden die Auswahl von zwei verschiedenen Fragen zum Film beziehungsweise Buch haben. Zu jeder Frage gibt es drei bis fünf Stichpunkte. Sie können diese Stichpunkte benutzen oder Ihre eigenen Stichpunkte schreiben.

A   B   C

Frage 1 Untersuchen Sie die Rolle der Hauptfigur in diesem Film. Sie können die folgenden Stichpunkte benutzen:
- Seine körperliche Erscheinung.
- Die Gründe für seine mörderischen Taten.
- Seine Beziehung zu Frauen.
- Die Folgen seiner Taten für sein Leben.

Frage 2 Inwiefern kann man sich über die letzten Tage des Dritten Reiches vom Film informieren lassen? Sie können die folgenden Stichpunkte benutzen:
- Die wichtigsten historischen Ereignisse.
- Das Alltagsleben für den deutschen Bürger.
- Die Beziehung Hitlers zu Eva Braun.
- Der Widerspruch zwischen Hitler als Mensch und als Monster.

Frage 3 Inwieweit spielt der Handlungsort eine führende Rolle in diesem Film? Sie können die folgenden Stichpunkte benutzen:
- An welchen Sehenswürdigkeiten man die Stadt erkennen kann.
- Die Darstellung einer geteilten Stadt.
- Die Bedeutung des Handlungsortes für die Hauptfiguren.
- Die Beziehung zwischen der Musik und dem Handlungsort.

1 a Die Fragen (1–3) und die Stichpunkte beziehen sich auf drei Filme von bekannten deutschen Regisseuren, die aber nicht auf der Liste sind. Verbinden Sie die Filme (A–C) mit den Fragen (1–3).

1 b Übersetzen Sie die Fragen und Stichpunkte ins Englische.

2 Sehen Sie sich die Webseite von AQA an, um ähnliche Fragen zu finden, die sich auf die Filme auf der Liste beziehen. Wählen Sie eine Frage, die Ihnen interessant erscheint und sehen Sie sich den Film an. Schreiben Sie dann einen Aufsatz mit etwa 250 Wörtern. Benutzen Sie die Vorschläge in den Strategien.

Literature and film

Strategie

Planning

- If you decide to follow the bullet points provided, make sure you understand the meaning of each one. When you write your essay, you must include a response to each bullet point, writing a paragraph for each one. If you opt to plan your own essay, you could write between three and five bullet points of your own first, rather than trying to write an essay without having decided the items to discuss. It is also possible to use a mixture of your own bullet points and those provided, but remember that you should have a total of three to five points in all. Start by writing a rough draft. Divide a piece of paper into sections, one for each bullet point. Now write one sentence in German for each bullet.
- Find an example in the film to illustrate each point. It is also really important to learn key quotes to use in the essay. Add your examples and the supporting evidence to each of your sections. This is your plan, so at this stage don't worry too much about using full sentences.
- Decide on the most sensible order for the points you are going to make. They do not have to come in the same order as the bullet points in the question. Number your sections in your draft.

Strategie

Writing

- Write the introduction to set the film in context. This might involve writing something about the historical context in which the film was made, giving information about the director's biographical details or explaining how it fits together with his or her other works. Show that you are planning to answer the question which has been set rather than writing randomly about the film. For example, in *Frage* 3, you need to explain that the film is set in Berlin. This might appear obvious, but must be stated.
- Look again at your notes for your chosen first paragraph and write an opening sentence which carries on logically and smoothly from the introduction. For example, if responding to *Frage* 2, your introduction might have contained a sentence like: *Schauplatz des Filmes ist Berlin in den letzten Tagen des Zweiten Weltkrieges.* You could then begin the first paragraph with: *Eines der historischen Ereignisse, die gezeigt werden, ist …*, You would then need to describe the event briefly, explain how it was depicted in the film, and say what impact it had in your opinion. Take care not to retell too much of the story.
- Follow the same idea with each of the other bullet points.
- In your conclusion you should briefly sum up what you have said and give your overall opinion. Do not introduce anything new in the conclusion.
- See page 146 for useful phrases.

Strategie

Checking

- Check the length. The essay should be about 250 words but the most important thing is to make sure you have said everything that needs to be said.
- Finally, check for accuracy and style:
  – Tenses of verbs and word order, especially in subordinate clauses.
  – Adjective agreement (number, case and gender).
  – Variety of style including sentence openings, use of different connectives.
  – Variety of vocabulary, including some more sophisticated terms (see list of terms on closing page).

Strategie

Time management

- Remember that in the exam you will have approximately 1 hour to complete this task. You will therefore need to manage your time carefully. Allocate yourself a certain amount of time for planning, writing and checking your, for example 10 minutes for planning, 40 minutes for writing and 10 minutes for checking.

18. Writing an A-level essay

- Sich über die Voraussetzungen für den literarischen Teil der A-Level-Prüfung informieren.
- Eine Vielfalt von nützlichen Strategien lernen, um einen gut strukturierten Aufsatz über einen Roman beziehungsweise ein Theaterstück zu schreiben.

Einführung

In einem Teil der A-Level-Prüfung müssen Sie zwei Aufsätze über zwei Bücher, oder über ein Buch und einen Film, schreiben. Eine Liste von Werken steht Ihnen auf Seite 4 zur Verfügung. Die Werke werden Sie vor der Prüfung in der Klasse gelesen beziehungsweise gesehen und bearbeitet haben. Zwei Aufsätze über das gleiche Werk dürfen Sie nicht schreiben.

Strategie

Planning

- It is really important that you plan your essays thoroughly. You can write rough notes on your exam paper but make sure that you cross them out so that they aren't marked as part of your answer. A good way you could start is to draw a diagram as follows, or you could devise your own.

Introduction — „Die Beziehung zwischen den Hauptfiguren ist das zentrale Thema dieses Romans." Inwiefern stimmen Sie dieser Aussage zu? — Conclusion

- Write the title in the middle box and underline the most important words. Refer back to this frequently. Remember that in order to produce a good quality essay, you must answer the question exactly. Make it clear to the examiner how you are doing this by referring back to the words used in the question. A pre-prepared essay with no specific focus will not be sufficient.
- Using the important words in the title as prompts, think about points that you would like to make to answer the question. Add these in boxes around the title in your diagram in German or in English. Aim for three to five main points. For example, with the title in the diagram above, you may want to consider asking yourself the questions in the diagram below.
- These will become your paragraphs. Decide on a sensible order for them, making sure they follow on logically, and write a simple sentence in response to each question you have asked yourself.

Who are the main characters? / Wer sind die Hauptfiguren?

How does their relationship develop in the course of the story? / Wie entwickelt sich diese Beziehung im Laufe des Romans?

Introduction — „Die Beziehung zwischen den Hauptfiguren ist das zentrale Thema dieses Romans." Inwiefern stimmen Sie dieser Aussage zu? — Conclusion

What are the other important themes? / Was sind die anderen wichtigen Themen?

Do you agree that the relationship is the central theme? / Stimmen Sie zu, dass die Beziehung das zentrale Thema ist?

1 Sehen Sie sich die Webseite von AQA an, um ähnliche Fragen über die Bücher zu finden, die Sie gelesen haben. Wählen Sie eine Frage, die Sie interessiert. Machen Sie eine Kopie dieser Grafik und schreiben Sie Ihre eigenen drei, vier oder fünf Fragen in die Kästchen.

Literature and film

Strategie

Getting started
- Find an example in the book to illustrate each point. For some of these it might be appropriate also to find a suitable quotation. At this level you will be expected to offer different viewpoints and then to present your argument about which one you feel is correct and why. Back up your opinion with evidence from the text and with background information you have researched relating to issues and themes discussed in the book. Also discuss and evaluate the cultural and social contexts explored in the work.

Strategie

Writing
- Now focus on the introduction. This involves stating what you are going to say and setting the question in context. This context may be historical, how it fits into the author's body of work, how it was received, its social setting, etc. It is a chance to show that you have some background understanding and are not writing in a vacuum. You need to be concise here so structure your sentences carefully.
- Refer back to your notes for the first paragraph. Construct the first sentence of your chosen first paragraph so that it carries on logically and smoothly from the introduction. See page 146 for useful phrases. Add the rest of the paragraph and make sure that you have included differing viewpoints, given your own opinion, justified it and are referring directly to the essay question.
- Always look for more sophisticated ways of making statements and use the correct register for describing a literary work (see the list on the closing page for help with this).
- Carry out the steps above with each of the other bullet points.
- Devote a paragraph to each of your main points.
- Read through everything again and then write your conclusion. This should sum up what you have said, and give your overall opinion. It is not a place to add new ideas, but one to pull together the ideas you have expressed so far.

Strategie

Checking
- Check the length – it should be about 300 words but the most important thing is to make sure you have said everything that needs to be said.
- Make sure that you have provided evidence to back up every point and that you have made reference to the words you underlined in the title.
- Finally, check for accuracy and style:
  - Tenses of verbs and word order, especially in subordinate clauses.
  - Adjective agreement (number, case and gender).
  - Variety of style including sentence openings, use of different connectives.
  - Variety of vocabulary, including some more sophisticated terms.

Strategie

Time management
- Remember that in the exam you will have two hours to complete both of the essays. You will therefore need to manage your time carefully. Allocate yourself a certain amount of time for planning, writing and checking each essay and stick to these times as closely as possible. For example you could devote 10 minutes to planning, 40 minutes to writing and 10 minutes to checking for each.

2 Wenn Ihr Plan fertig ist, schreiben Sie einen Aufsatz, um die Frage zu beantworten, die Sie sich ausgesucht haben. Benutzen Sie dabei die Strategien.

Vokabular

Useful phrases for linking paragraphs

Erstens/Zweitens/Drittens ... Firstly/Secondly/Thirdly ...
Zunächst ... Firstly ...
Auf der einen Seite ..., auf der anderen Seite ... On the one hand ..., on the other hand ...
Einerseits ..., andererseits ... On the one hand ..., on the other hand ...
Zwar ..., jedoch/aber ... Admittedly ..., however/but ...
Im Gegensatz zu ... In contrast with/unlike...
Im Vergleich zu ... In comparison with/Compared with ...
Es steht außer Zweifel, dass ... There is no doubt that ...
Nicht nur ..., sondern auch ... Not only ..., but also ...
Wie oben erwähnt ... As mentioned above ...
Zum Abschluss ... To end ...
Zusammenfassend kann man sagen ... In summary, one can say ...
Diese Themen sind heute noch aktuell. These themes are still relevant today.
Die Handlung findet ... statt. The action takes place ...
Es fand großen Anklang bei ... It appealed to ...

More sophisticated phrases

Es sieht aus, als ob ... It looks as if ...
Wenn man das Thema näher betrachtet, ... If you look at the subject/theme closer, ...
In diesem Roman/Film geht es um .../ Dieser Roman/Film handelt von ... This novel/film is about ...
Man könnte sagen, dass ... You could say that ...
Ich möchte noch hinzufügen, dass ... I would just like to add that ...
Das Wesentliche daran ist, ... The essential is ...
Im Großen und Ganzen ... On the whole ...
Was ... betrifft, ... As far as ... is concerned, ...
Dieses Beispiel verdeutlicht, wie ... This example explains how ...
Mit der Zeit ändern sich die Interpretationen. Interpretations change over time.
Das deutet darauf ... hin. That is indicative of ...
Der Dramatiker macht von ... Gebrauch. The dramatist makes use of ...
Es liegt (nicht) auf der Hand, dass ... It is (not) obvious that ...
Es könnte eine Metapher für ... gelten. This could be a metaphor for ...
aus der Perspektive des Erzählers from the perspective of the narrator
In der Episode mit dem Titel ... In the section with the title ...

Es sieht [so] aus, als ob ... It looks as if ...
Wenn man das Thema näher betrachtet, ... If you look at the subject/theme more closely, ...
In diesem Roman/Film geht es um .../Dieser Roman/Film handelt von ... This novel/film is about ...
Man könnte sagen, dass ... You could say that ...
Ich möchte noch hinzufügen, dass ... I would just like to add that ...
Das Wesentliche daran ist, ... The essential is ...
Im Großen und Ganzen ... On the whole ...
Was ... betrifft, ... As far as ... is concerned, ...

Useful phrases for writing about characters

Im Zentrum der Handlung steht die Hauptfigur. At the heart of the action is the main character.
Der Ich-Erzähler berichtet von ... The first-person narrator tells of ...
Er/Sie wird glaubhaft dargestellt. He/She is convincingly portrayed.
Seine/Ihre Ansichten ändern sich. His/Her views change.
X spielt eine zentrale Rolle in der Handlung. X is pivotal to the plot.
X ist ein glaubhafter Charakter. X is a believable character.
Diese Figur verkörpert ... This person symbolises...
Ich kann mich mit X identifizieren. I can identify with X.
Meine Meinung über X ändert sich im Laufe des Romans. My opinion of X changes in the course of the novel.
Ohne X würde die Handlung auseinanderfallen. Without X, the plot would fall apart.

Useful phrases for writing about plots and structure

Die Geschichte handelt von ... The story is about ...
Es geht um ... It's about ...
Der Wendepunkt kommt, wenn ... The turning point comes when ...
Der Roman besteht aus ... Teilen. The novel consists of ... parts.
Er/Sie schildert Ereignisse aus seinem/ihrem eigenen Leben. He/She describes events from his/her own life.
im Verlauf des Romans in the course of the novel
Die Ereignisse weisen starke Ähnlichkeiten zu ... auf. The events bear strong similarities to ....
Es richtet sich an ... It is aimed at ...
Er will Ereignisse aus seinem Leben schildern. He wants to portray events from his life.
Die Struktur des Films ist linear. The structure of the film is linear.

Literature and film

Useful phrases for writing about setting (time and place)

Das Buch wurde ... veröffentlicht. The book was published in ...
Damals war die Gesellschaft anders. In those days society was different.
Die Geschichte gehört der Vergangenheit an. The story belongs to the past.
Das Buch hätte auch heute geschrieben werden können. The book could also have been written today.
Schauplatz der Handlung ist ... The setting for the action is ...
Die Namen der Orte deuten auf ... hin. The names of the places indicate ...
Der Handlungsort bleibt durch das Stück unverändert. The setting remains unchanged throughout the play.
Die Handlung umfasst einen Zeitraum von ... The action covers a period of ...
Die Handlung findet in einem fiktiven Ort statt. The action takes place in a fictitious location.
Der Handlungsort/Die Handlungszeit ist unbestimmt. The setting in place/time is indeterminate.

Cinema-specific phrases

Die Zuschauer müssen selbst entscheiden, ob ... The audience must decide for themselves whether ...
Die Szene fängt mit einer Nahaufnahme von X an. The scene starts with a close-up of X.
Ich fand das eine sehr clevere Technik. I found it a very clever technique.
Die Kamera zoomt heraus. The camera zooms out.
Es gibt keinen Dialog. There is no dialogue.
Die kinematografische Technik wird auch sehr effektiv in der X Szene benutzt. The cinematographic technique is also used effectively in the X scene.
Diese, mit der Musik baut Spannung. This, alongside the music, builds excitement/tension.
Wir identifizieren uns mit X, wegen der Nahaufnahme. We identify ourselves with X because of the close-up.
Das Bild schwenkt nach oben. The shot pans upwards.
Das verwackelte Bild gibt uns das Gefühl, dass... The jerky shot gives us the feeling that ...

Russendisko

Schauplatz der Handlung ist ... The setting for the action is ...
Die Handlung findet ... statt. The action takes place ...
In der Episode mit dem Titel ... In the section with the title ...
... ist auf das Leben des Schriftstellers zurückzuführen. ... can be traced back to the author's life.
ein Beziehungspunkt zwischen dem Ort und dem Autor a point of reference between the place and the author
ein wichtiger Einfluss in seinem/ihrem Leben an important influence in his/her life
Er/Sie schildert Ereignisse aus seinem/ihrem eigenen Leben. He/She describes events from his/her own life.
Der Schriftsteller wurde durch ... beeinflusst. The author was influenced by ...
Man kann sich über ... informieren. You can find out about ...
Die Geschichte erzählt von ... The story tells of ...

Zonenkinder

am Anfang at the start
danach afterwards
erstens firstly
zweitens secondly
drittens thirdly
folglich thus, consequently
in der Zwischenzeit in the meantime
schließlich finally
später later
zu Beginn to begin with
zum Abschluss to conclude

Lola rennt

Es ist schwer zu sagen. It is hard to say.
Ich bin der Ansicht. I am of the opinion.
Ich bin fest davon überzeugt, dass ... I am firmly convinced that ...
Der Film erinnert mich an ... The film reminds me of ...
Der Film nimmt sich zu ernst. The film takes itself too seriously.
Es lohnt sich absolut, diesen Film zu sehen. It's totally worth it to watch this film.
Der Dialog ist voraussehbar. The dialogue is predictable.
Der Film ist erfrischend anders. The film is refreshingly different.
Der Technosoundtrack bereichert den Film. The techno soundtrack adds something to the film.
Schwarzweiß gefällt mir. I like black and white.

Good Bye, Lenin!

was mir zuerst aufgefallen ist, sind ... what I first noticed, were ...
was mir aber nicht gefallen hat und eigentlich übertrieben war, waren ... What I didn't like and found exaggerated, were ...
ich verstehe aber, dass man das übertrieben zeigen muss, ... I understand that you have to show it in an exaggerated manner ...
Es stellt hohe Ansprüche an den Zuschauer. It makes great demands on the viewer.
Wir bekommen dadurch einen Einblick in ... It gives us an insight into ...
Wir fühlen uns in seine Lage hineinversetzt. We imagine ourselves in his position.
Ein zentrales Thema ist ... A central theme is ...
die Nöte und Sorgen der kleinen Leute the problems and worries of ordinary people
ins Auge fallen to strike, to catch someone's eye

Die verlorene Ehre der Katharina Blum

Das Buch wurde ... veröffentlicht. The book was published in ...
Damals war die Gesellschaft anders. In those days society was different.
Diese Themen sind heute noch aktuell. These themes are still relevant today.
Ereignisse der Zeitgeschichte (past) contemporary events
das gegenwärtige Geschehen (present) contemporary events
eine Entwicklung schildern describe a development
Das deutet auf ... hin. That is indicative of ...
Das Buch hätte auch heute geschrieben werden können. The book could also have been written today.
Die Geschichte gehört der Vergangenheit an. The story belongs to the past.
Es wird auch in Zukunft gut ankommen. It will be received well in the future too.

Der Vorleser

Die Geschichte handelt von ... The story is about ...
Es geht um ... It's about ...
Es richtet sich an ... It is aimed at ...
Der Wendepunkt kommt, als ... The turning point comes when ...
Im Zentrum der Handlung steht die Hauptfigur. At the heart of the action is the main character.
Der Roman besteht aus ... Teilen. The novel consists of ... parts.
Der Ich-Erzähler berichtet von ... The first-person narrator tells of ...
aus der Perspektive des Erzählers from the perspective of the narrator

Literature and film

im Verlauf des Romans in the course of the novel
Der Autor wurde von seinem eigenen Leben beeinflusst. The author was influenced by his own life.

Der Besuch der alten Dame

Der Handlungsort bleibt im Stück unverändert. The setting remains unchanged throughout the play.
Die Handlung umfasst einen Zeitraum von … The action covers a period of …
Die Handlung findet in einem fiktiven Ort statt. The action takes place in a fictitious location.
Der Handlungsort/Die Handlungszeit ist unbestimmt. The setting in place/time is indeterminate.
Die Handlung findet vor (200 Jahren) statt. The action took place (200 years) ago.
Die Namen der Orte deuten auf … hin. The names of the places indicate …
Der Ort wird ausführlich beschrieben. The place is described in detail.
Man erfährt wenig über den Ort und die Zeit. You find out little about the place and the time.
Die Bühnenanweisungen informieren über … The stage instructions give information about …
Die Thematik ist immer noch aktuell. The themes are still up to date.

Das Leben der Anderen

am Anfang des Filmes at the start of the film
am Ende des Filmes at the end of the film
die Darstellung eines Charakters character portrayal
es ist kein Zufall it is no accident
das geschlechtsspezifische Klischee(s) gender stereotype
die innere Emigration inner emigration
sie wurde als … dargestellt she was portrayed as …
Was ist die Absicht des Regisseurs? What is the intention of the director?
der Regisseur manipuliert den Zuschauer the director manipulates the viewer
Was hat der Regisseur ein- oder ausgeschlossen? What has the director included or omitted?

Die fetten Jahre sind vorbei

ähnlich similar
auf die gleiche Weise in a similar manner/similarly
auf der einen Seite/auf der anderen Seite on one hand/on the other hand
einerseits/andererseits on one hand/on the other hand
ich bevorzuge I prefer
ich sehe lieber I prefer watching
im Gegenteil on the contrary
im Gegensatz zu in contrast to
in Bezug auf in terms of
unterschiedlich different
während/wohingegen while/whereas
was … betrifft with regards to …
sich unterscheiden to differ
(un)vergleichbar (in)comparable
vergleichen to compare
zum Vergleich by way of comparison

Mutter Courage und ihre Kinder

Der Dramatiker macht von … Gebrauch. The dramatist makes use of …
Er will Ereignisse aus seinem Leben schildern. He wants to portray events from his life.
Es liegt (nicht) auf der Hand, dass … It is (not) obvious that …
Vergleiche zwischen … anstellen to make comparisons between …
Es könnte als Metapher für … gelten. This could be a metaphor for …
Die Zuschauer müssen selbst entscheiden, ob… The audience must decide for themselves whether …
Die Ereignisse weisen starke Ähnlichkeiten zu … auf. The events bear strong similarities to ….
Dieses Werk ist von feiner Ironie geprägt. This work is characterised by subtle irony.
Der Autor benutzt eine Bildersprache, um … darzustellen. The author uses metaphorical language to represent …
Ein Stück über aktuelle Ereignisse lässt sich nicht leicht inszenieren. A play about contemporary events can't easily be staged.

Almanya: Willkommen in Deutschland

Ich fand das eine sehr raffinierte Technik. I found it a very clever technique.
Die Szene fängt mit einer Nahaufnahme von … an The scene starts with a close-up of …
die Kamera zoomt heraus the camera zooms out
es gibt keinen Dialog there is no dialogue
Die kinematographische Technik wird auch sehr effektiv in der … szene benutzt The cinematographic technique is also used effectively in the … scene
diese baut zusammen mit der Musik, die Spannung auf this, alongside the music, builds excitement/tension
wir identifizieren uns mit … wegen der Nahaufnahme we identify ousrselves with … because of the close-up

das Bild schwenkt nach oben the shot pans upwards
das verwackelte Bild gibt uns das Gefühl, dass ... the jerky shot gives us the feeling that ...

Sophie Scholl - Die letzten Tage

Der Aufbau der Geschichte ist interessant. The narrative structure is interesting.
Die Szene ist der Wendepunkt des Films. The scene is the turning point of the film.
Die Beziehung zwischen X und Y ist kompliziert. The relationship between X and Y is complicated.
Hier sehen wir den Höhepunkt des Films. Here we see the climax of the film.
Die Figuren entwickeln sich ständig im Verlauf des Films. The characters are continually developing throughout the film.
Der Regisseur hat eine informelle Sprachebene benutzt. The director used an informal register of language.
Die Stufe der Realität ist niedrig. The level of realism is low.
Der Film ist teils wie ein Dokumentarfilm. The film is in parts like a documentary.
Die Sonne ist ein Symbol der Freiheit. The sun is a symbol of freedom.
Die Struktur des Films ist linear. The structure of the film is linear.

Andorra

Das Stück besteht aus drei Akten/zwölf Szenen. The play consists of three acts/12 scenes.
Das Buch besteht aus 20 Kapiteln. The book consists of 20 chapters.
im ersten/zweiten/dritten Teil/Akt/Kapitel in the first/second/third part/act/chapter
in jeder Szene in every scene
der Aufbau des Stückes/Buches the structure of the play/book
Man bekommt einen Einblick ins Alltagsleben. You get an insight into everyday life.
um die Geschichte zusammenzufassen to summarise the story
Die Geschichte fängt ... an. The story begins ...
Die Geschichte erreicht ihren Höhepunkt ... The story reaches a climax ...
der Ausgang der Erzählung the denouement of the narrative

Die Verwandlung

Das Buch erschien zum ersten Mal ... The book was published for the first time ...
seit der Erstauflage since first publication
eine Druckauflage von ... Exemplaren a print run of ... copies
Es gab mehrere Entwürfe. There were several drafts.
immer beliebter werden to become increasingly popular
an Popularität verlieren to lose popularity
Das Buch hat andere Künstler inspiriert. The book inspired other artists.
Es fand großen Anklang bei ... It appealed to ...
Es kommt bei den Lesern/beim Publikum gut an. It goes down well with readers/the audience.
Mit der Zeit ändern sich die Interpretationen. Interpretations change over time.

Fundbüro

in diesem Roman geht es um ... this novel is about ...
er/sie wird glaubhaft dargestellt he/she is convincingly portrayed
seine/ihre Ansichten ändern sich his/her views change
X spielt eine zentrale Rolle in der Handlung X is pivotal to the plot
X ist ein glaubhafter Charakter X is a believable character
diese Figur verkörpert ... this person symbolises ...
ich kann mich mit X identifizieren I can identify myself with X
meine Meinung über X ändert sich im Laufe des Romans my opinion of X changes in the course of the novel
Was will der Autor, dass wir denken? What does the author want us to think?
ohne X würde die Handlung auseinanderfallen without X, the plot would fall apart
wir werden zum Nachdenken angeregt we are made to reflect

Heine: Gedichte

Das Gedicht ist in XX Strophen gegliedert. The poem is divided into **XX** verses.
Jede Strophe hat XX Verse. Every verse has **XX** lines.
Wenn man das Versmaß näher betrachtet, ... When you look closely at the rhythm, ...
Es gibt XX Hebungen und XX Senkungen pro Vers. Every line has **XX** stressed syllables and **XX** unstressed syllables.
Das Versmaß trägt zum musikalischen Effekt bei. The metre/rhythm contributes to the musical effect.
Wenn wir das Reimschema untersuchen, ... If we analyse the rhyme scheme, ...
Manchmal findet man unreine Reime wie ... Sometimes you find impure rhymes such as ...
Beim Kreuzreimschema reimt sich der erste Vers mit dem dritten. In an alternating rhyme scheme the first line rhymes with the third.
Der Dichter benutzt verschiedene rhetorische Stilmittel. The poet uses various literary devices.
Die Auswirkung dieses Stilmittels ist ... The effect of this device is ...

UNIT 7

Einwanderung

Theme objectives

This unit looks at immigration in German-speaking countries and how it has developed. Over the three sub-units, you will:
- Learn how the first guest workers came to Germany.
- Understand how immigration has changed over time.
- Discuss questions about immigration in Switzerland and Austria.

Grammar objectives

You will also study and practise various grammar points. You will:
- Use the passive with *werden*; avoid the passive using *man*.
- Revise the definite article.
- Revise nouns, including weak nouns, compound nouns, nouns formed from adjectives or verbs.

Strategy objectives

Finally, you will develop different strategies that will help you when it comes to exam time. Over these three sub-units you will:
- Learn how to extend vocabulary.
- Listen to native speakers.
- Organise notes so that they will be useful for A-level revision.

7.1 Einwanderungsland Deutschland

- Lernen, wie die ersten Gastarbeiter in die BRD kamen.
- Passiv mit *werden* verwenden, Passiv mit *man* vermeiden.
- Lernen, wie man den Wortschatz erweitern kann.

Zum Einstieg

1 Machen Sie eine Liste von zusammengesetzten Wörtern, die Sie schon kennen, die das Wort „Arbeit" beinhalten. Wer hat die längste Liste? Zum Beispiel: Arbeitslosigkeit, …

Gastarbeiter in Deutschland

Arbeitskräfte gesucht

Im Zweiten Weltkrieg wurden viele deutsche Städte zerstört. Am Ende des Krieges musste auch die Wirtschaft wiederbelebt werden. Mit finanzieller Hilfe aus den USA erlebte die Bundesrepublik in den fünfziger Jahren das so genannte Wirtschaftswunder, aber für den Wiederaufbau des Landes fehlte es an Arbeitskräften. Deswegen hat man in den fünfziger und sechziger Jahren eine Reihe von Abkommen zur Anwerbung ausländischer Arbeitnehmer aus den Mittelmeerstaaten abgeschlossen.

Das deutsch-italienische Abkommen

Während sich die wirtschaftliche Lage in der Bundesrepublik verbesserte, herrschte damals in Süditalien hohe Arbeitslosigkeit. Aus diesem Grund wurde Ende 1955 das erste Anwerbeabkommen zwischen der Bundesrepublik und Italien abgeschlossen. Dieses Abkommen war der Startschuss für die Einwanderung von Millionen von Arbeitnehmern aus dem Ausland.

Die Anwerbeländer

Es folgten weitere Abkommen mit Griechenland und Spanien (1960), der Türkei (1961), Marokko (1963), Portugal (1964), Tunesien (1965) und mit dem ehemaligen Jugoslawien (1968). Diese Herkunftsländer werden heute als Anwerbeländer bezeichnet. Zwischen 1955 und 1973 wanderten etwa 14 Millionen Gastarbeiter aus den Anwerbeländern ein, wovon etwa 11 Millionen in ihre Heimat zurückkehrten.

In Deutschland als Gast zu Hause

Die ersten Gastarbeiter kamen mit Sonderzügen nach Deutschland und wurden in einfachen Wohnheimen untergebracht. Sie erledigten Schichtarbeit in der Industrie, zum Beispiel am Fließband in großen Betrieben, oder körperlich schwere Tätigkeiten im Straßenbau, in der Landwirtschaft und im Bergbau. Viele Gastarbeiter schickten einen großen Teil ihres Einkommens nach Hause. Obwohl die Gastarbeiter befristete Arbeitsverträge von

Italienische Gastarbeiter nach dem Krieg

einem Jahr erhielten, wurden ihre Arbeitsgenehmigungen oft immer wieder verlängert.

Anwerbestopp

Nach der Ölkrise Anfang der siebziger Jahre verschlechterte sich die Wirtschaftslage in Deutschland. Im Jahr 1973 entschied sich die Bundesregierung für einen Anwerbestopp. Viele ausländische Arbeitnehmer wollten aber in der Bundesrepublik bleiben und holten ihre Familien nach. Also stieg die Zahl der Einwanderer, anstatt sich zu reduzieren. Viele Kinder der ehemaligen Gastarbeiter sind inzwischen deutsche Staatsbürger geworden.

Theme 3 Multiculturalism in German-speaking society

Strategie

Learn how to extend vocabulary

A Word families and compound nouns
- The logical nature of how German words are formed means that you can extend your vocabulary by making connections between the component parts that you already know. For example, if you know the verbs *nehmen* and *geben*, you can work out that an *Arbeitnehmer* is someone who takes work (i.e. an employee), and an *Arbeitgeber* is someone who gives work (i.e. an employer).
- When you are learning vocabulary, it may help to collect words in families. For example, if you look again at the text on page 152 and listen to the interview, you will find nine words which contain the component *Arbeit*. What are they?

B Synonyms and antonyms
- It also helps to learn synonyms (words meaning the same thing) and antonyms (words meaning the opposite). You will often find synonyms and antonyms used in exercises such as 2b where there are statements relating to a text. An example of a synonym used like this would be *sich reduzieren* and *sinken*. Synonyms are used so that you show understanding rather than simply recognition.

2 a Lesen Sie den Artikel und suchen Sie die deutschen Wörter im Text. Lesen Sie zuerst die Strategie.

1. economic miracle
2. treaty, agreement
3. shift work
4. production line

2 b Lesen Sie den Artikel noch einmal und suchen Sie Synonyme im Text. Lesen Sie zuerst die Strategie.

1. verwüstet
2. Arbeiter
3. Situation
4. Fabrik

2 c Lesen Sie den Artikel noch einmal und suchen Sie Antonyme im Text. Lesen Sie zuerst die Strategie.

1. Auswanderung
2. Entlassung
3. Vollbeschäftigung
4. sich verschlechtern

2 d Welche vier Sätze stimmen nicht mit dem Inhalt des Artikels überein?

1. In den fünfziger Jahren waren viele Deutsche arbeitslos.
2. Ein Anwerbeabkommen wurde 1955 mit der Türkei abgeschlossen.
3. Die wirtschaftliche Lage in Italien war im Jahr 1955 nicht optimal.
4. 11 Millionen Ausländer sind zwischen 1955 und 1973 in die BRD eingewandert.
5. Viele Gastarbeiter erreichten Deutschland mit der Bahn.
6. Die Wohnbedingungen für die ausländischen Arbeitnehmer waren bescheiden.
7. Die meisten Ausländer fanden Arbeit im Gastgewerbe.
8. Das Jahr 1973 kann als Ende der Gastarbeiterwelle angesehen werden.

Grammatik

Passive using *werden*, avoidance of passive using *man*

Passiv mit *werden*, Passiv vermeiden mit *man*
Study points K1 and K1.5 in the grammar section.
A Find the following in the article on page 152:
1 Four examples of the passive using *werden* in the past tense.
2 One example of the passive using *werden* in the present tense.
3 One example of the passive using *werden* following a modal verb.
4 One example where the passive is avoided by using *man*.
5 One example of *werden* being used to mean 'become' rather than as the passive.

Write out the examples, underlining the relevant verbs, and then translate them into English.
B What do you notice about the word order in each of the tenses?

3 Formen Sie diese Aktivsätze in Passivsätze um. Verwenden Sie die gleiche Zeitform wie im Aktivsatz.

1 Deutsche Firmen stellten die ersten „Gastarbeiter" als einfache Fabrikarbeiter an.
2 Man verlängerte manchmal die Arbeitserlaubnis und hat sogar die Gastarbeiter zu Facharbeitern ausgebildet.
3 Überall in Europa musste man in den sechziger Jahren Ausländer anstellen.
4 Heute sucht man immer noch Spezialisten z.B. für den Computerbereich.
5 Auch in der Zukunft werden deutsche Arbeitgeber intelligente Menschen für die Hightechindustrien suchen.
6 Man hat den Arbeitern geholfen, eine einfache Wohnung zu finden.
7 Schon im 17. Jahrhundert sahen viele Ausländer, z.B. die Hugenotten aus Frankreich, Deutschland als Einwanderungsland; die Deutschen nahmen sie freundlich auf.
8 Schon 1964 hatte man den einmillionsten Gastarbeiter angeworben.

4 a Interview über Gastarbeiter. Hören Sie sich das Interview mit Andrea Giordano an, dessen Großvater als Gastarbeiter nach Deutschland kam. Beantworten Sie die Fragen auf Deutsch.

Teil 1
1 Wann kam Andreas' Opa nach Deutschland und wie alt war er?
2 Beschreiben Sie seine Wohnbedingungen. (Geben Sie **drei** Details an.)
3 Warum blieb Daniele nur ein Jahr in Deutschland?

Teil 2
4 Nennen Sie **zwei** Gründe, warum die Arbeitsgenehmigungen für Ausländer wohl verlängert wurden.
5 Welche **zwei** Adjektive benutzt Andrea, um ihren Opa als jungen Mann zu beschreiben?
6 Warum wanderte er nicht wieder nach Italien aus?

Theme 3 Multiculturalism in German-speaking society

4 b Übersetzen Sie diese Sätze ins Deutsche mit Hilfe des Hörtexts.
1. He came to Germany with his cousin over 50 years ago.
2. Andrea's grandfather told her a lot about his Italian origin.
3. Some Italian guest workers didn't like the German weather.
4. Many foreign workers sent money to their families in their homeland every month.
5. Hard-working and ambitious workers were able to learn new skills quickly.
6. A work permit was usually renewed after a year.

5 Translate into English the fourth paragraph (*In Deutschland als Gast zu Hause*) from the reading text on page 152.

6 a Im Jahr 1964 kam der millionste Gastarbeiter nach Deutschland. Dieses Ereignis wurde gefeiert, indem man ihm ein großes Geschenk gab. Machen Sie Recherchen im Internet über diesen Vorfall, um diese Fragen zu beantworten:
1. Wie hieß dieser Mann?
2. Aus welchem Land kam er?
3. Wie alt war er?
4. In welcher Stadt fanden die Feierlichkeiten statt?
5. Was war das Geschenk?
6. Wie hat er darauf reagiert?

6 b Stellen Sie sich vor, Sie sind der Enkel bzw. die Enkelin von einem Gastarbeiter, der Augenzeuge am Bahnhof war, als dieser Mann ankam. Schreiben Sie zwei Absätze über die Erinnerungen Ihres Großvaters. Benutzen Sie die Antworten zu den Fragen oben, aber erklären Sie auch, was für Gefühle Ihr Großvater wahrscheinlich gehabt hätte.

7 Fassen Sie zusammen, was Sie bisher über Gastarbeiter in Deutschland gelernt haben, indem Sie Antworten zu diesen Fragen vorbereiten. Lernen Sie Ihre Antworten auswendig und üben Sie mit einem Partner/einer Partnerin.
- Wann und warum kamen die ersten Gastarbeiter nach Deutschland?
- Aus welchen Ländern kamen sie?
- Wann und warum gab es einen Anwerbestopp?

7.2 Neue Wege nach Deutschland

- Verstehen, wie sich die Zuwanderung im Laufe der Zeit ändert.
- Gebrauch des bestimmten Artikels.
- Muttersprachlern zuhören.

Zum Einstieg

1 Wie viele Mitgliedsstaaten hat die Europäische Union jetzt? Welche 12 Staaten waren schon 1992 Mitglieder der EU? Welche Länder sind der EU später beigetreten und wann?

2 a Sehen Sie sich die Grafik an. Wählen Sie vom Kasten das Wort, das am besten in die Lücke passt. Es gibt mehr Wörter als Lücken.

Mit etwas (1) _____ als 200.000 kamen 2013 die meisten (2) _____ in die BRD aus Polen. Auf Platz zwei lag Rumänien mit mehr als (3) _____, so viel wie Italien. Bulgarien und Ungarn wiesen (4) _____ Werte auf. Die (5) _____ für die Krisenländer Spanien und Griechenland spielten auch eine (6) _____ Rolle.

ähnliche	Bevölkerung	mehr	Zahlen
Auswanderer	dreimal	unwichtige	Zuwanderer
bedeutende	keine	weniger	zweimal

2 b Lesen Sie den Artikel. Lesen Sie dann die Aussagen unten. Wählen Sie jeweils für jeden Satz die zwei Ergänzungen, die am besten passen, sodass die Aussagen mit dem Sinn des Textes übereinstimmen.

1 In den Heimatländern gibt es …
   a hohe Arbeitslosigkeit.
   b keine Ausbildungsplätze.
   c eine Welle von Einwanderern.
   d eine finanzielle Krise.

2 Die neuen Gastarbeiter …
   a arbeiten teilweise als Designer.
   b arbeiten meistens in Fabriken.
   c sind als qualifizierte Fachkräfte angestellt.
   d studieren an deutschen Universitäten.

3 Diese Generation von Migranten …
   a wird wahrscheinlich in der BRD bleiben.
   b wird wahrscheinlich in Zukunft in anderen Ländern arbeiten.
   c wird genau wie ihre Vorfahren angesehen.
   d stellt ein neues Bild von Einwanderern dar.

Theme 3 Multiculturalism in German-speaking society

4 Aus Osteuropa kommen …
  a weniger Einwanderer als aus Südeuropa.
  b mehr Einwanderer als aus Südeuropa.
  c viele Einwanderer mit einem hohen Bildungsstand.
  d fast ausschließlich arme Menschen ohne Ausbildung.

Zuwanderer nach Deutschland nach Herkunftsländern im Jahr 2013

Jeder Bürger der Europäischen Union hat das Recht, in einem anderen EU-Staat zu leben und zu arbeiten. Diese Statistik zeigt, aus welchen Herkunftsländern Menschen im Jahr 2013 nach Deutschland einwanderten:

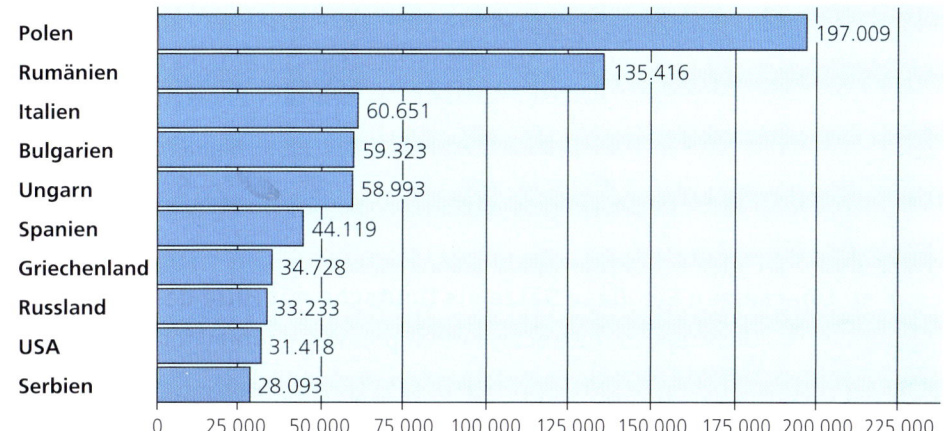

Land	Anzahl
Polen	197.009
Rumänien	135.416
Italien	60.651
Bulgarien	59.323
Ungarn	58.993
Spanien	44.119
Griechenland	34.728
Russland	33.233
USA	31.418
Serbien	28.093

Die neuen Gastarbeiter

Eine neue Generation von Migranten kommt nach Deutschland: die europäischen Krisenflüchtlinge. Sie sind jung, gutausgebildet, sie sprechen mehrere Sprachen. Zu Hause sehen viele keine Chancen mehr, seit das europäische Finanzsystem zu wanken begann und bald danach der Arbeitsmarkt daheim zusammenbrach. Sie gehen nach Deutschland, wie vor einem halben Jahrhundert ihre Großeltern, auf der Suche nach einer Zukunft. Die Gastarbeiter aus Südeuropa bildeten in den sechziger Jahren die erste große Migrantengruppe, die in die BRD zog, um zu arbeiten. Nun kommen ihre Enkel und bilden die nächste große Welle von Einwanderern, die der Arbeitsplätze wegen nach Deutschland kommen. Wie ihre Vorfahren suchen sie hier Jobs und Möglichkeiten, die ihnen ihr Heimatland nicht bieten kann.

Doch die neuen Gastarbeiter stehen nicht am Fließband, sondern im Universitätslabor. Sie erledigen nicht die Arbeit, für die sich andere zu schade sind, sondern sie beziehen Eckbüros, werden Oberärzte, entwerfen Produkte, die andere herstellen. Sie sind besser ausgebildet und selbstbewusster als frühere Migrantengenerationen und sehen sich deshalb weder als Gäste noch als Arbeiter. Sie fühlen sich als Bürger Europas und wollen selbstverständlich überall dazugehören, und ebenso selbstverständlich wieder gehen, wenn es ihnen woanders besser gefällt. Es ist eine Elite, die nun einwandert und das Bild verändert, das sich die Gesellschaft von Einwanderern macht.

Der Zuzug aus Südeuropa ist in den vergangenen zwei Jahren sprunghaft gestiegen, noch beliebter aber ist Deutschland in Osteuropa: Von dort kamen 2011 über zwei Drittel aller EU-Migranten, die meisten aus Polen, Rumänien und Bulgarien. Manche von ihnen sind bitterarm, einige werden von unseriösen Vermittlern nach Deutschland gelockt, wo sie für Hungerlöhne auf dem Bau schuften oder sogar in der Obdachlosigkeit landen. Zur Wahrheit gehört aber auch, dass fast jeder dritte osteuropäische Einwanderer Akademiker ist.

3 a

Einwanderung. Hören Sie einen Radiobericht über Einwanderung. Verbinden Sie die richtige Zahl (1–10) mit einer Aussage (a–m). Es gibt drei Aussagen, die Sie nicht brauchen.

1	45 Millionen	a	Platzierung von Deutschland auf der Rangliste der beliebtesten Einwanderungsländer der OECD.
2	9		
3	130.000	b	Platzierung der Schweiz auf der Rangliste der beliebtesten Einwanderungsländer der OECD.
4	500.000		
5	2	c	Platzierung von Österreich auf der Rangliste der beliebtesten Einwanderungsländer der OECD.
6	65.000		
7	12	d	Wanderungssaldo für Großbritannien 2013.
8	29 Millionen	e	Wanderungsbilanz für Österreich 2013.
9	200.000	f	Wanderungssaldo für die Schweiz 2013.
10	400.000	g	Zahl der Ausländer, die 2013 in Deutschland lebten.
		h	Anzahl der Menschen, die 2013 in die BRD mehr ein- als auswanderten.
		i	Ungefähre Wanderungsbilanz für die BRD im Jahr 2007.
		j	Zahl der in Zukunft jährlich benötigten Zuwanderer in die BRD.
		k	Zahl der Erwerbstätigen in der BRD heute.
		l	Zahl der Erwachsenen in Deutschland heute.
		m	Erwartete Zahl der Erwerbstätigen in Deutschland ohne Zuwanderer bis 2050.

3 b Übersetzen Sie diese Sätze ins Deutsche mit Hilfe des Hörtexts.

1. Germany is the second most popular country for immigrants in the world.
2. More immigrants come to the United States than to all other countries in the world.
3. Net migration is the difference between the number of immigrants and emigrants.
4. A quarter of all immigrants come from countries outside the European Union.
5. Although Switzerland and Austria do not have as many immigrants as Germany, they are nevertheless very popular destinations.
6. According to a survey the number of Germans who are able to work is reducing constantly.
7. Because of a shrinking population Germany will need many more immigrants in future when workers reach pension age.
8. In the German population there are many people born in the 60s and 70s.

Strategie

Listen to native speakers

If you have access to a German assistant at school or college, aim to speak to them in German both in and out of the classroom. For extra practice, try to tune in to some German on the internet every day, even if just for a few minutes. Here are some suggestions:

- Listen to the news. You will already be familiar with the context of global news and this will help your understanding, as will the captions which often appear with each item. If you are struggling to keep up with what is being said, search for *langsam gesprochene Nachrichten*.
- Watch adverts on YouTube. They have catchy jingles and slogans which can often help to increase your vocabulary.
- Download podcasts from German media on subjects that interest you. If the context is already familiar, this will help your understanding. Listen first for gist and then the second time for more detail.

Theme 3 Multiculturalism in German-speaking society

Grammatik

Use of the definite article in German

Gebrauch des bestimmten Artikels in Deutsch
Study point C1 in the grammar section. Read the article on page 157 again as well as the listening transcript for exercise 3 and the translation text in exercise 5.

A Find and write out examples of where the definite article is used in German by looking for:

1 Two abstract nouns.
2 Four feminine countries.
3 One masculine country.
4 One plural country.
5 One proper noun qualified by an adjectival phrase.

B Translate these sections of the text into English. Take care with your translations.

4 Entscheiden Sie, ob man den bestimmten, unbestimmten oder keinen Artikel verwenden muss. Setzen Sie die richtige Form des Artikels ein.

1 ____ Kinder der sechziger Jahren erreichen jetzt ____ Rentenalter.
2 ____ Zuwanderung aus ___ Ausland nimmt zu.
3 ____ Tochter unserer türkischen Nachbarn will ____ Ärztin werden.
4 Einmal in ____ Woche treffen sich ___ spanischen Einwanderer aus unserer Firma in einer Bar in ___ Bahnhofstrasse.
5 Ende ___ Juni stieg ___ Zahl ____ Zuwanderer um 5%.
6 ____ Hoffnungen und ___ Erwartungen ____ Neuankömmlinge stimmen manchmal nicht mit ____ Wirklichkeit ____ Lebens in ____ Schweiz überein.
7 Viele Zuwanderer studieren an ___ Universität in Deutschland und wollen dann in ____ Industrie oder in ____ Forschung arbeiten.
8 ____ meisten Österreicher finden, dass___ Zuwanderung für ____ Wirtschaft und ____ Gesellschaft viele Vorteile bringt.

5 Translate the following passage into English.

Herkunft der Zuwanderer

In Deutschland steigt die Zuwanderung aus den EU-Ländern wie Spanien oder Portugal, die von der Finanzkrise besonders betroffen sind. Dazu kommt ein Anstieg der Einwanderer nach der EU-Osterweiterung, erstens aus Ländern wie Polen, Ungarn, der Tschechischen Republik und der Slowakei und später aus Rumänien und Bulgarien. Das Jahr 1992 war ein Höhepunkt für die Zuwanderung aus dem Ausland in das zwei Jahre zuvor wiedervereinigte Deutschland. Auch Flüchtlinge aus Kriegsgebieten wie Syrien oder dem Irak kommen nach Deutschland, um Asyl zu beantragen.

6 Bereiten Sie sich in kleinen Gruppen auf eine Debatte über Einwanderung vor: „Brauchen wir Einwanderer in unserer Heimat?"

- Entwickeln Sie in der Gruppe Pro- bzw. Contra-argumente zur Debattenfrage.
- Benutzen Sie beim Vorbereiten ein Wörterbuch, das Internet und auch die Artikel in dieser Einheit.
- Schreiben Sie Ihre Ideen in Stichpunkten auf Karten.
- Wählen Sie eine Person aus jeder Gruppe, die zuerst für eine Minute spricht, um die Haltung der Gruppe zur Debattenfrage darzulegen. Danach nimmt jede(r) in der Gruppe an der Debatte teil.
- Passen Sie auf, dass jeder Teilnehmer/jede Teilnehmerin den Meinungen der Gegner zuhört und darauf reagiert.

7.3 Maßnahmen gegen Masseneinwanderung

- Die Vor- und Nachteile der Einwanderung: Migrationspolitik in der Schweiz und in Österreich diskutieren.
- Nomen wiederholen: schwache, adjektivisch flektierte, Nomenkomposita.
- Notizen als Vorbereitung für die A-Level-Prüfung ordnen.

Zum Einstieg

1 Sammeln Sie in der Klasse Argumente für und gegen die Zuwanderung. Vergleichen Sie die Situation in Deutschland mit der Situation in Ihrem Heimatland.

2 a Finden Sie Synonyme für diese Wörter im Text.

1. Staatsangehörige
2. beschränkt
3. Autoschlange
4. Volksabstimmung
5. Stelle
6. Rassismus
7. Experten
8. Beziehung
9. Angehöriger
10. in Gefahr gebracht

2 b Lesen Sie den Text. Lesen Sie dann die Aussagen. Wählen Sie die Person, die zur jeweiligen Meinung am besten passt, sodass die Aussagen mit dem Sinn des Textes übereinstimmen. Wer …

1. meint, dass das Abstimmungsergebnis darauf ankommt, wo man wohnt?
2. hofft, dass das Ergebnis keine kommerziellen Nachteile haben wird?
3. meint, dass die Berufschancen für Einheimische sich verbessern werden?
4. ist unsicher über die künftige Beziehung zu Nachbarstaaten?
5. glaubt, dass die Zuwanderung viel zur Gesundheitsfürsorge der Gesellschaft beiträgt?
6. glaubt, dass fast ein Viertel der Bevölkerung Ausländer sind?
7. bedauert einen Mangel an Wohnungen?
8. ist beunruhigt über eine negative Haltung gegenüber Fremden?

Volksabstimmung zur Einwanderung in der Schweiz

Im Februar 2014 haben die Schweizer in einer Volksabstimmung abgestimmt. Die Initiative „Gegen Masseneinwanderung" wurde mit 50,3 Prozent Ja-Stimmen angenommen. Als Folge werden weniger Ausländer in die Schweiz zuwandern dürfen. Vier Schweizer erklären, warum sie mit Ja oder Nein gestimmt haben.

Daniel

Warum ich mit Ja gestimmt habe? Dreiundzwanzig Prozent unserer Bevölkerung sind Ausländer. Die Zuwanderung von noch mehr Fremden in unser kleines Land muss begrenzt werden. Es gibt nicht genug Wohnungen für uns alle und die Mieten steigen. Auf den Straßen gibt es zu viel Verkehr. In den Städten sind die öffentlichen Verkehrsmittel überfüllt und wenn man ins Auto steigt, um in unsere schönen Berge zu fahren und die Landschaft zu genießen, steht man ständig in Staus. Das Land ist zu klein für so viele Menschen!

Tamara

Ich bin 21 Jahre alt und habe eine ziemlich gute Stelle und eine Wohnung. Aber vielen jungen Schweizern geht es nicht so gut. Etwa jeder zehnte Jugendliche ist arbeitslos, während jährlich ungefähr achtzigtausend Ausländer hierher kommen, um Arbeit zu suchen. Mit diesem Volksentscheid sollen Schweizer Bürger bei der Jobsuche bevorzugt werden und das finde ich richtig. Ich habe nichts gegen Ausländer, aber wir müssen die Rechte auf Arbeitsplätze für Schweizer Staatsangehörige schützen.

Julia

Sicher wohnen viele Ausländer hier. Aber in den Großstädten, wo die meisten wohnen und arbeiten, hat man mit Nein gestimmt. Also sehe ich diese Zustimmung mit knapper Mehrheit als ein Zeichen wachsender Fremdenfeindlichkeit in unserem Land, vor allem in den ländlichen Gebieten. Die Schweiz hat viele Vorteile von der Zuwanderung qualifizierter Fachkräfte aus dem Ausland. Ich habe gehört, dass vierzig Prozent unserer Ärzte aus dem Ausland stammen. Auch Branchen wie der Tourismus oder die Langzeitpflege würden ohne ausländisches Personal kaum mehr funktionieren.

Florian

Die Schweiz ist nicht Mitglied der Europäischen Union, aber es gibt bilaterale Verträge, die den Handel im EU-Raum erleichtern, was für unsere Konkurrenzfähigkeit sehr wichtig ist. Jetzt wird unser Verhältnis zur Europäischen Union aufs Spiel gesetzt und ich mache mir deswegen Sorgen. Zwar suchen viele EU-Bürger bei uns Arbeit, aber wir dürfen auch in ihren Ländern arbeiten. Alle Abkommen mit der EU müssen jetzt neu verhandelt werden. Und es geht nicht nur um das Prinzip der Freizügigkeit. Andere Verträge, zum Beispiel über die Öffnung des Luftraums und des Straßen- und Schienennetzes, sind auch damit verbunden.

Grammatik

Nouns, including weak nouns, compound nouns, nouns formed from adjectives or verbs

Nomen: schwache, adjektivisch flektierte, Nomenkomposita

A Study points B4 and P in the grammar section. Read the text above and the associated exercises. Find examples of the following nouns:
1 Three weak masculine nouns.
2 Three adjectival nouns.
3 Two compound nouns where one of the components is replaced by a hyphen to avoid repetition.
4 Compound nouns meaning: means of transport, referendum, xenophobia, result of the vote, health care, long-term care, competitiveness, air space.

Write out the examples and translate them into English.

3 Entscheiden Sie, ob die jeweiligen fettgedruckten Substantive schwach, adjektivisch flektiert oder ein Kompositum sind. Setzen Sie dann die richtige Form ein.

1. D__ meist____ **Einwanderungswillig**__ wollen natürlich auch ihr__ **Familienangehörig**____ mitbringen.
2. Man sucht vor allem **Expert**____ i____ **Computer- und Elektronikbereich**____.
3. **Staatsangehörig**____ ander____ **Mitgliedsstaat**____ der EU haben ohne Weiteres Ein- und Auswanderungsrecht.
4. „Die Würde d____ **Mensch**____ ist unantastbar"; so steht es im ersten Artikel d____ deutsch____ **Grundgesetz**____.
5. Viel____ **Deutsch**____ arbeiten mit ausländisch____ **Arbeitnehmer**____ zusammen.
6. Wenn man als **Jugendlich**____ einwandert, ist es viel leichter, ein____ **Arbeitsplatz**____ zu finden und sein____ **Deutschkenntnis**____ zu verbessern.
7. Um ein____ **Student**____ oder ein____ **Auszubildend**__ anzustellen, muss sich d____ **Arbeitgeber**____ an die Vorschriften halten.
8. Ein ____ neu____ **Angestellt**____ in unserem Büro kommt aus dem Iran, ist aber mit ein____ **Deutsch**____ verheiratet.

Strategie

Organise notes so that they will be useful for A-level revision
- As you finish each sub-topic, make sure your files are organised to make revision easier.
- Whether you prepare your revision notes on paper or electronically, highlight and then copy out useful words and phrases extracted from the work you have done in class or at home and file them in a logical order according to theme and sub-topic.
- Some people like to make mind-maps and others prefer lists. You decide, but it is a good idea to include some vocabulary within the context of grammatically correct German sentences which can serve as a good model for your own writing or speaking.
- Check through corrected work and ensure that you have acted on any previous targets set by your teacher in the feedback.

4 a Die Rot-Weiß-Rot – Karte. Sie hören ein Interview mit einer Angestellten von einer Beratungsstelle in Österreich. Sie erklärt das System für Einwanderer, die dort leben und arbeiten wollen und deswegen eine Rot-Weiß-Rot – Karte beantragen müssen. Lesen Sie die drei Aussagen unten. In jeder Aussage gibt es eine bzw. zwei Lücken. Wählen Sie das richtige Land aus dem Kasten für jede Lücke.

| Australien | Island | Norwegen | Türkei |
| Slowakei | Schweiz | Österreich | |

(1) _____ ist Mitglied der EU und auch des Europäischen Wirtschaftsraums.
(2) _____ und (3) _____ sind Mitglieder des Europäischen Wirtschaftsraums, aber nicht Mitglieder der EU. Die (4) _____ und (5) _____ sind Beispiele von Drittstaaten.

Theme 3 Multiculturalism in German-speaking society

4 b Schreiben Sie eine Zusammenfassung des Interviews. Schreiben Sie in ganzen Sätzen und prüfen Sie sorgfältig die Grammatik und die Wortstellung. Achten Sie auf folgende Punkte:
- Gründe für die Einführung der Rot-Weiß-Rot – Karte.
- An wen die Karte sich richtet.
- Was der Begriff „Mangelberuf" bedeutet.
- Die Kriterien des Punktesystems.

4 c Hören Sie sich das Interview noch einmal an. Übersetzen Sie diese Sätze ins Deutsche mit Hilfe des Hörtexts.
1. In 2011 a points system was introduced in Austria in order to reduce the number of immigrants from countries outside the EU.
2. Family members of successful applicants can also apply for a card.
3. It depends which professions currently demonstrate a shortage in the country.
4. Although Switzerland is not in the EU, its citizens don't need to apply for a red-white-red card.
5. Immigrants have to fulfil certain criteria like language skills and job experience.
6. You also have to prove that you have enough money and somewhere to live while you are working in Austria.

5 Translate the information about the rights of au pairs in Austria into English.

Au-Pair-Kräfte in Österreich

Au-pair-Kräfte sind Ausländerinnen/Ausländer (in der Regel Schülerinnen/Schüler bzw. Studentinnen/Studenten) zwischen 18 und 28 Jahren, die durch ihren Aufenthalt in Österreich ihre im Ausland erworbenen Deutschkenntnisse vertiefen und das österreichische Kultur- und Gesellschaftsleben kennen lernen möchten. Die Au-pair-Kraft wird in die Gastfamilie aufgenommen und hilft im Haushalt und bei der Kinderbetreuung mit.

ACHTUNG! Au-pair-Kräfte sind nicht zum regulären Arbeitsmarkt zugelassen und erwerben nach Beendigung ihrer Au-pair-Tätigkeit weder einen Anspruch auf eine weitere Arbeitsberechtigung noch das Recht auf freien Arbeitsmarktzugang. Auch die Gastfamilie hat keinen Anspruch auf eine Weiterbeschäftigung der Au-pair-Kraft.

6 a Inwiefern kann man die BRD, Österreich und die Schweiz als Einwanderungsländer bezeichnen? Nehmen Sie eines dieser Länder und benutzen Sie sowohl die Informationen in dieser Einheit als auch Ihre eigenen Recherchen im Internet, um Argumente für eine Debatte über diese Frage vorzubereiten.

6 b Tauschen Sie Ihre Gedanken mit anderen in der Klasse aus.

Vokabular

The lists below contain the key vocabulary for each sub-unit and need to be learnt by heart.
More complete lists are available in the Dynamic Learning package.

7.1 Einwanderungsland Deutschland

- die **Anwerbung(en)** recruitment
- die **Arbeitsgenehmigung(en)** work permit
- die **Arbeitskraft(¨e)** worker
- der **Arbeitsvertrag(¨e)** employment contract
- **auswandern** v emigrate
- **befristet** adj temporary
- der **Bergbau** coal mining industry
- der **Betrieb(e)** business, company
- das **Einkommen(-)** income
- die **Einwanderung** immigration
- das **Fließband(¨er)** conveyor belt
- das **Gastgewerbe(-)** hotel and restaurant industry
- die **Heimat** homeland
- das **Herkunftsland(¨er)** country of origin
- der **Mittelmeerstaat(en)** Mediterranean country
- **nachholen(jdn)** v to bring (sb) to join one
- die **Schichtarbeit(en)** shift work
- der **Staatsbürger(-)** citizen
- der **Straßenbau** road construction
- der **Wiederaufbau** reconstruction
- das **Wirtschaftswunder** economic miracle
- die **Wohnbedingung(en)** living conditions
- **zerstört** adj destroyed

7.2 Neue Wege nach Deutschland

- **abwandern** v to migrate
- **anstellen** v to employ
- der **Auswanderer(-)** emigrant
- **beantragen** v to apply
- **beitreten** v to join
- die **Bevölkerung(en)** population
- der **Bürger(-)** citizen
- die **Erweiterung(en)** expansion
- **erwerbstätig** adj employed
- der **Facharbeiter(-)** skilled worker
- der **Flüchtling(e)** refugee
- die **Gesellschaft(en)** society
- das **Kriegsgebiet(e)** war zone
- der **Mitgliedsstaat(en)** member state
- die **Platzierung(en)** placing, position
- die **Rangliste(n)** ranking
- das **Rentenalter** retirement age
- **schrumpfen** v to shrink, contract
- der **Vorfahr(en)** ancestor
- die **Wanderungsbilanz** net migration
- der **Wanderungssaldo** net migration
- die **Zuwanderung** immigration
- der **Zuzug(¨e)** influx

7.3 Maßnahmen gegen Masseneinwanderung

- der **Anspruch(¨e)** right, claim
- **aufs Spiel setzen** v to gamble with sth, to jeopardise
- **begrenzen** v to limit, restrict
- die **Beratungsstelle(n)** advice centre
- **bevorzugen** v to prefer
- die **Beziehung(en)** relationship, link
- der **Drittstaat(en)** non-member country
- der **Einheimische(n)** local, native
- der **Einwanderungswillige(-)** aspiring immigrant
- die **Freizügigkeit** freedom of movement
- die **Fremdenfeindlichkeit** xenophobia
- die **Gesundheitsfürsorge** health care
- die **Haltung(en)** attitude, position
- die **Konkurrenzfähigkeit** competitiveness
- die **Langzeitpflege** long-term care
- der **Mangel** lack
- der **Nachbarstaat(en)** neighbouring country
- das **Recht(e)** right
- der **Staatsangehörige(n)** citizen, national subject
- **stammen** v to come from
- **stimmen** v to vote
- das **Verhältnis(se)** relationship
- die **Volksabstimmung(en)** referendum
- der **Volksentscheid(e)** referendum
- **zugelassen** adj approved
- **zuwandern** v immigrate
- die **Zustimmung** agreement, consent

UNIT 8

Integration

Theme objectives

This unit looks at integration in Germany, focusing on migrants and on how Germany is dealing with the issue. Over the three sub-units, you will:
- Learn about the experiences of different groups of migrants.
- Find out about barriers to integration.
- Decide if Germany is doing enough to facilitate integration.

Grammar objectives

You will also study and practise various grammar points. You will:
- Revise how to use the perfect tense.
- Use the passive with *werden* and *sein*.
- Learn how to use prepositional adverbs to anticipate *dass*-clauses.

Strategy objectives

Finally, you will develop different strategies that will help you when it comes to exam time. Over these three sub-units you will:
- Learn how to develop arguments from different angles, including describing and interpreting statistics.
- Learn how to weigh up opinions and draw conclusions.
- Learn how to infer information from interviews or reports.

8.1 Woher kommst du?

- Die Erfahrungen verschiedener Migrantengruppen studieren.
- Wiederholen, wie man das Perfekt benutzt.
- Lernen, wie man ein Argument von verschiedenen Seiten zusammenbaut und wie man Statistiken beschreibt und interpretiert.

Zum Einstieg

1 Sehen Sie sich die Statistik an und beantworten Sie mündlich die Fragen unten:
- Wie viele türkische Einwanderer gab es im Jahr 2014?
- Aus welchen Ländern kamen die kleinsten Gruppen von Einwanderern?
- Aus welchen Ländern kamen ähnliche Zahlen von Einwanderern?
- Wissen Sie, wo alle diese Länder sind, in Bezug auf Deutschland? Wenn nicht, sehen Sie nach.

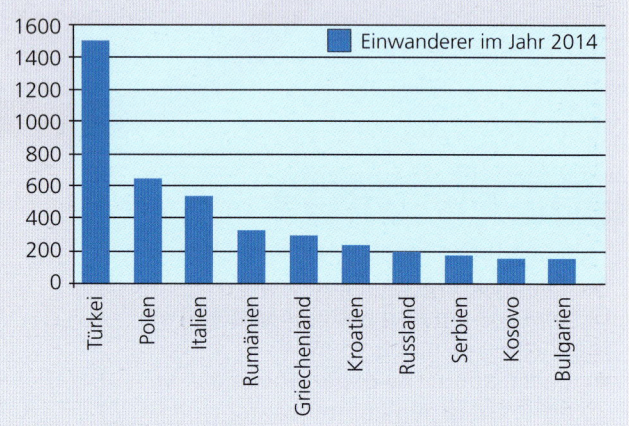

2 a Lesen Sie die Texte.

1. Finden Sie ein Synonym für:
   - **a** großgeworden
   - **b** Wurzeln
2. Erklären Sie auf Deutsch, was diese Wörter bedeuten:
   - **a** Migrationshintergrund
   - **b** zweisprachig
   - **c** Zivilkrieg
   - **d** Asylbewerberheim.
3. Erklären Sie auf Deutsch die Unterschiede zwischen:
   Asylbewerber   Gastarbeiter   Flüchtling

2 b Lesen Sie die Texte noch einmal. Lesen Sie dann diese Aussagen. Wählen Sie die Person, die zur jeweiligen Aussage am besten passt, sodass die Aussagen mit dem Sinn des Textes übereinstimmen. Schreiben Sie I (Ismail), A (Arsham), R (Rodrigo) oder H (Hani).

1. Es war nicht mein Plan, in Deutschland zu bleiben.
2. Meine Qualifikationen werden nicht anerkannt.
3. Ich bin wegen Gewalt in meinem Land nach Deutschland gekommen.
4. Ich bin Deutscher der zweitern Generation von Einwanderern.
5. Meine Familie ist gut integriert.
6. Ich möchte in Deutschland studieren.
7. Ich bin vor siebzig Jahren nach Deutschland gekommen.
8. Ich fühle mich unwohl im Land meiner Vorfahren.
9. Es wird wegen mir demonstriert.

Integration: Und woher kommst du wirklich?

Ismail

Meine Eltern kommen aus der Türkei, aber ich bin in Deutschland geboren und aufgewachsen und ich kann es nicht leiden, wenn nach meiner Herkunft gefragt wird. Ich sehe mich als Deutscher und habe sogar einen deutschen Pass. Ja, ich habe einen Migrationshintergrund, aber das heißt nicht, dass ich nicht in dieses Land gehöre. „Nee, du bist kein Deutscher" habe ich schon so oft gehört, weil angeblich mein Name oder mein Aussehen zeigen, dass ich nur Deutscher zweiter Generation bin. Aber ich bin doch mit deutscher Kultur groß geworden. Ich kenne den Text der Nationalhymne auswendig! Ich fühle mich ausgegrenzt; wenn ich meine Verwandten in der Türkei besuche, merkt man schon, dass ich auch nicht wirklich in das Land passe.

Ismail

Arsham

„Einen Masterstudiengang in Deutschland zu machen, zweisprachig zu werden, in einem besseren Arbeitsmarkt einen Platz nach meinem Abschluß zu finden". Das waren meine Gründe, in Deutschland zu studieren. Aber was passiert? Trotz meines Bachelor Abschlusses in Maschinenbau, ist es mir nicht erlaubt, dass ich in Deutschland studiere. Ich werde als Asylbewerber bezeichnet, also bin ich immer noch arbeitslos und mein Ingenieurs-Abschluss wird nicht formal anerkannt. Ich kam voller Hoffnung, dass ich meine gemischte Herkunft als Vorteil ausnutzen könnte, aber anscheinend nicht.

Arsham

Rodrigo

Als ich in den fünfziger Jahren als Gastarbeiter nach Deutschland kam, wollte ich nur ein paar Jahre in Deutschland bleiben, Geld an meine Familie schicken und danach wieder zurück nach Hause gehen. Am Anfang habe ich mir deshalb keine Mühe gegeben, Deutsch zu lernen. Aber hier ging's uns wirtschaftlich besser und wir haben uns entschieden zu bleiben. Ich bin sehr stolz auf mein Enkelkind, das jetzt das Gymnasium besucht.

Rodrigo

Hani

Mir ist es gelungen, nach Deutschland als Flüchtling zu kommen, nachdem ein Bürgerkrieg in meinem Land ausgebrochen war. Zuerst war ich so erleichtert, aber jetzt kann ich es mir überhaupt nicht vorstellen, dass ich mich je hier integrieren werde. Vor zwei Wochen haben Brandstifter das Asylbewerberheim unbewohnbar gemacht und es gibt häufig rechtsextremistische Demos in der Nachbarstadt Duisburg. In meinem Land war ich ausgebildeter Zimmerman. Hier fühle ich mich wertlos.

Hani

Grammatik

The perfect tense: modal verbs, reflexive verbs, position

Das Perfekt: Modalverben, reflexive Verben, Satzstellung

Study point I2 in the grammar section. Re-read the text above.

1. Find and copy out all sentences in the perfect tense. Underline the verbs in the perfect tense and then translate each sentence. Identify the word order rules that apply in each sentence.
2. Identify any examples of reflexive verbs you find. Copy out the sentences containing these and underline the reflexive verbs. Translate the sentences into English.
3. Put any examples of present tense reflexive verbs into the perfect tense.

3 Schreiben Sie Sätze im Perfekt.

1. Obwohl ich in diesem Land (*aufwachsen*), ich nie wirklich zu Hause. (*sich fühlen*)
2. Natürlich ich oft (*sich fragen*), ob ich wirklich an das Leben in einem fremden Land. (*sich gewöhnen*)
3. Bisher habe ich nicht um die Ausländer in unserer Stadt (*sich kümmern um*), aber ich neulich mit einem jungen Asylanten (*sich anfreunden*).
4. In den letzten paar Jahren die deutsche Regierung immer mehr Asylanten aus dem Nahen Osten aufnehmen. (*müssen*)
5. Weil wir so viele Asylanten aufnehmen (*müssen*), sollte die EU uns finanziell unterstützen.
6. Seitdem unsere Nachbarn (*sich entschließen*), auszuwandern, sie es noch mal. (*sich überlegen*)
7. Wie die meisten Migranten ich (*sich vornehmen*), der deutschen Gesellschaft (*sich anpassen*). Das ich ohne Probleme machen (*können*).
8. Bevor die Asylanten in Deutschland (*sich niederlassen*), sie ärztlich untersuchen (*sich lassen*).

4 a Einwanderer – sind sie in Österreich integriert? Sie hören Meinungen über polnische Migranten. Erklären Sie die Zahlen in Ihren eigenen Wörtern.

1. vierzig Jahre
2. ein Viertel
3. fünf Jahre
4. zwanzig Prozent
5. dreißig Prozent
6. die Mehrheit
7. das Gleiche

4 b Hören Sie noch einmal zu. Ergänzen Sie die Sätze mit Wörtern aus dem Kasten, sodass sie dem Text entsprechen.

daran	wichtiger	verkleinert	niedriger
erkenne	ändert	vergessen	begehrte
höheren	nicht	gut	

1. Die österreichische Bevölkerung _____ sich.
2. Die Erwerbsquote der Migranten in Österreich ist _____ als die von Personen ohne Migrationshintergrund.
3. Integrieren heißt nicht, seine Wurzeln zu _____ .
4. Urbane Zentren weisen einen _____ Bevölkerungsanteil mit Migrationshintergrund auf als ländliche Regionen.
5. Laut Uschi beherrschen polnische Migranten die deutsche Sprache _____.
6. Migranten bekommen gesellschaftlich _____ Arbeitsstellen.
7. Laut Anita zeigen Migranten wenig Interesse _____, ihre deutsch Sprachkenntnisse zu erweitern.
8. Ich _____ meine Nachbarn nicht mehr.

5 Translate Hani's text, on page 167, into English.

Strategie

Learning how to develop arguments from different angles, including describing and interpreting statistics
- Select a subject for discussion that could have two or more opposing viewpoints.
- Agree which viewpoint you are going to represent (this does not have to be what you actually think!).
- Make some notes about what your viewpoint is and think of two to four different reasons why you think in this way.
- Find some examples to illustrate your viewpoint. These could be statistics, testimonials, newspaper articles, etc. You may need to carry out some internet research to obtain these.
- Work with a partner (or group if more than two points are to be represented) and practise debating by carrying out a discussion using the notes you have made.
- As you debate, try to be pro-active, saying that you don't agree with others and why.
- Note down and learn a list of useful debating expressions.

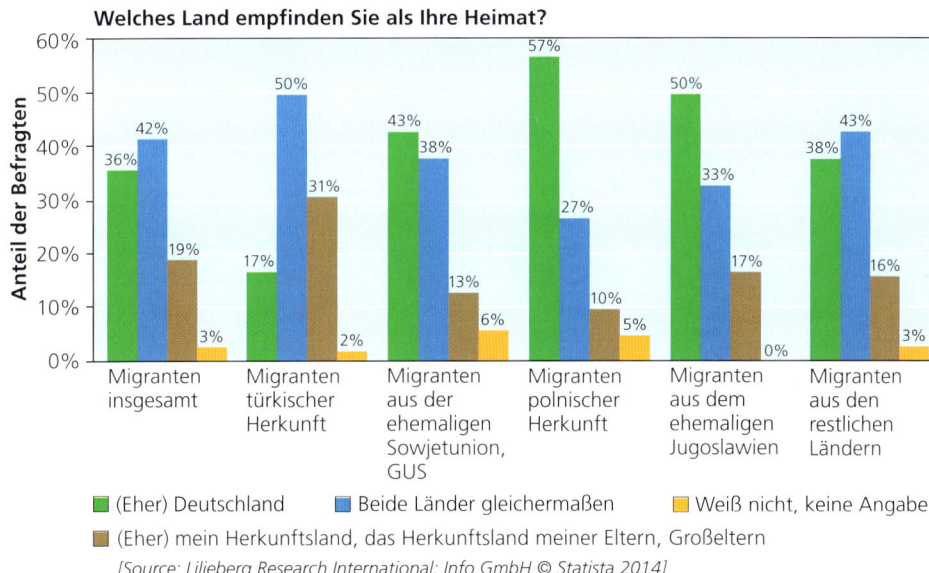

[Source: Liljeberg Research International; Info GmbH © Statista 2014]

6 a Besprechen Sie diese Graphik mit Ihren Klassenkameraden. Beantworten Sie die Fragen:
- Woher kommen die Immigranten?
- Warum sind sie wohl nach Deutschland gekommen?

6 b Diskutieren Sie mit Hilfe der Strategie:
- Wie werden die verschiedenen Gruppen behandelt?
- Finden Sie das fair oder unfair? Nennen Sie Gründe für Ihre Meinung.

6 c Schreiben Sie einen Absatz, worin Sie Ihre Meinung erklären. Schreiben Sie in ganzen Sätzen und prüfen Sie sorgfältig die Grammatik und die Wortstellung.

8.2 Ein Volk, viele Einflüsse

- Herausfinden, was die Barrieren zur Integration sind.
- Lernen, wie man das Passiv mit *werden* und *sein* formt.
- Lernen, wie man Meinungen abwägt und Schlüsse zieht.

Zum Einstieg

1
- Wie würden Sie Integration definieren?
- Was sind Ihrer Meinung nach die Barrieren bei der Integration? Machen Sie eine Liste. Zum Beispiel: *schlechte Sprachkenntnisse, das Essen...*
- Ist es in bestimmten Regionen einfacher, sich als Migrant zu integrieren?

Integration in Deutschland bleibt schwierig

Einwanderung und Immigration

Die Integration von Zuwanderern gestaltet sich in Deutschland weiterhin problematisch. Der am 2009 vorgestellten Studie „Ungenutzte Potenziale" des Berlin-Instituts zufolge haben etwa 30 Prozent der türkischstämmigen Bevölkerung in Deutschland keinen Bildungsabschluss. Sie sei damit die am schlechtesten integrierte Einwanderergruppe in Deutschland, sagte Institutsdirektor Reiner Klingholz. „Erstaunlich gut" integriert sei demgegenüber die Gruppe der Aussiedler, darunter etwa Deutschstämmige aus Russland.

Manche finden ihre ökonomischen Nischen

Das Institut beobachtet zudem, dass trotz eines niedrigen Bildungsstandards Zuwanderer aus Griechenland und Italien inzwischen „erfolgreich ökonomische Nischen" in Deutschland besetzten. Anders als die Mehrheit der Zugewanderten aus der Türkei oder dem ehemaligen Jugoslawien hätten Migranten aus fernöstlichen Ländern ihren Platz auf dem Arbeitsmarkt gefunden.

Der deutsche Pass

Der türkischstämmige Bevölkerungsteil mit deutschem Pass sei in der Bundesrepublik dabei wesentlich besser integriert als der ohne, sagte Klingholz weiter. „Der deutsche Pass erleichtert anscheinend die Eingliederung." Zudem sei der Bildungsstand der hier Geborenen besser als der der zugewanderten Eltern. Der Bundesvorsitzende der Türkischen Gemeinde in Deutschland, Kolat Kenat, verwies darauf, dass die türkischstämmige Bevölkerung vor allem als angeworbene Gastarbeiter nach Deutschland gekommen sei. In die USA oder die Schweiz hingegen seien vor allem hoch qualifizierte Arbeitskräfte eingewandert.

Wie gut Menschen in Deutschland integriert seien, hänge massiv vom regionalen Angebot an Arbeitsplätzen ab, sagte der Sozialwissenschaftler am Berlin-Institut, Steffen Kröhnert.

Industriell geprägte Großstädte als Schlusslichter

Schlusslichter des Städtevergleichs seien von klassisch geprägten Industrien geprägte Großstädte. Dabei schnitten die fränkische Industriemetropole Nürnberg und die Ruhrgebietsstädte Bochum, Herne, Dortmund und Duisburg am schlechtesten ab. Hier sei die Arbeitslosigkeit groß, entsprechend ausgeprägt seien die sozialen Probleme unter den Migranten.

Regionsvergleich

Im Regionenvergleich sei für Zuwanderer besonders das Rhein-Main-Gebiet attraktiv, sagte Kröhnert. Hier verfügten 28 Prozent der Migranten mit Berufsqualifikation über einen Hochschulabschluss. Der Anteil der Kinder an Gymnasien sei zwischen Migranten und Einheimischen ungefähr gleich hoch. Hamburg, die Stadt mit den meisten Migranten in Deutschland, habe sogar einen Akademikeranteil unter den Migranten von 29 Prozent. Gleichzeitig gebe es jedoch in Hamburg mit 14 Prozent und Hessen mit 12 Prozent einen hohen Anteil an Einwanderern ohne schulische oder berufliche Bildung. Schlusslicht bilde das Saarland mit 15 Prozent der Migranten ohne Bildungsabschluss und der bundesweit geringsten Akademikerquote.

2 a Lesen Sie den Artikel. Lesen Sie dann diese Definitionen und finden Sie die Wörter für:

1 aus dem eigenen Land stammend
2 Letzter, Schlechtester unter vielen
3 jemand, der in ein Land einwandert oder eingewandert ist; Immigrant
4 Gesamtheit der Bewohner und Bewohnerinnen eines bestimmten Gebiets
5 aufgrund des Besuchs einer Bildungseinrichtung erworbene Qualifikation, die im Abschlusszeugnis dokumentiert ist
6 jemand, der von der unter bestimmten Bedingungen bestehenden Möglichkeit Gebrauch macht, aus einem osteuropäischen Land in die Bundesrepublik Deutschland überzusiedeln
7 etwas, was jemandem angeboten, vorgeschlagen wird
8 einstig, früher

2 b Lesen Sie noch einmal den Artikel. Wählen Sie von der Liste das Wort bzw. den Ausdruck, das/der zur jeweiligen Textlücke am besten passt. Es gibt mehr Wörter als Lücken.

Eingliederung	erfolgreich ökonomische Nischen	Integration
hoch gebildete Arbeitskräfte	mehr als ein Drittel	Arbeitslosigkeit
Faktoren	Gleichberechtigung	integrieren
ungefähr ein Drittel	integriert	

1 _____ der türkischstämmigen Bevölkerung hat keinen Bildungsabschluss.
2 Deutsche russischer Herkunft sind am besten _____.
3 Obwohl sie einen niedrigen Bildungsstandard haben, haben sich Immigranten aus Griechenland und Italien gut integriert, da sie _____ in Deutschland gefunden haben.
4 Der deutsche Pass und das regionale Angebot von Arbeitsplätzen sind zwei _____ , die bei der Integration helfen, sowie ein hoher Bildungsstandard.
5 Laut Kolat Kenat besteht ein großer Unterschied zwischen den türkischstämmigen Immigranten, die nach Deutschland gekommen sind, und denjenigen, die in die USA oder die Schweiz ausgewandert sind. Das waren nämlich _____.
6 In Nürnberg, Bochum, Herne, Dortmund und Duisburg gibt es besonders viel _____.
7 Zwei Beweise werden genannt, die zeigen, dass das Rhein-Main-Gebiet als Erfolgsgebiet für _____ gilt.
8 Es wäre falsch zu behaupten, dass Hamburg das Musterbeispiel für _____ sei.

Grammatik

Passive with *werden* and *sein*
Das Passiv mit *werden* und *sein*

Study point K in the grammar section.

A Listen to the listening text and, using the transcript if needed, find three examples of the passive voice.

B Write them out and try to work out the rule. Do the verbs used in the examples behave in a regular or irregular manner?

3 Setzen Sie die passende Zeitform von *werden* oder *sein* ein.

1. Ob Einwanderer in ihrer neuen Heimat integriert _____ , hängt teilweise von ihrer Bereitschaft ab, die Landessprache zu erlernen.
2. 2005 ____ Integrationskurse für Zuwanderer eingeführt.
3. Seit 2009 _____ die Integrationskurse mit einer neuen Deutschprüfung abgeschlossen.
4. Als ihre Eltern in Deutschland ankamen, _____ die Kinder schon gut integriert.
5. Türkischstämmige mit deutschem Pass ____ besser integriert als die, die zugewandert sind.
6. Die deutsche Wirtschaft _____ seit dem Nachkriegsboom der fünfziger Jahre auf Arbeitsmigranten angewiesen.
7. Bei der Integration sind in den vergangenen beiden Jahrzehnten Fortschritte erzielt _____.
8. Der Erwerb der deutschen Staatsangehörigkeit _____ in den letzten paar Jahren gesetzlich erleichtert.

4 a Migration und Bildung in Deutschland. Hören Sie zu. Lesen Sie dann die Aussagen unten. Wählen Sie die Antwort (a, b oder c), die jeweils am besten passt, sodass die Aussagen mit dem Sinn des Textes übereinstimmen.

1. Für Migrantenkinder sind ...
   a niedrige Erwartungen eine Barriere, die sie davon abhält, ihre Hauptkompetenzen zu verbessern.
   b schlechte Deutschkenntnisse eine Barriere für eine erfolgreiche Bildungskarriere.
   c ungebildete Lehrer die größte Barriere.
2. Ein Kind ...
   a das kein Deutsch kann, wiederholt Klassen zwei- bis dreimal öfter als Kinder deutscher Herkunft.
   b mit Migrationshintergrund wiederholt Klassen zwei- bis dreimal öfter als Kinder deutscher Herkunft.
   c von Migranten wiederholt nie Klassen.
3. Schulexperten streiten sich darüber, ob „sitzen bleiben" überhaupt nützlich ...
   a sei.   b ist.   c sind.

Theme 3 Multiculturalism in German-speaking society

4 Klassenwiederholungen …
   a verbessern abnehmende Lernmotivation, Schulversagen und Schulverweigerung.
   b verringern abnehmende Lernmotivation, Schulversagen und Schulverweigerung.
   c verursachen abnehmende Lernmotivation, Schulversagen und Schulverweigerung.

5 Im Vergleich zu Menschen mit Migrationshintergrund, hat …
   a einer von zehn Deutschen einen Schulabschluss.
   b einer von vier Deutschen einen Schulabschluss.
   c einer von zwei Deutschen einen Schulabschluss.

6 Ein Fünftel der …
   a Migranten über 45 Jahre haben keinen Abschluss.
   b Migrantinnen über 45 Jahre haben keinen Abschluss.
   c Deutschen über 45 Jahre haben keinen Abschluss.

7 Der Migrationshintergrund der Kinder spielt …
   a keine so wichtige Rolle wie bei dem Einkommen der Eltern.
   b eine größere Rolle als das Einkommen der Eltern.
   c eine kleinere Rolle als das Einkommen der Eltern.

8 Ein kleinerer Anteil von Migranten als erwartet besucht …
   a Gymnasien.   b Hauptschulen.   c Realschulen.

4 b Übersetzen Sie diese Sätze ins Deutsche mit Hilfe des Hörtexts.

1 School is for some disadvantaged groups not a place to develop or educate oneself.
2 For children with a migration background, the barriers to integration start early.
3 When I moved to Germany, I realised my lack of linguistic knowledge was a barrier.
4 One is far more likely to repeat a class if one does not have German origins.
5 It is possible that repeating classes leads to school refusal.
6 In the worst case it can lead to dropping out of school.
7 The lack of a formal education qualification is a particular problem with older migrant women.
8 German children are over-represented in grammar schools in comparison to children with migrant backgrounds.

Strategie

Learn how to weigh up opinions and draw conclusions
- Sum up advantages/disadvantages for one side of the argument.
- Do the same for the other side.
- Say which side you agree with, having taken into account these arguments, and give reasons why.
- Try to use phrases such as *Meiner Meinung nach …, einerseits …, andererseits …, aus diesem Grund, wie eben erwähnt.*

Ab wann kann man die Staatsbürgerschaft eines Landes erwerben?

5 a Ab wann kann man die Staatsbürgerschaft eines Landes erwerben? Besprechen Sie folgende Vorschläge mit Ihrem Partner / Ihrer Partnerin.

- Wenn man die Sprache fließend kann.
- Wenn man seit einem Jahr im Land wohnt.
- Wenn man im Land geboren ist.
- Wenn die Eltern aus dem Land stammen.
- Wenn man mehr als 30.000 Euro pro Jahr verdient.
- Wann man die Nationalhymne kennt.
- Wenn man will.

5 b Lesen Sie jetzt dieses deutsche Gesetz. Diskutieren Sie mit Hilfe der Strategie, was Sie dazu meinen. Würden Sie dieses Gesetz ändern? Unterstützt es oder erschwert es die Integration Ihrer Meinung nach? Wie ist es in Ihrem Heimatland?

Bis zum Jahr 2000 wurde die Staatsangehörigkeit vererbt. Wenn die Eltern deutsch waren, war das Kind Deutscher. Wer in Deutschland ein Kind von Ausländern geboren wurde, war es nicht Deutscher. Nach dem neuen Staatsangehörigkeitsgesetz sind Kinder, die in Deutschland geboren wurden und deren Eltern schon länger als acht Jahre im Land leben, Deutsche.

5 c Schreiben Sie jetzt einen Absatz und geben Sie Ihre Meinung zum Thema. Schreiben Sie in ganzen Sätzen und prüfen Sie sorgfältig die Grammatik und die Wortstellung.

Theme 3 Multiculturalism in German-speaking society

8.3 Radio Multikulti

- Sich entscheiden, ob Deutschland genug macht, um Ausländer zu integrieren.
- Lernen, wie man Präpositionaladverbien benutzt.
- Lernen, Schlüsse aus verschiedenen Texten zu ziehen.

Zum Einstieg

1 a Wie können die Medien benutzt werden, um Integration zu fördern? Denken Sie über Ihre Gesellschaft nach. Was für eine Rolle spielen die Medien? Fördern sie Integration oder vertiefen sie negative Vorurteile?

1 b Haben Sie schon von den folgenden Radiosendern oder Fernsehsendungen gehört? Wenn nicht, recherchieren Sie sie im Internet: Radio MultiKulti, „Türkisch für Anfänger" Serie/Komödie (ARD), „300 Worte Deutsch" Komödie (Film).
  – Radio MultiKulti: Was für verschiedene Programme finden Sie unter „Programmübersicht" und „Sendungen"?

Deutsche Integration

Autor Navid Kermani schreibt:

„Meine Heimat ist nicht Deutschland. Sie ist mehr als Deutschland. Köln ist meine Heimat geworden. Meine Heimat ist das gesprochene Persisch und das geschriebene Deutsch. So widersprüchlich sind wir alle. Jede Persönlichkeit setzt sich aus vielen unterschiedlichen und veränderlichen Identitäten zusammen. Man stelle sich nur einmal vor, man würde in allem, was man tut, denkt, fühlt, Deutscher sein, nur als Deutscher agieren, essen, lieben – das wäre doch ziemlich grauenhaft."

Integration: möglich oder nicht?

Frage: Da lesen wir Ihr Buch *Deutschland schafft sich ab* doch anders. Die Kernthese lautet, dass die deutsche Gesellschaft schrumpft und verdummt, weil bildungsferne Deutsche und bildungsferne muslimische Migranten mehr Kinder kriegen – somit schaffe sich Deutschland ab.

Sarrazin: Ich stelle ein Zusammenwirken unterschiedlicher Elemente fest. Erstens: Die natürliche Bevölkerungsdynamik unseres Volkes nimmt ab. Zweitens: Die Geburtenrate ist schichtbezogen – die Unterschicht bekommt mehr Kinder. Diese Schiefe führt dazu, dass das intellektuelle Potenzial der Gesellschaft stark schrumpft, auch ohne Zuwanderung. Drittens: Gemessen an den durch Demografie und Geburtsstruktur ausgelösten Defiziten, ist die Zuwanderung nicht passend. Besonders die Zuwanderung aus islamischen Ländern stellt für das europäische kulturelle Modell eine Gefährdung dar.

Integration, Inklusion

Ismail Tipi (CDU): *Keine positive Diskriminierung*. Tipi dankt der Landesregierung für die Erfolge in der Integrationsarbeit. Hessen sei bundesweit ein Motor in der Integrationspolitik. Gleichzeitig warnte Tipi davor, Migranten positiv zu diskriminieren.

Tipi Lebenslauf:
Geburtsdatum: 03.01.1959
Geburtsort: Izmir
Konfession: Islam

Aus dem Nationalen Integrationsplan der Bundesregierung: Angebote zur Elternbildung.

Die erzieherische Kompetenz der Eltern muss durch ihre intensive Ansprache unterstützt werden. Angebote zur Elternbildung für eine verbesserte Wahrnehmung und Förderung des Entwicklungspotenzials ihrer Kinder müssen von Anfang an zur Verfügung stehen.

Deutschland ist laut OECD Einwanderungsland Nummer Zwei nach den USA. Dort wird die Geschichte der Einwanderer stolz in Museen gezeigt.

Rund ein Fünftel der Deutschen hat einen Migrationshintergrund. Die Forderung nach einem Einwanderungsmuseum, das die Migrationsgeschichte würdigt, wird daher immer wieder erhoben. Es sei „höchste Zeit für ein Einwanderungsmuseum!", hatte der *Tagesspiegel*-Redakteur Malte Lehming gefordert.

Christoph Stölzl hingegen bezweifelt, ob ein Museum heute noch „die einzig richtige Form ist und die richtige Methode, um dieses Thema noch bekannter zu machen". Möglicherweise könne das Thema über eine Online-Plattform besser vermittelt werden.

Mesut Özil:
- Türke der dritten Generation türkischer Migranten
- spielt für die deutsche Fußball-Nationalmannschaft
- singt nicht mit bei der Nationalhymne
- im Jahr 2010 war er Bambi Preisträger für Integration

Die Integration von Zuwanderern in Deutschland ist viel besser gelungen als weithin angenommen. Dies ist das Ergebnis eines Gutachtens des unabhängigen Sachverständigenrates für Integration und Migration (SVR). „Deutschland ist angekommen in der Einwanderungsgesellschaft", sagte der Vorsitzende des Rates, der Osnabrücker Professor Klaus Bade.

2 a Lesen Sie die Texte auf den Seiten 175 und 176. Lesen Sie dann diese Aussagen. Suchen Sie mit Hilfe der Strategie den Namen der Person, der zur jeweiligen Aussage am besten passt, sodass die Aussagen mit dem Sinn des Textes übereinstimmen. Nicht jede Aussage wird gebraucht.

1 Er ist kein Politiker.
2 Ich äußere mich schriftlich und mündlich in verschiedenen Sprachen.
3 Er fördert ein Einwanderungsmuseum.
4 Ich bin in Köln geboren.
5 Er wird im Eurovision Song Contest mitsingen.
6 Wir werden wegen Migranten dümmer.
7 Deutsche Familien sind größer als Migrantenfamilien.
8 Er bezweifelt, dass ein Einwanderungsmuseum passend sei.
9 Er möchte Gleichberechtigung für Migranten.
10 Er hat bewiesen, dass die Eingliederung von Immigranten ein Erfolg ist.

Strategie

Learn how to infer information from interviews or reports

- Look at the name of the author. Can you infer anything about his/her cultural background? Look at the source of the text. What message may this source try to communicate?
- Try to unpick the arguments. You may need to write bullet points in English when you are dealing with more complex ideas, such as integration and identity. Writing information down can help to clarify your understanding.
- Once you have understood the text, reflect on messages that are not written in the text, but that are implicit, or can be logically worked out.
- Once you have made an inference, you can ask yourself four questions, to check its validity:
  1 What is my inference?
  2 What information did I use to make this inference?
  3 How logical was my thought process?
  4 What is my new conclusion?

2 b Lesen Sie die Texte noch einmal. Beantworten Sie die Fragen auf Deutsch mit Hilfe der Strategie.

1 Warum ist „Deutscher sein" kein Thema für Navid Kermani?
2 Erklären Sie, was in Tipis Rede mit „positive Diskriminierung" gemeint ist?
3 Wie kommt Sarrazin zum Schluss, dass Deutschland ohne Zuwanderung weniger intelligent wäre?
4 Nennen Sie die Gründe, warum Deutschland ein Einwanderungsmuseum braucht.
5 Was meint Klaus Bade, wenn er sagt, dass Deutschland zu einer „Einwanderungsgesellschaft" geworden ist?
6 Welches Problem identifiziert der Nationale Integrationsplan der Bundesregierung bei der Integration von Kindern?
7 Stellen Sie sich vor, Sie sind Christoph Stözl. Wie würden Sie das Thema Migration bekanntmachen?
8 Ist Mesut Özil ein Vorbild für Integration? Begründen Sie Ihre Antwort.

3 a Mesut Özil – Vorbild oder einfacher Fußballspieler? Hören Sie sich dem Bericht an. Lesen Sie dann die Aussagen unten. Schreiben Sie jeweils R (richtig), F (falsch) oder NA (nicht angegeben).

1. Mesut Özil hat türkische Großeltern.
2. Er ist zweisprachig.
3. Er fühlt sich eher Deutscher als Türke.
4. Özil kümmert sich persönlich um seine Online-Anwesenheit.
5. Er nimmt an der Nationalhymne nicht teil, weil er mit dem Text nicht einverstanden ist.
6. Özils Erfolg wirkt sich positiv auf andere aus und erhöht ihr Selbstvertrauen.
7. Özil wird nicht wie andere Spieler mit Migrationshintergrund behandelt.
8. Özil hat zugegeben, dass er seine Entscheidungen wegen seiner Karriere getroffen hat, und nicht aus menschenfreundlichen Gründen.

3 b Hören Sie noch einmal zu. Wählen Sie vom Kasten das Wort, das am besten passt.

überrascht	gereizt	wurde	verdient
Vorbild	ist	interkulturellen	erreicht
können	professioneller	türkischer	sich

Mesut Özil ist (1) _____ Fußballspieler. Er (2) _____ als Kind türkischer Eltern in Gelsenkirchen geboren. Man hat ihn wegen seiner (3) _____ Einstellung zum Leben zum (4) _____ für türkische Migranten gemacht. Er hat in kurzer Zeit viel (5) _____ und dank seiner Online-Anwesenheit können (6) _____ viele mit ihm identifizieren. Er zeigt anderen Migranten, dass sie genauso viel erreichen (7) _____ wie ein Deutscher. Doch ist er manchmal (8) _____ , da andere Spieler mit Migrationshintergrund nicht so viel in der Öffentlichkeit stehen müssen.

Grammatik

Prepositional adverbs to anticipate *dass* clauses and *zu* clauses
Präpositionaladverbien
Study point J8.1 in the grammar section.

1. Find an example of a *dass* clause in the reading texts. Write it down and translate it.
2. With the help of the listening transcript, find an example of a *zu* clause in the listening passage. Write it down and translate it.
3. Find an example of a *dass* clause in the translation passage in exercise 5. Write it down.

4 Füllen Sie die Lücken mit einer Präposition oder Adverbialpräposition aus.

1. Wir müssen _____ reden, wie die Integration zu erreichen ist.
2. Die USA ist stolz ____ ihre Geschichte, vor allem _____, dass so viele Migranten erfolgreich integriert worden sind.
3. Mesut Özil ist ein Vorbild ____ Deutsche sowie ____ Türken, vor allem ____, dass Migranten in Deutschland auch Großes leisten können.
4. Ich freue mich ____ die Ernennung des ersten Bundeskanzlers mit Migrationshintergrund. Hoffentlich muss ich nicht zu lange _____ warten.
5. Auch Einwanderer warnen ____, Migranten positiv zu diskriminieren.
6. Die Aufgabe der Regierung besteht _____, die Integration der hier lebenden Migranten zu fördern. Wie immer handelt es sich ____ das Geld.

Theme 3 Multiculturalism in German-speaking society

7 Die Migration hat ____ beigetragen, dass Deutschland Europas führende Wirtschaft aufgebaut hat.

8 Viele Ausländer sind _____ gewöhnt, dass man ihre Deutschkenntnisse unterschätzt, aber manchmal ärgern sie sich nachher _____.

5 **Translate the following passage into English.**

Was muss man machen, um integriert zu werden?

Um integriert zu werden, muss man nicht all seine Gewohnheiten aufgeben. Es wäre eigentlich ziemlich grauenhaft, wenn wir alle durch und durch identische Deutsche wären. Es ist aber äußerst wichtig, sich Mühe zu geben und zu versuchen, sich in das Einwanderungsland zu integrieren. Ich würde sagen, dass es höchst wichtig ist, die Sprache richtig zu beherrschen. Es ermöglicht es einem nicht nur mit anderen zu kommunizieren, sondern man kann auch auf Bildung zugreifen.

6 a **Lesen Sie die Liste von Gruppen und anderen Initiativen, die die Integration in Deutschland fördern. Wählen Sie zwei aus und recherchieren Sie im Internet, um mehr Details zu finden.**

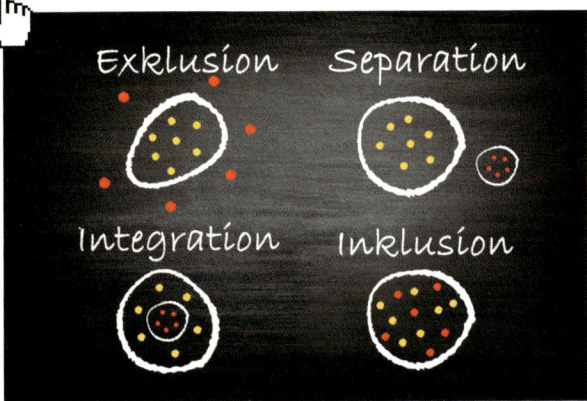

Wie kann man Integration fördern?

Bundesamt für Migration und Flüchtlinge
Bundeszentrale für politische Bildung
Berliner Institut für empirische Integrations- und Migrationsforschung (BIM) Humboldt-Universität zu Berlin
Migrantenverbände in jeder Großstadt, zum Beispiel der Verband binationaler Familien und Partnerschaften
Informative Webseiten für Lehrer, die die Kompetenzen der Lehrkräfte entwickeln, damit sie türkischstämmige Schüler besser fördern
Gesetze in manchen Städten, z. B. Das Berliner Partizipations-und Integrationsgesetz Der nationale Integrationsplan der Bundesregierung

6 b **Besprechen Sie die Information mit Ihren Klassenkameraden. Gibt es Gruppen, die erfolgreicher sind, oder mehr für Integration in Deutschland machen als andere Gruppen oder Initiativen?**

6 c  **Wählen sie die Gruppe oder Initiative, die sie am erfolgreichsten finden und erklären Sie schriftlich warum. Schreiben Sie einen Absatz.**

Vokabular

The lists below contain the key vocabulary for each sub-unit and need to be learnt by heart. More complete lists are available in the Dynamic Learning package.

8.1 Woher kommst du?

der **Abschluss(¨e)** completion of education
angeblich adv apparently
arbeitslos adj unemployed
der **Asylbewerber(-)** asylum seeker
das **Asylbewerberheim(e)** asylum seekers' home
aufwachsen v sep to grow up
ausgegrenzt adj shut out
ausnutzen v sep to use, take advantage of
das **Aussehen(-)** appearance
die **Auswanderungswelle(n)** wave of emigration
die **Bevölkerung(en)** population
der **Brandstifter(-)** arsonist
der **Bürger(-)** citizen
der **Bürgerkrieg(e)** civil war
die **Deutschkenntnis(se)** knowledge of German
der **Flüchtling(e)** refugee
der **Gastarbeiter(-)** guest worker
die **Generation(en)** generation
die **Herkunft(¨-)** origin
die **hybride Identität(en)** hybrid identity
integrieren v to integrate
sich keine Mühe geben v to not bother/try
der **Masterstudiengang(¨e)** Master's degree programme
der **Migrationshintergrund(¨e)** migration background
die **Nachbarstadt(¨e)** neighbouring city
die **Nationalhymne(n)** national anthem
die **rechtsextremistische Demo(s)** right-wing extremist demonstration
die **Verwandte(n)** relations
wirtschaftlich adj economically

8.2 Ein Volk, viele Einflüsse

angeworben adj enlisted, recruited
der **Anteil(e)** share, proportion
die **Arbeitslosigkeit(-)** unemployment
der **Arbeitsmarkt(¨e)** job market
der **Aussiedler(-)** emigrant, resettler
die **Bevölkerung(en)** population
der **Bildungsabschluss(¨e)** educational attainment
der **Bildungsstand(¨e)** educational background
die **deutsche Staatsangehörigkeit(en)** German citizenship
die **Eingliederung(en)** integration
erleichtern v to relieve, make easier
die **ethno-kulturelle Vielfalt(-)** ethno-cultural diversity
der **Fortschritt(e)** progress
der **Gastarbeiter(-)** guest worker
die **Geburt(e)** birth
das **Heimatland(¨er)** home country
die **Integration(en)** integration
der **Nachkriegsboom(s)** post-war boom
ökonomisch adj economical, financial
der **Pass(¨e)** passport
das **Schlusslicht(er)** bottom of the pile (in this context)
sozial aufsteigen v sep to climb the social ladder
türkischstämmig adj with Turkish origins
die **Wirtschaft(en)** economy
der **Zuwanderer(-)** immigrant

8.3 Radio Multikulti

bezweifeln v to doubt
das **Einwanderungsmuseum(een)** immigration museum
die **ethnische Minderheit(en)** ethnic minority
fördern v to promote, support
die **Förderung(en)** promotion
die **Gesellschaft(en)** society
die **Heimat(-)** home
die **Herkunft(e)** origin
die **Identität(en)** identity
die **Integration(en)** integration
die **Integrationsdebatte(n)** integration debate
die **Integrationsfigur(en)** integration figure
die **Integrationspolitik(-)** integration policy
der **Islam(-)** Islam
die **Konfession(-)** denomination
die **Kultur(en)** culture
der **Migrant(en)** migrant
das **Migrantenkind(er)** child of a migrant
der **Migrationshintergrund(¨e)** migration background
die **Politik(-)** politics, policy
die **positive Diskriminierung(en)** positive discrimination
das **Thema(Themen)** subject, topic
unterschiedlich adv different
veränderlich adv changeable
vertiefen v to deepen
das **Vorbild(er)** role model
das **Vorurteil(e)** prejudice
die **Wahrnehmung(en)** perception, sense
der **Zuwanderer(-)** migrant

Theme 3 Multiculturalism in German-speaking society

UNIT 9

Rassismus

Theme objectives

This unit looks at racism in Germany and its origins and discusses what can be done about it. Over the three sub-units, you will:
- Learn about victims of racism and xenophobia in Germany.
- Learn about the origins of racism and xenophobia.
- Learn about what Germany is doing to combat racism.

Grammar objectives

You will also study and practise various grammar points. You will:
- Avoid the passive voice, and use alternatives.
- Use the impersonal passive.
- Learn about the subjunctive in reported speech.

Strategy objectives

Finally, you will develop different strategies that will help you when it comes to exam time. Over these three sub-units you will:
- Research events or a series of events.
- Extract and summarise information from longer passages.
- Draft and redraft written work to increase accuracy.

9.1 Alltagsrassismus

- Über die Opfer von Rassismus und Ausländerfeindlichkeit in Deutschland lernen.
- Das Passiv vermeiden und Alternativen benutzen.
- Ereignis(se) recherchieren.

Zum Einstieg

1 Wählen Sie ein Wort aus. Sie müssen das Wort mündlich einem Partner oder einer Partnerin erklären, ohne das Wort zu sagen. Der Partner/die Partnerin rät, welches Wort Sie gewählt haben.

die Vorurteil	der Rechtsextremismus	die Gewalt
der Rassismus	der Neo-Nazismus	der Angriff
die Ausländerfeindlichkeit	die Diskriminierung	
der Antisemitismus	die Gleichberechtigung	

Der Alltagsrassismus in Deutschland

Es lässt sich nicht leugnen, dass man Rassismus in der Öffentlichkeit meist als ein Problem von Neonazis und Rechtsextremen betrachtet. Zahlreiche deutsche Jugendliche mit Migrationshintergrund müssen sich aber trotzdem damit auseinander setzen, dass sie deutsch, aber offenbar doch anders sind.

Der Alltagsrassismus kann ein großes Problem sein

Zeynel
Man sagt, dass Alltagsrassismus kein großes Thema sei, und dass er niemandem schadet. Bis zu einem gewissen Grad, stimme ich zu – es geht manchmal nicht um Ausländerfeindlichkeit, sondern um Ignoranz oder Missverständnisse. Neulich wurde mir von einem Mitarbeiter gesagt, „Sie sprechen doch fantastisch Deutsch!". Da ich schon viele Erfahrungen mit Alltagsrassismus gemacht habe, stören mich solche doofe Bemerkungen nicht mehr.

Achim
Meiner Ansicht nach ist Alltagsrassismus nicht immer deutlich sichtbar, aber die Folgen sind leicht zu unterschätzen. Ich stamme aus Griechenland und bin mit drei Jahren mit meinen Eltern nach Hamburg gekommen, wo ich eine echt idyllische und glückliche Kindheit hatte. Es fehlte mir nie an Spielkameraden und, was noch wichtiger ist, ich fühlte mich nie „fremd". Deshalb hat man mich nicht als etwas Besonderes behandelt und das hat mich davon überzeugt, dass Kinder unvoreingenommener sind als Erwachsene.

Abdul
Manchmal tue ich es mit einem Lachen ab, wenn ich Alltagsrassismus erlebe. Ehrlich gesagt, wenn ich schnell beleidigt wäre, könnte ich hier nicht wohnen. Die Fragen und Bemerkungen sind allerdings humorvoll und zugleich harmlos und in den meisten Fällen ist man einfach auf meine Geschichte neugierig. Was mich aber eigentlich ärgert, ist dass bei vielen Leuten diese Vorurteile sich oft total unbewusst äußern lassen und sie kommen nur zum Vorschein, weil ich Teil des Gesprächs bin.

Navina
Ich kann es kaum glauben, dass ich so einfach wegen meiner Hautfarbe oder meines Aussehens zu beurteilen bin. Zum Glück gehören für mich rassistische Beleidigungen und Fremdenfeindlichkeit nicht zum Alltag. Es ist doch unglaublich traurig, dass ich Alltagsrassismus jeden Tag erlebe, ob subtil oder offensichtlich. Ich möchte nicht, dass man mich falsch versteht – ich bin total stolz sowohl auf meinen Hintergrund als auch auf meine Wurzeln aber die Mehrheitsgesellschaft entscheidet, was „normal" ist und das hat zur Folge, dass ich nicht „deutsch genug" aussehe. Ganz egal, ob ich hier aufgewachsen bin, ob ich gern Sauerkraut esse, ob ich ein Dirndl trage oder irgendeinem anderem weitverbreiteten Stereotyp entspreche.

Theme 3 Multiculturalism in German-speaking society

2 a Lesen Sie den Artikel. Lesen Sie dann die Aussagen. Wählen Sie den Text/die Texte, die zur jeweiligen Aussage am besten passen, sodass die Aussagen mit dem Sinn des Textes übereinstimmen. Schreiben Sie dann jeweils Z (Zeynel), Ac (Achim), Ab (Abdul) oder N (Navina).

1. Manche haben nicht die Absicht, rassistisch zu sein.
2. Wir können Alltagsrassismus oft nicht leicht erkennen.
3. Man sieht auf den ersten Blick, dass ich „fremd" bin.
4. Je älter man wird, desto engstirniger wird man.
5. Ich versuche, den Alltagsrassismus nicht ernst zu nehmen.
6. Man muss lernen, mit dem Alltagsrassismus gut fertigzuwerden.
7. Im Laufe der Zeit habe ich mich an Alltagsrassismus gewöhnt.
8. Für mich ist der Alltagsrassismus leider nichts Ungewöhnliches.

2 b Lesen Sie den Artikel noch einmal durch. Beantworten Sie dann die Fragen auf Deutsch.

1. Warum erleben manche Jugendliche Alltagsrassismus?
2. Was sind laut Zeynel die Ursachen des Alltagsrassismus?
3. Wie reagiert Zeynel, wenn sie Alltagsrassismus erlebt?
4. Was ist laut Achim das Hauptproblem beim Thema Alltagsrassismus?
5. Wieso denkt Achim, dass Erwachsene „rassistischer" als Kinder sind?
6. Warum ist Abdul das Problem des Alltagsrassismus nicht so wichtig?
7. Wie findet Navina Alltagsrassismus?
8. Was findet Navina frustrierend?

Grammatik

Alternatives to the passive
Das Passiv – Alternativen

Study point K1.5 in the grammar section. Read the article about everyday racism again.

A Find the following instances of alternatives to the passive in German:
1. Four uses of *man*
2. Two uses of *sich lassen*
3. Two uses of *sein* + infinitive
4. Copy out the phrases, translate them into English and rewrite them in the passive.

B Can you identify where the passive is used in German and not English, or vice versa?

3 Schreiben Sie diese Passivsätze als Aktivsätze, indem Sie die kursiv gedruckte Konstruktion verwenden.

1. Ausländer werden oft als Sozialschmarotzer dargestellt. (*man*)
2. Die Gleichberechtigung kann vielleicht erreicht werden. (*erreichbar*)
3. Eine Lösung zum Problem wird gefunden werden. (*sich*)
4. Die Behörden meinen manchmal, „ausländische" Fluggäste müssen strenger kontrolliert werden. (*zu + infinitive*)
5. Die Einstellungen zu Ausländern werden nur schwer geändert. (*sich ... lassen*)

6 Auch die Einstellungen mancher Einwanderer z.B. zu Frauen können manchmal nur schwer verstanden werden. (*verständlich*)

7 Einheimische meinen manchmal, Wohnung und Sozialhilfe werden den Ausländern geschenkt. (*bekommen*)

8 Sinti und Roma werden oft von „normalen" Bürgern diskriminiert. (=*active*)

4 a Antiziganismus in Deutschland. Sie hören jetzt einen Bericht über Rassismus in Deutschland. Lesen Sie die Aussagen unten. Wählen Sie die Antwort, die zur jeweiligen Aussage am besten passt, sodass die Aussagen mit dem Sinn des Berichts übereinstimmen.

1 Die Ergebnisse der Umfrage sind nicht …
   a unbedeutend.
   b besorgniserregend.
   c unerwartet.

2 Diese Art von Ausländerfeindlichkeit …
   a nimmt ab.
   b ist nichts Neues.
   c sieht man selten.

3 Dieser Standpunkt ensteht oft, ohne Sinti und Roma …
   a zu kennen.
   b zu verstehen.
   c zu bedenken.

4 Manche denken, dass Sinti und Roma zur …
   a Kriminalität neigen.
   b Obdachlosigkeit neigen.
   c Arbeitslosigkeit neigen.

5 Sinti und Roma sind …
   a Freiheit in der Arbeit ausgesetzt.
   b Gleichberechtigung in der Arbeit ausgesetzt.
   c Benachteiligungen in der Arbeit ausgesetzt.

6 Sinti und Roma sind durch das Gesetz als Minderheitengruppe …
   a verfolgt.
   b abgelehnt.
   c geschützt.

7 Laut der Medien nehmen Sinti und Roma …
   a Unterkunft weg.
   b Arbeitsplätze weg.
   c Sozialhilfe weg.

8 Das Problem lässt sich nicht …
   a leicht lösen.
   b unmöglich lösen.
   c schwer lösen.

9 Die Polizei zeigt Sinti und Roma häufig als …
   a Minderheiten.
   b Verbrecher.
   c Opfer.

4 b Hören Sie sich den Hörtext noch einmal an. Übersetzen Sie diesen Text mit Hilfe des Hörtexts ins Deutsche. Vermeiden Sie das Passiv.

A racist attitude towards Romani people is known as antiziganism. Although they are considered lazy by some people, Romani people want to work, but the opinion of Romani people as 'poverty immigrants' cannot easily be changed. Despite being a recognised minority group, they are not always positively portrayed, and Roma and Sinti people are unfortunately even stigmatised by the police. This mix of xenophobic exclusion and discrimination is seen as very worrying. The media and politicians have therefore been encouraged to show a more positive attitude, as the problem cannot be solved if the media don't play a significant role.

5 Translate the following text into English.

Meine Erfahrungen mit Rassismus

Als junger muslimischer Mann werde ich oft kriminalisiert und stigmatisiert. Niemand würde zugeben, dass er rassistisch ist, aber ob mit Absicht oder nicht, ich weiß aus erster Hand, wie oft Nichtdeutsche Alltagsrassismus erleben. Es ist nicht zu leugnen, dass am Flughafen „ausländische" Passagiere häufiger kontrolliert werden. Das ist mir übrigens vor ein paar Wochen passiert, als ich wegen meiner Hautfarbe herausgegriffen wurde. Alles wurde höflich gemacht, es wurde nichts gesagt, aber ich wusste, dass alle argwöhnisch waren und es war mir auch klar, dass einige sogar Angst vor mir hatten.

Strategie

Research an event or a series of events

- Decide where to start with your research. This will depend on the event(s). For example, you could look at local/national/international newspapers, or an online blog, or a TV documentary.
- Use both primary and secondary sources to gather information. Primary sources are likely to include interesting details and/or first hand experiences, but secondary sources are more likely to be unbiased and objective.
- Use different types of media if possible. Video or sound recordings can give you a different understanding and perspective of the event(s) than written accounts.
- Before looking into a detailed account of the event(s), establish the essential facts to enable you to answer basic questions such as who, what, when and where.
- When you are ready to start researching in greater detail, sort fact from fiction – this is where it comes in handy to have a variety of sources and media, because you can check common facts across all accounts.

Use these strategies to research an event in a German-speaking country where someone experienced racism or a racist attack, and use the strategies to help you to complete the following activity.

6 a Finden Sie Informationen über einen rassistischen Angriff in Deutschland. Die Strategie hilft Ihnen, das Ereignis zu recherchieren. Erklären Sie einem Partner/einer Partnerin, was passiert ist. Er/Sie darf auch Fragen dazu stellen. Überlegen Sie sich die folgenden Punkte:

- Was ist passiert?
- Wo war das?
- Wer war das?
- Wie haben die Opfer reagiert?
- Wie haben die Medien reagiert?
- Was ist Ihre Meinung dazu?

6 b Schreiben Sie einen kurzen Absatz, in dem Sie auf diese Fragen eingehen.

9.2 Die Ursprünge des Rassismus

- Über die Ursprünge des Rassismus und der Ausländerfeindlichkeit lernen.
- Das unpersönliche Passiv benutzen.
- Informationen in Texten finden und zusammenfassen.

Zum Einstieg

1 Was sind die Hauptgründe für Rassismus? Erstellen Sie mit der Klasse eine Mind-Map zu diesem Thema. Was sind die häufigsten Gründe? Gibt es Unterschiede zwischen Altersgruppen oder verschiedenen Arten von Leuten?

Die Geschichte des Rassismus

Ab wann können wir von Rassismus in der Geschichte sprechen oder hat es ihn schon immer gegeben?

Der Anfang des Rassismus

Erst im 15. Jahrhundert beim Fahren über die Weltmeere kamen Leute aus Europa in Berührung mit dunkelhäutigen Menschen, die sie bis dahin noch nie gesehen hatten. Kurz danach hat diese Entdeckung zur transatlantischen Sklaverei geführt. Bei der Arbeit wurde darauf geachtet, dass Leute aus verschiedenen Sprachräumen zusammen gebracht wurden, damit keine gemeinsame Sprache gesprochen wurde. Obwohl ihnen einigen Quellen zufolge ein besseres Leben versprochen wurde, wurden die Sklaven nicht gut versorgt, da sie oft „verkauft" oder entführt wurden, und arbeiteten und lebten unter schrecklichen Bedingungen, wodurch viele ums Leben kamen.

Was den Kolonialismus in Afrika betrifft, trat Deutschland erst ab Mitte des 19. Jahrhunderts auf den Plan, als die europäischen Händler, Forscher und Politiker ihn vorangetrieben haben. Seit dem Ende des 19. Jahrhunderts, während des Kaiserreichs, existierte Deutschland als Teil einer europäischen Kolonialherrschaft auf dem afrikanischen Kontinent, wobei es als Kolonialmacht „Schutzgebiete" in Afrika annektiert hatte, darunter Togo und Kamerun. Mit der Niederlage im Ersten Weltkrieg verliert das Deutsche Reich seine Kolonien, allerdings entstehen Konflikte und Kriege heute, die auf diese Zeit zurückgehen.

Der Kampf gegen Rassismus

Der Begriff Rassismus ist eng verknüpft mit der Ideologie der deutschen Nationalsozialisten, die zum großen Teil mit rassistischen Argumenten gerechtfertigt wurde. Auch die Idee von einer „Herrenrasse" wurde während des Zweiten Weltkrieges immer weiterentwickelt, indem Begriffe wie Volk, Reich und Rasse im Sinne der nationalsozialistischen Ideologie propagandistisch verwendet wurden. Das war auch Kern des Buches *Mein Kampf*, in dem vor einer jüdischen Weltverschwörung gewarnt wurde. Der nationalsozialistischen Ideologie wurde dadurch Anstoß gegeben.

Betrachtet man die vergangenen 500 Jahre und wichtige historische Ereignisse, bleibt eine Sache klar – Rassismus hat sich verändert und bleibt ein unterschiedliches Konzept in Deutschland. Im Laufe der Zeit änderte sich der Grundgedanke und die Ideologie, ebenso wie die Leute, die als „fremd" gelten. Was Sorgen bereitet ist, dass trotz unzähliger Verbrechen des Kolonialismus und der Nazis rassistische Denkweisen immer noch Unterstützung finden. Gegen die stets vorhandene Gefahr der Ausbreitung des Rassismus wird heute viel gekämpft, damit die Geschichte sich nicht wiederholt.

Theme 3 Multiculturalism in German-speaking society

2 a Lesen Sie den Artikel. Lesen Sie dann die Aussagen unten. Schreiben Sie jeweils R (richtig), F (falsch) oder NA (nicht angegeben).

1. Bei der Sklaverei hieß es „weniger reden, besser arbeiten".
2. Viele Sklaven sind unter unwürdigsten Umständen gestorben.
3. Deutschland tritt als eine der ersten europäischen Nationen in das koloniale Zeitalter ein.
4. Die europäische Kolonialära ist nur von kurzer Dauer.
5. Die tiefgreifenden Auswirkungen der nachfolgenden politischen und wirtschaftlichen Veränderungen sind noch heute zu sehen.
6. Menschen werden durch die Gesellschaft geprägt, in der sie aufwachsen und leben.
7. Historische Begebenheiten haben zu einer deutlichen Absage an jede Form von Rassismus geführt.
8. In der Zukunft wird die Geschichte des Rassismus anders verlaufen.

Strategie

Extract and summarise information from longer texts

Summarising is important to help you to understand material more clearly.
- Skim read the text to get an idea of the general theme.
- Tackle your summary one paragraph at a time, as there is likely to be at least one piece of important information in each.
- Select the relevant information and main ideas based on the bullet points you have been given (this can be done by highlighting and underlining if you prefer). When doing so, ignore examples, anecdotes and extraneous detail.
- Draft concise notes on the relevant content by changing verbs into nouns, and adverbs into adjectives.
- Write your summary in bullet point form, as per the guidance you have been given.
- Rather than just copy the original text, use synonyms in your summary (this is especially useful with more complex texts) and simplify your language.
- Read over your summary and compare it with the original – have you included all of the required information?

Use these steps to complete the following activity.

2 b Schreiben Sie eine Zusammenfassung des Artikels. Schreiben Sie in ganzen Sätzen und prüfen Sie sorgfältig die Grammatik und die Wortstellung. Achten Sie auf folgende Punkte:

- Wie Rassismus angefangen hat. [1]
- Deutschlands Rolle als Kolonialmacht. [2]
- Wie Rassismus sich verändert hat. [1]
- Rassismus heute. [1]

Grammatik

The impersonal passive
Unpersönliches Passiv

Study point K1.3 in the grammar section.

A Read the article about the history of racism again and find the following:
1. Four examples of the impersonal passive in the simple past (imperfect).
2. Two examples of the dative passive.
3. One example of the impersonal passive in the present.
4. For the examples you have found, copy out the phrases, underline the examples and translate the phrases into English.

B Can you identify the word order rules when using the impersonal passive in different tenses?

3 Formen Sie die Aktivsätze in Passivsätze um. Verwenden Sie ein unpersönliches Passiv in der gleichen Zeitform wie im Aktivsatz.

1 Man muss über die Probleme der Integration reden.
2 Man musste den ärmsten Einwanderern helfen.
3 Man hat darüber gestritten, wie man ihnen am besten hilft.
4 Für Neuankömmlinge, die nur ein paar Habseligkeiten haben, muss man für das Wesentliche sorgen.
5 In der Boulevardpresse hat man vor den Gefahren der „Überfremdung" gewarnt.
6 Die deutsche Industrie hat Angst davor, dass man auf hochqualifizierte ausländische Fachleute wird verzichten müssen.
7 Schon vor der neuen Migrationswelle hatte man mit der aktuellen Migrationspolitik angefangen.
8 Man muss immer auf die Möglichkeiten und Gefahren der Migration achten.

4 a Wie entsteht Rassismus? Sie hören jetzt ein Interview mit Lena Schmidt, Soziologin. Sie spricht über die Ursachen des Rassismus. Wählen Sie die vier Aspekte des Themas, die mit dem Sinn des Interviews übereinstimmen. Schreiben Sie die richtigen Nummern auf.

1 niedriges Einkommen
2 zu viele Sozialwohnungen
3 wirtschaftliche Unsicherheit
4 Mangel an Mitgefühl
5 keine Vorbilder
6 gesellschaftliche Probleme
7 die Einwanderungspolitik
8 Einstellungen der Eltern
9 Angst vor Überfremdung

4 b Hören Sie sich dem Interview noch einmal an und beantworten Sie die Fragen auf Deutsch.

1 Wofür können soziale Probleme missbraucht werden?
2 Warum gibt es keine einfache Lösung für Ausländerfeindlichkeit?
3 Warum haben manche Leute Angst vor „Überfremdung"? [2]
4 Warum sind Kinder so beeinflussbar? [2]
5 Warum brauchen Kinder gute Vorbilder?
6 Was können die Medien ohne Absicht machen?
7 Wie machen sie das?
8 Welche Verantwortung haben Politiker?

5 **Translate the following passage into English.**

Institutioneller Rassismus

Analysen deutscher Schulbücher zeigen, dass dort ein veraltetes Bild Afrikas vermittelt wird, mit einem deutlichen Mangel an afrikanischen Perspektiven. Das Netzwerk Rassismus an Schulen (NeRaS), die versucht, den institutionellen Rassismus in der Schule abzubauen, hat Vorwürfe gegen eine Verlagsgruppe erhoben, und fordert die Bearbeitung dieser Bücher. Scharf gerügt wurde die durchgängige Darstellung von Schwarzen als Plantagenarbeiter und die Landschaft Afrikas als „dürr", die das Fortleben überholter Vorstellungen belegt. Die Verlagsgruppe will neue Schulbücher entwickeln um zu helfen, das globale Machtverhältnis zwischen der „Dritten" und der westlichen Welt zu verändern.

6 a **Woher stammt Rassismus? Diskutieren Sie in der Klasse, ob die Eltern, Familienmitglieder und andere verantwortlich gemacht werden sollen. Warum/Warum nicht?**
- Eltern
- Familienmitglieder
- Freunde
- Lehrer
- die Medien
- die Regierung

6 b **Schreiben Sie einen Absatz, in dem Sie die Meinung Ihrer Klasse erwähnen und Ihre Meinung geben.**

9.3 Der Kampf gegen Rassismus

- Über den Kampf gegen Rassismus in Deutschland lernen.
- Über Konjunktiv 1 bei der indirekten Rede lernen.
- Aufsätze schreiben und umschreiben, um die Genauigkeit zu erhöhen.

Zum Einstieg

1 Denken Sie über Rassismus in Ihrem Land nach. Überlegen Sie sich die folgenden Fragen und diskutieren Sie mit einem Partner/einer Partnerin.
- Wer ist dafür verantwortlich, gegen Rassismus zu kämpfen?
- Was kann die Regierung dagegen tun?
- Was kann die europäische Union dagegen tun?
- Was kann *ich* dagegen tun?

Deutschland muss mehr gegen Rassismus tun

Dem EU-Gremium zufolge seien sowohl der Anti-Rassismus-Ausschuss der Vereinten Nationen als auch UN-Experten „sehr besorgt über Deutschland". Genauer gesagt hätten die „Zunahme und Ausbreitung rassistischen Gedankenguts durch gewisse politische Parteien und Bewegungen" bei vielen Ausschussmitgliedern Besorgnis ausgelöst.

Zweifelsohne stehen im Vordergrund die jüngsten Demonstrationen, die von der anti-muslimischen Pegida organisiert worden waren. Pegida steht für „Patriotische Europäer gegen die Islamisierung des Abendlandes" und ist eine Bewegung, die gegen Islamismus eintritt und deren Mitglieder seit Oktober 2014 in verschiedenen deutschen Städten Versammlungen organisiert.

Ihre Ideologie läuft auf den Kampf gegen islamischen Extremismus hinaus – laut einem Sprecher: „Jeder Bürger hat das Recht, die Religion zu wechseln, laut Islam geht das aber nicht".

Diese Anti-Islam-Haltung ist nur die Spitze des Eisbergs, denn andere Ereignisse aus Deutschland in den vergangenen Monaten und Jahren stellen die Migrations- und Integrationspolitik der Bundesrepublik in Frage. Brandanschläge gegen Flüchtlingsunterkünfte, die angebliche Anordnung der Aktenvernichtung und Fehler bei den polizeilichen Ermittlungen zu den NSU-Morden, Hakenkreuzschmierereien in Bayern …

Alles weist darauf hin, dass es in Deutschland an „effizienten Maßnahmen zur Bestrafung und Unterbindung entsprechender Reden und Verhaltensweisen" fehle. Zu diesem Zweck fordert das EU-Gremium, dass Polizisten und Gerichte besser in der Lage sein sollen, rassistische Motive von Straftaten zu erkennen und zu verfolgen.

Demzufolge bestehe der Bedarf, eine unabhängige Instanz zu schaffen, bei der Beschwerden gegen rassistische Diskriminierung durch Polizisten vorgebracht werden können.

Eine Demonstration gegen Rassismus in Deutschland

Die Bundesregierung habe erkannt, dass Vorurteile gegen Juden, Muslime oder Flüchtlinge in allen Teilen der Gesellschaft anzutreffen seien. Besonders hervorzuheben sei deswegen der Schutz von Flüchtlingen und Asylbewerbern und Sinti und Roma, die immer wieder Opfer von Rassismus würden. Der erste Schritt ist ungehinderter Zugang zu medizinischer Versorgung und Bildung sowie Zugang zum Wohnungsmarkt.

Angesichts der Empfehlungen und Schlussfolgerungen werde es schon versprochen, das Engagement gegen alle Formen von Rassendiskriminierung in Deutschland zu verstärken. Als Beweis der Unterstützung der Zivilgesellschaft führt die Bundesregierung als Beispiel die Zahl der Pegida-Gegendemonstranten an. Sichere Nachweise gibt es aber nicht, da sich die Anzahl zwischen Anfang und Ende Dezember verringert hat und laut Pegida liegt das vor allem daran, dass jeder dritte Deutsche Angst vor einer sogenannten Überfremdung habe.

2 a In den Sätzen unten geht es um den Kampf gegen Rassismus in Deutschland. Ergänzen Sie jeden Satzanfang (1–8) mit einem Satzende (a–j), das am besten passt. Zwei Satzenden passen nicht.

1	Laut Anti-Rassismus-Ausschuss müsse die Bundesregierung bereit sein,	a	und wo nötig, auch stärkere strafrechtliche Führung.
2	Deutschland scheine Nachholbedarf zu haben	b	durch eine klarere gesetzliche Definition von rassistischer Diskriminierung dagegen vorzugehen.
3	Man räumt ein,	c	dass sie unannehmbare Forderungen stellen.
4	Vertreter der Bundesregierung hätten der UN schon zugesagt,	d	dass die Bundesregierung den Zuzug von Flüchtlingen möglichst gering hält.
5	Deutsche Richter müssten mehr Möglichkeiten gegeben werden	e	energischer gegen Hassparolen und fremdenfeindliche Anschläge vorzugehen.
6	Die UN-Experten fordern mehr staatlichen Einsatz gegen Rassismus und Ausländerfeindlichkeit	f	dass Behörden und Sicherheitskräfte auch ein Zeichen gegen Rassismus setzen.
7	Pediga vertritt den Standpunkt,	g	dass man viel Wert auf Menschenrechte legen muss.
8	Einige Deutsche verlangen,	h	dass Rassismus sich nicht allein auf rechtsextreme Kreise beschränkt.
		i	bei der Achtung der allgemeinen Rechte von Asylbewerbern und Migranten.
		j	den Kampf gegen Fremdenhass zu intensivieren.

2 b Lesen Sie den Artikel noch einmal. Lesen Sie dann die Aussagen unten. Schreiben Sie jeweils R (richtig), F (falsch) oder NA (nicht angegeben).

1 Beim EU-Gremium ging es darum, Druck auf Deutschland auszuüben, Rassismus wirkungsvoller zu bekämpfen.
2 Seit langem gewinnt Pegida Unterstützung in Deutschland.
3 Pegida hat neulich ein Asylantenheim in Brand gesteckt.
4 Das größere Problem besteht darin, Alltagsrassismus zu erkennen.
5 Die Polizei hat jegliches Fehlverhalten bei den NSU-Morden bestritten.
6 Die Verhinderung von Antiziganismus verdient besondere Aufmerksamkeit.
7 Deutschland ist offen für neue Ansätze zur Rassismusbekämpfung.
8 Die deutsche Bevölkerung beteiligt sich immer stärker an den Pegida-Gegendemonstrationen.

Grammatik

The subjunctive in reported speech
Konjunktiv I – indirekte Rede

Study point M3.1 in the grammar section. Read the article about the fight against racism in Germany again.

A Find the following instances of the subjunctive in German and underline them.
1 One sentence including *werden* in the subjunctive.
2 One sentence including *sein* in the subjunctive.
3 Two sentences including *haben* in the subjunctive.
4 One sentence including both *haben* and *sein* in the subjunctive.
5 One sentence including both *werden* and *sein* in the subjunctive.
6 Two other verbs in the subjunctive.
7 Write down the phrases containing the subjunctive and translate them into English.

B Can you work out why *Konjunktiv 2* is sometimes necessary instead of *Konjunktiv 1*?

3 Schreiben Sie diese Sätze um und benutzen Sie die richtigen Verbformen für indirekte Rede.

Die Behörden meinen, …

1 … jeder von uns hat die Pflicht, gegen den Rassismus zu kämpfen.
2 … der Normalbürger kann viel tun, um die Verständigung zu fördern.
3 … die Integration ist erreichbar.
4 … man hat in den letzten paar Jahren viel erreicht.
5 … sie werden immer ihr Bestes tun, um / Neuankömmlingen zu helfen.
6 … sie hatten schon immer die richtige Einstellung Migranten gegenüber.
7 … Die Integration war schon immer ein großes Problem.
8 Zu ihrer Frage: „Tut jeder sein Bestes, Brücken zu bauen?" fügte die Ministerin eine Bitte hinzu: „Lernen Sie Ihre Nachbarn kennen!"

4 a Europas Kampf gegen Rassismus. Hören Sie sich den Bericht an. Wählen Sie vom Kasten das Wort, das zur Textlücke am besten passt. Sie müssen die richtigen Formen der Verben und Adjektive einsetzen. Es gibt mehr Wörter als Lücken.

bundesweit	abbauen	anlässlich
Einheimische	Verschweigen	mittragen
riesig	finanzieren	aufbauen
prägen	unerheblich	europaweit

Der Internationale Tag ist (1) _____ des Massakers von Sharpeville ausgerufen worden mit dem Ziel, Vorurteile und Rassismus (2) _____. Die interkulturellen Wochen sind eine (3) _____ Initiative, die von zahlreichen Veranstaltungen und Aktionen (4) _____ wird, deren einziger Daseinszweck es ist, ein deutliches Zeichen gegen Diskriminierung zu setzen. Auch wird die Verbesserung des Zusammenlebens zwischen Zugewanderten und (5) _____ in den Mittelpunkt gestellt, um eine Gesellschaft zu entwickeln, die von der Achtung der Menschenrechte (6) _____ ist. Seit dem Beginn des Programms ist eine (7) _____ Veranstaltergemeinschaft gewachsen, was die Solidarität der Teilnehmer bekundet. Das (8) _____ der rassistischen Realität kommt nicht mehr in Betracht, und die internationalen Wochen gegen Rassismus spielen hier eine große Rolle.

Theme 3 Multiculturalism in German-speaking society

Strategie

Draft and redraft written work to improve accuracy
- Always write a rough draft of your work and then check it carefully before writing the final version.
- Verbs: Check subject and verb agreements and that your tenses are correct. For compound tenses check auxiliary verbs too.
- Nouns: Adjectives should agree with the nouns they precede. Check the gender and case of nouns.
- Word order: Check the verb position with subordinating and coordinating conjunctions, alongside inversion and the time, manner, place rule.
- Mood: Ensure that you have used the subjunctive for reported speech.

Use these strategies to complete the following exercises.

4 b Übersetzen Sie diesen Text ins Deutsche. Die Strategie und der Hörtext helfen Ihnen dabei.

In 1960 black people in South Africa were demonstrating against racial discrimination. It was a peaceful demonstration, with no weapons, so it was easy for the police to bring it under control using violence. Many people died. Half a century later the massacre was still very important and the UN began to organise the 'International Week against Racism' to demonstrate the united fight against racism across Europe. The length of the event had to be extended and according to the organisers, over the years German engagement in the project has increased even further – German people are not prepared to turn a blind eye to racism.

5 Translate the following text into English.
Sport und Rassismus

Sogar im Land des dreimaligen Weltmeisters werden Fußballspieler auf dem Platz durch Gesänge und Affenlaute angefeindet, und es scheint, als ob die ethnische Herkunft eines Spielers mehr als die Leistung zähle. Rechtsextremismus macht sich auch bei den Fans bemerkbar, die die Gegner sowohl innerhalb als auch außerhalb des Stadions angreifen und verprügeln. Mit der Einführung des Programms „Nationales Konzept Sport und Sicherheit" im Jahre 1993 wurden zum ersten Mal Richtlinien für die präventive Fanarbeit erlassen. Laut dem Projektleiter gebe es in Deutschland 49 Fanprojekte, deren Schwerpunkt auf engagierter Sozialarbeit liege. Das Programm sei unverzichtbar, um die Unterwanderung durch rechtsradikale Fans zu verhindern.

6 a Wie erfolgreich ist Deutschlands Kampf gegen Rassismus? Wählen Sie eine Initiative und recherchieren Sie sie im Internet, zum Beispiel „7xjung", „Gib Rassismus keine Chance", „ENAR" oder „Laut gegen Nazis".

- Finden Sie Informationen zur Initiative und machen Sie Notizen, zum Beispiel: Wie groß ist die Initiative (bundesweit/europaweit/weltweit)? Was machen Sie? Wie viele Teilnehmer gibt es?
- Bewerten Sie den Erfolg der Initiativen.
- Geben Sie Ihre Meinung zur Frage im Titel.
- Fassen Sie diese Informationen in einem kurzen Aufsatz zusammen. Schreiben Sie in ganzen Sätzen und prüfen Sie sorgfältig die Grammatik und die Wortstellung.

6 b Diskutieren Sie die Informationen mit einem Partner /einer Partnerin – die Ziele und die Vor- und Nachteile der Initiativen, zum Beispiel.

Vokabular

The lists below contain the key vocabulary for each sub-unit and need to be learnt by heart.
More complete lists are available in the Dynamic Learning package.

9.1 Alltagsrassismus

- die **Absicht(en)** intention
- der **Alltagsrassismus** everyday racism
- die **Anmerkung(en)** comment
- der **Antisemitismus** anti-Semitism
- der **Antiziganismus** antiziganism
- **sich mit etwas auseinandersetzen** v to deal with something
- die **Ausländerfeindlichkeit** xenophobia/hatred of foreigners
- das **Aussehen** appearance
- die **Beleidigung(en)** insult
- die **Bemerkung(en)** comment
- die **Einstellung(en)** attitude
- **fremd** adj foreign
- die **Fremdenfeindlichkeit** xenophobia/hatred of foreigners
- der **Rassismus** racism
- der **Rechtsextremismus** right wing extremism
- die **Sinti und Roma** Romani people
- das **Vorurteil(e)** prejudice

9.2 Die Ursprünge des Rassismus

- die **Ausbreitung(en)** spreading
- die **Denkweise(n)** mind set
- die **Herrenrasse(n)** master race
- der **Kolonialismus** colonialism
- die **Kolonialherrschaft(en)** colonial rule
- die **Kolonialmacht(¨e)** colonial power
- **ums Leben kommen** v to die
- die **Niederlage(n)** defeat
- **rechtfertigen** v to justify
- das **Verbrechen(-)** crime
- der **Zuzug(¨e)** influx of immigrants

9.3 Der Kampf gegen Rassismus

- **aufrufen** v to call for
- die **Ausbreitung(en)** spreading
- der **Ausschuss(¨e)** committee
- die **Besorgnis(se)** concern
- **besorgt** adj worried
- die **Beschwerde(n)** complaint
- **sich beteiligen** v to participate
- die **Beteiligung(en)** participation
- die **Flüchtlingsunterkunft(¨e)** refugee accommodation
- **fordern** v to demand
- die **Überfremdung(en)** (excessive) influx of foreigners
- **überwinden** v to overcome
- die **Zunahme(n)** increase

Theme 3 Multiculturalism in German-speaking society

Research and presentation

Most parts of A-level German are concerned with subject matter that is decided by AQA. However, one part of your oral examination gives you the opportunity to show your individuality by selecting, researching, presenting and discussing a topic of your own choice. This section helps you to understand how to go about this task and gives you ideas to get you started, but ultimately it is up to you.

The following objectives are covered in the pages to do with getting started:
- Decide on your research topic.
- Get started on your research.
- Choose areas to focus on.

You are also given some ideas about carrying out and organising your research, and preparing the content of your presentation:
- Make notes on your research.
- Formulate the title and the introduction.
- Develop the content, right up to the conclusion.

Finally you are given some guidelines about getting ready for the oral exam:
- Practise the delivery and timing.
- Anticipate the questions that you might be asked.
- Prepare your possible responses.

Worüber spreche ich?

- Ein Vortragsthema wählen.
- Mit der Recherche beginnen.
- Einen Schwerpunkt finden.

1 a Vortragsthemen. Hören Sie diesen vier jungen Leuten zu. Sie sprechen über ihre Vortragsthemen. Schreiben Sie einen guten Titel für jede Person. Schreiben Sie jeweils M (Marina), A (Alex), E (Emily) oder J (Jakob).

1 b Sehen Sie sich diese zwei Bilder an. Wessen Vortragsthema wird hier dargestellt?

1 c Lesen Sie diese Liste von Vortragsthemen. Welches Thema/welche Themen wählen die vier Personen? Sie brauchen nicht alle Titel.

1. Ein historisches Ereignis.
2. Eine wichtige Person.
3. Ein Künstler.
4. Ein Problem/Ein aktuelles Thema.
5. Ein Phänomen.
6. Ein persönliches Interesse.
7. Ein Vergleich zwischen dem Vereinigten Königreich und einem deutschsprachigen Land.
8. Ein wichtiges Gebäude.

1 d Übersetzen Sie die Vortragsthemen in Übung 1c ins Englische.

1 e Übersetzen Sie diese Titel ins Englische und wählen Sie ein Vortragsthema zu jedem Titel (mit Hilfe der Liste aus Übung 1c).

1. Premier League und Bundesliga
2. Azubis bei Volkswagen
3. Käthe Kollwitz
4. Einwanderung in der Schweiz
5. Die Ausbildung zum Dolmetscher in Deutschland und Großbritannien
6. Der Reichstag
7. Die preiswerten Supermärkte
8. Angela Merkel

2 a Benutzen Sie in einer Gruppe die Liste von Vortragsthemen in Übung 1c. Für jeden Titel, geben Sie ein anderes Beispiel.

Research and presentation

2 b Benutzen Sie die Liste der Titel (Übung 1e) und die Liste von Ihrer Gruppe (Übung 2a). Wählen Sie zwei Titel – einen, der Ihnen am besten gefällt, und einen, der Ihnen am wenigsten gefällt. Begründen Sie mit der Gruppe Ihre Meinungen auf Englisch.

3 Wie kann man Informationen finden? Hören Sie sich das Gespräch zwischen Marina, Alex, Emily und Jakob an. Sie sprechen über die Recherchen, die sie betrieben haben. Wie haben sie die Informationen gefunden? Wählen Sie zwei Quellen (a–h) für jede Person.

1 im Internet
2 in einem Buch oder einem Artikel
3 in einem Gespräch
4 in einem Flugblatt
5 in einer Fernsehsendung
6 in einer Umfrage
7 im Radio
8 bei einem Besuch

4 a Stellen Sie sich vor, Sie sind Fan der deutschen Nationalmannschaft. Als Vortragsthema haben Sie „Die Weltmeisterschaft" gewählt. Schauen Sie sich die Grafik unten an. Sie zeigt, wie man beginnen kann, das Vortragsthema genauer zu bestimmen.

Alle vier Jahre die Weltmeisterschaft

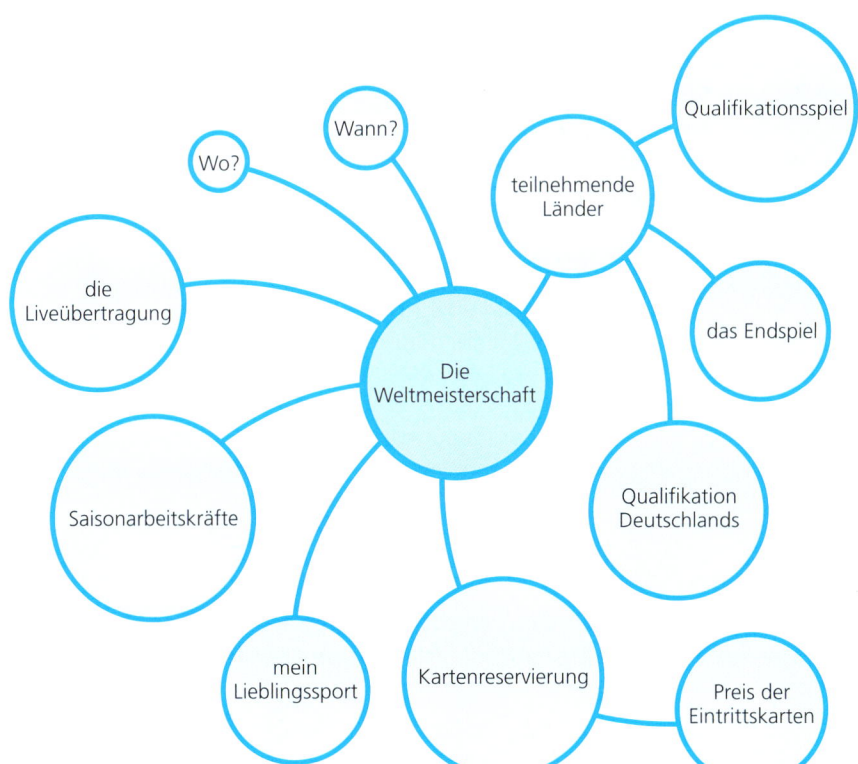

4 b Erstellen Sie eine ähnliche Mind-Map zu Ihrem Vortragsthema. Besprechen Sie die Ideen in einer Gruppe.

Schon geht's los

- Notizen zum Vortragsthema machen.
- Einen Titel wählen und eine Einführung schreiben.
- Ideen zum Inhalt bis zum Schluss entwickeln.

Strategie

Taking notes
- Once you have decided on a topic, decide what aspects of it you want to include in your presentation, and write three or four sub-titles (in German), e.g. initial information, wider context/background/examples/observations, follow up/consequences/future, various viewpoints/opinions.
- For internet research, use German websites. They will help you to collect the sort of phrases you will need.
- As you research, take notes on each sub-title to work on later. Try to make notes in German, but if you have ideas in English jot them down and translate them later.

Asylbewerber in Deutschland

1 a Arbeiten Sie mit einer Gruppe und diskutieren Sie das Thema „Asylbewerber in Deutschland". Die Strategie hilft Ihnen dabei. Diskutieren Sie Ihre Untertitel und schreiben Sie sie auf Deutsch. Jeder soll seine eigenen Informationen finden und diese dann in der Gruppe diskutieren.

1 b Wählen Sie ein Thema und recherchieren Sie – ordnen Sie Ihre Stoffsammlung in Untertiteln an.

Strategie

Title, introduction, development, conclusion
- Choose the title with care. Everything you say during your presentation must refer back to that title.
- Your introduction must be very short. Say what you are going to talk about and give one reason (not more) why you chose that topic.
- Develop each sub-title to include the points you want to include. You can put this on cue-cards and practise orally, or you can write it all down.
- The conclusion should be short. Say which of the various viewpoints or opinions you agree with and then say why.

2 a Diskutieren Sie in einer Gruppe die folgenden Titel zum Thema „Asylbewerber in Deutschland". Was ist der beste Titel und warum?

1. Warum sucht man Asyl in Deutschland?
2. Statistiken zum Thema Asylbewerber in Deutschland
3. Asylbewerber
4. Das Leben für Asylbewerber in Deutschland
5. Die Einstellung der deutschen Bevölkerung gegenüber Asylbewerbern

2 b Arbeiten Sie mit einem Partner/einer Partnerin. Wählen Sie einen Titel für Ihren Vortrag und erklären Sie Ihrem Partner/Ihrer Partnerin, warum Sie ihn gewählt haben. Wenn nötig dürfen Sie den Inhalt verändern.

3 a Arbeiten Sie in einer Gruppe. Schreiben Sie zwei Sätze, die das Thema „Asylbewerber in Deutschland" vorstellen. Die Strategie hilft Ihnen dabei.

3 b Arbeiten Sie mit einem Partner/einer Partnerin. Schreiben Sie zwei Sätze, die Ihr Vortragsthema vorstellen. Diskutieren Sie diese Sätze mit Ihrem Partner/Ihrer Partnerin.

4 Schreiben Sie für Ihr Vortragsthema entweder Notizen oder einen Absatz von drei oder vier Sätzen, in denen Sie planen, worüber Sie sprechen werden, zum Beispiel:
- grundlegende Informationen
- wichtige Beispiele/der Kontext/der größere Rahmen
- mögliche Folgen
- unterschiedliche Ansichten.

Ein Beispiel von Notizen

> 2 x so viel wie 2014
> Herkunftsländer
> warum Deutschland?

Ein Beispiel von einem Absatz

> In einem Jahr ist die Zahl der Asylbewerber in Deutschland stark gestiegen. Laut dem Bundesamt für Migration und Flüchtlinge werden 2015 bis zu 450.000 Asylanträge in Deutschland gestellt. Das wäre eine Verdoppelung im Vergleich zum Vorjahr. Die meisten sind syrische, afghanische, iranische oder serbische Flüchtlinge sowie Flüchtlinge aus dem Kosovo. Aber warum kommen diese Leute nach Deutschland? Der Hochkommissär der Vereinten Nationen für die Flüchtlinge sagt, dass Deutschlands Flüchtlingspolitik schnell, effizient und wirksam ist. Außerdem wurden im Juni 2015 Asylverfahren von ungefähr 20.000 Personen entschieden, davon waren 42% positive Entscheidungen.

5 Überprüfen Sie, dass Sie unterschiedliche Meinungen im Vortrag geäußert haben. Welcher stimmen Sie zu? Schreiben Sie zwei Sätze zum Schluss – einen, in dem Sie Ihre Meinung geben, und einen, in dem Sie diese Meinung begründen. Unten gibt es zwei Beispiele – welcher Meinung stimmen Sie zu?

Beispiele von einem Schluss

> Ich bin der Ansicht, dass Asylbewerber eine Arbeit in Deutschland finden sollen, damit sie keine finanzielle Unterstützung von der Regierung brauchen. Aufgrund der alternden Bevölkerung braucht Deutschland mehr Arbeitskräfte und die Alsybewerber hätten bessere Lebenschancen. Ohne einen Job kann man keine Unterkunft finden und es wird zum Teufelskreis.

> Meines Erachtens lohnt es sich nicht, Asylbewerbern in Deutschland zu helfen. Die Unterstützung, die sie von der Regierung erhalten, sollte man abschaffen, da es eine große finanzielle Belastung ist (€5 Milliarden pro Jahr, laut den Landesregierungen). Ich denke, dass die EU-Länder die Kosten besser verteilen sollen und besser zusammenarbeiten.

Vorbereiten und Sprechen

- Die Dauer des Vortrags bestimmen.
- Möglichen Fragen voraussehen.
- Antworten vorbereiten.

Strategie

Polish your presentation
- As you only have two minutes to deliver your presentation, it is essential that you don't waste time because of hesitations.
- Concentrate on pronunciation and fluency.
- Do all your practice aloud.
- Make sure you know your presentation by heart. You are only allowed to have access to the Research project form (a list of headings in English) during the presentation and discussion. No other notes are allowed.
- When you feel sufficiently prepared, record your presentation and analyse what went well and what could be improved upon.
- Finally, if your presentation is too short or too long, make amendments until it lasts two minutes exactly.
- Remember that you will be judged on a) the content of your presentation and ensuing discussion, b) the sophistication of your language and c) your pronunciation and accuracy.

1 a Lernen Sie einen Teil Ihres Vortrages auswendig.

1 b Halten Sie den ganzen Vortrag ohne Hilfe. In der Prüfung dürfen Sie keine Notizen benutzen.

2 Nachdem Sie Ihren Vortrag auswendig gelernt haben, nehmen Sie den Vortrag auf und bewerten ihn. Wie lange dauert er? Sprechen Sie zu schnell? Oder zu langsam? Bevor Sie neu aufnehmen, korrigieren Sie gegebenfalls die Länge und Ihre Aussprache.

Sie dürfen überhaupt nichts in die Prüfung mitbringen, ganz egal was es ist!

Achtung – der Vortrag darf nicht länger als zwei Minuten dauern!

Strategie

Anticipate questions and prepare answers
- Listen to your recorded presentation or look at the written version. Identify about five possible questions that someone could ask you on your presentation, and write them down.
- Work out how those questions might best be answered. A good answer not only answers the question asked but the student can also develop it by including, for instance, an opinion, a justification or even a counter argument.
- Take into account the marking criteria, such as pronunciation, fluency, the use of complex ideas and grammatical structures as well as the variety of the vocabulary you use.

3 a Schreiben Sie fünf oder sechs Fragen auf, die der Lehrer (oder der Prüfer) zu Ihrem Vortrag stellen könnte. Hier sind einige Beispiele zum Thema „Asylbewerber in Deutschland".

1. Warum kommen so viele Asylbewerber nach Deutschland?
2. Was sagt die deutsche Regierung zu diesem Thema?
3. Wie findet das deutsche Publikum die Lage?
4. Was für Probleme haben Asylbewerber in Deutschland?
5. Soll es Ihrer Meinung nach unbegrenzte Einwanderung in der Europäischen Union geben? Warum/Warum nicht?

Jetzt habe ich ein paar Fragen für Sie.

3 b Lesen Sie diese Antwort zu einer der Fragen in Übung 3a. Welche Frage wird beantwortet?

Ich denke, dass die Mehrheit sich keine Sorgen darüber macht. Natürlich gibt es immer Rechtsradikale, die gegen alle Formen von Einwanderung kämpfen, aber die meisten Bürger verstehen, dass die Einwanderung ein wichtiger Teil der EU-Politik ist. Jeder hat das Recht auf Sicherheit und Schutz und wir tragen alle die Verantwortung dafür, einander diesbezüglich zu helfen.

3 c Bereiten Sie Antworten zu den Fragen aus Übung 3a vor.

3 d Halten Sie sofort danach einen Vortrag mit Fragen. Machen Sie das kurz vor der mündlichen Prüfung so oft wie möglich. Viel Glück!

Vokabular – nützliche Ausdrücke

Conversation fillers

das ist eine schwierige Frage, aber ... it's a difficult question but ...
das ist ein guter Punkt that's a good point
das mag sein that may well be
hören Sie mal zu listen
ich denke schon I think so
ich stimme vollkommen zu I couldn't agree more
ich weiß nicht, aber ... I don't know, but ...
lassen Sie mich nachdenken let me think
lassen Sie mich das erklären allow me to explain
tja, mal sehen ... well, let's see ...

Connectives

aber but
auf der einen Seite ... auf der anderen Seite on one hand ... on the other hand
in gewisser Weise to some extent
dann then
deshalb therefore
einerseits ... andererseits ... on one hand ... on the other hand ...
einmal once
erstens first of all
jedoch however
obwohl although
schließlich finally
sobald as soon as
sodass so that
trotzdem all the same
überhaupt anyway
während while
zum Schluss in conclusion

Expressing and justifying opinion

es ist nötig/wichtig/nützlich/interessant it is essential/important/useful/interesting
es lässt sich nicht leugnen, dass ... it cannot be denied that ...
da habe ich Zweifel I have my doubts there
ich bin der Meinung, dass ... I am of the opinion that ...
ich denke/ich glaube/ich meine/ich finde I think/I believe/I find
ich habe den Eindruck, dass ... I have the impression that
ich habe gelesen/gehört, dass ... I have read/heard that
meiner Ansicht nach in my opinion
meines Erachtens in my opinion
meinetwegen as for me
mir scheint, dass ... it appears to me that ...
mir wurde gesagt, dass ... I was told that ...

Describing your research

Vor kurzem wurde eine Umfrage veröffentlicht, in der ... Recently a survey was published, in which ...
Als ich zu diesem Thema recherchiert habe, habe ich (im Internet, im *Guardian*) gelesen, dass ... When I was researching this topic, I read (on the internet, in *The Guardian*) that ...
Die Statistiken haben mir gezeigt, dass ... The statistics showed me that ...

Research and presentation

UNIT 10

Deutschland und die EU

Theme objectives

This unit looks at the EU and its developments, and Germany's role in particular. Over the three sub-units, you will:
- Consider the pros and cons of the EU for Germany.
- Learn about the effects of EU developments on Germany.
- Look at the role Germany plays in Europe.

Grammar objectives

You will also study and practise various grammar points. You will:
- Revise how to use the imperative.
- Revise cases.
- Revise main and subordinate clauses.

Strategy objectives

Finally, you will develop different strategies that will help you when it comes to exam time. Over these three sub-units you will:
- Deal with the unpredictable in conversations.
- Understand how to translate better from German into English.
- Learn new techniques for tackling exam-style reading tasks.

10.1 Sind Sie Deutsche(r) oder Europäer(in)?

- Vor- und Nachteile der EU für Deutschland erwägen.
- Den Imperativ wiederholen.
- Das unvorhergesehene Element in der mündlichen Prüfung behandeln.

Zum Einstieg

1 Besprechen Sie mit der Klasse die folgenden Fragen, um mehr über Identität nachzudenken:
- Was ist Ihre Identität? Sehen Sie sich als Engländer(in), Waliser(in), Schotte/Schottin, Nordire/Nordirin, Brite/Britin, Europäer(in) oder eine andere Nationalität?
- Ist es möglich, mehrere Identitäten zu haben?
- Wenn man in einem Land geboren ist, aber in einem anderen Land aufwächst, kann man dann zwei Identitäten haben?
- Woher kommt Identität?
- Kann eine Organisation eine neue Identität erlangen, oder muss sich diese von alleine entwickeln?

Europäer oder Deutscher? Vor- und Nachteile der EU für Deutschland

Deutschland ist das Land, in dem das Gefühl, Europäer zu sein, am weitesten verbreitet ist. Die Vielfalt in Europa wird einerseits zwar als mögliches Hindernis angesehen, andererseits aber auch als Bereicherung. Assoziiert werden mit dem Begriff Europa ein hoher Lebensstandard und eine hohe Lebensqualität, größere Sicherheit und die Werte Demokratie, Frieden und soziale Absicherung.

In Vielfalt geeint

Die Geschichte Europas wird als eine Geschichte der Errungenschaften wahrgenommen. Die Befragten bringen ihren Stolz auf die europäische Geschichte zum Ausdruck; eine Geschichte wissenschaftlicher Entdeckungen und ständiger Entwicklungen.

Europa: eine Identität?

Die jüngeren Befragten in Deutschland sprechen sich im Vergleich zu den älteren Befragten häufiger für mehr Integration aus. Grundsätzlich ist jedoch festzustellen, dass eine engere Zusammenarbeit bei der Kontrolle von Banken und bei sozioökonomischen Fragen allgemeine Zustimmung findet. Gleiches gilt für einen gemeinsamen Ansatz beim Umgang mit Flüchtlingen.

Die Wirtschafts- und Finanzkrise hat aber auch dazu geführt, dass die Unterschiede zwischen den Mitgliedsstaaten von den Befragten stärker wahrgenommen werden. Das Besondere an Deutschland ist die

Finanzielle Solidarität?

Frustration der Befragten bezüglich der angeblichen Rolle Deutschlands bei der finanziellen Unterstützung von Mitgliedsstaaten in finanziellen Schwierigkeiten. Genau wie in Dänemark und Finnland wird Solidarität eher als „Hilfe zur Selbsthilfe" verstanden und weniger als rein finanzielle Unterstützung. Obwohl sich die Befragten in Deutschland mit der EU eng verbunden fühlen, besteht der Wunsch nach mehr Transparenz und Informationen, um die Demokratie in der Europäischen Union weiter zu stärken.

2 a Lesen Sie den Artikel. Welche vier Sätze stimmen mit dem Text überein? Wählen Sie die vier richtigen Aussagen.

1 Die Deutschen fühlen sich mit Europa eng verbunden.
2 Die Vielfalt wird am meisten geschätzt.
3 Die Geschichte Europas ist vielschichtig.
4 In Europa wurden viele wissenschaftliche Erfindungen gemacht.
5 Zum Thema Integration gibt es verschiedene Ansichten.
6 Der Rassismus in Europa nimmt zu.
7 Die Befragten sind stolz darauf, jenen Ländern zu helfen, die wegen einer ökonomischen Krisen leiden.
8 Man hat den Eindruck, dass die Organisation noch transparenter sein könnte.

2 b Lesen Sie den Artikel noch einmal. Schreiben Sie eine Zusammenfassung. Benutzen Sie ganze Sätze und prüfen Sie sorgfältig die Grammatik und die Wortstellung. Achten Sie auf folgende Punkte:

- Die Werte, die mit dem Begriff Europa assoziiert werden.
- Wie die Geschichte Europas betrachtet wird.
- Ähnlichkeiten zwischen den Meinungen der jüngeren und der älteren Befragten.
- Was Deutsche sich noch von der EU wünschen.

2 c Lesen Sie den Artikel noch einmal. Erklären Sie in zwei Absätzen was „Hilfe zur Selbsthilfe" bedeutet.

3 a Vorteile und Nachteile Europas für Deutschland. Hören Sie sich die Meinungen von Anna und Max über Europa an. Schreiben Sie dann den passenden Namen (Max oder Anna) zu jeder Aussage unten.

1 Lasst uns großzügiger sein!
2 Vergessen wir die Kleinunternehmen nicht!
3 Ich bin fest davon überzeugt, dass es uns schlechter ginge, wenn die EU nicht gegründet worden wäre.
4 Die Union zwischen den Europäischen Ländern war damals eine positive Entscheidung.
5 Dank der EU erleben wir mehr Sicherheit in vielen Bereichen des Lebens.
6 Die Deutschen profitieren nicht so viel von der Union wie andere Länder.
7 Wir unterstützen andere Länder, indem wir länger arbeiten.
8 Ich bezweifle, dass die Union heutzutage noch nützlich ist.

Unit 10 Deutschland und die EU

3 b Hören Sie noch einmal zu. Wählen Sie vom Kasten das Verb, das am besten passt, um die Sätze zu ergänzen. Es gibt mehr Wörter als Lücken.

dürfen	nennen
verstehe	fühle
profitieren	wollen
überzeugen	kritisieren
retten	interessiere
vergrößern	sein
beschimpfen	bezweifele
verdienen	haben

1 Ich _____ mich ein bisschen verwirrt.
2 Ich _____ die Gründe, warum die EU gegründet wurde.
3 Ich bin der Ansicht, dass andere Länder mehr von der EU _____ als Deutschland.
4 Anna versucht, Max von den Vorteilen der EU zu _____.
5 Anna kann viele Vorteile der EU _____.
6 Anna findet, dass Deutschland großzügig _____ soll.
7 Anna meint, dass wir die Umwelt nur gemeinsam _____ können.
8 Max findet es unverschämt, dass Deutsche erst mit 70 Jahren in Rente gehen _____.

Grammatik

The Imperative
Der Imperativ

Study point L1 in the grammar section.

A Listen to Anna and Max again, and look at the transcript for exercise 3. Find all of the imperative examples. Write them down and translate them into English.

B Now look at the translation task in exercise 5. Find four examples of the imperative. Write them down and translate them into English.

C What do you notice about how these infinitives are formed?

4 Schreiben Sie Imperativsätze.

1 *(akzeptieren / Sie)*, dass andere Europäer nicht so ganz anders sind als wir!
2 *(sein / du)* weltoffen – *(geben / du)* anderen die Hand!
3 *(lernen / ihr)* Fremdsprachen!
4 *(lernen / Sie)* andere Länder und Menschen kennen!
5 *(annehmen / du)*, dass andere Länder nicht nur auf eigene Interessen verfolgen!
6 *(einladen / du)* Besucher aus anderen Ländern zu dir nach Hause!
7 *(sich einsetzen / ihr)* für die Stärkung der Demokratie!
8 *(schätzen / infinitive)* Vielfalt!

5 Translate the following text into English.

Identität

Die Mehrheit der Deutschen identifiziert sich mit Europa. Sie fühlen sich auch als EU-Bürger. Dies wird durch Symbole wie die Flagge, die Hymne und einen Feiertag unterstützt. Darüberhinaus verbinden Deutsche Europa mit hoher Lebensqualität und wichtigen Werten wie Frieden. Immerhin vertrauen Deutsche ihrer Regierung mehr als der Europäischen Regierung. Um das „Europäergefühl" zu entwickeln, muss man diese drei Ratschläge befolgen:

- Denken Sie zuerst an Europa und erst dann an Ihr Land.
- Akzeptieren Sie und tolerieren Sie Unterschiede.
- Seien Sie geduldig, wenn Ihr Land ein anderes Land unterstützen muss, z.B. finanziell.

Strategie

Deal with the unpredictable in conversations

In order to converse fluently in German, you need to be able to predict what sort of questions are going to come up. In the oral exam, you can reduce the element of unpredictability by trying to work out what the questions are likely to be. However, there is always a possibility that an unpredictable question will come up – one that you are not mentally ready for and possibly don't quite understand. Try these strategies:

- Ask the other person to repeat: *Können Sie das bitte wiederholen?*
- Ask the other person to slow down: *Langsamer bitte.*
- Identify the 'unpredictable' element and ask for clarification to ensure comprehension. *Meinten Sie…?*
- Explain the unpredictable element back to the other person, to ensure you have understood what they have said.
- Use conversation fillers to gain some time while you try to work out meaning: *also; sehen wir mal; das ist sehr interessant/kompliziert …*

6 a Diskutieren Sie die folgenden Fragen über Europa mit Ihrem Partner/Ihrer Partnerin.
- Ist es möglich, sich gleichzeitig als Deutscher und Europäer zu fühlen?
- Wie unterschieden sich Deutsche und Europäer?
- Was sind die Vorteile von Europa für die Deutschen?
- Was sind die Nachteile von Europa für die Deutschen?

6 b Sehen Sie sich die Statistik unten an. Das Eurobarometer ist eine Meinungsumfrage. Sie wird regelmäßig von der Europäischen Kommission durchgeführt. Erfinden Sie fünf Fragen über Statistik eins. Ihr Partner/Ihre Partnerin erfindet fünf Fragen über Statistik zwei. Stellen Sie Fragen und beantworten Sie sie mit Hilfe der Strategie, wenn nötig.

6 c Fühlen Sie sich als Europäer(in) oder nicht? Schreiben Sie einen Absatz. Schreiben Sie in ganzen Sätzen und prüfen Sie sorgfältig die Grammatik und die Wortstellung.

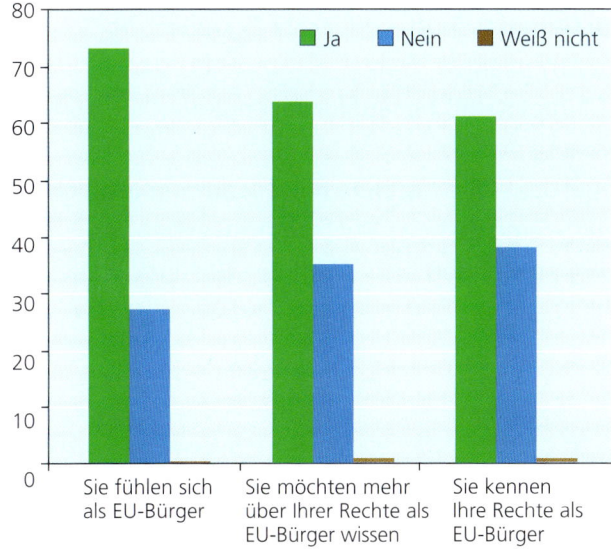

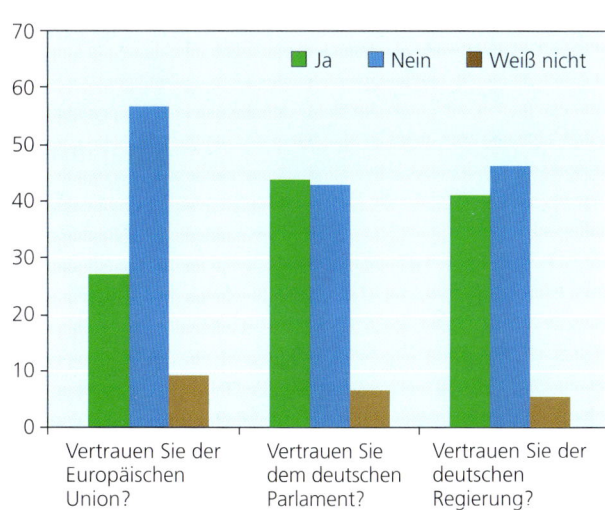

Unit 10 Deutschland und die EU

10.2 Die Auswirkungen der EU-Erweiterung auf Deutschland

- Lernen, wie die EU sich entwickelt hat und was die Auswirkungen dieser Erweiterung auf Deutschland sind.
- Die Fälle wiederholen.
- Vom Deutschen ins Englische übersetzen.

Zum Einstieg

1 Die EU: wer, wie viel, wo? Wählen Sie jeweils die passende Antwort vom Kasten.

| Zypern | Brüssel in Belgien | Dänemark | 28 |
| Valletta in Malta | 24 | Deutschland | Nikosia in Zypern | 6 |

1993 wird der Binnenmarkt durch die „vier Freiheiten" vollendet

a Die Nummer von EU-Mitgliedsstaaten im Jahr 2015.
b Sitz des Europäischen Parlaments.
c Die Anzahl von EU-Mitgliedsstaaten, die 2015 den Euro als gemeinsame Währung haben.
d Die Anzahl von Ländern, die die EU gegründet haben.
e Die östlichste Hauptstadt der Europäischen Union.
f Die kleinste Hauptstadt in der EU mit 7000 Einwohnern.
g Das bevölkerungsreichste Land der Europäischen Union mit 80.4 Millionen Einwohnern.
h Das glücklichste Land der EU.

2 a Lesen Sie den Text „Die Geschichte der Europäischen Union". Finden Sie einen passenden Titel für jeden Absatz.

1 Eine wachsende Gemeinschaft – die erste Erweiterung
2 Ein Europa ohne Grenzen
3 Jahrzehnt der Chancen und Herausforderungen
4 Weitere Ausdehnung
5 Ein friedliches Europa – die Anfänge der Zusammenarbeit
6 Die „wilden 60er" – eine Zeit des Wirtschaftswachstums
7 Das Gesicht Europas wandelt sich – Fall der Berliner Mauer

Die Geschichte der Europäischen Union

Die Europäische Union wurde mit dem Ziel gegründet, den häufigen und blutigen Kriegen zwischen Nachbarstaaten ein Ende zu bereiten.

1945 – 1959
Ab 1950 begann die Europäische Gemeinschaft für Kohle und Stahl, die Länder Europas wirtschaftlich und politisch zu vereinen. Die Gründungsmitglieder waren Belgien, Deutschland, Frankreich, Italien, Luxemburg und die Niederlande.

1960 – 1969
Es beginnt eine Kulturrevolution, die den Generationenkonflikt verschärft. Der Wirtschaft geht es gut – dazu trägt bei, dass die EU-Länder im Handel miteinander keine Zölle mehr erheben. Auch beschließen sie, die Lebensmittelerzeugung gemeinsam zu kontrollieren, sodass jetzt jeder genug zu essen hat.

1970 – 1979
Dänemark, Irland und das Vereinigte Königreich treten der Europäischen Union am 1. Januar 1973 bei. Der Sturz des Salazar-Regimes in Portugal 1974 und der Tod von General Franco in Spanien 1975 bedeuten das Ende der letzten faschistischen Diktaturen in Europa.

1980 – 1989
1981 wird Griechenland das zehnte Mitglied der EU; Spanien und Portugal folgen fünf Jahre später. Am 9. November 1989 kommt es mit dem Fall der Berliner Mauer zu einer größeren politischen Umwälzung. Die Grenze zwischen Ost- und Westdeutschland ist zum ersten Mal seit 28 Jahren wieder offen und bald vereinigen sich die beiden Teile wieder zu einem Land.

1990 – 1999
1993 wird der Binnenmarkt durch die „vier Freiheiten" vollendet – den freien Verkehr von Waren, Dienstleistungen, Personen und Kapital. Das Schengener Übereinkommen führt zu einer allmählichen Abschaffung der Passkontrollen an den innereuropäischen Grenzen. Millionen junger Menschen studieren mit Stipendien der EU im Ausland.

2000 – 2009
In vielen EU-Ländern wird der Euro als neue Währung eingeführt. Am 11. September 2001 bringen Terroristen mit entführten Flugzeugen Gebäude in New York und Washington zum Einsturz – das Datum wird daraufhin zum Synonym für den „Krieg gegen den Terror". Im September 2008 wird die Weltwirtschaft von einer Finanzkrise betroffen, die zu einer noch engeren Zusammenarbeit zwischen den EU-Ländern führt.

2010 – heute
Das neue Jahrzehnt beginnt mit einer schlimmen Wirtschaftskrise, aber auch mit der Hoffnung, dass die Investitionen in neue grüne und klimafreundliche Technologien und eine engere europäische Zusammenarbeit nachhaltiges Wachstum und Wohlstand bringen werden.

A-LEVEL STAGE

Strategie

Understand how to translate better from German into English

- Avoid translating word-for-word, or literally, e.g. the correct translation for *Es beginnt eine Kulturrevolution* is 'A cultural revolution begins' and not 'It begins a cultural revolution'.
- Remember that word order in German differs from that in English and the verb in German is often in a place you would not expect.
- When translating, read the whole sentence first.
- When you have finished, read through your translation to ensure that it makes sense and sounds natural in English, but also that you have translated the meaning of the German.
- Read widely in English to enrich your vocabulary.
- Keep abreast of current and cultural affairs, which may help you know more about the topic.

Keep these points in mind when doing exercise 2b.

Unit 10 Deutschland und die EU

2 b Read the text again. Translate the following passage into English with the help of the strategy.

Die Europäische Union

In vielen EU-Ländern wird der Euro als neue Währung eingeführt. Am 11. September 2001 bringen Terroristen mit entführten Flugzeugen Gebäude in New York und Washington zum Einsturz – das Datum wird daraufhin zum Synonym für den „Krieg gegen den Terror". Im September 2008 wurde die Weltwirtschaft von einer Finanzkrise betroffen, die zu einer noch engeren Zusammenarbeit zwischen den EU-Ländern führt.

Das neue Jahrzehnt beginnt mit einer schlimmen Wirtschaftskrise, aber auch mit der Hoffnung, dass die Investitionen in neue grüne und klimafreundliche Technologien und eine engere europäische Zusammenarbeit nachhaltiges Wachstum und Wohlstand bringen werden.

Grammar

Cases revision; noun function shown by endings, not position

Die Fälle – Wiederholung

Study point A1 in the grammar section. Re-read the information on the history of the European Union.

A Find:
1 One example of the nominative case.
2 Three examples of the accusative case.
3 Eight examples of the dative case.
4 Four examples of the genitive case.
5 Write out the phrases containing these and underline the examples.

B Explain why the case is used in that particular part of the sentence/phrase.

Himmelhochjauchzend: Im Mai 2004 feierte Berlin die EU-Osterweiterung; 500 blaue „Europa-Luftballons" stiegen am Brandenburger Tor in die Luft.

3 Entscheiden Sie, welcher Fall für jede Nominalphrase erforderlich ist. Setzen Sie dann die richtigen Endungen ein.

1 Das Ziel d___ erst___ Mitglieder d___ Europäischen Gemeinschaft war, d___ Krieg ein___ Ende zu bereiten.

2 Schon in d___ fünfzig___ Jahr___ ging es d___ deutschen Wirtschaft wieder gut. D___ Erfolg sah man als u.a. ein___ Folge von der Politik d___ Wirtschaftsminister___ Ludwig Erhard___.

3 1950 schlug d___ französische Außenminister Robert Schuman vor, d___ gesamt___ französisch-deutsch___ Kohle- und Stahlproduktion ein___ gemeinsam___ Behörde___ zu unterstellen.

4 Die Osterweiterung d__ EU hat d___ alt___ Mitglieder___ viel___ Problem___ bereitet.

5 D___ Handel zwischen d___ Mitgliedsstaat___ ist grundsätzlich kein__ Beschränkung___ unterworfen.

6 D___ Marktzugang für Erzeugnis___ aus ein___ ander___ Mitgliedsstaat___ zu versperren oder zu behindern ist nicht erlaubt.

7 Durch d___ größer___ Markt will d___ EU d___ Wirtschaftswachstum all___ Mitglieder beschleunigen.

8 1. Mai 2004: die vierte Erweiterung der EU seit ihr___ Gründung 1957. Bei kein___ d___ vorhergehenden Erweiterung___ traten so viel___ europäisch___ Länder gleichzeitig bei wie bei dies___.

Theme 4 Aspects of political life in the German-speaking world

4 a Europa und die Welt. Hören Sie sich das Gespräch zwischen Thomas und Dorothee an. Wie sagt man das auf Deutsch?

1. waste of money
2. competition pressure
3. to fight for their existence
4. global financial crisis
5. core target
6. refugee
7. poverty
8. climate change

4 b Hören Sie noch einmal zu. Lesen Sie die folgenden Äußerungen. Schreiben Sie dann den passenden Namen – T (Thomas) oder D (Dorothee) – zu jeder Aussage.

1. Die EU scheint mir überflüssig zu sein.
2. Die EU hat unser Leben verbessert.
3. Die EU hat es für manche Gruppen schwieriger gemacht.
4. Die EU hat das Ziel, Arbeitslosigkeit zu verringern.
5. Ich lese die Nachrichten und ich bin von den Schlagzeilen schockiert.
6. Die EU hilft nicht allen Gruppen.
7. Wegen der EU vergrößert sich die Problematik zwischen Arm und Reich.
8. Wissenschaftler haben positive Erfahrungen mit der EU.

4 c Schreiben Sie eine Zusammenfassung des Hörtextes. Schreiben Sie in ganzen Sätzen und prüfen Sie sorgfältig die Grammatik und die Wortstellung. Achten Sie auf folgende Punkte:

- Die Vorteile der EU für Deutsche.
- Die Nachteile der EU für Deutsche.

5 Rechechieren Sie online über die EU und schreiben Sie auf Englisch mindestens 10 Informationen auf. Wie hat sich die EU entwickelt und was war Deutschlands Rolle dabei? Schreiben Sie in ganzen Sätzen und prüfen Sie sorgfältig die Grammatik und die Wortstellung.

6 Bereiten Sie sich für eine Debatte vor. Sie sind für die Europäische Union aber Ihr/e Partner/in ist dagegen. Diskutieren Sie, ob Deutschland in der EU bleiben soll oder nicht. Sie dürfen Stichwörter aufschreiben, aber keine sehr langen Sätze. Vergessen Sie nicht, Ausdrücke, die nützlich für eine Debatte sind, aufzuschreiben.

10.3 Die Rolle Deutschlands in Europa

- Herausfinden, was Deutschlands Rolle in Europa ist.
- Wiederholen, wie man mit Haupt- und Nebensätzen umgeht.
- Lernen, wie man besser mit Leseübungen umgeht.

Zum Einstieg

1 a Was wissen Sie über Angela Merkel? Tragen Sie die Informationen in eine Mind-Map ein.

1 b Danach teilen Sie die Informationen mit der Gruppe. Warum ist sie im Wirtschaftsmagazin *Forbes* zur mächtigsten Frau der Welt gewählt worden?

Strategie

Learn new techniques for tackling AQA reading tasks

Keep the following points in mind when tackling the tasks in this sub-unit.
- Longer German words can often be made sense of by breaking them into their constituent parts and then thinking of that meaning overall, e.g. *Zusammenarbeit* = together work = collaboration.
- Even if you don't understand every word, you can often work out the general sense of a sentence.
- Remember that some words are likely to be more crucial than others: verbs and nouns are probably more important than intensifiers, so make sure you can identify them.
- Get used to working with synonyms and antonyms (see exercise 2)
- If you get a question wrong in a reading task, ask one of your classmates to explain how they worked it out.
- The more German you read, the better you will become. Get into the habit of reading some German every day – Twitter is ideal for this!

2 a Lesen Sie den Artikel. Finden Sie Synonyme für diese Adjektive.

1. hochmütig
2. bestimmend
3. herrisch
4. sachbezogen
5. herrschsüchtig
6. nachteilig
7. bezahlbar
8. drakonisch

2 b Lesen Sie den Artikel noch einmal. Finden Sie jetzt Antonyme für Ihre Antworten aus Übung 2a.

Theme 4 Aspects of political life in the German-speaking world

Online-Umfrage zu Deutschlands Rolle in Europa: arrogant, dominant, autoritär

Handelt Deutschland in Europa eher als pragmatischer Retter oder machthungriger Peiniger? Mehr als 7000 Leser von *Le Monde* (Frankreich), *The Guardian* (Großbritannien), *El País* (Spanien) und *La Stampa* (Italien) haben online ihre Gedanken über Deutschland und Angela Merkel mitgeteilt. Die Tendenz: Je südlicher das Land, umso schlechter die Meinungen.

Wenn es um Deutschland und die Deutschen geht, dann ist Europa tief gespalten. Einige sind überzeugt, dass die Eurozone ohne Deutschland schon längst auseinandergebrochen wäre. **Andere finden, dass es Millionen von Südeuropäern besser gehen würde, wenn es die Eurozone nicht mehr gäbe.**

Die vier Zeitungen haben ihre Leser über einen Online-Fragebogen gefragt, wie sie die deutsche Führungsrolle in der Eurokrise sehen. **Dieser Aufruf ergab ein erstaunlich robustes Ergebnis, da Tausende bereit waren, Dampf abzulassen und ihre aufgestauten Gefühle zu artikulieren.** Mehr als 7000 Leser antworteten innerhalb weniger Stunden – selten zuvor haben sich so viele *Guardian*-Leser an einer Aktion beteiligt.

Solche Umfragen sind natürlich nicht statistisch relevant, weil nur bestimmte Leser sich beteiligen. Aber zwischen den Witzen und offenen Feindseligkeiten waren bestimmte Trends herauszulesen.

Der Ton in den spanischen Antworten war überwiegend negativ. „Deutschland versucht, seine Macht auszubauen und anderen Lösungen aufzuzwingen, die in Deutschland gut funktionieren", schrieb Alessandro Gimenez. „Es versucht, die Länder im Süden zu einem Reservoir billiger Arbeitskräfte zu machen, die keine Rechte oder Arbeitsplatzsicherheit haben."

Karen González sagte, Deutschland habe nicht nur von der Krise profitiert sondern auch Kernprinzipien der Europäischen Union aufgegeben.

Viele Leser sind der Meinung, dass das deutsche Beharren auf einer strengen Sparpolitik als Gegenleistung für Gelder aus den europäischen Rettungspaketen die Lage in den Krisenländern nur verschlimmert habe. **Das Wachstum, das nötig sei, um die Schmerzen zu lindern, sei so ausgeblieben.**

Wie sieht Europa die Deutschen?

2 c Lesen Sie den Text noch einmal. Mit Hilfe der Strategie entscheiden Sie, welche vier Äußerungen richtig sind.

1. Deutschland wird von anderen Ländern als herrisch angesehen.
2. Bürger aus Deutschland haben ihre Meinung geäußert.
3. Die Länder im Norden haben die ablehnendsten Meinungen gehabt.
4. Die Befragten meinen, dass Deutschland eine wichtige Rolle in der kontinuierlichen Einheit Europas spielt.
5. Die Lage wäre für viele Südeuropäer viel besser, wenn die Eurozone auseinanderbrechen würde.
6. Mehr als 7000 Leser haben in wenigen Stunden ihre Meinung abgegeben.
7. Spanier sehen die Rolle Deutschlands in der EU als negativ.
8. Tausende haben Deutschland wegen seiner Handlung während der EU-Krise gelobt.

Grammatik

Revision of main and subordinate clauses
Haupt-und Nebensätze

Study point N1.4 in the grammar section. Read the article on page 213 again.

A Find different ways in which clauses are joined and write the clause down. Now translate them into English.

B Underline and label how each clause is joined, e.g. main/subordinating conjunctions, adverbial conjunctions, relative pronouns.

C What do you notice about the word order after the different types of 'joining' words?

3 Übersetzen Sie die englischen Konjunktionen. Verbinden Sie damit die Sätze. Achten Sie dabei auf die Satzstellung.

a [but] Angela Merkel ist nicht nur die erste Bundeskanzlerin. Sie ist auch die mächtigste Frau der Welt.

b [before] Im Jahr 2000 wurde Angela Merkel Chefin der CDU. Sie war eine hoch angesehene Physikerin.

c [after] 2006 erschien Frau Merkel zum ersten Mal auf der Liste der mächtigsten Frauen der Welt. Sie ist seitdem fast immer auf dem ersten Rang.

d [in order to] Vier Zeitungen haben eine Online-Umfrage organisiert. Sie entdecken die Meinungen ihrer Leser.

e [when] Die Zeitungen haben ihre Leser befragt. Sie bekamen Tausende von Antworten.

f [if] Stark und überzeugend wollen wir Europäer sein. Wir müssen gemeinsam agieren und mit einer Stimme sprechen.

g [which] Frieden und Freiheit sind schwer erkämpfte Privilegien. Wir müssen sie respektieren und wir müssen sie wahren.

h [either … or …] Wir treten für Meinungsfreiheit und Pressefreiheit und Religionsfreiheit ein. Nach und nach verlieren wir sie.

4 a Merkel: „Europa ist nur gemeinsam stark." Hören Sie sich das Gespräch an. Hilke hat einen Podcast gehört und beschreibt, wie Angela Merkel diese Frage beantwortet: „Was tun Sie, um die europäische Friedensordnung, so wie wir sie heute haben, zu sichern?" Finden Sie die Wörter auf Deutsch.

1 commemorative year
2 peace
3 freedom
4 to defend
5 foundations
6 regime of peace
7 second world war
8 living together peacefully (noun)
9 member state
10 collaboratively
11 European unity
12 advocacy for freedom of opinion
13 freedom of the press
14 freedom of religion

Bundeskanzlerin Angela Merkel, „Architektin der Europäischen Union"

Theme 4 Aspects of political life in the German-speaking world

4 b Hören Sie noch einmal zu und beantworten Sie die Fragen auf Deutsch.

1. Warum sind 2014 und 2015 besondere Jahre?
2. Welche Werte müssen wir immer noch verteidigen?
3. Was dürfen wir nicht vergessen?
4. Welches Beispiel von Friedens- und Freiheitsbruch wird genannt?
5. Warum sollen wir heute dankbar sein? (zwei Beispiele)
6. Warum ist es manchmal schwierig, europäische Einheit als Ziel zu haben?
7. Wie muss Europa laut Merkel aussehen, um stark und überzeugend zu sein?
8. Welche drei Beispiele von Freiheitsbedrohungen gibt Merkel?

4 c Benutzen Sie einige Ideen aus der Hörübung und übersetzen Sie den Text ins Deutsche.

Commemorative years provide an opportunity to reflect but we must never forget to fight for peace and freedom. We want to avoid anything disastrous happening again, as for example the Second World War. As there are 28 members in the European Union, we can work closer together. Although one cannot deny that the individual countries have different interests, we should have enough common goals to make this possible. We must act in a united way against any country that threatens the key freedoms of a freedom of press, opinion and religion.

5 a „Aber nur gemeinsam sind wir wirklich stark und überzeugend."
Da Sie diese Einheit durchgearbeitet haben, was halten Sie jetzt von dieser Äußerung Angela Merkels? Sind Sie auch dieser Meinung? Warum/warum nicht? Was ist die Rolle Deutschlands in Europa?

- Hören Sie noch einmal zu oder lesen Sie den Hörtext.
- Finden Sie die Argumente, die dieser Meinung zustimmen und schreiben Sie sie auf.
- Gibt es Nachteile von dieser Meinung?
- Lesen Sie auch den Artikel noch einmal.

5 b Was für eine Meinung haben Sie zu diesem Thema? Schreiben Sie einen Absatz in ganzen Sätzen und prüfen Sie sorgfältig die Grammatik und die Wortstellung.

Europa, vom Weltall gesehen

Vokabular

The lists below contain the key vocabulary for each sub-unit and need to be learnt by heart. More complete lists are available in the Dynamic Learning package.

10.1 Sind Sie Deutsche(r) oder Europäer(in)?

die **Absicherung(en)** security
assoziieren v to associate
der **Befragte(n)** interviewee
die **Bereicherung(en)** enrichment
die **Demokratie(n)** democracy
die **Einheit(-)** unity
die **Errungenschaft(en)** accomplishment
der **Europäer(-)** European
die **Flagge(n)** flag
der **Frieden(-)** peace
geeint adj unified
das **Gefühl(e)** feeling
gemeinsam adv collective, together
das **Hindernis(se)** barrier, obstacle
die **Hymne(n)** anthem
die **Identität(en)** identity
die **Kultur(en)** culture
die **Lebensqualität(en)** quality of life
der **Lebensstandard(s)** standard of living
der **Mensch(en)** human
der **Mitgliedsstaat(en)** member state
die **Sicherheit(-)** security
die **Solidarität(-)** solidarity
sozioökonomisch adj socio-economic
die **Sprache(n)** language
die **ständige Entwicklung(en)** constant development
das **Symbol(e)** symbol
verbreiten v to spread, propagate
die **Vielfalt(-)** diversity
wahrnehmen v to notice, observe
der **Wert(e)** worth, value
die **Wirtschaftskrise(n)** economic crisis
die **wissenschaftliche Entdeckung(en)** scientific discovery
der **Wohlstand(stände)** wealth, prosperity

10.2 Die Auswirkungen der EU-Erweiterung auf Deutschland

die **Abschaffung(en)** abolition
der **Binnenmarkt(¨e)** domestic market
die **Finanzkrise(n)** financial crisis
der **Flüchtling(e)** refugee
die **Grenze(n)** border
gründen v to found/set-up
das **Gründungsmitglied(er)** founder member
der **Handel(-)** trade
innereuropäisch adj inner European
(der) **Krieg gegen den Terror** war against terror
der **Krieg(e)** war
die **Lebensmittelerzeugung(en)** food production
der **Nachbar(n)** neighbour
die **Passkontrolle(n)** passport control
politisch adj politically
vereinen v to unify
die **Währung(en)** currency
die **Ware(n)** goods, merchandise
die **weltweite Wirtschaftskrise(n)** global financial crisis
die **Weltwirtschaft(en)** world economy
wirtschaftlich adj economically
der **Wohlstand(ë)** affluence
die **Zusammenarbeit(no pl)** collaboration

10.3 Die Rolle Deutschlands in Europa

die **Arbeitsplatzsicherheit(en)** workplace security
der **Architekt(en)** architect
aufgeben v sep to give up
auseinanderbrechen v sep to break apart
die **billigen Arbeitskräfte** (pl) cheap workforce
die **Eurokrise(n)** Euro crisis
die **Eurozone(n)** Eurozone
die **Feindseligkeit(en)** animosity
die **Freiheit(en)** freedom
der **Frieden(-)** peace
die **Friedensordnung(-)** regime of peace
die **Führungsrolle(n)** leadership role
das **Kernprinzip(ien)** core principle
Lösungen aufzwingen v sep to impose solutions
machthungrig adj hungry for power
mächtigst adj most powerful
die **Meinungsfreiheit(en)** freedom of opinion
der **Mitgliedsstaat(en)** member state
der **Peiniger(-)** tormentor
die **Pressefreiheit(en)** freedom of the press
das **Recht(e)** right
die **Religionsfreiheit(en)** freedom of religion
der **Retter(-)** saviour
das **Rettungspaket(e)** bail-out package
die **Rolle(n)** role
seine Macht ausbauen v sep to restore one's strength
die **Sparpolitik(-)** austerity
stark adj strong
tief gespalten adj deeply divided
überzeugend adj convincing
verteidigen v to defend/stand up for
von der Krise profitieren v to benefit from the crisis
das **Wachstum(-)** growth

Theme 4 Aspects of political life in the German-speaking world

UNIT 11

Politik und die Jugend

Theme objectives

This unit looks at the political processes in Germany and how German politics affects young people. Over the three sub-units, you will:
- Find out how much young people are involved in the democratic process.
- Learn about what political parties in Germany offer young people.
- Consider the values and ideals of young people with respect to compulsory military service.

Grammar objectives

You will also study and practise various grammar points. You will:
- Use the future perfect tense.
- Use the nominative after copular verbs (*sein, werden, bleiben*).
- Vary word order.

Strategy objectives

Finally, you will develop different strategies that will help you when it comes to exam time. Over these three sub-units you will:
- Analyse interviews and reports.
- Translate English to give accurate German.
- Employ a variety of complex grammatical structures.

11.1 Macht mit!

- Wie deutsche Jugendliche sich am demokratischen System beteiligen.
- Das Futur 2 verwenden.
- Interviews und Berichte analysieren.

Zum Einstieg

1 *Quiz*
- a Wie viele Bundesländer gibt es in Deutschland und wie viele können Sie nennen?
- b Wie heißen die Verwaltungsgebiete in Österreich und in der Schweiz?
- c Wie heißt der aktuelle deutsche Bundeskanzler bzw. die Bundeskanzlerin?
- d Wie heißt das deutsche Parlament?

2 a Lesen Sie den Chat. Lesen Sie dann die Aussagen. Schreiben Sie für jede Aussage R (richtig), F (falsch) oder NA (nicht angegeben).

1. Der norddeutsche Jugendliche hat sein demokratisches Wahlrecht schon ausgeübt.
2. In den meisten europäischen Staaten entscheiden Abgeordnete zurzeit über eine Änderung des Wahlrechts.
3. In der Schweiz heißt eine Wahl auf lokaler Ebene eine Gemeindewahl.
4. In Österreich haben alle Steuerzahler das Wahlrecht.
5. In einigen deutschen Bundesländern können 16-jährige schon bei Landtagswahlen abstimmen.
6. Das österreichische Parlament heißt der Bundestag.
7. Eine Mehrheit der Meinungen auf dieser Webseite ist für die Einführung des Wahlrechts ab 16.
8. In der Schweiz gibt es jetzt eine Debatte über die Senkung des Wahlalters.

2 b Übersetzen Sie diesen Text ins Deutsche.

In most European countries young people come of age at 18. Some Germans believe that the voting age should be reduced to 16. On the one hand, they think that all employees should have the right to vote if they are taxpayers. On the other hand, many minors don't want to take part in the democratic process as they are not interested in politics. In Switzerland women have only been able to vote at a national level since 1971. In most countries young people think that politicians don't address the issues which concern them.

Theme 4 Aspects of political life in the German-speaking world

Wahlrecht ab 16 – Ja oder Nein?

Antwort von: Benno-Bärv
Ich bin dafür, dass das Wahlrecht ab 16 eingeführt wird. Einige Jugendliche steigen schon mit 16 in die Arbeitswelt ein und zahlen Steuern. Deswegen sollten sie auch an den Bundestagswahlen teilnehmen, weil die Abgeordneten entscheiden, wie ihre Steuergelder ausgegeben werden.

Antwort von: Florian99
In manchen Bundesländern kann man schon mit 16 bei Kommunalwahlen abstimmen. Hier in Bremen haben 16-jährige seit 2011 auch bei Landtagswahlen das Wahlrecht und ich habe schon daran teilgenommen. Bis zur nächsten Bundestagswahl werde ich volljährig sein und ich werde sicherlich meine Stimme dann auch abgeben. Aber die Politiker im Bundestag kommen mir meistens zu alt vor. Sie befassen sich zu wenig mit Themen, die uns Jugendliche angehen. Wir brauchen jüngere Abgeordnete, die unser Alltagsleben und unsere Interessen verstehen.

Antwort von: HappySchlumpf
Also, ich bin 17 aber eine Senkung des Wahlalters wär' nichts für mich. Viele meiner Freunde sind sehr unreif und würden wahrscheinlich nur aus Spaß wählen. Sie würden sich zu leicht beeinflussen lassen. Wir sind zu jung und lernen zu wenig über das politische System in der Schule. Eigentlich interessiere ich mich nicht für die Politik. Mir ist es egal, wer bei den Wahlen gewinnt!

Antwort von: Sisi-Fuß
Wie kann das egal dir sein?! Du solltest dich intensiver mit der Politik beschäftigen. Bis zur nächsten Wahl wirst du das Wahlalter erreicht haben und ich finde, jeder sollte sich am demokratischen System beteiligen. Ich bin so stolz auf mein Land, weil Österreich der erste europäische Staat war, in dem die Bürger schon mit 16 Jahren auf Bundesebene wählen durften. 2007 wurde das Wahlalter auf 16 Jahre gesenkt. Jetzt darf ich nicht nur bei Gemeinderatswahlen (so heißen die Kommunalwahlen bei uns) oder Landtagswahlen, sondern auch bei der Nationalratswahl abstimmen.

Antwort von: Alpenblume
Als Schweizerin weiß ich das Wahlrecht sehr wohl zu schätzen. Bei uns muss man 18 sein und ich glaube nicht, dass das sich gleich ändern wird. Ihr werdet sicher schon gehört haben, dass es bei uns Debatte jahrelang darum ging, ob Frauen überhaupt abstimmen durften, geschweige denn Minderjährige! Das Frauenstimmrecht auf Bundesebene gibts erst seit 1971. Bei den Kantonalwahlen mussten Frauen im Kanton Appenzell Innerrhoden sogar bis 1990 warten, bis sie wählen durften.

Grammatik

Future perfect tense
Das Futur 2

A Study point H6 in the grammar section.
1. In the website text for exercise 2, find an example of a sentence using the future perfect which relates to something that hasn't happened yet.
2. Find an example in the text of a sentence using the future perfect to indicate something which is presumed to have already happened.

In each case, write out the clauses or sentences which include this tense, underline the verbs which form the future perfect, and translate the sentences into English.

B What do the future tense and the future perfect tense have in common in terms of how they are formed?

C How could you explain the difference between the formation of the future tense and the future perfect?

Unit 11 Politik und die Jugend

3 Schreiben Sie die Sätze um, indem Sie die unterstrichenen Verben ins Futurperfekt setzen.

1. Bis nächstes Jahr nehme ich zum ersten Mal an einer Bundestagswahl teil.
2. Schon vor der nächsten Wahl erreicht ihr auch das Wahlalter.
3. Ich glaube nicht, dass das System sich vor den nächsten Wahlen ändert.
4. Sie ist nicht zu Hause – sie geht wohl ins Wahllokal.
5. Hoffentlich verpasst sie diesmal die Chance nicht, ihre Stimme abzugeben.
6. Der Bundespräsident reist nach Amerika; er landet wohl schon sicher in Washington.
7. Ich frage mich, welche Entscheidung die Regierung heute Morgen trifft.
8. Vielleicht hofft der Minister, dass das Problem schon vor der nächsten Bundestagswahl verschwindet.

Strategie

Analyse interviews and reports

- With more sophisticated listening activities, you will be expected to infer more information than when listening at a basic level. This means that in an interview such as the one in exercise 4 you are not just listening for facts, but you may also have to work out a person's views from the way they ask or respond to questions.
- Use clues such as tone of voice. When you first listen to the interview in exercise 4, ask yourself how the two speakers come across and what this might imply about their approach to the subject matter.
- Questions 1, 2 and 6 in exercise 4a require you to infer information. In 1 and 2 none of the words given in either set of possible answers are used in the text. To answer question 1, listen to the way Michael phrases his questions. Question 2 is testing your understanding of the theme of the interview by asking you to summarise it in one word. For question 6, listen carefully to what the teacher says to Michael. His age is not mentioned.

4 a Politik in Deutschland. Sie hören ein Gespräch zwischen einem Schüler, Michael, und einer Sozialkundelehrerin, Frau Holger. Lesen Sie die Aussagen unten. Wählen Sie die Antwort, die zur jeweiligen Aussage am besten passt, so dass die Aussagen mit dem Sinn des Gesprächs übereinstimmen.

1. Was die Politik angeht, ist Michael eher …
   - a gut informiert.
   - b erfahren.
   - c verwirrt.
2. Im Gespräch spricht Frau Holger mit Michael über die deutsche …
   - a Geschichte.
   - b Demokratie.
   - c Geografie.
3. Deutschland heißt „die Bundesrepublik", weil es …
   - a ein multikultureller Staat ist.
   - b mehrere politische Parteien hat.
   - c ein föderativer Staat ist.
4. Entscheidungen, die jeden deutschen Bürger betreffen, werden im …
   - a Bundesland getroffen.
   - b Bundestag getroffen.
   - c Landtag getroffen.
5. Es ist die Rolle des …
   - a Bundespräsidenten, Deutschland in aller Welt zu vertreten.
   - b Bundeskanzlers, Deutschland in aller Welt zu vertreten.
   - c Premierministers, Deutschland in aller Welt zu vertreten.

6 Ein Bundeskanzler wird vom ...
  a Bundestag gewählt.
  b Volk gewählt.
  c Bundespräsidenten gewählt.
7 Michael ist ...
  a schon volljährig und hat einmal gewählt.
  b schon volljährig, hat aber noch nicht gewählt.
  c noch nicht volljährig.
8 Bei einer Wahl kann man gleichzeitig für ...
  a zwei Personen wählen.
  b eine Person und eine Partei wählen.
  c den Landtag und den Bundestag wählen.

4 b Hören Sie sich das Gespräch noch einmal an und füllen Sie die Lücken mit einem Wort aus dem Kasten aus. Es gibt mehr Wörter als Lücken.

andere	erste	kompliziert	nationaler
deutsche	ersten	kompliziertes	politischen
deutschen	ganze	meisten	regionale

Der Bundestag funktioniert auf (1)_____ Ebene. Hier wird die (2)_____ Bevölkerung von Abgeordneten vertreten. Im Landtag werden (3)_____ Themen behandelt. Die Frage, ob man (4)_____ Soldaten in ein Kriegsgebiet schickt, gehört zu den (5)_____ Themen des Bundestages. Auf den (6)_____ Blick scheint das deutsche Wahlsystem ziemlich (7)_____ zu sein. Die (8)_____ Wähler haben zwei Stimmen: die (9)_____ ist für eine Person und die (10)_____ ist für eine Partei.

5 Translate the following passage into English.
Die Bundestagswahl

Heute ist Wahltag! Diese Informationen werden dir helfen, deine Stimme zum ersten Mal abzugeben. Vor etwa drei Wochen wirst du eine Wahlbenachrichtigung bekommen haben. Dort wirst du gelesen haben, wo sich dein Wahllokal befindet und wann es geöffnet ist. Du wirst dich sicherlich über die verschiedenen Parteien und Kandidaten informiert haben. Hoffentlich wirst du deine Entscheidung schon getroffen haben.

Jetzt ist es soweit! Vergiss nicht, die Wahlbenachrichtigung und deinen Ausweis mitzunehmen. Im Wahllokal wirst du einen Stimmzettel bekommen. Dann gehst du in eine Wahlkabine, wo niemand sehen kann, wo du dein Kreuz machst. Danach faltest du den Stimmzettel zusammen, bevor du ihn in die Wahlurne wirfst.

6 a Nehmen Sie Stellung zur Frage: Inwiefern und ab welchem Alter sollen sich Jugendliche am demokratischen System beteiligen? Bereiten Sie Ihre Antwort schriftlich vor, indem Sie mindestens vier Gründe angeben, um Ihre Meinung zu rechtfertigen. Schreiben Sie in ganzen Sätzen und prüfen Sie sorgfältig die Grammatik und die Wortstellung.

6 b Führen Sie anschließend eine Debatte über das Thema „Wählen ab 16 Pro und Kontra " in der Klasse.

Unit 11 Politik und die Jugend

11.2 Engagier dich

- Lernen, was die Parteien in Deutschland politisch engagierten Jugendlichen anbieten.
- Den Nominativ nach den Kopulaverben *sein*, *werden*, *bleiben* verwenden.
- Vom Englischen ins Deutsche übersetzen.

Zum Einstieg

1 a Wie können sich Jugendliche hierzulande in der Politik engagieren? Gibt es Klubs oder Vereine bei Ihnen in der Schule, in der Gemeinde oder auf nationaler Ebene, wo junge Menschen einen Beitrag zur Gesellschaft leisten können? Haben die politischen Parteien auch Jugendorganisationen bei Ihnen? Arbeiten Sie mit einem Partner/einer Partnerin zusammen und machen Sie eine Liste der Organisationen, die Sie kennen.

1 b Vergleichen Sie Ihre Liste mit den Listen anderer Studenten in der Klasse.

2 a Lesen Sie den Text rechts, der von der Beteiligung deutscher Jugendlichen an politischen Parteien handelt. Finden Sie Synonyme zu diesen Wörtern.

1 Ideen
2 Bitten
3 Angehöriger
4 repräsentieren
5 Themen

2 b Finden Sie jetzt Antonyme zu diesen Wörtern.

1 einheitlich
2 selten
3 Mitglied einer Partei
4 bundesweit
5 keinen Einfluss auf etwas haben

2 c Lesen Sie den Text noch einmal. Wählen Sie vom Kasten das Verb, das am besten passt, um die Sätze zu ergänzen. Sechs Wörter passen nicht.

angehen	bieten	gehören	nachdenken
beitreten	bitten	kennen	teilnehmen
beteiligen	engagieren	stattfinden	treffen

1 Jugendliche über 14 Jahre können einer politischen Jugendorganisation _____.
2 Politische Jugendorganisationen _____ Jugendlichen viele Möglichkeiten.
3 Mitglieder verschiedener Jugendorganisationen _____ sich regelmäßig in den RpJs.
4 Auf lokaler Ebene gibt es Beiräte für junge Leute, die sich an der Politik _____ wollen.
5 Politiker müssen sich über die Themen informieren, die junge Menschen _____.
6 Martin hat vor, sich auch in Zukunft für politische Angelegenheiten zu _____.

Politische Jugendorganisationen

Wie können sich Jugendliche in Deutschland über die politischen Parteien informieren? In Deutschland haben fast alle Parteien eigenständige Jugendorganisationen, die die Interessen der jungen Generation vertreten. Um Mitglied einer Jugendorganisation zu werden, muss man in der Regel 14 Jahre alt sein. Ganz egal, für welche politische Jugendorganisation man sich auch entscheidet, alle haben eines gemeinsam: Sie wollen jungen Menschen die Möglichkeit geben, ihre eigenen Vorstellungen und Wünsche in den politischen Diskurs einzubringen. In den „Ringen politischer Jugend" (RpJ) kommen die unterschiedlichen politischen Jugendorganisationen regelmäßig zusammen. Mitglieder des Ringes auf Bundesebene sind die Junge Union (Unionsparteien), die Jusos (SPD), die Jungen Liberalen (FDP), die Grüne Jugend (Grüne) sowie die Jungdemokratinnen und die Jungen Linken (parteilos).

Für Jugendliche, die in ihrem Wohnort politisch aktiv sein wollen, gibt es in vielen Gemeinden Beiräte, Ausschüsse oder sogar Parlamente für Jugendliche. Die dort engagierten Jugendlichen vertreten die Interessen von jungen Menschen in ihrer Stadt oder Gemeinde. Sie beraten die gewählten Vertreter außerdem in allen Angelegenheiten, die Kinder und Jugendliche vor Ort betreffen.

Martin ist ein junger Euroskeptiker. So beschreibt er sich selbst. Vor kurzem wurde er eines der ersten Mitglieder der „Jungen Alternative", der Jugendorganisation der Partei Alternative für Deutschland (AfD). Wie andere Parteimitglieder ist auch er ein überzeugter Gegner des Euros. Martin ist ein ehrgeiziger Schüler und meint, dass er eines Tages Parteivorsitzender werden möchte. Seine Klassenkameradin Laura ist ein neues Mitglied der Jungen Piraten. Sie findet die Piraten sympathisch, weil sie sich für Jugendschutz bei den Medien einsetzen. Ob diese derzeit politisch engagierten Schüler lebenslange Anhänger dieser beiden Parteien bleiben werden, kann man im Voraus nicht beurteilen. Wer weiß, wie lange diese neuen Parteien existieren werden?

2 d Schreiben Sie jetzt eine Zusammenfassung der ersten zwei Absätze. Schreiben Sie in ganzen Sätzen und prüfen Sie sorgfältig die Grammatik und die Wortstellung. Achten Sie auf folgende Punkte:
- Wer einer Jugendorganisation beitreten darf.
- Das Ziel der Jugendorganisationen der Parteien.
- Die Funktion der Ringe politischer Jugend.
- Zwei Möglichkeiten für politisch engagierte Jugendliche auf lokaler Ebene.

3 Translate the third paragraph of the text into English.

Grammatik

Nominative with copular verbs *sein, werden, bleiben*

Nominativ nach den Kopulaverben *sein, werden, bleiben*

Study point A1.1 in the grammar section.

A Find examples in the third paragraph of the text where there is clear evidence of a nominative case being used as the complement with the verbs:

1 sein
2 werden
3 bleiben

In each case, write out the clauses or sentences which include this construction, underline the verbs, the subjects and the complements.

B Explain what is meant by the word 'complement' in this context.

---

4 Tragen Sie die Endungen der Artikelwörter, Adjektive und Substantiven ein, wo es notwendig ist.

a Später im Leben will ich ein____ berühmt____ Politiker werden.

b Er gilt als ein____ der ehrlichsten Politiker überhaupt.

c Unsere Organisation heißt ganz einfach „D____ Umweltverein".

d Sara, die d____ neu____ Energiebeauftragt____ in unserer Schule ist, erweist sich als ein____ der engagiertesten jungen Menschen, die ich kenne.

e Mein Großvater wurde mit 25 ein____ der ersten Mitglieder der damals neuen CDU und blieb sein Leben lang ein____ eingefleischt____ Konservativ____.

f Würdest du dich als ein____ überzeugt____ Euroskeptiker beschreiben?

g Ein paar Jahre lang schien die Partei „Die Piraten" ein____ groß____ Erfolg zu haben, aber jetzt?

h Mein Vater ist Vorsitzend____ eines Gremiums, aber meine Mutter ist seit zwei Jahren sogar Parteivorsitzend____.

5 a Freiwillige Aktionen. Hören Sie zu. Zwei Jugendliche sprechen über freiwillige Aktionen. Wählen Sie die vier Aussagen, die mit dem Sinn ihres Gesprächs übereinstimmen.

1 Sara setzt sich für Energiesparen ein.
2 Sara geht in eine Umweltschule.
3 Sara engagiert sich bei der Greenpeace-Jugend.
4 Diese Tätigkeit hat Sara selbstbewusster gemacht.
5 Benno sagt, dass Tafel eine kirchliche Organisation sei.
6 Benno ist für die Ausgabe von Lebensmitteln zuständig.
7 Das Essen wird von den Supermärkten abgeholt.
8 Benno gewinnt Vorteile von seinen Erfahrungen.

Strategie

Translate English to give accurate German
When translating the text in exercise 5b you should pay particular attention to the following points:
- Think about the different ways of expressing what you like in German, e.g. useful verbs such as *mögen, lieben, gefallen*, or the adverb *gern* alongside a verb.
- Take care with the possessive adjectives for 'his' *(sein)* and 'her' *(ihr)* which are frequently confused by learners of German.
- You don't have to keep to the same structures in both languages, for example there might be a shorter way to convey an English subordinate clause.
- Remember word order rules, such as inverting the verb if you don't begin a sentence with the subject, and the position of the verb in subordinate clauses.
- When translating the preposition 'for', decide whether it should be *für* or *seit* in German. If you are talking about a length of time, remember that the tense will not be the same in German as in English.
- Remember that you can use *man* to avoid the passive.
- Make sure that your subject and verb agree.
- If a noun appears in the plural and in the dative, it must have an '-n' on the end, unless its plural ends in '-s'.
- German verbs, including *helfen, folgen, glauben, drohen* and *danken*, take a dative.

5 b  Hören Sie sich dem Gespräch noch einmal an und übersetzen Sie diesen Text ins Deutsche. Sie finden Vorschläge in der Strategie, die dabei helfen können. Sie können auch den Hörtext benutzen.

Sara is not a member of a political youth organisation, but she likes to support environmental campaigns. The pupils at her school plant trees because a lot of CO_2 is created when they go on school trips. In the primary school the children understand that they need to separate the rubbish and turn the lights off.

Benno has been working as a volunteer for the organisation 'Tafel' for two years. The food from the supermarkets is distributed to people who don't have much money. You get a good feeling when you help other people.

6 a  Machen Sie Recherchen im Internet über die politischen Parteien in Deutschland. Schreiben Sie einen Absatz in ganzen Sätzen und prüfen Sie sorgfältig die Grammatik und die Wortstellung. Beantworten Sie diese Fragen.
- Welche Parteien sind jetzt im Bundestag vertreten?
- Welche Partei bzw. Parteien regiert/regieren zurzeit?
- Wie heißen der Bundeskanzler bzw. die Bundeskanzlerin und der Bundespräsident bzw. die Bundespräsidentin?
- Wann war die letzte Bundestagswahl und wann wird die nächste sein?

6 b Arbeiten Sie mit einem Partner/einer Partnerin. Einer/Eine stellt die Fragen in Übung 6a. Der/Die andere versucht, die Fragen zu beantworten, ohne sich seinen/ihren Absatz anzusehen.

11.3 Wehrpflicht: Ja oder Nein?

- Die Werte und Ideale junger Leute heutzutage in Bezug auf ihre Meinungen zur Wehrpflicht erwägen.
- Wortstellungsvariationen verwenden.
- Komplexe grammatikalische Strukturen benutzen.

Zum Einstieg

1 Stellen Sie sich vor, Sie wären verpflichtet, einige Zeit bei der Armee zu dienen. Sammeln Sie Argumente für und gegen diese Verpflichtung. Benutzen Sie dabei ein Wörterbuch, um neue Vokabeln zu finden. Tauschen Sie Ihre Ideen in der Klasse aus.

2 a Lesen Sie die vier Texte. Finden Sie den Ausdruck, der zu jeder Aussage am besten passt, sodass die Ausdrücke mit dem Sinn der Texte übereinstimmen.

1 Man war nicht mehr verpflichtet, zur Bundeswehr zu gehen.
2 Ich möchte meinen Dienst in einem anderen Land leisten.
3 Eine Zeit lang kann man sehen, was los ist.
4 Eine Diskussion stand außer Frage.
5 Mehr Leute haben mit Ja als mit Nein gestimmt.
6 Ich soll ein halbes Jahr zur Armee gehen.
7 Es war gar nicht schlecht für mich.
8 Wir wollen es gegen Bedrohungen verteidigen.

2 b Lesen Sie die vier Texte noch einmal. Lesen Sie dann die Aussagen. Welche vier Aussagen sind richtig?

1 Werner kennt den Wehrdienst schon aus persönlicher Erfahrung.
2 Marcel nennt Beispiele von neuen Risiken für die Welt.
3 Claudia freut sich über die Chancengleichheit der Geschlechter.
4 Marcel findet es ungerecht, dass alles nicht mehr wie früher ist.
5 Claudia hätte gern an einem Referendum teilgenommen.
6 Julia hat bei einem Referendum teilgenommen, in dem fast drei Viertel der Stimmen für die Wehrpflicht waren.
7 Werners Eltern haben keinen Wehrdienst geleistet.
8 Julia beschreibt ein Land, wo Wehrpflichtige Wiederholungskurse machen müssen.

Wehrdienst: Pro oder Kontra?

Claudia, 17

Anfang 2011 wurden zum letzten Mal Wehrpflichtige in die Bundeswehr eingezogen. Danach wurde die Wehrpflicht in Deutschland abgeschafft. Jetzt gibt es den Freiwilligen Wehrdienst von bis zu 23 Monaten – für junge Männer, aber auch für Frauen, und das finde ich gut. Vorher galt die Wehrpflicht nur für Männer, was meiner Meinung nach ungerecht war. Nächstes Jahr, wenn ich 18 bin, werde ich mich bewerben. Nach der Grundausbildung hoffe ich, dass ich im Ausland eingesetzt werde. Wer weiß? Am Ende der 23 Monate werde ich mich vielleicht entscheiden, Berufssoldatin zu werden. Das beste an diesem neuen System ist, dass die ersten sechs Monate eine Probezeit sind. Dann kann man herausfinden, ob die Bundeswehr einem gefällt.

Werner, 20

Ich komme aus Österreich. Für die Generation meiner Eltern war die Wehrpflicht eine Selbstverständlichkeit. In der letzten Zeit wurde aber immer mehr über die Zukunft der Wehrpflicht diskutiert. Sollten wir Wehrpflicht und Zivildienst behalten oder wäre ein Berufsheer besser? Im Jänner* 2013 kam es zu einer Volksbefragung und mit einer Mehrheit von 59,7% hat man sich für die Wehrpflicht entschieden. Ich habe dagegen gestimmt, werde aber jetzt für sechs Monate einberufen. Niemand soll gezwungen werden, Soldat zu sein, also werde ich neun Monate Zivildienst leisten. In Österreich brauchen wir ein Berufsheer. Nur richtig ausgebildete Soldaten können sich den globalen Herausforderungen von heute stellen: Cyberkriminalität, Terrorismus, Umweltkatastrophen.

Marcel, 25

Schade, dass man die Wehrpflicht in Deutschland abgeschafft hat. Ich musste sechs Monate Wehrdienst leisten, als ich 18 war. Dass Jugendliche heute nicht einberufen werden, finde ich unfair. Mir hat der Eintritt in die Bundeswehr keineswegs geschadet. Kameradschaft, Disziplin, Ordnung und körperliche Fitness waren die Vorteile. Sicher hatte man ab und zu auch schlechte Erfahrungen. Zwar waren der Sport und die langen Märsche teilweise sehr anstrengend, aber Männer sollen bereit sein, sich für die Verteidigung ihrer Heimat einzusetzen, wenns nötig ist.

Julia, 21

Wir Schweizer und Schweizerinnen sind sehr stolz auf unser schönes Land und wollen es vor Gefahren von außen schützen. Deswegen habe ich, wie 73% meiner Landsleute, bei der Volksabstimmung im September 2013 gegen die Abschaffung der Militärdienstpflicht gestimmt. Auch wenn es zum Notfall im Lande kommt, kann man beruhigt sein, dass es ausreichende Hilfe vor Ort gibt, zum Beispiel wenn es eine Naturkatastrophe gäbe. Bei uns müssen alle Männer zwischen 18 und 32 Jahren eine Grundausbildung bei der Armee machen. Danach müssen sie regelmäßig an Schießübungen teilnehmen. Ihre Waffe behalten sie bei sich zu Hause. Für Schweizerinnen ist der Militärdienst freiwillig.

*Austrian form of Januar

2 C Übersetzen Sie diesen Text ins Deutsche.

Nowadays there are many challenges for all countries in the world. An army has to protect people not only from the dangers of terrorism, but also from the consequences of natural disasters. In some countries there is compulsory national service. Here, young people are called up for a period of several months. In others, military service is voluntary for both men and women. Some young people use the basic training as a test period to find out if the army suits them. In Germany, compulsory military service was abolished in 2011.

Grammatik

Word order variation
Satzstellung: Variationen

Study point N5 in the grammar section.

A Read Marcel's text in exercise 2. Write out and translate the following, underlining the subject of the main clause each time:
1. One example of where a subordinate clause is placed first in the sentence.
2. One example of where the sentence starts with an indirect object and the subject is inverted.
3. One example of a sentence in which the direct object and the subject are inverted.

B Read Julia's text and answer these questions:
1. Which words does she place at the start of one sentence to emphasise where (the place) she is talking about?
2. In her last two sentences the subject is also inverted. What effect do you think this has?

3 Schreiben Sie die Sätze um, sodass jeder mit einem Satzteil, entweder Objekt oder Adverb, beginnt, der sich auf den vorhergehenden Satzteil bezieht.

1. Es gibt den „Kalten Krieg" nicht mehr.
2. Wir müssen zwar bereit sein, unsere Demokratie zu schützen.
3. Ein Berufsheer kann das aber heutzutage viel besser machen als ein Heer, das zum Großteil aus Wehrpflichtigen besteht.
4. Die meisten jungen Leute wollten so was noch nie machen.
5. Ich finde (es) gut, dass wir Jugendliche keinen Wehrdienst leisten müssen.
6. Das ist aber für meinen Großvater ein Zeichen des Zerfalls.
7. Meine Großmutter meint dagegen, dass alle Jugendlichen, Mädchen und Jungen, ein Jahr Zivildienst leisten sollten.
8. (Es) ist nicht meine Sache, alten Menschen zu helfen. Vielleicht, wenn ich ein bisschen älter bin....

Strategie

Employing a variety of complex grammatical structures

Using more complex structures in writing and in speaking will help you to succeed.
- Make a list of complex structures and aim to include at least one example of each in your work.
- In an exam, write this list alongside your essay plan to help you focus.
- Tick off the structures as you include them.

Here are some ideas for what to include:
- The passive (see the opening sentence in Claudia's text in exercise 2); a passive using a modal verb (find an example in Werner's text in exercise 2).
- Subordinate clauses using a variety of conjunctions. (Five different conjunctions are used in the texts in exercise 2 – what are they?)
- The conditional (find an example in Werner's text and another in Julia's).
- Verbs taking the dative. (Which one does Marcel use?)
- Extended adjectival phrases (look at the transcript of the interview in exercise 4 and find one which Felix uses when he talks about his future).

Theme 4 Aspects of political life in the German-speaking world

4 a Zivildienst im Altersheim. Sie hören ein Interview mit einem jungen Österreicher, Felix, über seine Erfahrungen in einem Altersheim. Schreiben Sie P für eine positive Antwort, N für eine negative Antwort oder P/N, wenn seine Antwort sowohl positiv als auch negativ ist.

1. Die Grundausbildung.
2. Die Dauer des Zivildienstes.
3. Die Aufgaben im Heim.
4. Der Umgang mit alten Menschen.
5. Die Zusammenarbeit mit dem Personal.
6. Die Vorbereitung für die Zukunft.
7. Die Erfahrungen des Bruders bei der Bundeswehr.
8. Seine Meinung über Wehrpflicht und Zivildienst.

4 b Hören Sie noch einmal zu und schreiben Sie dann ein passendes Ende für jeden Satzanfang. Prüfen Sie sorgfältig die Grammatik und die Wortstellung.

1. Beim Erste-Hilfe-Kurs lernte Felix, eine Person …
2. Der Einsatz im Altersheim dauerte länger als …
3. Felix war überrascht, dass er nicht …
4. Er hörte gern zu, wenn die Senioren …
5. Einige Mitarbeiter versuchten, ihm …
6. Felix versteht die Probleme seiner Großeltern besser, die …
7. Mit seinem Bruder hat Felix …
8. Felix würde den Zivildienst abschaffen, obwohl …

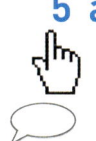

5 a Sind Sie für oder gegen die Einführung einer Wehrpflicht in Ihrem Land? Recherchieren Sie im Internet oder befragen Sie auch einige ältere Mitbürger. Fassen Sie die Argumente dafür und dagegen in einer PowerPointpräsentation zusammen. Sprechen Sie vor der Klasse (nicht länger als zwei Minuten).

5 b Schreiben Sie einen Absatz zum Thema. Benutzen Sie ganze Sätze und prüfen Sie sorgfältig die Grammatik und die Wortstellung.

Unit 11 Politik und die Jugend

Vokabular

The lists below contain the key vocabulary for each sub-unit and need to be learnt by heart.
More complete lists are available in the Dynamic Learning package.

11.1 Macht mit!

- **abstimmen** *v* to vote
- die **Bundesebene(n)** national (federal) level
- der **Bundeskanzler(-)** Federal Chancellor
- der **Bundespräsident(en)** Federal President
- der **Bundestag** German parliament
- die **Bundestagswahl(en)** parliamentary election
- die **Ebene(n)** level
- **föderativ** *adj* federal
- das **Frauenstimmrecht(e)** voting rights for women
- die **Gemeinderatswahl(en)** local council election
- der **Kanton(e)** canton
- die **Kommunalwahl(en)** local election
- der **Landtag(e)** federal state parliament
- **minderjährig** *adj* minor, underage
- der **Nationalrat** National Assembly
- der **Politiker(-)** politician
- die **Regierung(en)** government
- die **Steuer(n)** tax
- der **Steuerzahler(-)** taxpayer
- die **Stimme(n)** vote
- **unreif** *adj* immature
- **vertreten** *v* to represent
- **volljährig** *adj* of age
- die **Wahl(en)** election
- **wählen** *v* to vote, elect
- die **Wahlkabine(n)** polling booth
- das **Wahllokal(e)** polling station
- das **Wahlrecht** right to vote
- die **Wahlurne(n)** ballot box

11.2 Engagier dich!

- die **Aktion(en)** campaign
- der **Anhänger(-)** fan, supporter
- die **Ausgabe(n)** handing-out
- der **Beauftragte(e)** representative
- der **Beirat("e)** advisory board
- der **Beitrag("e)** contribution
- **beitreten** *v* to join
- **beraten** *v* to advise
- **betreffen** *v* to concern
- **beurteilen** *v* to judge, evaluate
- die **Bundesebene** national level
- **bundesweit** *adj* nationwide
- der **Diskurs(e)** discourse
- **engagiert** *adj* committed
- der **Euroskeptiker(-)** Eurosceptic
- **freiwillig** *adj* voluntary
- der **Gegner(-)** opponent
- die **Gemeinde(n)** community
- **gemeinsam haben** *v* to have in common
- der **Jugendschutz** youth protection
- **parteilos** *adj* independent
- der **Parteivorsitzende(-)** Party leader
- die **Regel(in der Regel)(n)** rule (as a rule)
- **sich beteiligen(an)** *v* to participate (in)
- **sich einsetzen(für)** *v* to stand up (for)
- **sich engagieren** *v* to get involved
- die **Tätigkeit(en)** activity
- **teilnehmen(an)** *v* to take part (in)
- **überzeugt** *adj* convinced
- **unterschiedlich** *adj* different, various
- **vertreten** *v* to represent
- **vor Ort** *adv* locally
- die **Vorstellung(en)** idea
- **Vorteile gewinnen** *v* to gain advantages
- **zuständig** *adj* responsible

11.3 Wehrpflicht: Ja oder Nein?

- **abschaffen** *v* to abolish
- das **Altersheim(e)** old people's home
- die **Armee(n)** army
- das **Berufsheer(e)** professional army
- die **Bundeswehr** German armed forces
- die **Chancengleichheit** equal opportunities
- die **Cyberkriminalität** cybercrime
- **einberufen** *v* to draft, call up (into army)
- der **Einsatz** deployment
- **einsetzen** *v* to deploy
- **einziehen** *v* to conscript
- die **Grundausbildung(en)** basic training
- das **Heer(e)** army
- die **Herausforderung(en)** challenge
- die **Kameradschaft** comradeship
- die **Landsleute** fellow countrymen
- **leisten** *v* to perform
- der **Marsch("e)** march
- die **Militärdienstpflicht** military service
- der **Notfall("e)** emergency
- das **Pflegepersonal** care staff
- die **Probezeit(en)** trial period
- die **Schießübung(en)** target practice
- **schützen(vor)** *v* to protect (from)
- der **Terrorismus** terrorism
- die **Umweltkatastrophe(n)** environmental disaster
- die **Verteidigung** defence
- die **Volksabstimmung(en)** referendum
- die **Volksbefragung(en)** referendum
- die **Waffe(n)** weapon
- der **Wehrdienst** military service
- die **Wehrpflicht** compulsory military service
- **wehrpflichtig** *adj* liable for military service
- der **Zivildienst** service for the community
- **zwingen** *v* to force

Theme 4 Aspects of political life in the German-speaking world

UNIT 12

Die Wiedervereinigung und ihre Folgen

Theme objectives

This unit looks at the building of the Berlin Wall, consequences of the reunification and in particular the Bonn to Berlin move. Over the three sub-units, you will:
- Learn why the wall was built and about events surrounding reunification.
- Find out about the expectations and reality of the aftermath of the reunification.
- Learn to what extent Bonn and Berlin have taken on new identities.

Grammar objectives

You will also study and practise various grammar points. You will:
- Learn about the Subjunctive 2, the conditional perfect/pluperfect.
- Understand which verbs take the dative.
- Learn to use the Subjunctive 2.

Strategy objectives

Finally, you will develop different strategies that will help you when it comes to exam time. Over these three sub-units you will:
- Plan and carry out AQA A-level revision, including the use of timelines.
- Learn and use more sophisticated vocabulary.
- Learn to hold the interest of your audience when speaking.

12.1 Friedliche Revolution in der DDR

- Warum die Mauer gebaut wurde – und der Tag des Mauerfalls.
- Konjunktiv 2 verwenden.
- Wie man sich effektiv auf die Prüfungen vorbereitet.

Zum Einstieg

1 Sehen Sie sich die zwei Landkarten an, um sich ein klares Bild vom geteilten Deutschland zu machen. Finden Sie danach eine Landkarte von Ihrem Land und eine von der Hauptstadt. Teilen Sie beide in zwei Teile und denken Sie über die folgenden Punkte nach:
   - Welche Familienmitglieder würden Sie nicht mehr sehen?
   - Welche Freunde würden Sie nicht mehr sehen?
   - Welche Auswirkungen hätte es auf Ihren zukünftigen Wohnort?
   - Welche Auswirkungen hätte es auf Ihre zukünftige Karriere?

Das geteilte Deutschland

Berlin 1945–1990

Während die demokratische BRD in der Nachkriegszeit stark von den Westmächten beeinflusst war, wurde die DDR immer mehr abgeschottet. Viele Menschen wollten der Zwangsherrschaft des Sowjetreiches entfliehen, obwohl die so genannte „Republikflucht" verboten war und hart bestraft wurde. Sie versuchten vor allem, über Berlin zu flüchten, wo die Sektorengrenze zwischen Ost und West noch offen und kaum zu kontrollieren war.

Am 13. August 1961 zog man mitten durch Berlin eine Mauer und bildete somit eine Grenze zwischen den beiden deutschen Staaten. Man hatte das letzte Schlupfloch dicht gemacht. Die Grenze wurde durch lebensbedrohliche Minen, Selbstschussanlagen und unter Schießbefehl stehende Soldaten konsequent „gesichert". Damit wurde eine endgültige Trennung der beiden hier aufeinander treffenden Fronten geschaffen und der Flüchtlingsstrom aus dem Osten gestoppt. Die Abwanderung war für die DDR wirtschaftlich zur Bedrohung geworden, da viele junge und gut ausgebildete Menschen den Staat verließen. Ältere Bürger wurden dagegen meist nicht im Land festgehalten.

Bei dem Versuch, die von der DDR als „antifaschistischer Schutzwall" bezeichnete Grenze zu überwinden, wurden Hunderte von Menschen erschossen. Insgesamt wurden mehr als tausend Bürger auf der Flucht aus der DDR getötet. Ab 1963 war es für nahe Verwandte möglich, mittels eines Passierscheins ihre Familien in Ostdeutschland zu besuchen. Man wurde an der Grenze allerdings scharf kontrolliert und durfte sich nur sehr kurze Zeit in der DDR aufhalten. Durch die Grenzzone wurden viele Familien und Bekannte voneinander getrennt, sie brachte viel Leid und menschliche Tragödien mit sich.

Theme 4 Aspects of political life in the German-speaking world

2 a Lesen Sie den Text und die Aussagen unten. Finden Sie die vier richtigen Aussagen, die zu dem Bericht passen.

1. Die BRD war von Ländern wie England, Frankreich und der USA beeinflusst.
2. Die DDR-Einwohner waren stolz darauf, dass sie von Russland regiert worden sind.
3. Zahlreiche Bürger aus Ostdeutschland wollten nach Russland fliehen.
4. Es war am schwierigsten, über Berlin zu flüchten.
5. Die Mauer wurde im Jahr 1961 fertig gebaut.
6. Wenn man über die Mauer wollte, musste man sein Leben riskieren.
7. Die DDR befürchtete, dass hoch qualifizierte junge Leute in den Westen auswandern würden.
8. Nur wenige Leute haben versucht zu fliehen, nachdem die Mauer gebaut worden ist.

2 b Lesen Sie noch einmal den Text. Beantworten Sie die Fragen auf Deutsch.

1. Warum hatte die BRD ein besseres Verhältnis zu den Westmächten?
2. Wovor wollten die DDR-Bürger fliehen?
3. Warum war die Grenze in Berlin die beliebteste für die Flucht?
4. Erklären Sie den Satz „Man hatte das letzte Schlupfloch dicht gemacht".
5. Warum ist niemand einfach über die Mauer gesprungen?
6. Inwiefern ist die Abwanderung für die DDR wirtschaftlich zur Bedrohung geworden?
7. Warum hat die DDR die Mauer als „anti-faschistischen Schutzwall" bezeichnet?
8. Wie hat das Erbauen der Mauer einzelnen Bürgern geschadet?

2 c Grenzübergang. Übersetzen Sie den folgenden Text ins Deutsche.

Many people wanted to escape from the control of the soviets, so they tried to flee via Berlin. This became nearly impossible when in 1961 a wall was built through the middle of Berlin. The surge of refugees was abruptly stopped. This was crucial to the DDR, as more and more young and well educated people were leaving the State. The wall brought with it suffering and death, despite it being named 'anti-fascist protection wall' by the DDR.

3 a Tagebuch von Christian Brode, Einwohner von Leipzig. 25. September 1989. Hören Sie sich den Auszug aus Christians Tagebuch an. Lesen Sie die Definitionen unten und finden Sie die entsprechenden Wörter im Hörtext.

1. Protestkundgebung, -marsch
2. Lehrveranstaltung an einer Universität, Hochschule
3. Recht der freien Meinungsäußerung
4. heftiger Streit
5. jemand, der an etwas mitmacht
6. Person, die aus politischen, religiösen, wirtschaftlichen oder ethnischen Gründen ihre Heimat plötzlich verlassen musste
7. Deutsche Demokratische Republik
8. physische oder psychische Kraft, mit der etwas erreicht wird

Mauerfall 1989

Unit 12 Die Wiedervereinigung und ihre Folgen

3 b Hören Sie noch einmal zu. Was erfährt man über den Mauerfall durch Christians Tagebucheintragungen? Wählen Sie vom Kasten das Wort, das zur jeweiligen Textlücke am besten passt. Sie müssen die richtigen Forme von Verben einsetzen.

regelmäßig	da	bei	verletzen
wird	reagieren	nur	unterstützen

1 Christian _____ die Arbeit der Staatssicherheit.
2 Die Demos waren nicht _____ für Männer.
3 Die Zahl der Teilnehmer an den Protestzügen _____ immer mehr.
4 Die Demonstranten wurden von der Polizei angegriffen, _____ sie bewaffnet waren.
5 Zahlreiche Ostdeutsche sind beim Fluchtversuch _____ worden.
6 Die Polizei hat nicht friedlich auf die Demos _____.
7 Die Demonstrationen fanden _____ in Leipzig statt.
8 Politiker waren auch _____ den Demos dabei.

Grammatik

Subjunctive 2b: conditional perfect/pluperfect
Der Konjunktiv 2b: Vergangenheit

Study point M2 in the grammar section.
A Listen to the diary entry again and find the four examples of the Subjunctive 2. Copy them out and translate them into English.

B What do you notice about the formation of the Subjunctive 2 in German? Note down any patterns that you have observed.

4 Schreiben Sie die Sätze im Konjunktiv 2 Plusquamperfekt.

1 Was würde ich an seiner Stelle tun?
2 Ohne den Versailler Vertrag würde es keinen Zweiten Weltkrieg geben.
3 Ohne die militärische und materielle Hilfe der Amerikaner wäre die Situation in Deutschland nach dem Krieg viel schlimmer.
4 Wenn Hitler 1938 einem Mordanschlag zum Opfer fallen würde, würde Deutschland und der Welt das ganze Elend des Krieges erspart bleiben.
5 Wenn ich nach dem Krieg in Ostdeutschland leben würde, müsste ich in einem totalitären Staat leben.
6 Als DDR-Bürger könnte ich nicht ins Ausland reisen.
7 Ich frage mich manchmal, ob ich versuchen würde, ins Ausland zu fliehen.
8 Meine Großeltern in Dresden hätten erst nachdem sie das Pensionalter erreichen würden, die Chance, ihre Familie im Westen zu besuchen.

5 Translate the following passage into English.

Grenzübergang Bornholmer Strasse

Schon gegen 20.30 Uhr treffen die ersten DDR-Bürger am Grenzübergang Bornholmer Straße ein, um zu sehen, was nun los ist. Der Grenzübergang ist aber weiterhin für DDR-Bürger ohne gültiges Visum geschlossen. Es kommen immer mehr Menschen zum Grenzübergang und gegen 21.00 Uhr fordert die Menge die Öffnung der Grenze.

Die Situation spitzt sich zu, die diensthabenden Grenzsoldaten haben keinen Befehl zur Öffnung der Grenze erhalten und die Menge vor dem Grenzübergang ruft: „Tor auf! Tor auf!" Um 22.30 Uhr ruft der diensthabende Chef der Grenzübergangsstelle erneut seinen Vorgesetzten an und teilt ihm mit: „Es ist nicht mehr zu halten. Wir müssen die GÜST* aufmachen. Ich stelle die Kontrollen ein und lasse die Leute raus."

*GÜST= Grenzübergangsstelle

Strategie

Plan and carry out AQA A-level revision

For A-level success, you have to be able to revise:
- vocabulary, e.g. the subject specific words that belong to a topic
- grammar, e.g. word order
- concepts, e.g. the effects of the reunification on different groups of people.

You need to ensure that your notes make it easy for you to do this. Here are some ideas:
- Use dividers in an A4 lever arch file and label them with the unit headings. File your lesson/homework notes into these sections. You may choose to store your notes in files electronically. Ensure that any electronic files are clearly labelled.
- Have a separate section for grammar. Write down on the grammar divider which order your grammar sheets are filed in. This makes it quicker to access a particular rule quickly. Similarly, make sure that any notes stored electronically are in labelled files which are quick and easy to access.
- Once you have finished a unit, create A3 concept maps from your vocab sheets (see exercise 6a). This will help you to revise vocabulary and also reinforce the links between the words.
- Colour code nouns to help learn genders. There are some handy online programmes for this if you prefer a printed version.
- It can help to create a timeline to clarify the order of events when chronology matters.

6 a Wie war es, mit einer Mauer quer durch die Stadt zu leben? Suchen Sie im Internet nach Fotos, Artikeln, Filmen und Interviews. Erstellen Sie eine Mind-Map – am besten auf einem DIN A3 Blatt. Vergleichen Sie Ihre Notizen mit denen Ihrer Klassenkameraden und ergänzen Sie gegebenenfalls Ihre Mind-Map. Prüfen Sie sorgfältig die Grammatik und die Wortstellung.

6 b Benutzen Sie jetzt dieses Blatt für Diskussionen oder für Ihre Revision. Sehen Sie sich die Strategie an.

Unit 12 Die Wiedervereinigung und ihre Folgen

12.2 Wie vereinigt ist Deutschland überhaupt?

- Deutschland nach der Wende – Erwartungen und Realität.
- Verben mit Dativobjekt verstehen.
- Anspruchsvolle Vokabeln benutzen und lernen.

Zum Einstieg

1 Witze erlauben uns, über verbotene oder sensible Themen zu sprechen. Lesen Sie die Witze und versuchen Sie zu analysieren:
- Warum sie lustig sind
- Was sie über die Stereotypen oder Vorurteile bezüglich Ossis/Wessis aussagen.

Was bekommt man, wenn man einen Ossi mit einem Wessi kreuzt? Einen arroganten Arbeitslosen!

Sagt der Ossi zum Wessi: „Wir sind ein Volk!" Antwortet der Wessi dem Ossi: „Ja, wir auch!"

Ossi: „Ich komme aus Frankfurt/Oder."
Wessi: „Oder was?"

Wieso sind die Wessis so klein? Weil ihre Eltern gesagt haben: „Wenn ihr groß seid, müsst ihr arbeiten!"

2 a Lesen Sie den Artikel. Lesen Sie dann die Aussagen unten. Entscheiden Sie, ob die Aussagen jeweils R (richtig), F (falsch) oder NA (nicht angegeben) sind.

1. Politiker haben dem Volk Bescheid gegeben, dass sie noch eine zusätzliche Steuer bezahlen müssten.
2. Kohl glaubte, dass der ehemalige Osten nach kurzer Zeit finanziell unabhängig sein würde.
3. Ostdeutsche waren zufrieden, dass sie endlich die gleichen Waren wie die Westdeutschen kaufen konnten.
4. Kohl behauptete, dass eine Zusatzsteuer zur Unterstützung der neuen Bundesländer unnötig sei, da Geld in die neuen Bundesländern aus anderen Quellen investiert wurde.
5. Der erste Solidaritätszuschlag wurde nur ein Jahr lang vom Volk gezahlt.
6. Der Zuschlag wurde freiwillig gezahlt.
7. Der Zuschlag wird sogar heute noch gezahlt.
8. Die neuen Länder dürfen selbst entscheiden, wofür das Geld ausgegeben wird.

Solidaritätszuschlag

Dabei sah 1990 alles so gut aus. Der damalige Bundeskanzler Helmut Kohl versprach, dass die Wiedervereinigung ohne Steuererhöhungen möglich sei.

Solidaritätszuschlag

Kohl glaubte, dass die ostdeutsche Wirtschaft nach einer kleinen Anschubfinanzierung aus dem Westen schnell von allein funktionieren würde. Nach 40 Jahren Sozialismus könnten die Ostdeutschen nun endlich nach Herzenslust einkaufen, was die ostdeutsche Wirtschaft schnell beleben würde. Außerdem sollte eine „Investitionswelle" die neuen Bundesländer wirtschaftlich nachhaltig voranbringen.

Es kam bekanntlich anders. Bereits am 1. Juli 1991 führte die Regierung Kohl den Solidaritätszuschlag ein. Zunächst befristet auf ein Jahr. Der Zuschlag sollte dabei helfen, die Kosten der Wiedervereinigung zu finanzieren, den Osten aufzubauen und die öffentlichen Haushalte zu entlasten. Und damit man dem Kanzler der Einheit keine Steuerlüge vorwerfen konnte, nannte die Regierung die Ergänzungsabgabe Solidaritätszuschlag.

Wie viel kostet die Wiedervereinigung?

Das Wort suggerierte den westdeutschen Bürgern, dass sie einen freiwilligen Beitrag zum Aufbau Ost leisteten. Das ist doppelt falsch. Erstens: Steuern sind immer Zwangsabgaben; und zweitens zahlen auch die ostdeutschen Steuerzahler den Solidaritätszuschlag. Für so genannte Besserverdiener, die 45 Prozent Einkommensteuer zahlen, beläuft sich der Solidaritätszuschlag auf etwa 2,5 Prozent des Bruttoeinkommens. Ledige Arbeitnehmer müssen ihn derzeit ab einem Bruttomonatslohn von rund 1340 Euro zahlen. Eine vierköpfige Familie mit einem Verdiener wird ab 3480 Euro brutto monatlich zu der Abgabe herangezogen.

Im ersten Jahr brachte der Solidaritätszuschlag dem Bund etwa elf Milliarden Euro ein. Ab 1. Juli 1992 wurde er dann wie versprochen nicht mehr erhoben. Jedoch nur vorerst. Zudem führte die Bundesregierung den Solidaritätszuschlag zum 1. Januar 1995 wieder ein: wie auch beim ersten Mal in Höhe von 7,5 Prozent auf die Einkommensteuer, diesmal aber unbefristet.

Doch Geld zur Erfüllung seiner Aufgaben fehlte nicht nur dem Bund. Auch die neuen Länder litten nach wie vor unter den Steuerausfällen und unter Geldmangel.

2 b Lesen Sie noch einmal den Artikel. Erklären Sie mit Ihren eigenen Worten, was die folgenden Gruppen sind:

1 Besserverdiener.
2 Ledige Arbeitnehmer.
3 Eine vierköpfige Familie mit einem Verdiener.

2 c Lesen Sie noch einmal den Artikel. Erklären Sie, wie viel die folgenden Gruppen bezahlen mussten.

1 Besserverdiener.
2 Ledige Arbeitnehmer.
3 Eine vierköpfige Familie mit einem Verdiener.

3 a Die Realität des Mauerfalls. Hören Sie zu. Lesen Sie die Definitionen unten und finden Sie das richtige Wort im Hörtext.

1 Zustand optimistischer Begeisterung
2 Öffnung der Grenzen der DDR zur Bundesrepublik Deutschland
3 Überwachung des Volkes
4 Zustand der Wirtschaft, in dem es (fast) keine Arbeitslosigkeit gibt
5 von der Arbeit entlassen zu werden

Denkmal zur Berliner Mauer

Unit 12 Die Wiedervereinigung und ihre Folgen

6 auf dem Mechanismus von Angebot und Nachfrage und der Grundlage privatwirtschaftlicher Produktion beruhendes Wirtschaftssystem

7 Preis, den jemand für das vorübergehende Benutzen von etwas zahlen muss

8 der Beitritt der Deutschen Demokratischen Republik zur Bundesrepublik Deutschland am 3. Oktober 1990

3 b

Hören Sie zu. In den Sätzen unten geht es um die Folgen der Wiedervereinigung. Ergänzen Sie jeden Satz mit dem Satzende, das am besten passt. Schreiben Sie den richtigen Buchstaben.

1 Direkt nach der Wiedervereinigung sahen alle …
 a positiv in die Zukunft.
 b negativ in die Zukunft.
 c verwirrt in die Zukunft.

2 Das Wirtschaftssystem in Westdeutschland war …
 a konkurrenzfähiger.
 b komplizierter.
 c fairer.

3 Arbeitslosigkeit in den neuen Bundesländern …
 a hat nur kurzfristig zugenommen.
 b hat langfristig zugenommen.
 c war gleich wie im Westen.

4 Die Einführung der neuen Währung …
 a wurde vom Westen bestritten.
 b verschlechterte die Lage für viele Ostdeutsche.
 c verbesserte die Lage für viele Ostdeutsche.

5 Das Erlebnis der jüngeren Generation war im Allgemeinen …
 a ähnlich wie das der älteren Generationen.
 b problematischer als das der älteren Generationen.
 c besser als das der älteren Generationen.

6 Bis zur Wende mussten DDR Schüler …
 a sich wenig Sorgen über ihr Abschlussniveau machen, da die DDR Vollbeschäftigung hatte.
 b nichts über Kapitalismus lernen.
 c den bestmöglichen Abschluss erhalten, da es viel Konkurrenz auf dem Arbeitsmarkt gab.

3 c

Schreiben Sie eine Zusammenfassung mit dem Titel „Wiedervereinigung: Wunsch und Wirklichkeit", von nicht mehr als hundert Wörtern. Schreiben Sie in ganzen Sätzen und prüfen Sie sorgfältig die Grammatik und die Wortstellung. Sie sollten die folgenden Punkte miteinbeziehen:
- Worauf das Volk hoffte.
- Was die ehemaligen Westdeutschen als Nachteile empfanden.
- Was die ehemaligen Ostdeutschen als Nachteile empfanden.
- Positive Folgen.

Grammatik

Verbs and dative
Verben mit Dativ

Study point J7 in the grammar section. Listen to the listening text again.
- **A** Find three examples of verbs that take the dative.
- **B** Write out the sentences and underline the dative case. Can you work out the rule or notice any patterns?
- **C** Now conjugate the verbs in all forms with the appropriate dative pronoun.

4 Jedes Verb erfordert eine Dativendung. Ergänzen Sie die Sätze mit den richtigen Endungen.

1. Nach dem Fall der Mauer war d____ Ostdeutschen wieder erlaubt, ihre Meinungen frei zu äußern.
2. 1989 waren die meisten Wedstdeutschen ein____ echt____ „Ossi" noch nie begegnet – und umgekehrt.
3. Als Westdeutscher muss ich sagen, es passte m____ und mein____ Familie gar nicht, dass wir d____ ehemalig____ DDR finanziell beistehen mussten.
4. Es ist d____ beid____ Teilen Deutschlands langsam gelungen, aus zwei Staaten einen neuen zu bauen, da stimme ich Ihnen zu.
5. Eigentlich glaubten wir d____ Politiker____ und ihr____ Optimismus nicht ganz; trotzdem haben wir uns all____ ihr____ Vorschläge____ angeschlossen.
6. Niemand hätte d____ Bundeskanzler gedankt oder d____ Bundesrepublik gratuliert, wenn die ganze Wiedervereinigung aus Subventionsmangel im Osten gescheitert ware.
7. Wir Ostdeutsche hatten uns daran gewöhnt, äußerlich d____ Staat zu gehorchen, auch wenn wir unser____ Staatsführer____ nicht trauten.
8. D____ Menschen, die Opfer der Stasi wurden, konnte man nicht helfen. Sie taten ein____ wirklich leid.

Strategie

Learn and use more sophisticated vocabulary
- Regularly read the German news and note down new or idiomatic expressions.
- Set aside 15 minutes every other day to learn these.
- Analyse your own writing for items of vocabulary that you use frequently and look for more sophisticated ways of expressing these.
- Challenge yourself to use at least five topic-specific or new items of vocabulary orally or in writing every lesson. This will help to move words from your passive to active vocabulary. Try to do this in the speaking activity!

5 „Deutschland wäre besser, wenn es noch aus zwei Teilen bestehen würde." Losen Sie mit einer Münze aus, ob Sie oder Ihr Partner/Ihre Partnerin für oder gegen diese Meinung sind. Bereiten Sie sich mit Hilfe der Strategie auf eine Debatte vor.

- Geben Sie mindestens drei Argumente, um Ihre Position zu vertreten.
- Seien Sie bereit, Ihren Standpunkt zu vertreten oder Beispiele zu geben. Recherchieren Sie wenn nötig weiter im Internet.
- Denken Sie darüber nach, was für Argumente die andere Seite hat und planen Sie, was Sie diesen Argumenten entgegen halten können.

12.3 Alte und neue Bundesländer – Kultur und Identität

- Bonn und Berlin – Neue Identitäten.
- Konjunktiv 2 verwenden.
- Wie man das Interesse der Zuhörer hält.

Zum Einstieg

1 Sehen Sie sich die Statistik gegenüber an und beantworten Sie mündlich die folgenden Fragen:
- Was halten Sie davon?
- Liegt der Osten noch deutlich hinter dem Westen?
- Gibt es keine größeren Unterschiede mehr?
- Hat der Osten den Westen überholt?

2 a Lesen Sie Michale Iwanowskis Antworten zu einigen Fragen im Blog gegenüber. Finden Sie zuerst die folgenden Ausdrücke:

1. wochentags hin- und her fahren
2. Ort, wo es alles gibt, was man sich wünschen kann
3. der 10 Meter breite Kontrollstreifen zwischen der östlichen und der westlichen Seite der Mauer
4. gehen
5. jemand, der etwas Wichtiges sieht
6. fast
7. Stadtteile
8. Das Unordentliche

2 b Sehen Sie sich jetzt einige mögliche Interviewfragen an Michale Iwanowski an über Veränderungen in Berlin. Lesen Sie dann die Antworten oben im Blog noch einmal. Wählen Sie die Frage unten, die zur jeweiligen Antwort oben (1–5) am besten passt.

a Was ist das größte Vorurteil gegen das heutige Berlin und wie widerlegen Sie es?
b Wie hat sich die Stadt in den letzten 25 Jahren verändert? Sind der Osten und der Westen der Stadt zusammengewachsen?
c Was ist Ihr Lieblingsort in Berlin?
d Wann waren Sie zum ersten Mal in Berlin?
e Was sind die Ähnlichkeiten zwischen einem geteilten und einem vereinten Berlin?
f Welche Erinnerungen haben Sie an das ungeteilte Berlin vor dem Mauerbau?
g Wie sind die öffentlichen Verkehrsmittel in Berlin?
h Wird die Stadt je zusammenwachsen?
i Wann war Ihr erster Besuch im Osten nach dem Mauerfall und was haben Sie dabei empfunden?
j Haben Sie jemals in Berlin gewohnt?

Theme 4 Aspects of political life in the German-speaking world

Michale Iwanowski über den Wandel

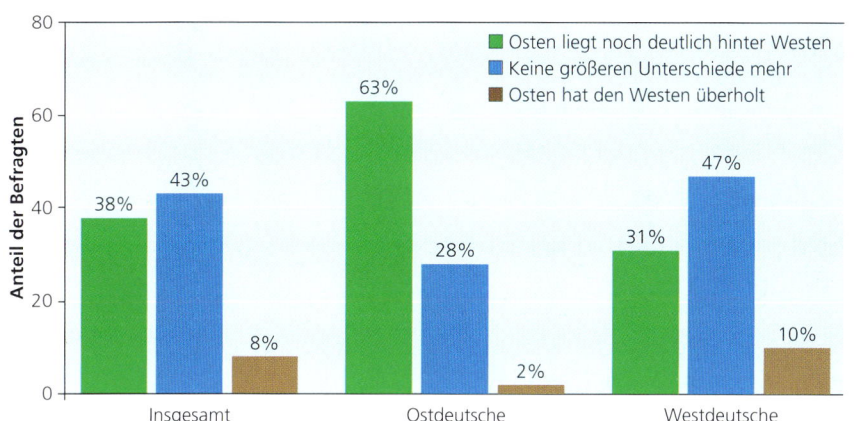

Umfrage zur Entwicklung der Lebensverhältnisse in Ost- und Westdeutschland seit dem Mauerfall

25 Jahre Mauerfall: eine Lichtgrenze als Denkmal

1
M. Iwanowski: Mit der S-Bahn konnte man zwischen Ost- und Westberlin pendeln, es gab keine Grenzkontrollen. Der Osten der Stadt wirkte auf mich damals eher düster, die Menschen eher bedrückt, die Blicke der Vopos* an den Sektorenübergängen und den Grenzbahnhöfen schneidend und feindlich. An den Westbahnhöfen konnte man Ost- gegen Westmark im Verhältnis 5 zu 1 umtauschen und dann alles kaufen, was es in der DDR nur in schlechter Qualität oder gar nicht gab – vor allem Kaffee, Schokolade und Südfrüchte. Als Kind empfand ich den Westen als ein Schlaraffenland, hell und bunt. Wer hat damals gedacht, dass die DDR fünfzig Jahre später auch so sein wird?

2
M. Iwanowski: Das war im Jahre 1990. Durch das Brandenburger Tor zu gehen war eine unglaubliche Erfahrung. Dort, wo der Todesstreifen war, konnte man einfach flanieren – unglaublich. Ich fühlte mich wie ein Zeuge großer europäischer Geschichte ...

3
M. Iwanowski: Das Stadtbild hat sich wahnsinnig verändert, vor allem im Ostteil der Stadt. Das gesamte Niemandsland des Todesstreifens ist nicht mehr zu erkennen. Besonders markant ist dies zum Beispiel am Potsdamer Platz, wo quasi nichts stand außer Wachtürmen, Mauer und Stacheldrahtzaun. Zusammengewachsen? Ich würde eher sagen, aneinander gewachsen. Für mich, der im Osten groß geworden ist, sind noch immer klare Unterschiede erkennbar. Isst man in einem der ehemaligen Kieze Ostberlins, so kann man in der Eckkneipe noch „Spuren der Vergangenheit" auf der Speisekarte entdecken: Falscher Hase (Hackbraten), Soljanka (russische Fleischsuppe) oder Hackepeter (Schweinemett mit Gurke).

4
M. Iwanowski: Dass Berlin chaotisch, unordentlich und zum Teil hässlich sei, wegen der überall vorhandenen Graffiti. Aber das stimmt nur zum Teil und macht andererseits vielleicht gerade die Anziehungskraft und den Charme der Stadt aus: Das „Ungekämmte" ist das Markenzeichen von Berlin geworden!

5
M. Iwanowski: Ost und West kann man noch heute ziemlich klar an der Architektur erkennen, auch teilweise an der Lebensweise. Es gibt noch Straßen in der Stadt, wo man sich quasi vorstellen kann, es existiere immer noch die Mauer. Am besten setzt man sich einmal am Rosenheimer Eck in Dahlem zum Kaffee und macht das Gleiche in Lichtenberg ... Die Ost-Stadtteile wie Friedrichshain oder Kreuzberg sind heute „westlich" besetzt und haben mit dem ehemaligen Osten fast nichts mehr gemeinsam.

*Deutsche Volkspolizei

2 c Lesen Sie noch einmal Michale Iwanowskis Antworten oben. Schreiben Sie eine Zusammenfassung des Berichts. Schreiben Sie in ganzen Sätzen und prüfen Sie sorgfältig die Grammatik und die Wortstellung. Achten Sie auf folgende Punkte:

- Wie es im Osten vor der Vereinigung war.
- Was es in der DDR nur in schlechter Qualität gab.
- Wie es in Ostberlin jetzt ist.
- Was für Spuren der Vergangenheit man noch entdecken kann.

Grammatik

Subjunctive 2: other uses – wishes, polite requests, *als ob*

Gebrauch des Konjunktivs 2

Study point M4 in the grammar section.

A Look for the two examples of the subjunctive in the reading text.

B Can you work out why the subjunctive is being used in each of these examples; for example, is it a polite statement, or after a construction, for example, *als ob*?

3 Schreiben Sie diese Sätze mit fettgedruckten Verben im Konjunktiv 2. Entscheiden Sie, warum diese Form jeweils erforderlich ist (irreale Bedingung/Wunsch/höfliche Bitte oder Behauptung/Zukunft in der Vergangenheit/*als ob*/indirekte Rede).

1. Es gibt noch Straßen in Berlin, wo man fast **glauben kann**, man **ist** immer noch in der DDR.
2. Ich **habe** noch eine Frage – **können** Sie mir bitte sagen, wo das DDR-Museum ist?
3. Manche ehemalige DDR-Funktionäre tun immer noch so, als ob der Stasi-Staat noch **existiert** und sie immer noch an der Macht **sind**.
4. Schon 1980 wussten viele, dass der Kommunismus scheitern **wird** und dass die DDR nicht ewig **bestehen kann**.
5. Meine Großeltern sagen, sie **haben** immer noch eine irrationale Angst davor, dass sie von der Stasi **bespitzelt** oder **belauscht werden**.
6. In den ersten Jahren nach der Wiedervereinigung wünschten sich viele arbeitslose Ostdeutsche, dass die alten Zeiten wieder **kommen**.
7. Nach dem Fall der Mauer stürzten sich viele Ostdeutsche auf die Kaufhäuser in Westberlin, als ob sie so etwas noch nie zuvor **gesehen hatten** und es nie wieder etwas zu kaufen **gibt**.
8. Wer **hat** Anfang 1989 **gedacht**, dass die DDR innerhalb von zwei Jahren nicht mehr **existieren wird**?

4 a Hauptstadt: Bonn oder Berlin? Sie hören jetzt einen Bericht über Bonn und Berlin. Lesen Sie die Aussagen unten. Welche vier Sätze stimmen mit dem Bericht nicht überein? Schreiben Sie die richtigen Nummern auf.

1. Die Mehrheit der Ministerien ist nach Berlin umgezogen.
2. Die Bonner sind neidisch auf die Berliner.
3. Bonn hat unter einem Statusverlust gelitten.

Theme 4 Aspects of political life in the German-speaking world

4 Der Umzug hat zu einer Zunahme der Arbeitslosigkeit beigetragen.
5 Es gibt immer noch große Unternehmen in Bonn.
6 Kollaboration wurde anstelle von politischem Grabenkrieg empfohlen.
7 Die Regierung wird vielleicht immer auf zwei Städte verteilt sein.
8 Dieser Umzug wurde per Volksentscheid entschieden.

4 b Hören Sie noch einmal zu. Beantworten Sie dann die Fragen auf Deutsch.
1 Erklären Sie was „diese Frage" im ersten Satz ist.
2 Wie weiß man, dass der Umzug noch nicht komplett ist?
3 Haben die Bonner den Umzug nur als positiv betrachtet?
4 Stimmt das erste Interview mit dem zweiten überein?
5 Nennen Sie zwei konkrete positive Aspekte, die Bonn noch aus seiner Zeit als Hauptstadt besitzt.
6 Welchen Grund äußert der zweite interviewte Berliner, warum er den Umzug nicht positiv betrachtet?
7 Nennen Sie einen Grund, warum man die Hauptstadt verlegen wollte.
8 Was denkt die Welt über Berlin als Hauptstadt?

5 a Suchen Sie im Internet nach dem Begriff „Ostalgie" und schreiben Sie eine Definition. Finden Sie auch Beispiele von:
1 Kleidung
2 Lebensmitteln
3 Symbolen

5 b Denken Sie nach: Inwiefern ist Ostalgie/Nostalgie wichtig, um eine neue Identität schaffen zu können? Schreiben Sie einen Absatz. Schreiben Sie in ganzen Sätzen und prüfen Sie sorgfältig die Grammatik und die Wortstellung.

Strategie

Learn techniques to hold the interest of your audience when speaking.
- Grab their attention. Say something unexpected or unusual.
- Hold their attention:
  - If possible, relate what you are saying to the listener.
  - Ensure each point builds on a previous one.
  - Make a clear point.
  - Play on emotion, but only use humour if appropriate.
  - Use visuals or music, again if appropriate.
- Adopt open body language and look at your listener.

Practise these techniques in exercise 6a below.

6 a Teilen Sie mit Ihrer Klasse, was Sie über Ostalgie herausgefunden haben. Versuchen Sie mit Hilfe der Strategie die Aufmerksamkeit der Zuhörer zu behalten.

6 b Diskutieren Sie mit der Gruppe, wie nötig oder unnötig Nostalgie für die Zukunft ist.

Vokabular

The lists below contain the key vocabulary for each sub-unit and need to be learnt by heart.
More complete lists are available in the Dynamic Learning package.

12.1 Friedliche Revolution in der DDR

- **angreifen** v to attack
- der **Befehl(e)** order, command
- **DDR, Deutsche Demokratische Republik** German Democratic Republic
- die **Demonstration(en)** demonstration
- **einigen** v to agree
- der **Fluchtversuch(e)** attempt to escape
- die **Grenze(n)** border
- der **Grenzübergang(¨e)** border crossing point
- **gültig** adj valid
- die **Macht(¨e)** power
- die **Mauer(n)** wall
- die **freie Meinungsäußerung(-)** expression of opinion; freedom of expression
- die **Öffnung(en)** opening
- die **Regierung(en)** government
- die **Stasi(-)** (Abk **Staatssicherheit**) secret police
- der **Teilnehmer(-)** participant
- das **Volk(¨er)** people
- **wählen** v to vote, to choose
- die **Währung(en)** currency
- die **Währungsunion(en)** currency union
- die **Wiedervereinigung(-)** reunification

12.2 Wie vereinigt ist Deutschland überhaupt?

- die **Anschubfinanzierung(no pl)** start-up financing
- **arbeitslos** adj unemployed
- **aufbauen** v to build up
- **befristen** v to put a time limit on
- der **Besserverdiener(-)** higher earner
- das **Bruttoeinkommen(-)** gross income
- der **Bruttomonatslohn(¨e)** gross monthly income
- **Bundeskanzler(-)** federal chancellor
- **damalig** adj at that time, former
- die **Einführung(-)** introduction
- die **Einkommensteuer(-)** income tax
- **freiwillig** adj voluntarily
- der **Geldmangel(-)** lack of money
- der **Mauerfall(¨e)** fall of the wall
- **nachhaltig** adj sustainable
- die **Regierung(en)** government
- der **Solidaritätszuschlag(-)** solidarity tax
- der **Sozialismus(-)** socialism
- die **Steuererhöhung(en)** tax increase
- der **Steuerzahler** tax payer
- **unter etwas leiden** v to suffer from something
- das **Unternehmen(-)** company
- **versprechen** v to promise
- die **Vollbeschäftigung(-)** full employment
- **voranbringen** v to promote
- die **Wende(n)** change (often used to refer to the reunification)
- die **Wirtschaft(en)** economy
- der **Witz(e)** joke

12.3 Alte und neue Bundesländer – Kultur und Identität

- die **Anziehungskraft(¨e)** force of attraction
- die **Architektur(-)** architecture
- **bedrückt** adj gloomy, despondent
- die **Begeisterung(-)** enthusiasm
- die **Berliner** residents of Berlin
- die **Bonner** residents of Bonn
- das **Brandenburger Tor** Brandenburg Gate
- **düster** adj drab, cheerless
- **ehemalig** adj previous
- **empfinden** v to feel
- **erkennen** v to recognise
- **feindlich** adj hostile
- **flanieren** v to stroll
- der **Grenzbahnhof(¨e)** border railway station
- die **Grenzkontrolle(n)** border control
- die **Hauptstadt(¨e)** capital city
- der **Kiez(e)** district
- die **Lebensweise(n)** way of living
- das **Markenzeichen(-)** trademark
- das **Ministerium (Ministerien)** ministry
- das **Niemandsland(-)** no-man's land
- **pendeln** v to commute
- der **Potsdamer Platz(-)** Potsdamer Platz in the centre of Berlin
- **S-Bahn** commuter railway system
- das **Schlaraffenland(-)** land of plenty
- **schneidend** adj piercing
- der **Sektorenübergang(¨en)** sector passing point
- der **Stacheldrahtzaun(-)** barbed wire fence
- das **Stadtbild(er)** cityscape
- der **Statusverlust(e)** loss of status
- der **Todesstreifen** = lit 'death strip', the no-man's land area between the two sides of the Berlin wall
- **umtauschen** v to exchange
- der **Umzug(¨e)** relocation, move
- **verteilen** v to share, split in two
- der **Vopo(s)** (Abk **Deutsche Volkspolizei**) German police
- der **Wachturm(¨e)** watch tower
- **wahnsinnig** adj crazy
- **wirken** v to affect
- der **Zeuge(n)** witness
- **zusammenwachsen** v to grow together

UNIT 13

Vertiefung

Theme objectives

This unit revisits the two themes that you studied in Units 1–6. Over the four sub-units, you will:
- Learn about the lives of adopted and cared for children in German-speaking countries and how they are integrated into new families.
- Learn about problems in some suburbs in German-speaking countries.
- Learn to what extent politics and sculpture were linked in Germany.
- Learn about German-speaking countries on the world stage and the identity of overlooked groups of German speakers.

Grammar objectives

You will also revise various grammar points. You will:
- Revise negation.
- Revise the verb *werden*.
- Revise how to deal with mixed tense sentences.
- Learn about word order in complex sentences and discourse markers.

Strategy objectives

Finally, you will develop different strategies that will help you when it comes to exam time. Over these four sub-units you will:
- Learn other techniques required for A-Level listening tasks.
- Add more variety to language, e.g. by using synonyms and idioms.
- Learn to manage your time when completing exam tasks.
- Take the initiative in conversations.

13.1 Pflegekinder und Adoptivkinder

- Über das Leben und die Integration von Pflegekindern und Adoptivkindern in deutschsprachigen Ländern lernen.
- Negation wiederholen.
- Andere Strategien zum Verbessern des Hörverständnisses lernen.

Zum Einstieg

1 a Woher kommen Pflege- und Adoptivkinder? Warum verlassen sie ihre Familien? Erstellen Sie eine Mind-Map zu diesem Thema und vergleichen Sie die Ergebnisse in einer Gruppe.

1 b Ihrer Meinung nach, was ist der Unterschied zwischen Pflege- und Adoptivkindern? Schreiben Sie eine kurze Definition.

Es ist nie zu spät für eine glückliche Kindheit

Was ist der Unterschied zwischen Adoption und Pflege?

Beide haben gemeinsam, dass ein fremdes Kind in die Familie kommt. In beiden Fällen lebt das Kind nicht in seiner Ursprungsfamilie, da die leiblichen Eltern nicht in der Lage sind, das Kind selbst zu erziehen. Bei einer Adoption hat das Kind rechtlich gesehen keine Verbindung zu der Herkunftsfamilie, während das Endziel einer Pflegschaft ist, dass die Eltern für ihr Kind wieder sorgen können. Die vorübergehende Maßnahme stellt die Möglichkeit dar, die Situation in der Herkunftsfamilie zu stabilisieren.

Das glückliche Familieleben

Wie viele Kinder werden Adoptivkinder oder Pflegekinder?

Seit 30 Jahren ist die Zahl der Adoptionen in den deutschsprachigen Ländern ständig zurückgegangen. Die meisten Adoptivkinder werden eigentlich nicht in „fremde Hände" gegeben, sondern von dem neuen Partner der leiblichen Eltern aufgenommen. Jedenfalls hat die Unterbringung in Pflegefamilien die Adoption verdrängt, zum Beispiel binnen fünf Jahren ist die Zahl der Pflegekinder in Ersatzfamilien in Österreich um 3,8 Prozent gestiegen.

Wie wird ein Kind Adoptivkind?

Früher haben viele ledige Mütter ihr Kind zur Adoption freigegeben, anstatt mit Vorurteilen zu kämpfen und um dem Wohl des Kindes zu dienen. Heutzutage ist es aber nicht mehr verpönt, alleinerziehende Mutter zu sein oder ein nichteheliches Kind allein großzuziehen. Adoptiveltern werden aus vielen verschiedenen, unvermeidbaren Gründen gesucht, zum Beispiel wegen unerwünschter Schwangerschaft oder traurigen Umständen wie Armut, Drogensucht oder psychische Krankheiten.

Wie wird ein Kind Pflegekind?

Leider hat jedes Pflegekind eine Geschichte, selbst wenn niemand das vollständige Bild kennt, und vor der Ankunft in die Pflegefamilie hat es schon eine länger anhaltende Notlage erleiden müssen. Viele haben Vernachlässigung, Gewalt oder Missbrauch erfahren. Obwohl sie oft traumatische Erfahrungen gemacht haben, wurde in einer Untersuchung ermittelt, dass ein Drittel noch immer starke Bindungen an ihre leiblichen Eltern haben. Liebe und Fürsorge sind keine Voraussetzung für diese Beziehung.

2 a Lesen Sie den Artikel. Lesen Sie dann die Aussagen unten. Schreiben Sie jeweils R (richtig), F (falsch) oder NA (nicht angegeben).

1. Adoptiveltern wollen das Kind wieder zu seinen leiblichen Eltern zurückführen.
2. Pflegekinder haben keine rechtlichen Bindungen zu der Herkunftsfamilie.
3. Kinder aus alleinerziehenden oder kinderreichen Familien haben mehr Probleme.
4. Pflegefamilien werden immer beliebter.
5. Heute zwingen die Umstände viele Mütter, ihre Kinder aufzugeben.
6. Die Lage für ledige Mütter wird immer schlimmer.
7. Pflegekinder sind gewalttätiger und traumatisierter als Adoptivkinder.
8. Trotz Problemen zu Hause können Pflegekinder oft Beziehungen zu den leiblichen Eltern aufbauen.

2 b Lesen Sie den Artikel noch einmal. Ergänzen Sie die Satzteile (1–8) mit den passenden Satzteilen (a–m). Schreiben Sie jeweils den richtigen Buchstaben.

1. Pflegekinder haben …
2. Adoptivkinder haben …
3. Die meisten Pflegeeltern sind nicht …
4. Die Mehrheit der Adoptivkinder kennen …
5. Normalerweise sind Adoptiveltern …
6. Pflegeeltern und Pflegekinder haben …
7. Eine Pflegschaft ist normalerweise …
8. Leibliche Eltern sind nicht …

a keine Familie.
b eine kurzfristige Maßnahme.
c keine Beziehung zu den leiblichen Eltern.
d mit dem Kind verwandt.
e weniger Rechte.
f den neuen Elternteil.
g immer gute Eltern.
h Probleme zu Hause.
i Stiefväter oder –mütter.
j rechtlich verantwortlich.
k die Geschichte ihrer Herkunftsfamilien.
l keine rechtliche Beziehung.
m stabil.

Grammatik

Negation
Verneinung

Study point N3 in the grammar section. Re-read the article about adopted and foster children.

A For the following tasks, copy out the phrases, underline the examples and translate the phrases into English. Find:

1. Three sentences including the word 'not'.
2. One sentence including the word 'never'.
3. One sentence including the word 'no longer'.
4. One sentence including the word 'nobody'.
5. Two sentences including a negative pronoun.

B Where do negative words appear in a sentence? Are there any similarities or differences to English?

3 Verneinen Sie die folgenden Sätze, sodass sie jetzt Sinn machen, indem Sie „niemand", „nicht" oder „kein" benutzen. Achten Sie auf die Endungen nach „kein".

1 Meine Eltern wollten ein Kind adoptieren, weil sie schon vier eigene Kinder hatten.
2 Ich kenne jemanden, der so viele Kinder adoptiert hat wie sie.
3 Heutzutage sind alleinerziehende Mütter verpönt.
4 Sie wollte nicht dieses Kind adoptieren, sondern jenes.
5 In einer heilen Welt müsste ein Kind traumatische Erfahrungen machen. (*2 possibilities*)
6 Kinder werden adoptiert, wenn ihre leiblichen Eltern imstande sind, sich um sie zu kümmern.
7 Jedes Ehepaar hat die richtige Einstellung, um einen Teenager mit Problemen in Pflege zu nehmen.
8 Er ist mit jemandem aus seinem alten Freundeskreis in Kontakt geblieben.

Strategie

Learn other techniques required for A-level listening tasks

For multiple choice tasks:
- Read through the options carefully and pay attention to small words such as 'not' or 'some'.
- Don't be too hasty to select an answer just because you hear a word mentioned. It may have been used in a different context.
- The correct answer may not be phrased in the same way as it appears in the recording, so listen for synonyms and alternative expressions.

For cloze tasks:
- Use the context of the sentence to work out what sort of word you need to fill the gap – a noun, verb, adjective, adverb or something else.
- Pay attention to gender and number of nouns, word order, voice and tenses. This will ensure your answer makes sense grammatically as well as matches the recording.
- You will not hear the exact phrase in the recording so be prepared to use synonyms to convey the meaning in your answer.

Use these strategies to help you with exercises 4a and 4b.

4 a Pflegekindern helfen. Sie hören ein Bericht zum Thema Integration von Pflege- und Adoptivkindern. Lesen Sie dann die Teilsätze unten und wählen Sie jeweils die Ergänzung, die am besten zu dem Inhalt des Textes passt. Schreiben Sie den Buchstaben.

1 „Pflegekinder-Aktion Schweiz" ist eine …
 a wohltätige Stiftung.
 b internationale Wohltätigkeitsorganisation.
 c Forschungsinstitution in der Schweiz.
2 Pflegefamilien …
 a sind unterbewertet.   b denken, dass die Rolle einfach ist.
 c bekommen nicht genug Unterstützung.
3 Dass das Leben für die Pflegefamilie sich schnell verändert, …
 a ist nicht immer der Fall.   b wird erwartet.
 c ist überraschend.

Hilfe für Pflegefamilien

4 Das Leben in einer Pflegefamilie ermöglicht es dem Kind, …
   a bessere Zukunftsaussichten zu haben.
   b sein Selbstvertrauen zu verbessern.
   c über das Leben zu Hause zu sprechen.
5 Fachpersonal bieten professionelle Beratung, damit …
   a die Sozialarbeiter die Familie finanziell unterstützen können.
   b die Beziehungen zwischen Familienmitgliedern gelingen.
   c das Kind regelmäßig mit der Ursprungsfamilie in Berührung kommt.

4 b Hören Sie sich dem Bericht noch einmal an. Lesen Sie die Sätze unten und füllen Sie die Lücken mit einem passenden Wort aus.
1 „Pflegekinder-Aktion Schweiz" sagt, dass das Publikum mehr über Pflegefamilien _____ soll.
2 Um der Stiftung zu helfen, kann man _____ geben.
3 Die Arbeit der Pflegefamilien _____ der Gesellschaft im Allgemeinen.
4 Die Ankunft eines Pflegeskind hat eine große _____ auf das Familienleben.
5 Es ist _____, über das Leben des Pflegekindes zu lernen.
6 Familienmitglieder werden _____ Pflegeeltern für Verwandte.
7 _____ die Arbeit schwierig ist, lohnt es sich.
8 Die Familien werden von Behördenmitgliedern _____.

5 Translate the following passage into English.

Die Geschichte von einem Adoptivkind

Im Alter von 10 Jahren erfuhr ich, dass ich ein Adoptivkind war. Ich habe die Akten im Zimmer meiner Eltern gefunden und danach gefragt. Meines Erachtens hätten sie sonst nichts darüber gesagt. Niemand weiß genau, wer meine Mutter ist, aber meine Eltern haben mir erzählt, dass sie mich aus Angst vor ihrem Freund heimlich bekommen hatte und mich dann sofort zur Adoption freigegeben hat. Ich habe es nie hinterfragt, warum mein leiblicher Vater mir einfach den Rücken kehrte, aber ich habe irgendwann den Entschluss gefasst, eines Tages meine biologische Familie ausfindig zu machen, obwohl der Zeitpunkt bis jetzt noch nicht gekommen ist.

6 a Diskutieren Sie mit einem Partner/einer Partnerin die Rolle von Pflege- und Adoptivfamilien in der heutigen Gesellschaft. Überlegen Sie sich diese Punkte:
- Warum gibt es so viele Pflegekinder heute?
- Warum gibt es immer weniger Adoptiveltern?
- Wie ist das Leben für ein Pflegekind?
- Warum sind Pflege- und Adoptiveltern so wichtig?
- Welche Unterstützung bekommen Pflegefamilien?
- Was kann die Familie machen, um das Kind in die Familie zu integrieren?
- Was soll die Regierung machen, um bei dieser Integration zu helfen?

6 b Schreiben Sie jetzt einen Absatz, in dem Sie Ihre Meinung darüber äußern. Schreiben Sie in ganzen Sätzen und prüfen Sie sorgfältig die Grammatik und die Wortstellung.

13.2 Unruhen in Stadtbezirken

- Über Probleme in manchen Städten in deutschsprachigen Ländern lernen.
- Das Verb „werden" wiederholen.
- Synonyme und Redewendungen benutzen, um Abwechslung in Ihre Sprache zu bringen.

Zum Einstieg

1 a In großen Städten, wo es viele unterschiedliche Bezirke gibt, können verschiedene Probleme entstehen. Schreiben Sie mit einem Partner/einer Partnerin eine Liste von Problemen, die Ihrer Meinung nach in armen Stadtbezirken entstehen können.

1 b Was sind die Ursachen von diesen Problemen? Diskutieren Sie in einer Gruppe.

2 a Lesen Sie den Text. Finden Sie die Synonyme für die folgenden Wörter:

1. schwierig
2. klar
3. benutzen
4. gleich
5. preiswert
6. besitzen
7. falsch
8. sehen

2 b Finden Sie die Redewendungen im Text für:

1. all eyes are on
2. to earn a living
3. to live hand to mouth
4. to be fed up
5. prevention is better than cure

2 c Lesen Sie den Artikel noch einmal. Welche vier Äußerungen sind richtig?

1. Das Wort *banlieue* hat eine negative Konnotation entwickelt.
2. Die sozialen Probleme in den armen Randquartieren lassen sich schwer erkennen.
3. In den letzten 20 Jahren hat in Wohnquartieren deutscher Großstädte ein deutlicher gesellschaftlicher Aufschwung stattgefunden.
4. Nach dem Zweiten Weltkrieg war es relativ einfach, einen bescheidenen Wohlstand aufzubauen.
5. Viele Sozialwohnungen wurden nach dem Ersten Weltkrieg abgerissen.
6. Zwanzig Prozent der Jugendlichen in den Randquartieren haben auf dem Arbeitsmarkt keine Chance.
7. Die hohen Sozialleistungen in Deutschland sorgen für einen gesellschaftlichen Ausgleich.
8. Die Auswirkungen der Verbrechensbekämpfung in den deutschen Vorstädten sind erheblich.

Das Leben in den Elendsvierteln

In jüngerer Zeit richten sich alle europäischen Augen auf Frankreich, insbesondere Paris, wo Gewalt in den banlieues seit den 80er Jahren zunimmt. Der Begriff bezieht sich auf Vorstädte, ist aber in den letzten 40 Jahren als Synonym für problematische Stadtviertel an den Rändern der französischen Großstädte verwendet worden. Wie sieht die Lage in Deutschland aus?

Wohnungen in einem Elendsviertel

Woran erkennt man diese Randquartiere?

Man erkennt sie an den Langzeitarbeitslosen, an den Hartz-IV-Empfängern, an den vielen Migranten, an der sichtbaren Armut. Man findet in diesen Vierteln Billigmärkte, Gruppen von Alkoholikern, herumlungernde Jugendliche und Alte, die in Mülleimern stöbern. Die Infrastruktur verwahrlost langsam. Man sieht sofort an: Hier herrscht Armut.

Wie wird ein Stadtbezirk zum „Armutsbezirk"?

Stadtteile wie Duisburg-Marxloh, Gelsenkirchen-Bismarck, Köln-Chorweiler, Hamburg-Mümmelmannsberg oder Berlin-Wedding sind beispielhaft für den gesellschaftlichen Niedergang in den letzten zwei Jahrzehnten. Während des Wirtschaftswachstums in der Nachkriegszeit konnten viele Arbeiter einen Lebensunterhalt in den Trabantenstädten verdienen, aber seitdem hat die Industriearbeit ihre soziale Bedeutung verloren, was zur bundesweiten Langzeitarbeitslosigkeit für viele geführt hat. Seit den achtziger Jahren mangelt es an erschwinglichem Wohnraum – ehemals verfügte Deutschland über ungefähr vier Millionen Sozialwohnungen. So sollte zum Vergleich darauf hingewiesen werden, dass es heute nur eine Million in Deutschland gibt.

Was für Probleme haben die Einwohner?

Es ist nicht zu leugnen, dass die sozialen Errungenschaften zu einer gewissen gesellschaftlichen Absicherung beitragen. Der Europaabgeordnete der Grünen sagt, „Gettos wie in Frankreich gibt es hier nicht". Es gibt trotzdem Regionen in Deutschland, vor allem in den fünf neuen Bundesländern, in denen eine ähnlich hohe Jugendarbeitslosigkeit herrscht wie in Frankreich. Die Motivierten hauen ab, zurück bleiben die Demotivierten. Zum Beispiel sind nur 20 Prozent der Spätaussiedlerkinder, die nach Deutschland kommen, der Sprache mächtig. Das heißt, dass die übrigen 80 Prozent enorme Integrationsprobleme bekommen werden. Schon heute verlassen zehn Prozent der Jugendlichen die Schule ohne Abschluss. Weitere zehn Prozent gelten als nicht ausbildbar.

Was meinen die Einwohner?

„Da die Medien immer wieder unzutreffende Stereotype aufrechterhalten, erschweren sie die Lage für uns, und ich habe die Nase voll," so eine Bewohnerin. „Vielleicht wird es immer Probleme geben, aber es existiert trotzdem ein echtes Gemeinschaftsgefühl. Ich würde so gerne ein glückliches Leben führen, aber wie ist das möglich, wenn ich und meine Töchter von der Hand in den Mund leben? Die Polizei fährt nur in unserem Viertel Streife, wenn es außer Kontrolle gerät. Vorbeugen würde uns mehr helfen als Heilen, und das muss im Vordergrund stehen."

Grammatik

Uses of *werden*
Das Verb *werden*

Study point H5 in the grammar section. Re-read the reading text about problems in the suburbs.

A Find the following uses of *werden* in the text:
1. Two examples of the passive voice.
2. Two examples of the conditional tense.
3. Two examples of the future tense.
4. One example meaning 'to become'.

B For the examples you have found, copy out the phrases, underline the examples and translate the phrases into English.

C How can you identify the tenses of the passive voice?

D How can you distinguish between 'to become' and other forms of *werden*?

3 Notieren Sie, ob in den Sätzen „werden" als einfaches Verb benutzt wird, oder ob damit das Passiv, das Futur oder ein Konditionalsatz gebildet wird. Geben Sie dann die richtige Zeitform an.

1 In den sechziger Jahren (werden) viele Studenten Revolutionäre.
2 Meine Großeltern glauben nicht, dass man in den nächsten paar Jahren einen ähnlichen Umbruch erleben (werden) wie damals.
3 Die „68-er" protestierten gegen den Vietnam-Krieg und die „Regeln", die von der Gesellschaft erstellt (werden).
4 Wenn die Regierung unsere Rechte angreifen (werden), (werden) wir auch dagegen kämpfen.
5 Er (werden) nie vergessen, wie es 1989 bei den Friedensgebeten in der Nikolaikirche in Leipzig war!
6 In Berlin (werden) jetzt gegen den Bau von Flüchtlingsheimen demonstriert.
7 Mein Großvater (werden) 1968 Revolutionär und ist es immer noch.
8 Meine Kusine, die in Leipzig lebt, glaubte schon im September 1989, dass die DDR zusammenbrechen (werden).

4 a Slumtourismus: Elendsviertel werden Reiseziele. Hören Sie sich das Gespräch an und beantworten Sie die Fragen auf Deutsch.

1 Wie hat sich Slumtourismus seit seiner Gründung verändert? (2)
2 Warum nimmt man an solchen Touren teil?
3 Was versprechen Slumming-Touren?
4 Warum war die Stadtverwaltung am Anfang stark abgeneigt?
5 Was findet Herr Schmidt problematisch?
6 Wie wird der touristische Blick auf Slums gebildet?
7 Warum ist es wichtig, dass Besucher das alltägliche Leben in der Stadt sehen?
8 Warum ist es unwahrscheinlich, dass der Slumtourismus einen Beitrag zur Armutsreduzierung leisten kann?

4 b Schreiben Sie eine Zusammenfassung des Gesprächs. Schreiben Sie in ganzen Sätzen und prüfen Sie sorgfältig die Grammatik und die Wortstellung. Achten Sie auf folgende Punkte:

- Die Erwartungen von Touristen. (1)
- Die Gefahren des Slumtourismus. (2)
- Die Einstellungen der Einwohner. (2)

5 Deutschlands neue Slums. Translate the following passage into English.

Vor ein paar Jahren lief eine kontroverse Sendung, „Deutschlands neue Slums", die die elenden Lebensumstände der osteuropäischen Armutsflüchtlinge im Dortmunder Stadtviertel Nordstadt gezeigt hat. Kritiker der Dokumentation behaupten, dass der Dokumentarfilm nur die halbe Wahrheit gesagt hat. Es trifft zu, dass Nordstadt ein wenig vernachlässigt und baufällig aussieht – wegen Geldmangels wurde die Pflege von Grünflächen und Gebäuden eingestellt. Aber schon im Jahr 2011 hat die Stadtverwaltung das „Dortmunder Netzwerk EU-Armutszuwanderung gegründet", um die Lage für die Roma und auch die Nordstadtbewohner erträglicher zu machen. Außerdem wurden Problemhäuser sowohl geräumt als auch verschönert, oder sogar einer Wohnungsgesellschaft verkauft.

Strategie

Add more variety to language, e.g. by using synonyms and idioms

- Read as much as possible. Reading is an excellent way to learn synonyms and idioms in context and naturally.
- Keep a record of synonyms for the most common words, or those which you find yourself using the most often.
- Avoid overusing general words such as *machen* and *gut* by being aware of collocations. These are words which are used together in certain combinations (for example fast food, to place an order or to commit a crime). Treat these as single blocks of language and learn them together, rather than two or more separate words.
- When you come across a new word, also record words that collocate with it.
- When checking written work, ensure that you have included a variety of vocabulary.
- Copy and paste work completed electronically into an online word cloud generator, which will allow you to spot any words which have been overused and replace them with synonyms.
- Remember that you can't translate idioms or idiomatic expressions word for word, so be careful when using an English expression in German.
- Don't try to shoehorn idioms into your work, but do try and include them wherever appropriate.
- Keep a record of any idioms or idiomatic expressions you come across, along with their English equivalent.

Use these strategies to help you to complete exercise 6a.

6 a  Machen Sie Notizen, in den Sie die folgenden Punkte erwähnen, und dann diskutieren Sie mit einem Partner/einer Partnerin. Sie müssen die Synonyme und Redewendungen aus Übung 2b benutzen und die Strategie hilft Ihnen auch dabei.
- Was sind die größten Probleme für die Einwohner in deutschen Armutsbezirken?
- Was sind die Ursachen dieser Probleme?
- Wie kann man diese Probleme lösen?
- Ist „Slumtourismus" eine gute Idee? Warum/Warum nicht?

6 b  Schreiben Sie jetzt einen Absatz, in dem Sie Ihre Meinung darüber äußern. Schreiben Sie in ganzen Sätzen und prüfen Sie sorgfältig die Grammatik und die Wortstellung.

13.3 Hassliebe: Die komplizierte Beziehung zwischen Bildhauern und Politik

- Lernen, wie Politik und Skulptur in Deutschland verbunden waren.
- Wiederholen, wie man mit Sätzen in verschiedenen Zeitformen umgeht.
- Zeitmanagement während der Prüfung richtig organisieren.

Zum Einstieg

1 Lesen Sie diese Beschreibung, kopieren Sie das Bild unten und beschildern Sie es mit dem unterstrichenen Text.

Beschreibung des Schwebenden

Unter dem gotischen Gewölbe hängt eine überlebensgroße menschliche Gestalt. Waagerecht schwebt sie in gut zwei Metern Höhe über einer Steinplatte mit den Jahreszahlen 1914–1918 und 1939–1945. <u>Der Rücken ist gerade, streng horizontal gestreckt</u>, in einer kraftvollen und zugleich mühelosen Haltung. <u>Ein langes Gewand, das in weichen Falten nach hinten fließt</u>, bedeckt den Körper bis zu den <u>bloßen Füßen</u>. <u>Die Arme sind vor der Brust gekreuzt</u>, <u>die Hände liegen unter den Schultern und scheinen sie zu tragen</u>. Den Kopf hält der Schwebende <u>hoch erhoben</u>, <u>das Gesicht nach vorne gerichtet</u>, wie auf etwas unsichtbar Gegenwärtiges.

Barlach „Der Schwebende"

Der Schwebende

„Mein Bronzeengel hängt unter dem Domgewölbe und tut es so bewegungslos, als täte er's schon hundert Jahre." Bildhauer Ernst Barlach.

Das Gesicht ist ebenmäßig geformt, fast symmetrisch, mit klaren, einfachen Linien. Dennoch ganz menschlich, fühlend, lebend. Die Augen und der Mund sind geschlossen. Und doch scheint der Schwebende etwas zu sehen: in einer inneren Schau. Was haben seine Augen gesehen? Welche Worte verschließt sein Mund? Dieses Gesicht verweigert der Trauer einen leichten Trost. Es zieht die Betrachtenden hinein in eine meditative Begegnung mit der Erinnerung und dem Schmerz.

In dem Gesicht des Schwebenden erkennen viele Betrachter das Abbild einer anderen Künstlerin, Barlachs Zeitgenossin und Bildhauer-Kollegin Käthe Kollwitz, die zu der Zeit einen ihrer Söhne im Ersten Weltkrieg verloren hatte.

1914 bis 1918 – im Ersten Weltkrieg starben annähernd 20 Millionen Menschen.

In den zwanziger Jahren entstanden überall in Deutschland Kriegerdenkmale, Gedenktafeln, für die im Krieg Verstorbenen. Oft von fragwürdigem künstlerischem Wert. Barlach hat für verschiedene Orte Ehrenmale gestaltet. Aber seine Entwürfe entsprachen nicht dem Zeitgeist. So waren sie immer umstritten. Nationalistische Gruppen und vaterländische Vereine machten negative Stimmung dagegen.

Die Angriffe gegen Barlach verschärften sich ab 1933, als die Nationalsozialisten an die Macht kamen, zu einer regelrechten Hetze. Nach der Ausstellung „Entartete Kunst" im Juli 1937 wurden fast 400 Werke Barlachs aus Museen und Kirchen entfernt. Auch der Domengel von Güstrow wurde abgehängt. Tatsächlich ist die Skulptur zerstört und eingeschmolzen worden.

Das hätte das Ende des Barlach-Engels sein können. Aber in Berlin in der Gießerei Hermann Noack existierte noch das modellierte Werkmodell des Schwebenden, nach dem der Bronzeguss hergestellt worden war. Und von diesem Gipsmodell ließen Freunde Barlachs kurz nach seinem Tod einen zweiten Guss anfertigen. Der überstand den Krieg, versteckt bei dem Maler Hugo Körtzinger.

Dass der Barlach-Engel auch wieder in den Dom zu Güstrow zurückkehren sollte, war ausgemachte Sache. Aber damals, 1952, war das nicht einfach umzusetzen. Die Freiheit der Kunst hatte es auch unter der SED-Diktatur schwer. Das änderte sich erst, als Bertolt Brecht sich eindeutig für Barlachs Werk einsetzte: „Ich halte Barlach für einen der größten Bildhauer, den wir Deutschen gehabt haben."

2 a Lesen Sie den Artikel. Beantworten Sie die Fragen auf Deutsch.

1. Wo genau wurde der erste Engel installiert?
2. Beschreiben Sie den Kopf und das Gesicht des Engels. (3)
3. Wem soll der Engel ähnlich sein? Geben Sie zwei Informationen darüber.
4. Wie war die Reaktion der nationalistischen Gruppen auf Barlachs Kriegerdenkmale?
5. Was haben die Nazis gemacht, nachdem sie Barlachs Kunst als „entartete Kunst" bezeichnet hatten?
6. Was ist mit dem „Schwebenden" passiert?
7. Wie ist es möglich, dass heute noch zwei „Schwebende" existieren?
8. Welche Rolle spielte Brecht in Barlach's Kunst?

2 b Translate the paragraph *Beschreibung des Schwebenden* from exercise 1 into English.

2 c Schreiben Sie eine Zusammenfassung von dem Lesetext. Schreiben Sie in ganzen Sätzen und prüfen Sie sorgfältig die Grammatik und die Wortstellung. Achten Sie auf folgende Punkte:
- Rolle von Barlach in der Kunstwelt vor dem Zweiten Weltkrieg.
- Wie sich seine Rolle während des Jahres 1930 verändert hat.
- Ob man heute noch seine Kunst genießen kann.

Grammatik

Mixed tense sentences
Sätze in verschiedenen Zeitformen
Study point I in the grammar section. Re-read the article on the previous page.

A Find two sentences with mixed tenses. Write them out and translate them into English. Which tenses do they contain?

B How are the tenses linked? What are the rules for constructing each tense?

3 Schreiben Sie die Verben in der richtigen Zeitform.

1 Das Gesicht des Bronze-Engels (*tragen*) die Gesichtszüge von Käthe Kollwitz, deren Sohn im Ersten Weltkrieg (*fallen*).

2 Die Skulptur „Mutter mit totem Sohn" von Kollwitz (*stehen*) seit 1993 in der Neuen Wache in Berlin, die in demselben Jahr Gedenkstätte für Kriegsgefallene (*werden*).

3 Was (*halten*) du von dem Bronze-Engel, den die Nazis so (*hassen*)?

4 Viele (*sehen*) Barlach heute als einen der größten Künstler, der in Deutschland geboren (*sein*).

5 Barlach (*gehören*) zu denjenigen Künstlern des letzten Jahrhunderts, die auf die Intellektuellen Deutschlands einen großen Einfluss (*ausüben*).

6 Dass der Barlach-Engel den Nazismus und den Krieg (*überleben*), (*sein*) ein Wunder.

7 Die Nazis (*entfernen*) Werke von modernen Künstlern aus Museen, nachdem sie sie als „entartet" (*bezeichnen*).

8 Nach 1936 (*dürfen*) Kollwitz keine Werke mehr ausstellen, weil sie gegen den Nazismus (*kämpfen*).

4 a Käthe Kollwitz: Bildhauerin. Hören Sie zu. Finden Sie die Antonyme.

1 gestorben
2 zurücktreten
3 Frieden
4 Mann
5 Kommunist
6 Teilung
7 für
8 unbekanntesten

Käthe Kollwitz

4 b  Hören Sie noch einmal zu. Lesen Sie dann die Aussagen unten. Schreiben Sie jeweils R (richtig), F (falsch) oder NA (nicht angegeben).

1. Kollwitz war Malerin.
2. Alle Werke von Kollwitz wurden während der Nazizeit zerstört.
3. Kollwitz war Mitglied der Sozialdemokratischen Partei.
4. Kollwitz wurde von Barlach beeinflusst.
5. Kollwitz engagierte sich für Minderheiten.
6. Kollwitz war verheiratet.
7. Kollwitz und Einstein waren Zeitgenossen.
8. Sie ist ins Exil in die Schweiz gegangen.

Strategie

Learn to manage your time when completing exam tasks
- Complete practice papers under timed conditions so that you get used to the exam length.
- Practise writing quickly and legibly.
- Decide which order you will answer the questions in. There is no reason why you should follow the order in which the exam is written.
- Make sure you know which questions you have to answer.
- Ensure that you understand the question rubrics and study examples carefully, so that you can get straight down to the activity.
- Plan essay questions (cross your plan through with a single line once you have written the essay).
- Be realistic about what you can achieve in the time allowed.

Decide and practise all of these points well in advance of the exam! *Viel Glück!*

5 a Rechechieren Sie im Internet und finden Sie andere Beispiele von Kunst, die auch „entartete Kunst" genannt wurde. Machen Sie Notizen.

5 b Diskutieren Sie mit der Gruppe:
- Inwiefern Kunst „entartet" sein kann.
- Ob Kunst die Gesellschaft beeinflussen kann.
- Ob Sie in einigen Fällen zustimmen, dass Kunst aus der Gesellschaft entfernt werden soll.

5 c  Schreiben Sie jetzt einen Aufsatz, in dem Sie Ihre Meinung darüber äußern. Schreiben Sie in ganzen Sätzen und prüfen Sie sorgfältig die Grammatik und die Wortstellung.

13.4 Wie schaut man in die Zukunft, ohne die Gegenwart zu vergessen?

- Über die Identität von Personen im deutschsprachigen Raum und wie Deutschsprachige die Welt beeinflusst haben.
- Über Wortstellung in komplizierten Sätzen und Modalpartikeln lernen.
- Die Initiative in einem Gespräch ergreifen.

Zum Einstieg

1 a Lesen Sie die Namen unten. Kommen diese Personen Ihrer Meinung nach aus Deutschland, Österreich oder der Schweiz? Diskutieren Sie mit einem Partner/einer Partnerin.

Wolfgang Amadeus Mozart (1756–1791)	Albert Einstein (1879–1955)
Paul Klee (1879–1940)	Sigmund Freud (1856–1939)
Adolf Hitler (1889–1945)	Alois Alzheimer (1864–1915)
Johann Sebastian Bach (1685–1750)	Gustav Klimt (1862–1918)
	Roger Federer (1981–)

1 b Kennen Sie andere bekannte Leute aus deutschsprachigen Ländern?

12 Erfindungen, die die Welt veränderten

Buchdruck

1440: Johannes Gutenberg erfindet den Buchdruck und markiert damit den Beginn der Aufklärung. Er zerlegt den Text in Einzelelemente wie Klein- und Großbuchstaben, Satzzeichen und Ligaturen. Erfolgte vor Gutenberg die Textreproduktion ausschließlich in der Schreibstube, so lassen sich Bücher und Texte ab sofort in großen Mengen und in immer gleicher Optik vervielfältigen. Bildung ist nicht länger ein Privileg der Reichen.

Das Telefon

1859: Philipp Reis erfindet das Telefon. Dem Lehrer für Mathematik und Physik gelingt es, Töne in elektrischen Strom umzuwandeln und ihn andernorts als Schall wiederzugeben. „Das Pferd frisst keinen Gurkensalat" lautet der erste über 100 Meter telefonisch übermittelte Satz. Er hätte seine Erfindung anmelden sollen, doch ist es der Amerikaner Graham Bell, der seine Weiterentwicklung des Telefons 1875 zum Patent anmeldet.

Das Automobil

1886: Karl Benz und Gottlieb Daimler erfinden das Automobil. Die Idee zu einem Vehikel, das eine unabhängige, schnelle Fortbewegung erlaubt, kommt

Theme 4 Aspects of political life in the German-speaking world

beiden Erfindern beinahe zeitgleich und mündet nun in ein motorgetriebenes Dreirad und eine Motorkutsche. Die Begeisterung der Deutschen an der neuen Erfindung hätte mehr sein können: „Zu laut, zu schnell, zu gefährlich", lautet das Urteil.

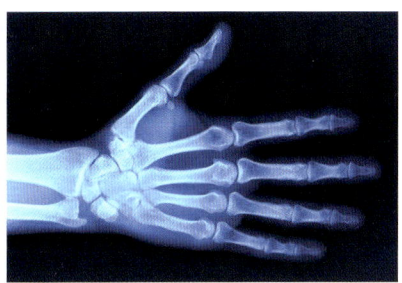

Die Röntgenstrahlung

1895: Der Physiker Wilhelm Conrad Röntgen entdeckt die Röntgenstrahlung. Da dabei hartes Gewebe besonders viel Strahlung absorbiert, hinterlässt es, im Gegensatz zu weichem Gewebe, weiße Schatten auf einem Durchleuchtungsfoto.

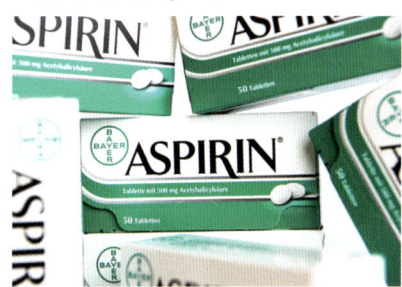

Das Aspirin

1879: Felix Hoffmann erfindet das Aspirin. Der Chemiker der Firma Bayer entwickelt das erste Schmerzmittel mit minimalen Nebenwirkungen: synthetisierte Acetylsalicylsäure in Pulverform. Man hätte es „Alleskönnerin" nennen können, da die Tablette von da an Schmerzen lindert, Fieber senkt und Entzündungen hemmt.

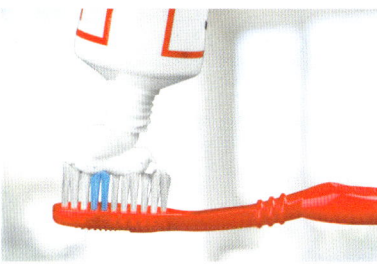

Zahnpasta

1907: Ottomar Heinsius von Mayenburg erfindet die Zahnpasta. Die Innovation erfreut sich bald weltweiter Nachfrage. Sie ermöglicht einen schnellen und intensiven Putzeffekt.

Das Fernsehen

1930: Manfred von Ardenne zeigte zum ersten Mal vollelektronisches Fernsehen im Labor. Dank moderner Elektronik werden dabei Bilder auf Senderseite zerlegt, um sie beim Empfänger wieder aufzubauen. Von Ardenne nutzt zur Bildabtastung den Leuchtfleck einer Braunschen Röhre, die elektrische Ströme sichtbar macht.

Der Computer

1941: Konrad Zuse erfindet den Computer. Weil ihm das Rechnen lästig ist, entwickelt sich der Bauingenieur dafür eine Maschine. Mit drei logischen Schaltungen und 2.600 Relais ausgestattet kommt nun der Z3, der erste voll funktionstüchtige, programmierbare Rechner zum Einsatz.

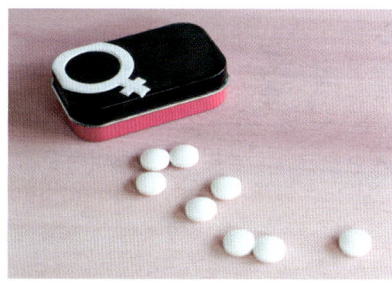

Die Pille

1961: Die Schering AG erfindet die Pille. Mit 50 Mikrogramm Östrogen gelingt es, dem weiblichen Körper eine Schwangerschaft vorzutäuschen. Die Markteinführung der ersten Pille in Deutschland hat weit reichende Folgen: Sexuelle Lust zieht nicht mehr zwingend einen Kindersegen nach sich. Die neue Unabhängigkeit der Frau spaltet die Gesellschaft in zwei Lager: Die eine Seite feiert die sexuelle Freiheit, die andere wittert den Verfall der Moral.

2 a Lesen Sie den Artikel. Lesen Sie dann die Sätze unten und finden Sie den passenden Satzteil.

1 Gutenberg …
   a erfand die Einzelelemente von einem Text.
   b trennte die Einzelelemente von einem Text.
   c regulierte die Einzelelemente von einem Text.

2 Dank Gutenberg konnten …
   a viele illustrierte Bücher gedruckt werden.
   b viele billige Bücher gedruckt werden.
   c viele ähnliche Bücher gedruckt werden.

3 Philipp Reis …
  a hatte ein Pferd als Haustier.
  b hatte einen fünf-Wörter Satz als Probesatz.
  c hat Graham Bell des Diebstahls seiner Idee beschuldigt.
4 Die Entwicklung des Autos entstand aus …
  a philanthropischen Gründen.
  b Effizienzgründen.
  c Sicherheitsgründen.
5 Die Aspirin-Tablette war besonders beliebt, weil …
  a sie mehrere Nutzungen hatte.
  b sie mehrere Nutzungen hatte und preiswert war.
  c sie mehrere Nutzungen hatte und im Körper keine unerwünschten Nebenwirkungen hatte.
6 Die Erfindung des Fernsehens war nur mit …
  a Elektrizität möglich.
  b Geld möglich.
  c Sauerstoff möglich.
7 Konrad Zuse erfand den Computer, da …
  a er faul war.
  b er die Idee gestohlen hat.
  c er davon geträumt hat.
8 Die Pille …
  a wurde von Frauen begeistert angenommen.
  b wurde sofort von der Kirche streng verboten.
  c verursachte Unstimmigkeit unter Frauen.

2 b Lesen Sie noch einmal den Artikel. Beantworten Sie die Fragen auf Deutsch. Schreiben Sie in ganzen Sätzen und prüfen Sie sorgfältig die Grammatik und die Wortstellung.

1 Erklären Sie den Satz „Bildung ist nicht länger ein Privileg der Reichen".
2 Warum sagt man, dass der Amerikaner Graham Bell das Telefon erfunden hat?
3 Warum hat man Ihrer Meinung nach die Erfindung des Automobils als „Zu laut, zu schnell, zu gefährlich" beschrieben?
4 Wie funktioniert die Röntgenstrahlung?
5 Warum war man von Aspirin so begeistert?
6 Was war der Putzeffekt von der neuen Zahnpasta?
7 Wie werden die elektrischen Ströme in einem Fernsehen sichtbar gemacht?
8 Erklären Sie, warum die Pille die Gesellschaft spaltete.

Grammatik

Word order in complex sentences
Wortstellung in komplizierten Sätzen

Study point N1.4 in grammar section. Re-read the article.

A Find three examples of discourse markers. Write out the sentences and translate them into English. How would the sentences differ without the discourse markers?
B Now find three examples of word order in a sub-clause.
C What do you notice about the word order in the sentences that you have found?

3 Schreiben Sie die richtigen Formen der Verben und bringen Sie sie in die richtige Reihenfolge.

1 Die meisten Erfinder weder Geld (*haben*), noch sie (*zu arbeiten, aufhören, können*).
2 Es gibt viele Beispiele von Forschern in verschiedenen Ländern, die etwas unglaublich Ähnliches fast gleichzeitig (*können, entwickeln, haben*).
3 Als Gutenberg das neue Druckverfahren und dadurch den Druck von hohen Auflagen (*ermöglichte, erfand*), er seine Welt in die Neuzeit (*katapultierte*).
4 Obwohl Reis für die Erfindung des Telefons berühmt (*werden hätte sollen*), es der Amerikaner Bell (*war*), der das (*hat geschafft*).
5 Auch wenn der Erfolg und er kein Geld mehr (*hat, ausbleibt*), ein Erfinder nicht auf (*gibt*).

6 Weil mein kleiner Bruder die ganze Zeit mit seinem „Playmobil" und dabei stundenlang ganz ruhig (*ist, spielt*), meine Eltern dieses Spielzeug für die beste deutsche Erfindung überhaupt (*halten*).

7 Viele Leute meinen fälschlicherweise, ein Erfinder nicht mit anderen in einer Werkstatt oder einem Labor zusammen, sondern er jahrelang allein auf dem Dachboden (*tüftelt, arbeitet*).

8 Viele Leute glauben weder, dass er das Gerät, noch dass er es (*hat erfunden*) (*erfinden können hätte*).

Südtirol

4 a Südtirol. Hören Sie sich das Interview an. Wählen Sie die vier Sätze, die mit dem Hörtext übereinstimmen.

1 Ursula identifiziert sich eher mit dem Land ihrer Muttersprache.
2 Ihre Muttersprache ist eine Minderheitssprache in dem Land, wo sie aufgewachsen ist.
3 Ursula fühlt sich eher als Deutsche, weil sie sich in dieser Sprache am besten ausdrückt.
4 Die Region Südtirol ist ein gutes Beispiel von Integration zweier Kulturen.
5 Das Essen in der Region zeigt, wie erfolgreich die zwei Kulturen zusammenleben.
6 Südtirol gehört seit Jahrhunderten zu Italien.
7 Nach dem Ersten Weltkrieg kam Südtirol zu Italien.
8 Die Italiener zeigten schon immer Toleranz für die deutschsprechende Bevölkerung in Südtirol.

4 b Hören Sie noch einmal zu. Schreiben Sie eine Zusammenfassung des Hörtexts. Schreiben Sie in ganzen Sätzen und prüfen Sie sorgfältig die Grammatik und die Wortstellung. Erwähnen Sie die folgenden Punkte:

- Wo Ursula herkommt, und was ihre Muttersprache ist. (2)
- Ob Südtirol Deutsch oder Italienisch ist und warum. (2)
- Ob die Lage immer so war wie jetzt? Wenn nicht, wie war es früher? (3)
- Was mussten Ursulas Großeltern machen? (1)

5 a Recherchieren Sie im Internet weiter über eine der Personen in Übung 1. Schreiben Sie Notizen.

5 b Diskutieren Sie mit einem Partner/einer Partnerin, der/die noch eine andere Person recherchiert hat.

- Vergleichen Sie, was diese Personen gemacht haben.
- Wer ist für Sie am wichtigsten? Warum?

Strategie

Take the initiative in conversations
To win a debate, you must take the initiative.
- Identify and be clear on your five key points before you start the conversation or debate.
- Make sure you have researched your vocabulary, so that you can express yourself succinctly and accurately.
- Introduce new items into the conversation or debate, by using questions.
- Learn some stock phrases that let you interject, such as:

– *Das mag wohl sein, aber ...* – That may well be, but ...
– *Das sehe ich nicht ein, da ...* – I don't agree, as ...
– *Es ist fraglich ob ...* – It is questionable if ...
– *Darauf wollen wir später zurückkommen* – We shall return to this later
– *Ich bin der Ansicht, dass ...* – I am of the opinion that ...

Keep these points in mind when completing the speaking activity.

6 Debattieren Sie mit dem Rest der Gruppe. Welche Person aus Übung 1 ist am wichtigsten und warum? Sehen Sie sich die Strategie an.

Vokabular

The lists below contain the key vocabulary for each sub-unit and need to be learnt by heart.
More complete lists are available in the Dynamic Learning package.

13.1 Pflegekinder und Adoptivkinder

- die **Ersatzfamilie(n)** foster/surrogate family
- **erziehen** v to raise a child
- **zur Adoption freigeben** v to give up for adoption
- **großziehen** v to bring up a child
- die **Herkunftsfamilie(n)** natural/birth family
- **leiblich** adj natural/birth
- **nichtehelich** adj illegitimate/out of wedlock
- die **Pflege(-)** fostering
- die **Pflegeeltern** foster parents
- die **Pflegefamilie(n)** foster family
- das **Pflegekind(er)** foster child
- die **Pflegschaft(en)** fostering
- das **Pflegeverhältnis(se)** relationship in the foster family
- die **Ursprungsfamilie(n)** natural/birth family
- die **Verwandten** relatives

13.2 Unruhen in Stadtbezirken

- die **Armut(-)** poverty
- der **Armutsbezirk(e)** poverty district
- der **Bewohner(-)** resident
- der **Einwohner(-)** inhabitant
- das **Elendsviertel(-)** slum
- die **Lebensumstände** living conditions
- der **Rand("er)** margin
- die **Stadtverwaltung(en)** (town/city) council
- das **Stadtviertel(-)** quarter/district
- **vernachlässigen** v to neglect
- die **Vorstadt("e)** suburb
- das **Wohnquartier(e)** living quarters
- der **Wohnraum("e)** housing

13.3 Hassliebe: die komplizierte Beziehung zwischen Bildhauer und Politik

- der **Angriff(e)** attack
- die **Ausstellung(en)** exhibition
- der **Bildhauer(-)** sculptor
- das **Ehrenmal(e)** memorial
- **einschmelzen** v to melt
- **entartete Kunst** 'degenerate art' - a label that the Nazis gave to any artworks not approved by the party
- **entfernen** v to remove
- die **Gießerei** foundry
- **sich verschärfen** v to get worse
- die **Trauer(-)** grief, sorrow
- der **Trost(-)** comfort, consolation
- **unterdrückt** adj suppressed, downtrodden
- **verehren** v to honour
- **verweigern** v to refuse, reject

13.4 Wie schaut man in die Zukunft, ohne die Gegenwart zu vergessen?

- **andernorts** adv elsewhere
- die **Aufklärung(-)** the Enlightenment
- **begeistert** adj enthusiastic
- der **Buchdruck(-)** printing
- der **Empfänger(-)** receiver
- **entdecken** v to discover
- die **Entzündung(en)** infection
- die **Erfindung(en)** discovery
- die **Fortbewegung(en)** locomotion
- **geheim** adj secret
- der **Großbuchstabe(n)** upper case letter
- die **Herkunft** origin
- **lästig** adj annoying, cumbersome
- **münden** v to end (up) in
- die **Muttersprache(n)** mother tongue
- die **Nebenwirkung(en)** side-effect
- die **Optik(-)** visual appearance
- das **Östrogen(e)** oestrogen
- das **Rechnen(-)** calculation
- die **Röntgenstrahlung(en)** X ray
- der **Schall(e)** sound
- der **Schatten(-)** shadow
- das **Schmerzmittel(n)** pain reliever
- **spalten** v to divide
- der **Strom("e)** electricity
- **verändern** v to change
- **vervielfältigen** v to duplicate, reproduce
- **vortäuschen** v to feign, pretend
- **wandeln** v to change
- **zerlegen** v to disassemble
- **zum Patent anmelden** v to apply for a patent

Grammar

The following grammar summary includes all of the grammar points listed as being required for the AS and A-Level AQA examinations in German. It is not, however, a complete grammar and the following reference books can be recommended if more detailed grammatical information is required: Paul Stocker: *A Student Grammar of German* (Cambridge University Press, 2012), Martin Durrell: *Hammer's German Grammar and Usage* (Hodder, 2011), John Klapper and Trudi McMahon: *Aktion Grammatik* (Hodder, 2006).

Index of grammar points

A Cases
    A1 Uses of the cases
B Nouns
    B1 Genders of nouns
    B2 Singular and plural forms
    B3 Case system and nouns
    B4 Weak masculine nouns
C Articles
    C1 Definite article: uses
    C2 Indefinite article: uses
    C3 'Some', 'any'
    C4 Case endings on articles
D Pronouns
    D1 Personal pronouns
    D2 Reflexive pronouns
    D3 Relative pronouns
    D4 Demonstrative pronouns
    D5 Possessive pronouns
    D6 Indefinite pronouns
    D7 Interrogative pronouns
E Adjectives
    E1 Adjectives and case endings
    E2 Irregular forms of adjectives
    E3 Adjectival nouns
    E4 Adjectives and the dative
    E5 Adjectives and prepositions
F Adverbs and adverbials
    F1 Adverbs of time
    F2 Adverbs of place
    F3 Adverbs of direction
    F4 Adverbs of manner
    F5 Adverbs of degree
    F6 Interrogative adverbs
    F7 Numbers
    F8 Modal particles
G Comparative and superlative
    G1 Formation
    G2 Irregular comparatives/superlatives
    G3 Comparative and superlative phrases
H Verbs: tense formation
    H1 Present tense
    H2 Simple past (imperfect) tense
    H3 Perfect tense
    H4 Pluperfect tense
    H5 Future tense
    H6 Future perfect tense

I Verbs: tense uses
    I1 Present tense
    I2 Perfect tense
    I3 Simple past (imperfect) tense
    I4 Perfect or simple past (imperfect) tense?
    I5 Pluperfect tense
    I6 Future tense
    I7 Future perfect tense
J Verbs: other types
    J1 Modal verbs
    J2 Irregular verbs
    J3 Mixed verbs
    J4 Reflexive verbs
    J5 Separable and inseparable verbs
    J6 Impersonal verbs
    J7 Verbs followed by the dative
    J8 Verbs followed by certain prepositions
    J9 Verb + (zu) + infinitive
    J10 Participle constructions
K Verbs: passive voice
    K1 Formation of the passive
L Verbs: imperative
    L1 Formation of the imperative
    L2 Official instructions
M Verbs: subjunctive
    M1 Subjunctive 1
    M2 Subjunctive 2
    M3 Subjunctive 1: uses
    M4 Subjunctive 2: uses
N Word order
    N1 Position of the verb
    N2 Conjunctions
    N3 Position of adverbs
    N4 Order of direct and indirect objects
    N5 Variations in word order
    N6 Apposition
O Prepositions
    O1 Prepositions followed by the accusative
    O2 Prepositions followed by the dative
    O3 Prepositions followed by the accusative or dative (dual case)
    O4 Prepositions followed by the genitive
    O5 Prepositions with personal pronouns
P Word formation
    P1 Nouns from verbs
    P2 Nouns from adjectives
    P3 Verbs from adjectives and nouns
    P4 Compound nouns
List of strong and irregular verbs
Glossary of grammatical terms

A Cases

In both English and German, some words change their form or their ending to show their function in the clause, e.g. whether they are the subject or the object of the verb. For instance, in English the pronouns 'he' and 'she' can be the subject of a verb, but change to 'him' and 'her' for the object.

The word 'case' means 'group': the nominative case is simply the group of words which can be used as the subject (e.g. 'I', 'he', 'she', 'we', 'they'); the accusative case is the one which can be used as the object ('me', 'him', 'her', 'us', 'them'). 'You' and 'it' can be used for both cases without change.

In German, these case forms are found not only with pronouns, as in English, but also with the definite and indefinite articles (e.g. Nominative: *der, die, das*; Accusative: *den, die, das*) and various other words. But the principle is exactly the same.

A1 Uses of the cases

There are four cases in German: Nominative, Accusative, Genitive and Dative.

A1.1 Nominative case

The nominative case is used:
- to indicate the **subject** of the verb:

Der Mann fährt das Auto.	The man is driving the car.
Ein Lehrer ist ins Zimmer gekommen.	A teacher came into the room.

- after the copular verbs *sein*, *werden* and *bleiben*. With these verbs both the subject and the 'object' refer to the same thing or person:

Er ist der Schuldirektor.	He is the head teacher.
Er bleibt mein bester Freund.	He's still my best friend.

A1.2 Accusative case

The accusative case is used:
- to indicate the **direct object** of the verb:

Ich habe einen Bruder.	I have a brother.
Wir haben den Film gestern gesehen.	We saw the film yesterday.

- after some prepositions:

Das Geschenk ist für meinen Bruder.	The present is for my brother.
Wir gehen in die Stadt.	We're going into town.

A1.3 Genitive case

The genitive case is used:
- to indicate **possession**, like English 's, s' and 'of':

das Auto meiner Mutter	my mother's car
der Titel des Buches	the title of the book
die Spielzeuge ihrer Töchter	her daughters' toys

- after certain prepositions:

während des Tages	during the day
trotz des Wetters	in spite of the weather

A1.4 Dative case

The dative case is used:
- to indicate the **indirect object** of the verb:

Ich gab ihm ein Geschenk.	I gave him a present.

> **Note**
> The indirect object is the one you could put 'to' in front of in English: 'I gave a present **to** him'.

- after certain prepositions:

Wir fahren mit dem Bus.	We're going by bus.
Ich arbeite in der Stadt.	I work in town.

- after certain verbs:

Sie hilft mir oft.	She often helps me.

- in certain expressions:

Es ist mir kalt.	I'm cold.
Wie geht es dir/Ihnen?	How are you?

B Nouns

A **noun** is a word for a thing, a person, or an idea, e.g.: 'book', 'woman', 'love'. Proper nouns are names: 'Peter', 'Berlin'.

An **article** is a word often used with a noun, such as 'the' (the **definite article**) or 'a/an' (the **indefinite article**).

B1 Genders of nouns

All German nouns have one of three words for 'the', called genders – masculine (*der*), feminine (*die*), or neuter (*das*). When you note down a new noun, write down its gender and plural forms as well, and learn them together. There are very few nouns where these make any difference to the meaning, but they're important for writing and speaking accurate German.

Nouns which refer to a specific gender, such as *Mann*, *Frau*, *Krankenschwester* and *Hund*, take the gender you would expect, with a few exceptions, e.g.:

das Mädchen	girl
das Mitglied	member
die Person	person
der Mensch	human being

B1.1 Masculine nouns

- Male persons/professions/animals: *Junge, Lehrer, Kater* (male cat).
- Days of the week, months, seasons: *Sonntag, Mai, Herbst*.
- Many aspects of weather: *Wind, Schnee*.
- Many drinks: *Kaffee, Tee, Saft, Wein*.
- Nouns ending in, e.g.: *-ig, -ismus, -ist: Honig, Sozialismus, Kommunist*.

B1.2 Feminine nouns

- Female persons/professions/animals: *Mutter, Lehrerin, Katze*.
- Most fruits and trees: *Rose, Birne, Eiche*.
- Many nouns ending in *-e*: *Brücke, Farbe* (but see also Study Point E3).
- Nouns ending in, e.g.: *-a, -ei, -ie, -ik, -in, -heit, -keit, -schaft, -tät, -ung: Pizza, Bäckerei, Chemie, Musik, Ärztin, Schönheit, Möglichkeit, Mannschaft, Aktivität, Hoffnung*.

B1.3 Neuter nouns

- Young humans and animals: *Baby, Kind, Kalb* (calf).
- Continents and most countries: *Europa, Deutschland*.
- Most metals, elements, scientific units: *Eisen, Gold, Kilo*.
- All infinitives used as nouns: *Lesen, Schreiben*.
- Nouns ending in: *-chen, -um*, and most ending in: *-tum, -ment, -lein: Mädchen, Studium, Gremium, Datum, Parlament, Fräulein*.

B2 Singular and plural forms

Most English nouns add '-s' to form the plural, but in German there are several possible plural endings. It may look complicated at first, but there are distinct patterns to the plurals of German nouns:

- Masculine nouns often form the plural by adding *-e* and sometimes an umlaut as well to one-syllable words *with a, o, or u*:

der Arm pl *Arme*   *der Fuß* pl *Füße*

- Feminine nouns mostly form the plural by adding *-en*, or just *-n* if they end with *-e*:

die Tür pl *Türen*   *die Blume* pl *Blumen*

- Neuter nouns mostly form the plural by adding *-e*; most of the rest add *-er* and an umlaut in words with *a, o,* or *u*:

das Jahr pl *Jahre*   *das Haus* pl *Häuser*

B3 Case system and nouns

Mostly, the function of a noun phrase within the clause is shown by the endings on articles and adjectives; however, nouns sometimes add endings as well.

B3.1 Case endings added to nouns

Masculine and neuter nouns add *-(e)s* in the genitive singular:

das Auto meines Vaters   my father's car

der Geschmack eines guten Weins   the taste of a good wine

... as does, strangely, the feminine noun in *eines Nachts* – one night.

Note also with names:

Peters Mutter   Peter's mother

Brahms' Werke   Brahms' works

*das Reich Karls **des** Großen* the empire of Charlemagne

Nouns of all genders add *-n* if possible in the dative plural, though not, of course, if it already ends in *-n*, or *-s*:

in vielen Städten   in many towns

A few singular masculine and neuter nouns still add the old dative *-e* in set phrases:

nach Hause   home(wards)

zu Hause   at home

im Grunde genommen   basically

B4 Weak masculine nouns

Weak masculine nouns are a small group of nouns which add *-(e)n* in all cases, singular and plural, except the nominative singular. Almost all of these nouns refer to people.

	Singular	Plural
Nominative	*der* Franzose	*die* Franzosen
Accusative	*den* Franzosen	*die* Franzosen
Genitive	*des* Franzosen	*der* Franzosen
Dative	*dem* Franzosen	*den* Franzosen

It's useful to think of weak masculine nouns in the following groups.

- Masculine nouns ending in *-e*, including several nationalities:

der Junge (boy), *der Kunde* (customer), *ein Schotte* (Scot), *ein Russe* (Russian)

- Many foreign nouns:

der Fotograf (photographer), *der Demokrat* (democrat), *der Soldat* (soldier), *der Polizist* (policeman), *der Sozialist* (socialist), *der Präsident* (president), *der Student* (student)

- A number of other nouns:

der Bauer (farmer), *der Bayer* (Bavarian), *der Christ* (Christian)

der Herr (gentleman), *der Mensch* (human being), *der Nachbar* (neighbour)

- A very few weak masculine nouns refer to objects:

der Automat (vending/slot machine), *der* Paragraph (paragraph), *der* Planet (planet)

> **Note**
>
> A few weak masculine nouns add *-ns* in the genitive singular:
>
> *des* Gedankens (thought), *des* Glaubens (belief), *des* Namens (name)

C Articles

C1 Definite article: uses

For the definition of 'articles', see above. German and English usually use the definite article in very similar ways, but there are some important differences that should be noted.

With the following words you don't usually use the definite article in English, but you do in German:

- with masculine, feminine and plural country and place names:

die Schweiz	Switzerland
der Iran, *der* Irak	Iran, Iraq
die USA (pl)	the USA

> **Note**
>
> You say:
> in **der** Bahnhofstraße; *der* Saturn; *auf dem* Mars

- with abstract nouns (i.e. words for ideas and feelings):

die Liebe	love
die Einwanderung	immigration
die Zeit vergeht	time flies

> **Note**
>
> With groups of nouns related in context, German and English omit the article with the following phrases:
>
> | *Es geht um Leben und Tod.* | It's a matter of life and death. |
> |---|---|
> | *Krieg und Frieden* | war and peace |

- with dates, seasons, months, parts of the day:

am 6. April, *im* Herbst; *im* Juni; *am* Morgen

- with names preceded by an adjective:

das heutige Frankreich	modern France
die arme Anna!	poor Anna!

- colloquially with names:

Kennst du den Peter?	Do you know Peter?

- with *meist* (most):

die meisten Leute	most people

- in a number of set phrases:

beim Frühstück	over/during breakfast
zum Mittagessen	for lunch
mit der Bahn	by train
nach der Schule	after school
in die Stadt	into town

The definite article is often used instead of the possessive in German.

- with parts of the body and clothing:

Er schüttelte mir die Hand.	He shook my hand.
Ich zog das Sweatshirt aus.	I took off my sweatshirt.

- with measures, amounts:

3 Euro die Flasche	3 euros a bottle
einmal im Monat	once a month

C2 Indefinite article: uses

The indefinite article (a/an) is not used in German (in contrast to English), for:

- nationality, profession, rank, religion:

Er ist Ausländer.	He is a foreigner.
Ich bin Christ.	I am a Christian.
Sie will Ärztin werden.	She wants to become a doctor.

> **Note**
>
> The article is used, however, if there is an adjective before the noun:
>
> | *Sie ist eine gute Ärztin.* | She's a good doctor. |
> |---|---|

- a number of set phrases:

Ich habe Fieber.	I have a temperature.
Er bekommt viel Besuch.	He has a lot of visitors.
mit lauter Stimme	in a loud voice

C3 'Some', 'any'

German doesn't normally use a word for 'some' or 'any':

Hast du Geld dabei?   Have you got any money with you?

Wir haben Brot.   We've got some bread.

If the amount is to be emphasised, use:

ein bisschen (sing.)/*ein wenig* (sing.)/*etwas*	a bit, a little
einige (pl.)	some, several
ein paar (pl.)	a few
mit etwas Salz würzen	flavour with some salt (cookery recipe)

C4 Case endings on articles

Notice how similar the endings on the articles are to each other: *den/einen*, *dem/einem*, etc.

C4.1 Case endings on *der/die/das*

Case endings on the definite article *der/die/das*:

Case	Singular			Plural
	Masculine	Feminine	Neuter	
Nom	der Mann	die Frau	das Kind	die Frauen
Acc	den Mann	die Frau	das Kind	die Frauen
Gen	des Mannes	der Frau	des Kindes	der Frauen
Dat	dem Mann	der Frau	dem Kind	den Frauen

C4.2 Case endings on the indefinite article *ein/eine/ein*, and on *kein*

Case	SINGULAR			PLURAL
	Masculine	Feminine	Neuter	
Nom	ein Mann	eine Frau	ein Kind	keine Männer
Acc	einen Mann	eine Frau	ein Kind	keine Männer
Gen	eines Mannes	einer Frau	eines Kindes	keiner Männer
Dat	einem Mann	einer Frau	einem Kind	keinen Männern

Note that, just like English 'a' or 'an', the German indefinite article has no plural, though its negative *kein* does.

Ich habe Brötchen und eine Torte gekauft.   I bought (some) bread rolls and a cake.

*Wir haben **keine** Brötchen mehr.*   We're out of bread rolls.

Ich habe keinen Bruder.   I don't have a brother.

C4.3 Case endings on demonstratives: *dieser/jener*

Case endings on the demonstratives for *dieser* (this/these) and *jener* (that/those):

Case	Singular			Plural
	Masculine	Feminine	Neuter	
Nom	dies**er**/jen**er**	dies**e**/jen**e**	dies**es**/jen**es**	dies**e**/jen**e**
Acc	dies**en**/jen**en**	dies**e**/jen**e**	dies**es**/jen**es**	dies**e**/jen**e**
Gen	dies**es**/jen**es**	dies**er**/jen**er**	dies**es**/jen**es**	dies**er**/jen**er**
Dat	dies**em**/jen**em**	dies**er**/jen**er**	dies**em**/jen**em**	dies**en**/jen**en**

> **Note**
>
> The endings on the demonstratives are the same as those on the definite article. *Jener* is not used in colloquial German – *dieser* or *der/die/das* are preferred:
>
> *Diese Häuser sind sehr alt.*   These houses are very old.
>
> *Ich nehme **das** hier.*   I'll have this one.

C4.4 Case endings on possessives *mein/dein*

Words like *mein* (my), *dein* (your) and *unser* (our) are all called possessive adjectives or, more accurately, possessive articles, as they take the same endings as the indefinite articles *ein*, *eine*:

Singular			Plural		
ich	**mein**	my	wir	**unser**	our
du	**dein**	your	ihr	**euer**	your
er	**sein**	his/its	sie	**ihr**	their
sie	**ihr**	her/its	Sie	**Ihr**	your (polite)
es	**sein**	his/its			
man	**sein**	one's			

See Study Point C4.2 for the table of endings. Here is *mein* as an example:

*Mein Vater bringt mein**en** Bruder und mein**e** Schwester zum Bahnhof.*
    My father is taking my brother and sister to the station.

Case	SINGULAR			PLURAL
	Masculine	Feminine	Neuter	
Nom	mein Mann	meine Frau	mein Auto	meine Bücher
Acc	meinen Mann	meine Frau	mein Auto	meine Bücher
Gen	meines Mannes	meiner Frau	meines Autos	meiner Bücher
Dat	meinem Mann	meiner Frau	meinem Auto	meinen Büchern

Note

Note that *unser* and *euer* often lose the *-e-* if they take an ending:

unser Haus	in unsrem Haus	in our house
euer Brief	Wir haben euren Brief nicht bekommen. We didn't receive your e-mail.	

C4.5 Case endings on other determiners

The following take the same endings as the definite article; see Study Point C4.1.

mancher (many a), *welcher* (which), *solcher* (such a), *jeder* (every one)

Welches Buch hast du gelesen?   Which book have you read?

In welchem Haus wohnt sie?   Which house does she live in?

Note also the indefinite determiners:

Indefinite determiners			
Followed by singular noun		Followed by plural noun	
viel	a lot, much	viele	many, lots of
wenig	little	wenige	few
all	all	alle	all
ein bisschen	a little, a bit	mehrere	several
ein wenig	a little	einige	several
etwas	some	andere	other
		einzelne	individual
		sonstige	other, further
		verschiedene	various
		ein paar	a few

Those followed by a singular noun never change their endings, with the exception of *all* – see below:
- those followed by a plural noun change their endings, with the exception of *ein paar*:

Er hat **viel** Geld.   He has a lot of money.

Er hat **viele** Freunde.   He has many friends.

Ich fahre mit **ein paar**/einigen/mehreren guten Freunden in Urlaub.   I am going on holiday with a few good friends.

- *all* can be used without endings when used with the definite article or a possessive adjective:

all meine Freunde
alle meine Freunde   } all (of) my friends

mit **all** dem Geld   with all (of) the money

- *all/alle* add endings in both singular and plural in all other instances:

Sie hat **allen** Grund dazu.   She has every reason to do so.

D Pronouns

Pronouns replace or refer to nouns. Examples in English are 'I', 'me', 'it', 'who', 'what'.

D1 Personal pronouns

Nom	Acc	Dat
ich	mich	mir
du	dich	dir
er	ihn	ihm
sie	sie	ihr
es	es	ihm
man	einen	einem
wir	uns	uns
ihr	euch	euch
sie	sie	ihnen
Sie	Sie	Ihnen

Note

The endings on the third person (*er/ihn/ihm*, *sie/sie/ihr*, *es/es/ihm*, pl *sie/sie/ihnen*) are the same as the endings on the definite article (*der/den/dem*, *die/die/der*, etc.):

Kennst du den Mann?   Do you know the man?

Ich kenne ihn nicht.   I don't know him.

'You'

The pronoun *du* and its plural form *ihr* are used to address friends, relatives, or fellow students. *Sie* is used in the singular and plural for all adult strangers and for work colleagues:

Warten Sie einen Moment, bitte!   Please wait a moment!

Wir gehen ins Kino – kommt ihr mit?
   We're off to the cinema – want to come with us?

D2 Reflexive pronouns

Reflexive pronouns are used when the object of the verb refers to the same thing or person as the subject. They are the same as the personal pronouns except in the third person singular and plural, where *sich* is used instead.

Nom	**Acc**	**Dat**
ich	mich	mir
du	dich	dir
er/sie/es/man	sich	sich
wir	uns	uns
ihr	euch	euch
Sie/Sie	sich	sich

*Ich wasche **mich**./Sie wäscht **sich**.*
　　　　　　I wash myself./She washes herself.

*Ich wasche **mir** die Hände./Sie wäscht **sich** die Hände.*
　　　　　　I wash my hands./She washes her hands.

> **Note**
>
> The pronoun *selber* also means 'myself', 'himself', etc., but is used to emphasise the subject:
>
> *Unser Kind kann sich schon **selber** waschen!*

D3 Relative pronouns

Relative pronouns connect a clause to a preceding noun or pronoun, e.g. 'the woman who ...'; 'the day which ...'; 'those who ...'.

	Masc	**Fem**	**Neut**	**Plural**
Nom	der	die	das	die
Acc	den	die	das	die
Gen	dessen	deren	dessen	deren
Dat	dem	der	dem	denen

The noun you're referring back to tells you the gender, and whether it's singular or plural (in the examples below it's masculine singular, referring to *Mann*). The case it's in depends on its role in its own clause:

Kennst du den Mann, ...　　Do you know the man ...

*... **der** da drüben steht?*　　... (who's) standing over there?

*... **den** sie anruft?*　　... (whom) she's phoning?

*... mit **dem** sie spricht?*　　... (whom) she's talking to?

The relative pronoun cannot be left out in German, as it can in English:

*Das Buch, **das** ich lese, ist sehr interessant.*
　　　　The book (which) I'm reading is very interesting.

*Der Junge, mit **dem** sie befreundet ist, ist sehr nett.*
　　　　The boy she's friendly with is very nice.

'Whose' (*dessen* or *deren*) is not affected by a preposition:

*Die Familie, mit **deren** Kindern...*
　　　　　　The family, with whose children ...

D3.1 Was

Was is used as the relative pronoun after *alles*, *nichts* and *etwas*, and elsewhere where there is no preceding noun:

*Ich glaube alles, **was** sie gesagt hat.*
　　　　　　I believe everything she said.

*Das einzige, **was** mir gefiel, war...*
　　　　　　The only thing I liked was ...

*Weißt du, **was** er gesagt hat?*
　　　　　　Do you know what he said?

Was sometimes refers back to a whole clause:

*Er will Lehrer werden, **was** ich unverständlich finde.*
He wants to be a teacher, which I find incomprehensible.

Sometimes *was* is used after a preposition. In these instances, use *wo(r)-* + preposition:

Meine Tante hat mir 100 Euro geschenkt, ...
　　　　　　My aunt gave me 100 euros, ...

*... **was** mich sehr gefreut hat.*
　　　　　　... which really pleased me.

*... **worüber** ich mich sehr gefreut habe.*
　　　　　　... which I was really pleased about.

*... **womit** ich Kleider kaufen will.*
　　　　　　... which I want to buy some clothes with.

D3.2 Wer (anyone who)

Wer das glaubt, muss dumm sein.
　　　　　　Anyone who believes that must be stupid.

D4 Demonstrative pronouns

Demonstrative pronouns are words like 'this' and 'that'. The pronoun *das* is used in a general sense:

Das ist ja schön!　　That's really beautiful!

Dieser, diese, dieses are used for 'this', 'these'; *der, die, das* are used for 'that', 'those'. (*Jener, jene, jenes* are not often used in modern German.)

Dieser ist billiger, aber der hier gefällt mir am besten.
　　　　　　This one's cheaper, but I like that one best.

D5 Possessive pronouns

Possessive pronouns are words like 'mine', 'yours', etc. Use *mein-, dein-, sein-*, etc. with endings as for the possessives (see Study Point C4.4), **except** in the nominative singular:

Masc	**Fem**	**Neut**
meiner, deiner, seiner, etc.	meine, deine, seine	meines, deines, seines

*Siehst du die zwei Wagen? **Meiner** war ziemlich günstig, aber mein Bruder hat 90.000 Euro für **seinen** bezahlt.*
    Do you see the two cars? Mine was quite cheap, but my brother paid 90,000 euros for his.

D6 Indefinite pronouns

Indefinite pronouns refer to people, things, or amounts that are unknown or unnamed: *jemand* – someone, *niemand* – no-one.

These may be used with or without case endings. If endings are used, they are as follows:

Nom	jemand	niemand
Acc	jemanden	niemanden
Dat	jemandem	niemandem

*Ich kenne **niemand(en)**, der den Unfall gesehen hat.*
    I know no-one who saw the accident.

*Der Polizist spricht mit **jemand(em)**, der den Unfall gesehen hat.*
    The policeman is speaking to someone who saw the accident.

For *einer, eine, eines*, etc., endings are as for the possessive pronouns (C4.4):

*Siehst du die zwei Wagen? **Einer** gehört mir.*
    You see those two cars? One (of them) is mine.

D7 Interrogative pronouns

Interrogative pronouns are *wer* (who) and *was* (what):

Nom	Acc	Gen	Dat
wer	wen	wessen	wem

Unlike English usage, where 'whom' is disappearing, all forms of *wer* are in normal use in German:

***Wen** suchst du?*   Who are you looking for?

*Bei **wem** wohnt sie?*   Who's she staying with?

***Wessen** Sohn ist das?*   Whose son is that?

Was?   **What?**

***Was** suchst du?*   What are you looking for?

When used with a preposition, *was* is replaced by *wo(r)-*:

***Worauf** wartest du?*   What are you waiting for?

***Wozu** ist denn das?*   What's that for?

Was für ...? What sort of ...?

Not necessarily followed by the accusative normally demanded by *für*.

Was für ein Mann ist er?   What sort of a man is he?

*In **was für** einem Haus wohnt sie?*   What sort of house does she live in?

E Adjectives

An adjective is a word used to describe a noun. In German it may stand before the noun (an 'attributive' adjective), or after a verb such as *sein* (a 'predicative' adjective). Adjectives never stand after the noun as they do in some other languages.

E1 Adjectives and case endings

Adjectives may be used in one of two positions:
- after the verb – no case ending:

*Der Mann ist **alt**.*   The man is old.

*Der Junge sieht **intelligent** aus.*   The boy looks intelligent.

- before the noun – case ending required:

*ein **alter** Mann*   an old man

*Ich habe meinen Kuli verloren; ich muss einen **neuen** kaufen.*
    I've lost my pen; I'll have to buy a new one.

E1.1 Case endings on adjectives following the definite article

Case endings on adjectives that come after the definite article *der/die/das*:

Case	SINGULAR			PLURAL
	Masculine	Feminine	Neuter	
Nom	der alte Mann	die junge Frau	das kleine Kind	die kleinen Kinder
Acc	den alten Mann	die junge Frau	das kleine Kind	die kleinen Kinder
Gen	des alten Mannes	der jungen Frau	des kleinen Kindes	der kleinen Kinder
Dat	dem alten Mann	der jungen Frau	dem kleinen Kind	den kleinen Kindern

Note that except in the basic singular *der/die/das* forms, the adjective ends with *-en*.

These endings are also used after *dieser* (this), *welcher* (which), and *jeder* (each, every).

E1.2 Case endings on adjectives following the indefinite article and *kein*

Case endings on adjectives that come after the indefinite article *ein/eine/ein* and on *kein*:

Case	SINGULAR			PLURAL
	Masculine	Feminine	Neuter	
Nom	ein alter Mann	eine junge Frau	ein kleines Kind	keine alten Männer
Acc	einen alten Mann	eine junge Frau	ein kleines Kind	keine alten Männer
Gen	eines alten Mannes	einer jungen Frau	eines kleinen Kindes	keiner alten Männer
Dat	einem alten Mann	einer jungen Frau	einem kleinen Kind	keinen alten Männern

Note that in all forms except the basic singular *ein/eine/ein*, the adjective ends with *-en*.

These endings are also used after *kein* and the possessive articles/adjectives.

E1.3 Case endings on the adjective when there is no article

Case	SINGULAR			PLURAL
	Masculine	Feminine	Neuter	
Nom	guter Wein	frische Milch	kaltes Wasser	gute Weine
Acc	guten Wein	frische Milch	kaltes Wasser	gute Weine
Gen	guten Weins	frischer Milch	kalten Wassers	guter Weine
Dat	gutem Wein	frischer Milch	kaltem Wasser	guten Weinen

Note that these endings are the same as those on the definite article, except with masculine and neuter genitive singular, which is quite rare. These endings are also used after the indefinite determiners (see Study Point C4.5):

Wir haben viel guten Wein getrunken. We drank lots of good wine.

etwas kalter Tee a little cold tea

If the indefinite determiner is plural, it takes the same ending as the adjective:

einige enge Verwandte several close relatives

Ich habe viele gute Freunde. I have many good friends.

mit mehreren guten Freunden with several good friends

E2 Irregular forms of adjectives

There are no irregular adjectives in German, except for a few small variations.

- *hoch* (high) drops the *-c* before an adjective ending:

Der Berg ist hoch: ein hoher Berg. The mountain is high: a high mountain.

- Adjectives ending in *-el* drop the *-e-* when followed by a vowel:

eine dunkle Nacht a dark night

- Adjectives ending in *-er* sometimes do so too:

ein teures Auto an expensive car

- A very few adjectives do not add case endings. All of them are colours and are foreign in origin:

lila lilac

orange orange

rosa pink

creme cream

Sie trägt einen rosa Schal. She's wearing a pink scarf.

- Town names used as adjectives add *-er*, but do not add case endings:

Die Frankfurter Allgemeine Zeitung (name of newspaper)

Der Stuttgarter Flughafen Stuttgart Airport

Note

in den dreißiger Jahren in the thirties

E3 Adjectival nouns

Adjectives can be used as nouns, as can the present and past participles of a verb.

E3.1 Forms of adjectival nouns

Adjectival nouns still take adjective endings, as if they were still followed by a noun – see Adjectival endings (Study Point E1).

der Deutsche/ein Deutscher the/a German (man)

die Deutsche/eine Deutsche the/a German (woman)

	Singular – definite article	Singular – indefinite article	Plural
Nom	der Deutsche	ein Deutscher	die Deutschen
Acc	den Deutschen	einen Deutschen	die Deutschen
Gen	des Deutschen	eines Deutschen	der Deutschen
Dat	dem Deutschen	einem Deutschen	den Deutschen

E3.2 Masculine, feminine and neuter adjectival nouns

Masculine and feminine adjectival nouns refer to people. Neuter adjectival nouns refer to things or ideas:

der Alte	the old man
die Alte	the old woman
das Alte	the old (things)
Das Neue ersetzt das Alte.	The new replaces the old.
Er bleibt beim Alten.	He sticks to the old ways.
die Anwesenden (pl.)	those present (formed from present participle of verb)
der Kriegsgefangene	prisoner of war (formed from past participle of verb)

E3.3 Using adjectival nouns

Adjectival nouns are often used with *nichts*, *etwas*, *allerlei* and *alles*. Note the endings here:

*Ich habe **etwas Schönes** für sie zum Geburtstag gekauft.*
　I've bought something nice for her birthday.

*Er hat für das Wochenende **nichts Besonderes** vor.*
　He's not planning anything special for the weekend.

> **Note**
> There is no *-s* on the adjective after *alles*.
> **Alles Gute** *zum Geburtstag!* Happy Birthday!

E4 Adjectives and the dative

Some adjectives are used with the dative:

*Peter ist **seinem Vater** ähnlich.*	Peter is like his father.
*Er ist **mir** nicht bekannt.*	He is not known to me.
*Sei **mir** nicht böse!*	Don't be angry with me!
*Sie ist **der Arbeit** nicht gewachsen.*	She is not up to the work.
*Die Familie tut **mir** sehr leid.*	I am very sorry for the family.
*Die Situation ist **mir** sehr peinlich.*	The situation is very embarrassing for me.
*Er blieb **seiner Frau** treu.*	He is staying loyal to his wife.

E5 Adjectives and prepositions

Some adjectives are usually used with certain prepositions (see *da(r)* + preposition, Study Point O5).

begeistert von + Dat	enthusiastic about
beliebt bei + Dat	popular with
böse auf + Acc	angry at
beunruhigt über + Acc	worried about
eifersüchtig auf + Acc	jealous of
fähig zu + Dat	capable of
interessiert an + Dat	interested in
stolz auf + Acc	proud of
verwandt mit + Dat	related to
Meine Eltern sind stolz auf mich.	My parents are proud of me.
Er ist zu allem fähig.	He's capable of anything.

F Adverbs and adverbials

An adverb is a word or phrase which qualifies (tells us more about) a verb or adjective – usually when, where, how, or why, e.g. 'quickly', 'yesterday morning', 'with my friends'. In German, most adjectives can be used as adverbs, without adding a suffix as is usually necessary in English (-ly). Adverbs do not add case endings.

*Sie liest **schnell**.*　She reads quickly.

***Leider** müssen wir **jetzt** gehen.*　Unfortunately (I'm afraid) we have to go now.

F1 Adverbs of time

Adverbs of time indicate **when** or **how often**:

bald	soon
abends	in the evenings
manchmal	sometimes
jeden Tag	every day
in den Sommerferien	in the summer holidays

F2 Adverbs of place

Adverbs of place indicate **place** or **direction**:

unterwegs	on the way
zurück	back
in der Stadt	in town

F3 Adverbs of direction

The adverbs *hin* and *her* are used to indicate direction. They are often used like prefixes to separable verbs, or can be combined with prepositions or interrogatives to indicate direction:

> **Note**
> - *hin* – movement away from the speaker or point of reference
> - *her* – movement towards the speaker

Wo wohnst du? Where do you live?

Wohin fährst du im Urlaub? Where are you going on holiday?

Woher kommst du?/*Wo* kommst du *her*? Where do you come from?

Ich habe die Adresse **hin**geschrieben. I've noted down the address.

Sie ging in das Zimmer **hin**ein. She went into the room.

F4 Adverbs of manner

Adverbs of manner indicate **how** something happens or happened:

gut (well), *schön* (beautifully), *mit dem Bus* (by bus), *ohne Ausnahme* (without exception)

F5 Adverbs of degree

Adverbs of degree indicate **extent** or **intensity**:

sehr (very), *nicht* (not), *fast* (almost), *ziemlich* (quite)

F6 Interrogative adverbs

Interrogative adverbs introduce questions (see also *worauf*, *wofür*? etc. in Study Point D7):

wann (when), *wo* (where), *warum* (why), *wohin* (where … to), *woher* (where … from), *wie* (how), *wieso* (why), *wozu* (what … for),
Wo wohnen Sie? (Where do you live?),
Woher kommt er? (Where does he come from?)

F7 Numbers

Cardinal numbers are used when counting, e.g. 1, 5, 20. Ordinal numbers are used when describing the order of things, e.g. 1st, 3rd, 40th.

F7.1 Cardinal numbers

Note the few irregular forms: 16 *sechzehn* (not *sechszehn*), 17 *siebzehn* (not *siebenzehn*), 21 *einundzwanzig*, 31 *einunddreißig*, etc. (not *einsunddreißig*), *sechzig* (not *sechszig*).

Long numbers are written as one word, but are rarely written in full:

tausendeinhundert	1100
hundertzehn	110
zweitausendsechzehn	2016
fünfundzwanzigtausend	25.000
eine Million (1.000.000)	million
eine Milliarde (1.000.000.000)	billion
eine Billion (1.000.000.000.000)	thousand billion

> **Note**
>
> In German, dots instead of commas separate groups of digits.
> 7.000; 80.000.000

Cardinal numbers used as nouns are usually feminine:

Ich habe eine Eins bekommen. I got a grade A.

eine Million Menschen a million people

Eins is used in counting:

hunderteins 101

eins in compound numbers loses the -s: *einundzwanzig*, *einunddreißig*

If a noun is used, or implied, use *ein/eine*, etc. with appropriate case endings:

vor **einer** Woche a/one week ago

„Wer hat **einen** Kuli?" „Ich habe **einen**." 'Who's got a pen?' 'I have.'

> **Note**
>
> *Zwo* is often used instead of *zwei* in situations where there could be confusion with *drei*, e.g. on the telephone.

F7.2 Ordinal numbers

Ordinal numbers are usually formed by adding -*te* to numbers 1–19, and -*ste* to 20 and above:

zweite	second
zwanzigste	twentieth
dreizehnte	thirteenth
einundzwanzigste	twenty-first
hundertste	hundredth

The two irregular forms are: *erste* (first) and *dritte* (third).

Note these constructions:

die zweitgrößte Stadt Deutschlands German's second biggest city

erstens, zweitens, drittens, etc. firstly, secondly, thirdly, etc.

F7.3 Decimal point

The decimal point is represented by a comma in German:

1,5 eins Komma fünf 1.5

F7.4 Dates

Dates in letters are written either as numbers with full stops, e.g. 1.4.16, or in full: *den 1. April 2016* – the numbers are never written out. *In 2016* may be expressed in German either as *Im Jahr 2016* or just *2016*.

2014 (or: *im Jahr 2014*) hat Deutschland die WM gewonnen.
In 2014 Germany won the World Cup.

F7.5 Amounts

Masculine and neuter measures always use the singular form, but feminine measures also use the plural form:

drei Kilo Kartoffeln	three kilos of potatoes
zwei Glas Bier	two glasses of beer
zwanzig Kilometer	twenty kilometres
fünfzig Liter Benzin	fifty liters of benzine
fünf Euro	five euros

Feminine nouns in the plural

*vier Flasch**en** Bier*	four bottles of beer
*zwei Tass**en** Tee*	two glasses of tea

F7.6 Fractions

ein Drittel	a third
zwei Drittel	two thirds
ein Viertel	a quarter
ein Zehntel	a tenth
eine Viertelstunde	a quarter of an hour
halb (adjective), *die Hälfte* (noun)	half
zum halben Preis	at half price
Die zweite Hälfte war besser als die erste.	The second half was better than the first.
eine halbe Flasche	half a bottle
alle halbe Stunde	every half an hour

F7.7 Clock time, days of the week, months

The 12-hour clock is used in conversation and the 24-hour clock is used in timetables, at official meetings, etc.

	12-hour clock	24-hour clock
5.00	*fünf Uhr*	*fünf Uhr*
5.10	*zehn nach fünf*	*fünf Uhr zehn*
5.15	*Viertel nach fünf*	*fünf Uhr fünfzehn*
5.30	*halb sechs*	*fünf Uhr dreißig*
5.45	*Viertel vor sechs*	*fünf Uhr fünfundvierzig*
24.00	*Mitternacht*	*vierundzwanzig Uhr*

am Freitag	on Friday
freitags	on Fridays
Samstag	Saturday
Sonnabend	Saturday (in North and East Germany)
im Februar	in February
im März	in March

In Austria, *Jänner* is used instead of *Januar*.

On the phone, *Juno* and *Julei* are often used instead of *Juni* and *Juli* to avoid possible confusion (see also Study Point F7.1).

F8 Modal particles

Modal particles are adverbs used in spoken German to indicate the speaker's mood or attitude. They are often difficult to translate into English with a single word. Common examples are *aber, denn, doch, eben, ja, mal, nur, schon, wohl* and *zwar*:

*Das war **aber** ein guter Film!*	Now that was a good film!
*Fangen wir **denn** an?*	Well, shall we make a start?
*Dann bleib **doch** hier!*	Well, stay here then!
*Er ist **doch** auf Urlaub.*	(Have you forgotten that) he's away?
*Er ist **ja** auf Urlaub.*	(As we all know, of course), he's on holiday.
*Kannst du mir bitte **mal** helfen?*	Could you just help me a moment?
*Alles, was wir **nur** wollten.*	Absolutely everything we wanted.
*Komm **schon**!*	Do hurry up!
*Jetzt kommt sie **wohl** kaum.*	She's hardly likely to come now.
*Es ist **zwar** ein gutes Buch, aber …*	I admit that it's a good book, but …

Two modal particles are often used together:

*Ruf ihn **doch mal** an!*	Well, just phone him up, then!

G Comparative and superlative

The comparative is a form of the adjective or the adverb which is used to indicate that one thing is bigger or smaller than another. The superlative indicates which of a pair or group is biggest or smallest.

G1 Formation

The basic rule for both adjectives and adverbs is add *-er* for the comparative and *-(e)st* for the superlative. This applies to all adjectives and adverbs, however long. There is no 'more' or 'most' form as in English.

	Comparative	Superlative
schnell	schneller	schnellste/am schnellsten
schön	schöner	schönste/am schönsten

Use *schnellste/kleinste*, etc. (plus normal adjective endings) as the superlative when followed by a noun (stated or understood):

Der VW Polo ist ein ziemlich kleines Auto, aber der Mini ist das kleinste.
   The Volkswagen Polo is quite a small car, but the Mini is the smallest.

Use **am** schnell**sten**/**am** klein**sten**, etc. as the superlative where there is no following noun, or as an adverb:

*Der VW Polo ist klein, aber der Mini ist **am kleinsten**.*
   The Volkswagen Polo is small, but the Mini is the smallest.

*Du fährst **schneller** als ich, aber Peter fährt immer **am schnellsten**.*
   You drive faster than I do, but Peter always drives fastest.

Some adjectives/adverbs add an umlaut in the comparative and superlative, e.g. *alt, älter, älteste*:

alt (old), *lang* (long), *stark* (strong), *jung* (young), *kurz* (short), *schwach* (weak), *klug* (clever), *arm* (poor), *krank* (sick), *dumm* (stupid), *kalt* (cold), *gesund* (healthy), *grob* (coarse), *blass* (pale), *hart* (hard), *rot* (red), *glatt* (smooth), *nass* (wet), *scharf* (sharp), *schwarz* (black), *schmal* (narrow)

All of them are one-syllable words except for *gesund*.

G2 Irregular comparatives/superlatives

Adjectives:

groß (big)	*größer*	*größte/am größten*
gut (good)	*besser*	*beste/am besten*
hoch (high)	*höher*	*höchste/am höchsten*
nah (near)	*näher*	*nächste/am nächsten*

Adverbs:

bald (soon)	*eher*	*am ehesten*
gern (like)	*lieber*	*am liebsten*
oft (often)	*öfter*	*am häufigsten*
viel (much)	*mehr*	*meiste/am meisten*

G3 Comparative and superlative phrases

kleiner als	smaller than
(nicht) so klein wie	(not) as small as
immer schneller	faster and faster
ein älterer Mann	an elderly man
Je älter sie wird, desto mehr isst sie.	The older she gets, the more she eats.

H Verbs: tense formation

A verb indicates an action, state, or process: She **went** into town, but the shops **were** very crowded, and she **got** tired.

The **infinitive** is the basic dictionary form of the verb, e.g. 'to be', 'to write', 'to go', before endings for tense are applied. The infinitive of a German verb always ends with *-en*, or sometimes just *-n*, e.g. *lesen, segeln*.

Tense is the grammar word for time. The main tenses are past, present and future. To the stem of the verb are added endings which indicate the tense and person:
- present tense: I write, she writes
- past tense: we wrote, we have written
- future tense: they will write

Verbs consist of a **stem**, which contains the meaning (e.g. 'write'), and an ending, which indicates the person doing the action (e.g. 'he writes'). The stem vowel may change as well (e.g. 'he wrote').

The main types of verb are **weak** and **strong**. See below for notes on the difference between them. There are three other much smaller groups of verbs: **modal**, **irregular**, and **mixed**. These are dealt with in Study Point J.

H1 Present tense

H1.1 Weak verbs

Weak verbs may be thought of as verbs which 'follow the rules weakly'. They show changes in person (and tense) by changing their endings, e.g. to play – plays, played, has played.

	Singular	Plural
1st person	*ich sage*	*wir sagen*
2nd person	*du sagst*	*ihr sagt*
3rd person	*er/sie/es sagt*	*sie/Sie sagen*

H1.2 Strong verbs

Strong verbs may be thought of as verbs which 'show some strength and independence' but which, unlike irregular verbs, do so in a predictable way. They show changes in person and tense by changing their endings and/or their stem vowel, e.g. to drink – he drinks, he drank, he has drunk.

In the present tense, strong verbs take the same endings as weak verbs. Only strong verbs whose stem vowel is *a* or *e* change in the *du* and *er* forms: *a* to *ä*, *e* to *ie* (long sound) or *i* (short sound). No other changes are possible.

a > ä	Singular	Plural
1st person	ich fahre	wir fahren
2nd person	du fährst	ihr fahrt
3rd person	er/sie/es fährt	sie/Sie fahren

Other verbs which work like *fahren* are *tragen* (to wear) and *waschen* (to wash).

e > i	Singular	Plural
1st person	ich gebe	wir geben
2nd person	du gibst	ihr gebt
3rd person	er/sie/es gibt	sie/Sie geben

Other verbs which work like *geben* are *essen* (to eat) and *treten* (to step, go).

e > ie	Singular	Plural
1st person	ich sehe	wir sehen
2nd person	du siehst	ihr seht
3rd person	er/sie/es sieht	sie/Sie sehen

Other verbs which work like *sehen* are *lesen* (to read) and *geschehen* (to happen).
- There is only one set of endings for both weak and strong verbs.
- The infinitive and the *wir*, *sie/Sie* forms are always identical.

H1.3 Variations in spelling

These apply to both weak and strong verbs.

If the stem ends in *-d*, *-t* or *-n*, add *-e-* before the ending to make it easier to pronounce:

arbeiten (to work)   *du arbeitest, ihr arbeitet*

zeichnen (to draw)   *er zeichnet*

... unless the stem vowel changes, as it does in a strong verb, also making it easier to pronounce:

halten (to hold)   *du hältst, but: ihr haltet*

If the stem ends with *-s*, *-ss*, *-ß* or *-z*, the *du* and the *er/sie/es* / forms add only *-t*:

du liest (to read)   *du heißt*   *du sitzt*

H2 Simple past (imperfect) tense

'Simple past' means 'one-word' past, as opposed to the compound past – the perfect tense.

H2.1 Weak verbs

sagen	Singular	Plural
1st person	ich sagte	wir sagten
2nd person	du sagtest	ihr sagtet
3rd person	er/sie/es sagte	sie/Sie sagten

H2.2 Strong verbs

fahren	Singular	Plural
1st person	ich fuhr	wir fuhren
2nd person	du fuhrst	ihr fuhrt
3rd person	er/sie/es fuhr	sie/Sie fuhren

The stem vowel of all strong verbs changes in the simple past (imperfect). The change applies to all forms of the verb.

H2.3 Variations in spelling

Weak verbs whose stems end with *-d*, *-t* or *-n* add *-e-* before the ending (as in the present tense):

arbeiten (to work)   *ich arbeitete*

reden (to talk)   *er redete*

This does not happen with verbs whose stem vowel changes in any way – i.e. strong verbs:

halten (to hold)   *du hieltst, ihr hieltet*

Stems which end with *-s*, *-ss/ß*, or *-z* lose an *-s* in the *du* form:

lesen (to read)   *du last* (not: *du lasst*)

verlassen (to leave)   *du verließest* (not: *du verliessst*)

H3 Perfect tense

The perfect tense is a 'compound tense' – it is made up of two parts:
- an **auxiliary verb** which helps to form a tense, but does not contain the main meaning, e.g. 'I **have** written'
- the **past participle** which is the form of the main verb used to form the past tense, e.g. 'written'.

H3.1 Weak and strong verbs

The perfect tense is formed using either *haben* or *sein* as an auxiliary, and a past participle:

Auxiliary verb	Past Participle	
	Weak	Strong
haben or *sein* (present tense)	*ge-*(stem)*-t*	*ge-*(stem*)*-en* (*vowel may change)
ich habe	gesagt	gesungen
wir haben	gekauft	gelesen
du hast	gearbeitet	geschnitten
ihr habt		
er/sie/es hat		
sie/Sie haben		
ich bin	gesegelt	gefahren
wir sind	gereist	geblieben
du bist		
ihr seid		
er/sie/es ist		
sie/Sie sind		

H3.2 Variations in forming the past participle

Weak verbs whose stem ends in *-d-*, *-t-* or *-n-* add an *-e-* before the final *-t*: *ich habe gearbeitet/sie hat gezeichnet*.

The prefix *ge-* is not added to the past participles of:
- verbs ending in *-ieren*:

*Hast du diesen Wein prob**iert**?*

- verbs with an inseparable prefix, e.g. *be-, ver-, zer-, ent-*:

*Ich habe Kaffee **bestellt**.*   I ordered coffee.

*Wir haben den Urlaub in den Alpen **verbracht**.*
           We spent the holiday in the Alps.

H3.3 *Haben* or *sein* as auxiliary?

Sein verbs describe movement or a change of state, and are intransitive (i.e. they are not followed by a direct object):

*Er **ist** eingeschlafen.*   He has fallen asleep.

*Ich **bin** um 9 Uhr abgefahren.*   I left at 9.

Compare with:

*Er **hat** gut geschlafen.*
      He has slept well. (no movement or change of state)

*Ich **habe** das Haus um 9 verlassen.*
      I left the house at 9. (transitive)

Some verbs may be used *transitively* or *intransitively*:

*Wir **sind** in die Stadt gefahren.*
      We drove/went into town. (intransitive)

*Ich **habe** mein neues Auto gefahren.*
      I drove my new car. (transitive)

Most verbs which take *sein* are strong, but there are also several weak verbs which should be known, e.g.:

aufwachen (to wake up)

klettern (to climb)

passieren (to happen)

segeln (to sail)

stürzen (to rush)

reisen (to travel)

folgen (to follow)

begegnen (to meet, encounter)

All other verbs use *haben* to form the perfect tense.

H4 Pluperfect tense

This tense uses the past participle as for the perfect tense, but uses the simple past (imperfect) tense of *haben* or *sein* as auxiliary.

Auxiliary verb	Past Participle	
	Weak	Strong
haben or *sein* (imperfect tense)	*ge-*(stem)*-t*	*ge-*(stem*)*-en* (*vowel may change)
ich hatte	gesagt	gesungen
wir hatten	gekauft	gelesen
du hattest	gearbeitet	geschnitten
ihr hattet		
er/sie/es hatte		
sie/Sie hatten		
ich war	gesegelt	gefahren
wir waren	gereist	geblieben
du warst		
ihr wart		
er/sie/es war		
sie/Sie waren		

H5 Future tense

The future tense is formed using *werden* as auxiliary together with the infinitive:

ich werde	abfahren
du wirst	essen
er/sie/es wird	schlafen
wir werden	
ihr werdet	
sie/Sie werden	

H6 Future perfect tense

The future tense is formed using *werden* + past participle + *haben* or *sein*:

*Bis drei Uhr **wird** sie in London **angekommen sein**.*
　　　By 3 o'clock she will have arrived in London.

I Verbs: tense uses

I1 Present tense

ich kaufe　　I buy, I am buying

The present tense is used to indicate what happens or is happening now:

*Meistens **fährt** sie mit dem Auto, aber heute **fährt** sie mit dem Bus.*
　　Mostly she goes by car, but today she is going on the bus.

It is also the normal tense for the future, with an appropriate adverb of time:

*Wir **fahren** morgen ab.*　　We're leaving tomorrow.

***Sehen** wir uns morgen?*　　Shall I see you tomorrow?

I2 Perfect tense

Ich habe … gekauft　　I bought …, I have bought …

The perfect tense is used for past events (but see also the simple past (imperfect) tense in Study Point H2):

*Er **hat** sich das Bein **gebrochen**.*　　He has broken his leg.

*Wir **sind** erst um 9 Uhr **angekommen**.*　　We didn't arrive till 9.

As the usual substitute for the future perfect:

*Bis morgen **habe** ich das Buch **gelesen**.*
　　By tomorrow I will have finished reading the book.

> **Note**
>
> ***seit*** since/for
> German emphasises the fact that the action is continuing in the present by using the present tense, not the perfect:
>
> *Ich wohne seit fünf Jahren hier.*　　I have been living here for five years.

I3 Simple past (imperfect) tense

ich kaufte　　I bought, I was buying, I used to buy

This tense is used for narrative tense in printed texts – what happened or was happening (but see also Study Point I4: Perfect or simple past (imperfect) tense?):

*Als sie aus dem Haus **kam**, **hielt** sie einen Regenschirm.*
　　　　　When she came out of the house, she was holding an umbrella.

It is also used for past descriptions:

*Vor ihnen **lag** der Wald.*　　Before them lay the forest.

And for repeated actions in the past:

*Damals **besuchte** ich sie oft.*
　　　　At that time I used to visit her often.

I4 Perfect or imperfect (simple past) tense?

The distinction between perfect and simple past tenses is much less clear-cut than in English, and the two tenses are often interchangeable.

The verbs *sein* and *haben*, modal verbs such as *können* and *müssen*, and a few other common verbs are almost always used in the simple past. Other verbs are used in the perfect:

*Sie **war** sehr böse, weil sie ihre Fahrkarte nicht **finden konnte**.*
　　She was very cross because she couldn't find her ticket.

*Sie **hat** eine neue **gekauft**.*　　She bought another one.

The perfect tense is used as the main narrative tense, both in conversation or for writing, for events in the immediate past and for those linked to the present:

*Er **hat** einen Unfall **gehabt** (… und liegt jetzt im Krankenhaus).*
　　　　He's had an accident (… and now he's in hospital).

*Er **hat** 2010 einen Unfall **gehabt** (und kann keinen Fußball mehr spielen.)*
　　　　He had an accident in 2010 (and can no longer play football).

When reporting in the press, the perfect tense is often used to set the scene; the narrative then continues in the simple past tense:

*Ein Bürogebäude in Spanien **ist** gestern **zusammengebrochen**. Rettungsmannschaften **suchten** den ganzen Tag nach Opfern.*
　　An office building in Spain collapsed yesterday. Rescue teams searched all day for victims.

> **Note**
>
> In southern Germany and Austria, the perfect tense is used more frequently, while in northern and central Germany, the simple past tense is often preferred.

I5 Pluperfect tense

ich hatte gekauft   I had bought, I had been buying

The pluperfect tense is used to indicate previous events in a past narrative:

Als er zu Hause ankam, hatten wir den Wein schon getrunken.
When he arrived home, we had already finished the wine.

I6 Future tense

ich werde kaufen   I will buy, I will be buying

The future tense is used to make it clear that an event will take place in the future, or to emphasise an intention, especially where there is no other indicator of future time such as an adverb:

Eines Tages **werden** *wir euch bestimmt* **besuchen***!*
One day we really will visit you!

To talk about the future, the present tense is normally used, usually with an adverb of time:

Bald **gehen** *wir.*   We'll be leaving soon.

Kommst *du morgen mit?*   Are you coming along tomorrow?

I7 Future perfect tense

The future perfect is a combination of future and perfect tenses:

Er **wird** *den Bus wieder* **verpasst haben***.*
He's probably missed the bus again.

Sie **ist** *nicht zu Hause; sie* **wird** *schon* **abgefahren sein***.*
She's not at home; she'll have left already.

The future perfect is used, as in the above examples, to indicate a supposition; apart from this, it is rarely used. Germans prefer to use the perfect tense instead:

Bis Montag **habe** *ich die Arbeit* **geschrieben***.*
By Monday I'll have finished the essay.

J Verbs: other types

J1 Modal verbs

Modal verbs, of which there are six, are so called because they indicate the mode (manner) of the action (**Can** I go? – You **must** go!).

J1.1 Present tense of modal verbs

	können (can/to be able to)	*müssen* (must/to have to)	*mögen* (to like)
ich	kann	muss	mag
du	kannst	musst	magst
er/sie/es	kann	muss	mag
wir	können	müssen	mögen
ihr	könnt	müsst	mögt
sie/Sie	können	müssen	mögen

	dürfen (may/to be allowed to)	*wollen* (to want/to want to)	*sollen* (should/ought to)
ich	darf	will	soll
du	darfst	willst	sollst
er/sie/es	darf	will	soll
wir	dürfen	wollen	sollen
ihr	dürft	wollt	sollt
sie/Sie	dürfen	wollen	sollen

- The verb *wissen* (to know) also works like a modal verb, though it is no longer used as one: *ich weiß, du weißt, er weiß, wir wissen, ihr wisst, sie wissen*.
- The *ich/er* forms of modal verbs are identical, as well as the *wir/sie* (plural) forms.
- There are no umlauts in any singular forms.

J1.2 Simple past (imperfect) tense of modal verbs

Use the stem of the infinitive (minus the umlaut) with weak verb simple past (imperfect) tense endings:

können (can, to be able to)	
ich konnte	wir konnten
du konntest	ihr konntet
er/sie/es konnte	sie/Sie konnten

müssen   *ich muss**te*** (had to), *du muss**test***, etc.

dürfen   *ich durf**te*** (was allowed to), *du durf**test***, etc.

mögen   *ich moch**te*** (liked), *du moch**test***, etc.

wollen   *ich woll**te*** (wanted to), *du woll**test***, etc.

sollen   *ich soll**te*** (ought to, should), *du soll**test***, etc.

J1.3 Perfect and pluperfect tense of modal verbs

These are always formed with *haben*. Use the infinitive of a modal verb as the past participle: *müssen*, *können*, etc.:

*Ich **habe** das Buch nicht finden **können**.*
I haven't been able to find the book.

*Sie **hatte** nach Hause gehen **müssen**.*   She had had to go home.

Note the verb position when the perfect or pluperfect tense is in a subordinate clause:

*Weil ich das Buch nicht **habe** finden **können**, …*
Because I've been unable to find the book …

*Nachdem sie die Schule **hatte** verlassen **müssen**, …*
After she had had to leave school …

J1.4 Future tense of modal verbs

These are formed with *werden* and the infinitive:

***Wirst** du mir **helfen können**?*   Will you be able to help me?

J1.5 Other uses of modal verbs

können
- may/might

*Das **könnte** wahr sein.*   That might be true.
- Subjunctive 2 for polite requests:

***Könnten** Sie das bitte machen?*   Could you do that, please?
- English often uses 'can' to mean 'may'. In German, we distinguish between *können* (can, able to) and *dürfen* (may, be allowed to):

*Mit 18 **darf** man Auto fahren, aber ich **kann** es noch nicht.*
You're allowed to drive a car at 18, but I can't yet.

'I could' means both 'I was able to' (*ich konnte*) and 'I would be able to' (*ich könnte*).

müssen + nicht   (don't have to, don't need to)
dürfen + nicht   (must not, may not)

*Du **musst** nicht hier bleiben.*   You don't have to stay here.
*Du **darfst** nicht hier bleiben.*   You mustn't stay here.
- Subjunctive 2 *müsste/sollte*   should/ought to:

*Er **müsste** so was wissen.*
He ought to know something like that.

> **Note**
>
> *Er muss viel lernen.*   He has to learn a lot.
> *Er hat viel zu lernen.*   He has a lot to learn.
> 'have to' does not always mean 'must'

dürfen
- may/be allowed to (see *müssen* above)
- *dürfte* (shows probability and is stronger than *könnte*):

*Das **dürfte** wahr sein.*   That's probably true.

mögen
- as well as 'to like', *mögen* can also mean 'may':

*Sie **mag** etwa 20 Jahre alt sein.*   She may be about 20.
- Subjunctive 2 *möchte* for polite requests/enquiries:

*Was **möchten** Sie trinken?*   What would you like to drink?

wollen
- *wollen* + *eben/gerade* (to be about to)

*Ich **wollte** dich eben anrufen.*   I was about to phone you.
- to claim/to pretend

*Sie **wollen** nichts gesehen haben.*
They claim not to have seen anything.
- to refuse

*Der Motor **wollte** nicht anspringen.*
The engine wouldn't start.
- polite imperatives:

***Wollen** wir gehen?*   Shall we go?

> **Note**
>
> Translating 'would':
>
> *Ich **würde** es nicht verkaufen.*   I wouldn't sell it
> (if I were you).
>
> *Ich **wollte** es nicht verkaufen.*   I wouldn't sell it
> (I wanted to keep it).

sollen
- is said/supposed to be:

*Dieser Film **soll** gut sein.*   This film is supposed to be good.
- to have to:

*Ich **soll** zu Hause bleiben.*   I'm to/I have to stay at home.

J2 Irregular verbs

Irregular verbs are one-of-a-kind verbs. The only truly irregular verb is *sein* (to be):

sein	Singular	Plural
1st person	ich bin	wir sind
2nd person	du bist	ihr seid
3rd person	er/sie/es ist	sie/Sie sind

Very few other verbs can be classed as irregular; the only other with irregular endings is *werden*, and then only in the present tense.

	Present	Imperfect	Perfect
sein	ich bin, du bist, etc.	er war	er ist gewesen
haben	du hast, er hat	er hatte	er hat gehabt
werden	du wirst, er wird	er wurde	er ist geworden
bringen		er brachte	er hat gebracht
essen	du isst, er isst	er aß	er hat gegessen
denken		er dachte	er hat gedacht
gehen		er ging	er ist gegangen
nehmen	du nimmst, er nimmt	er nahm	er hat genommen
sitzen		er saß	er hat gesessen
stehen		er stand	er hat gestanden
wissen[1]	ich weiß, du weißt, er weiß	er wusste	er hat gewusst
ziehen		er zog	er hat gezogen

[1] *wissen* works like a modal verb (see J1.1)

The only other irregularities have to do with:
- a single consonant after a long vowel or a double consonant after a short vowel

	Present	Imperfect	Perfect
bitten	er bittet	er bat	er hat gebeten
fallen	er fällt	er fiel	er ist gefallen
reiten (also: **gleiten/pfeifen/ schreiten/streiten**)	er reitet	er ritt	er ist geritten
treffen	er trifft	er traf	er hat getroffen
treten	er tritt	er trat	er ist getreten

- -d- changing to -t-:

schneiden (to cut) *er schneidet er schnitt er hat geschnitten*

Also: *leiden* (to suffer)

In the simple past (imperfect) tense, all irregular verbs take either weak or strong endings. See H2.1 and H2.2.

Strong endings, e.g.:

sein (to be) *ich war, du warst, er war, etc.*

gehen (to go): *ich ging, du gingst, er ging, etc.*

Weak endings, e.g.:

werden (to become): *ich wurde, du wurdest, er wurde, etc.*

haben (to have): *ich hatte, du hattest, er hatte, etc.*

J3 Mixed verbs

There are four mixed verbs:

brennen (to burn), *nennen* (to call, name), *kennen* (to know a person, place), *rennen* (to run, race)

In the present tense they follow the pattern of weak verbs: *ich kenne, du kennst, er kennt*, etc.

Mixed verbs are so called because in the past tenses they are a mixture of weak and strong verb patterns. In both the perfect and the imperfect (simple past) tense, the stem vowel changes to -*a*-, but the endings are as for weak verbs:

kennen (to know) *ich kannte, ich habe gekannt*

rennen (to run) *ich rannte, ich bin gerannt*

Senden (to send, broadcast) is usually weak, but is sometimes found as a mixed verb: *er sandte, er hat gesandt*.

J4 Reflexive verbs

In a reflexive verb the subject and the object both refer to the same person or thing:

Ich wasche mich.   I'm having a wash.

Wir freuen uns auf deinen Besuch.
                We're looking forward to your visit.

The reflexive pronoun may be accusative, or dative if there is an accusative object: *sich waschen* (to wash):

Accusative	Dative
ich wasche mich	ich wasche mir die Hände
du wäschst dich	du wäschst dir die Hände
er/sie/es wäscht sich	er/sie/es wäscht sich die Hände
wir waschen uns	wir waschen uns die Hände
ihr wascht euch	ihr wascht euch die Hände
sie/Sie waschen sich	sie/Sie waschen sich die Hände

Reflexive verbs always form the perfect tense with *haben*:

Ich habe mir die Hände gewaschen.   I washed my hands.

J5 Separable and inseparable verbs

German verbs may add a separable or an inseparable prefix.

J5.1 Separable prefixes

Separable prefixes are usually prepositions or adverbs such as:

*ab-   ein-   zu-   los-   an-   mit-   zurück-   hin-   auf-
nach-   fern-   her-   aus-   vor-   fort-*

> **Note**
>
> Infinitives with separable prefixes are always pronounced with the stress on the prefix:
>
> *<u>an</u>kommen   <u>fern</u>sehen*

281

The prefixes *hin-* and *her-* can be added to other prepositions to give a more exact idea of the direction of the movement: *hin-* indicates movement away, *her-* indicates movement towards:

*Er kletterte den Berg **hin**auf.*
　　　　He climbed up the mountain (away from us).

*Kommen Sie **her**ein!*　　　Come in!

*Gehen Sie **hin**ein!*　　　Go in!

Position of separable prefixes
The prefix goes to the end of the clause, along with the past participle, or infinitive (if there is one), or the verb itself if it is a subordinate clause:

*Ich stehe um 6 Uhr **auf**.*　　　I get up at 6 o'clock.
- Past participle: *Ich bin um 6 Uhr **auf**gestanden.*
- Infinitive: *Ich muss um 6 Uhr **auf**stehen.*
- Sub-clause: *Wenn ich um 6 Uhr **auf**stehe, …*

J5.2　Inseparable prefixes

Inseparable prefixes are never separated from the verb. The commonest are:

be-　emp-　ent-　er-　zer-　ent-　miss-　ver-

> **Note**
> With infinitives with inseparable prefixes, the stress in pronunciation is never on the prefix:
> *bespr**e**chen* (to discuss), *verk**au**fen* (to sell)

Inseparable verbs do not add *ge-* in the perfect tense:

Wir haben unser　　　We sold our car.
*Auto **ver**kauft.*

Sie hat das Geld auf mein　　She transferred the money to
*Konto **über**wiesen.*　　　my account.

Some common meanings and uses of inseparable prefixes
- *be-* changes the intransitive verb into transitive:

treten (to step)　　　*be**treten/eintreten in*** (to enter)
- *er-* denotes success/finality:

reichen (to extend)　　*er**reichen*** (to reach/attain)

schießen (to shoot, fire)　*er**schießen*** (to shoot dead)
- *ver-* changes original verb into its opposite:

kaufen (to buy)　　　*ver**kaufen*** (to sell)

　　or implies error:

laufen (to run)　　*sich **ver**laufen* (to lose one's way)
- *zer-* denotes destruction:

brechen (to break)　　*zer**brechen*** (to smash)

There are a few common verbs with prepositions as prefixes which are in fact inseparable (the stress falls on the verb in pronunciation). Most are formed with *über*, *um* or *unter*:

überqueren (to cross), *überraschen* (to surprise), *übersetzen* (to translate), *überweisen* (to transfer), *umgeben* (to surround), *unterbrechen* (to interrupt), *wiederholen* (to repeat)

*Ich **übersetze** den Satz.*　　　I'll translate the sentence.

J6 Impersonal verbs

Impersonal verbs are verbs used only in the third person, often with *es* as the subject. Many of them concern the weather (*es regnet; es friert*), or health (*Es ist mir schlecht; Wie geht es Ihnen?*). There are too many impersonal phrases to give a complete list, but here are some which do not have corresponding impersonal forms in English:

es ärgert mich	I'm annoyed
es ekelt mich	I'm disgusted
es freut mich	I'm pleased
es wundert mich	I'm surprised
es tut mir leid	I'm sorry
es ist mir warm/kalt	I'm hot/cold
es geht mir gut	I'm fine
es ist mir egal	I don't mind
es gefällt mir	I like it
mir fällt gerade ein, dass…	it occurs to me that …
es klingelt	the bell is ringing
es klopft	someone's knocking
es gelingt mir, etwas zu tun	I succeed in doing something

With many impersonal expressions, a noun or pronoun may be used as the subject:

Meine Füße tun mir weh.　　　My feet hurt.

Diese Musik gefällt mir.　　　I like this music.

J6.1 *Es gibt*, *es ist/sind*

Es gibt is the usual expression for 'there is', 'there are':

Hier gibt es nichts zu sehen.　　There's nothing to see here.

Es gibt viele Leute, die das glauben.
　　　　There are many people who believe that.

Es ist, es sind are used to denote a rather more defined presence:

Es ist ein Paket für dich da.　　There's a parcel here for you.

Es sind zwei Männer vor dem Haus.
　　　　There are two men outside the house.

Try to avoid *es gibt* or *es ist/es sind* and use a more specific verb instead:

Viele Leute glauben das.
　　　　There are many people who believe that.

Zwei Männer stehen draußen.
　　　　There are two men outside.

J7 Verbs followed by the dative

The object of some verbs, instead of being in the usual accusative, is in the dative:

*Sie antwortete **mir**.* She answered me.

*Wir sind **ihnen** in der Stadtmitte begegnet.*
We met them in the town centre.

*Er ist **mir** gefolgt.* He followed me.

Some common ones are:

antworten	to answer (somebody)
begegnen*	to meet (by chance)
danken	to thank
drohen	to threaten
einfallen	to have an idea
entkommen*	to escape
erlauben	to allow (somebody)
fehlen	to be missing
folgen*	to follow
gefallen	to please (like)
gehören	to belong to
geschehen*	to happen
glauben	to believe (a person)
gratulieren	to congratulate
helfen	to help
lauschen	to listen (intently)
leidtun (sep)	to be sorry for
nachsehen	to follow with one's eyes
nutzen	to be of use to
passen	to fit, be convenient
passieren*	to happen
raten	to advise
schaden	to damage
schmecken	to taste
sich nähern	to approach
stehen	to suit
trauen	to trust
vergeben	to forgive
wehtun	to hurt
widerstehen	to resist
zuhören	to listen to
zusehen	to watch
zustimmen	to agree with/vote for

* Verbs marked with an asterisk use *sein* in the perfect tense.

The verbs *gefallen*, *einfallen*, *leidtun* and *schmecken* are used impersonally (see Study Point J6):

*Deine neue Jacke gefällt **mir**.* I like your new jacket.

*Ist es **dir** eingefallen, dass…?* Has it occurred to you that …?

*Er tut **ihnen** leid.* They feel sorry for him.

*Schmeckt es **Ihnen**?* Do you like it? (food)

J8 Verbs followed by certain prepositions

As in English, many verbs are used with particular prepositions. There is room here for only a very few examples:

sich erinnern an + acc	to remember
glauben an + acc	to believe in
sich freuen auf + acc	to look forward to
warten auf + acc	to wait for
sich verlassen auf + acc	to rely on
bestehen auf + dat	to insist on
helfen bei + dat	to help with
sich interessieren für + acc	to be interested in
sprechen mit + dat	to talk to
bitten um + acc	to ask for
zittern vor + dat	to shake with (e.g. fear)
passen zu + dat	to match

Ich freue mich auf deinen Besuch.
I'm looking forward to your visit.

Diese Farbe passt nicht zu dem Teppich.
This colour doesn't go with the carpet.

J8.1 Prepositional adverbs

When prepositional verbs are followed, not by a noun or pronoun, but by another verb (often ending in '-ing' in English), the sentence is constructed with a prepositional adverb (*da(r)-* + preposition) as follows:

*Ich freue mich **darauf**, dass du uns im Sommer besuchst.*
I'm looking forward to you visiting us in the summer.

*Ich freue mich **darauf**, dich wiederzusehen.*
I'm looking forward to seeing you again.

J9 Verb + (zu) + infinitive

J9.1 Omitting zu
By and large, German uses or omits *zu* before the infinitive in the same way that English uses or omits 'to'. When using the following verbs, *zu* is omitted:
- with modal verbs:

Du musst hier bleiben. You must stay here.

- with the verbs *gehen*, *sehen* and *hören*:

Wir gingen gestern einkaufen. We went shopping yesterday.

Ich hörte sie plaudern. I heard them chatting.

- with the verb *lassen* (to have something done):

Er ließ sich ein Haus bauen. He had a house built.

Lass bald von dir hören! Write soon!

J9.2 Using zu
All other verbs use *zu* before the infinitive.

Ich hoffe, dich bald zu besuchen. I hope to visit you soon.

Er hat versucht, das Wort auszusprechen. He tried to pronounce the word.

Es hat aufgehört zu regnen. It's stopped raining.

> **Note**
> - um ... zu ...   in order to
>
> *Sie ging ins Kaufhaus, um ein Geschenk zu kaufen.* She went to the department store (in order) to buy a present.
>
> - ohne ... zu ... without (doing) ...
>
> *Er machte es, ohne mich zu fragen.* He did it without asking me.
>
> - anstatt ... zu ...   instead of (doing)
>
> *Gehen wir ins Kino, anstatt zu Hause zu bleiben.* Let's go to the cinema instead of staying at home.

J10 Participle constructions
In formal or journalistic German, a relative clause is sometimes replaced by a phrase using a present or past participle before the noun. These can be much longer than in English.

- Present participle (*infinitive + -d*):

*Die **seit zwei Wochen streikenden** Arbeiter haben kein Geld mehr.* The workers who have been on strike for two weeks have no more money.
(i.e., *Die Arbeiter, **die seit zwei Wochen streiken**, haben kein Geld mehr.*)

- Past participle:

*Die **durch Bombenangriffe zerstörten** Städte mussten neu gebaut werden.* The towns destroyed by bombs had to be rebuilt.
(i.e., *Die Städte, **die durch Bombenangriffe zerstört wurden**, mussten neu gebaut werden.*)

K Verbs: passive voice
'Voice' indicates the relationship between the verb and its subject: there are two voices in German, active and passive.

The active voice is the usual form – the subject 'acts' on the verb:

Sein Freund (subject) *kaufte* (verb) *meinen alten Wagen* (object). His friend bought my old car.

In the passive voice, the subject 'receives' the action. What was the *direct object* of the first sentence is now the *subject*:

Mein alter Wagen (subject) *wurde* (verb) *von seinem Freund* ('agent') *gekauft*. My old car was bought by his friend.

K1 Formation of the passive
The passive is formed using *werden* + past participle (with *von* + 'agent', if there is one). The 'agent' is the subject of the active voice sentence.

*Mein Wagen **wird** von seinem Freund **gekauft**.* My car is (being) bought by his friend.

*Mein Wagen **wurde** von seinem Freund **gekauft**.* My car was bought by his friend.

*Mein Wagen **ist** von seinem Freund **gekauft worden**.* My car has been bought by his friend.

*Mein Wagen **wird** von seinem Freund **gekauft werden**.* My car will be bought by his friend.

K1.1 von / durch + 'agent'
- *von* (by – usually with people)
- *durch* (through – by means of people or things)

*Die Stadt wurde **durch** Bomben zerstört.* The town was destroyed by bombs.

*Die Stadt wurde **von** dem Feind zerstört.* The town was destroyed by the enemy.

K1.2 Passive + modal verbs
Use a modal verb plus *werden* in the infinitive:

*Die Schule **musste** neu gebaut **werden**.* The school had to be rebuilt.

K1.3 The impersonal passive

Note this specifically German form of the passive, omitting the subject:

*Nach der Arbeit **wurde** lange **gefeiert**, **getanzt** und **getrunken**.* After work, they partied, danced and drank for a long time.

K1.4 Passive with *sein*

German sometimes forms the passive with *sein*, which emphasises the state of affairs rather than the action:

*Die Karten **waren** zwar **reserviert**, aber niemand wusste, wann sie **reserviert wurden**.* The tickets were indeed reserved, but nobody knew when they had been reserved.

K1.5 Active is preferred over passive

The passive is by no means as common in German as in English, particularly in tenses other than those shown above. German tends to prefer a normal (active) sentence format; it uses the following equivalents for these English passive sentences:

- *man*:

*So macht **man** das: …* This is how it's done: …

- *sein* + infinitive:

*Er **war** nicht zu finden.* He couldn't be found.

- *lassen*:

*Das Fenster **lässt** sich nicht öffnen.* The window can't be opened.

L Verbs: imperative

The mood is a form of the verb which indicates the attitude (or 'mood') of the speaker to the action. There are three of these moods:

- The **indicative** mood indicates real events, and is the most common:

Ich gehe in die Stadt. I'm going into town.

- The **imperative** mood is used for commands:

Gehen Sie in die Stadt! Go into town!

- The **subjunctive** mood is used for, amongst other things, hypothetical (unreal) events:

Ich würde in die Stadt gehen. I would go into town.

L1 Formation of the imperative

Mach das Buch zu! Close that book!

Bleibt hier! Stay here!

Geben Sie mir bitte Ihren Pass! Please give me your passport!

Setzt euch! Sit down!

Gehen wir ins Kino! Let's go to the cinema!

du

Weak verbs use the stem of the infinitive.

Strong verbs use the stem of the infinitive unless the stem vowel changes from *-e-* to *-i-* or *-ie-*, in which case the stem of the *du* form is used:

geben   *Gib!*

fahren   *Fahr!*

ihr

All verbs use the *ihr* form of the present tense, but without *ihr*:

geben   *Gebt!*

Sie

All verbs use the *Sie* form of the verb, inverted. The same applies to the *wir* form.

	du	*ihr*	*Sie*	*wir*
Weak verbs: *machen*	*Mach!*	*Macht!*	*Machen Sie!*	*Machen wir!*
Strong verbs: *sprechen*	*Sprich!*	*Sprecht!*	*Sprechen Sie!*	*Sprechen wir!*
The only irregular verb: *sein*	*Sei!*	*Seid!*	*Seien Sie!*	*Seien wir!*

L2 Official instructions

On notices, in announcements, in recipes, and in instructions with equipment, etc., the infinitive is often used.

*Fahrgäste bitte **umsteigen**.* Passengers are requested to change here.

*Die Äpfel fein **schneiden**.* Chop the apples finely.

M Verbs: subjunctive

For a definition of 'mood' see **L Verbs: imperative**. The subjunctive is not a tense as such; it is a form of the verb used to take a step back from real events. It is used for events which **might take place** (the conditional) or **might be true** (reported speech), for **polite requests**, and for **wishes**:

*Das **würde** ich gerne **machen**!* (the conditional: I'd like to, if …)

*Er sagte, er **habe** keine Zeit.* (reported speech: what he says may be true)

***Könnten** Sie mir bitte helfen?* (polite request)

*Ich **wünschte**, ich **hätte** mehr Zeit!* (wish)

M1 Subjunctive 1

The Subjunctive 1 is mainly used for reported speech.

M1.1 Formation

Add the subjunctive endings to the stem of the infinitive. *Sein* is the only irregular verb.

	Weak	Strong	Modal
	machen	*fahren*	*können*
ich	mache	fahre	könne
du	machest	fahrest	könnest
er/sie/es	mache	fahre	könne
wir	machen	fahren	können
ihr	machet	fahret	könnet
sie/Sie	machen	fahren	können
Auxiliaries			
	haben	*werden*	*sein*
ich	habe	werde	sei
du	habest	werdest	seist
er/sie/es	habe	werde	sei
wir	haben	werden	seien
ihr	habet	werdet	seiet
sie/Sie	haben	werden	seien

> **Note**
>
> Only the *er/sie/es* forms of Subjunctive 1 (which for all verbs is simply the infinitive minus *-n*) are still commonly used, except for *sein* and the modals, where all forms are in use.

M2 Subjunctive 2

The Subjunctive 2 is mainly used for the conditional.

M2.1 Form 1: Stem of simple past (imperfect) + subjunctive endings

Add the same endings as for Subjunctive 1 to the stem of the simple past (imperfect); add an umlaut too (except *sollte*, *wollte* and weak verbs).

	Weak	Strong	Modal
	machen	*fahren*	*können*
ich	machte	führe	könnte
du	machtest	führest	könntest
er/sie/es	machte	führe	könnte
wir	machten	führen	könnten
ihr	machtet	führet	könntet
sie/Sie	machten	führen	könnten
Auxiliaries			
	haben	*werden*	*sein*
ich	hätte	würde	wäre
du	hättest	würdest	wärest
er/sie/es	hätte	würde	wäre
wir	hätten	würden	wären
ihr	hättet	würdet	wäret
sie/Sie	hätten	würden	wären

> **Note**
>
> While the one-word forms of Subjunctive 2 of the modals and auxiliaries are in everyday use, only a few strong and irregular verbs are still used in this way, e.g. *es gäbe*.
>
> Ich **hätte** gern ein neues Auto.   I'd like to have a new car.
>
> Du **könntest** ihn anrufen.   You could phone him up.

M2.2 Form 2: *würde* + infinitive (the conditional)

*Ich **würde** gern ein Auto **kaufen**.*   I'd like to buy a car.

In *wenn* sentences, it is perfectly permissible to use *würde* in both clauses, though this may be avoided for reasons of style:

*Wenn ich reich **wäre**, **würde** ich viel ins Ausland **reisen**.*
   If I were rich, I would travel abroad a lot.

*Wenn sie das Haus **kaufte**, **würde** ich mich **freuen**.*
   If she bought the house, I would be pleased.

Or:

*Wenn sie das Haus **kaufen würde**, **würde** ich mich **freuen**.*
   If she bought the house, I would be pleased.

M2.3 Conditional perfect/conditional in the past

Use *hätte* or *wäre* + past participle:

*Wenn ich genug Geld **gehabt hätte**, **wäre** ich öfter ins Ausland gereist.*
   If I had had enough money, I would have travelled abroad more often.

*Du **hättest** ihn anrufen **können**.*
   You could have phoned him.

*Wenn sie das Haus **gekauft hätte**, **hätte** ich mich **gefreut**.*
   If she had bought the house, I would have been pleased.

M3 Subjunctive 1: uses

M3.1 Reported (indirect) speech

In English, the context affects the form of the reported verb:

He says he is going./He said he was going.

This is not the case in German, where the tense of the original statement is the basis for the choice of subjunctive form:

*Er sagt, er **sei** krank.*   He says he's ill.

*Er sagte/hat gesagt, er **sei** krank.*   He said he was ill.

Statement in present tense

Original statement	Reported statement:
	Er sagte, ..
„Ich fahre mit."	... er fahre mit.
„Ich kann mitfahren."	... er könne mitfahren.
„Sie fahren mit."	... sie führen mit.

Statement in past tense

Note: there is only one subjunctive form for all three past tenses.

Original statement	Reported statement:
	Er sagte, ...
„Ich bin mitgefahren."	... er sei mitgefahren.
„Ich fuhr mit."	... er sei mitgefahren.
„Ich hatte das Haus schon verlassen."	... er habe das Haus schon verlassen.

Statement in future tense

Original statement	Reported statement:
	Er sagte, ...
„Ich werde mitfahren."	... er werde mitfahren.

It should be clear that you are using the subjunctive. Be ready to use Subjunctive 2 to make this obvious, e.g. *ich habe* is the same as the indicative, so use *ich hätte*:

*Sie sagte, ich **hätte** ... du **habest** ... er/sie **hätte** ... wir **hätten** ... ihr **habet** ... sie **hätten** ...*

If you are reporting reliable statements (such as your own!), you can use the indicative:

*Ich habe dir schon gesagt, ich **habe** morgen keine Zeit.*
    I've already told you that I don't have time tomorrow.

Colloquial German tends to avoid the use of the subjunctive in reported speech altogether:

*Der Peter sagt, er **kann** heute nicht mitkommen.*
    Peter says he can't come with us today.

M3.2 Commands in reported speech

Commands are usually expressed using *sollen* + infinitive:

„Kommen Sie herein!" sagte er zu ihm.
    'Come in!', he said to him. (direct)

*Er sagte, er **solle** hereinkommen.*
    He told him to come in. (indirect)

M3.3 Questions in reported speech

If there is no question word, use *ob*:

„Wer wohnt in diesem Haus?" fragte er.
    *Er fragte, **wer** in diesem Haus **wohne**.*
    He asked who lived in this house.

„Ist das Haus leer?" fragte er.
    *Er fragte, **ob** das Haus leer **sei**.*
    He asked if the house was empty.

M3.4 Wishes

*Es **lebe** die Demokratie!*   Long live democracy!

*Gott **sei** Dank!*   Thank goodness!

M4 Subjunctive 2: uses

M4.1 'Unreal' or hypothetical conditions

Examples of the Subjunctive 2 for 'unreal' conditions are given in Study Point M2.2. In addition, note the following points.

For 'real' or possible conditions, the indicative is used:

*Wenn ich genug Geld **habe**, **gehe** ich ...*
    If I have enough money, I'll go ...

Sometimes *wenn* is omitted – note the word order:

***Hätte** ich mehr Zeit, **würde** ich ...*
    If I had more time, I'd ....

M4.2 *als ob*

Als ob (as if) is followed by Subjunctive 2:

*Er sieht aus, als ob er müde **wäre**.*   He looks as if he's tired.

M4.3 Wishes

Wishes are also hypothetical:

*Ich **würde** euch so gerne besuchen!*
    I'd really like to visit you!

M4.4 Polite requests

Using the Subjunctive 2 makes a request sound more polite:

***Hätten** Sie einen Moment, bitte?*
    Could you spare a moment, please?

*Ich **möchte** noch ein Glas Wein, bitte.*
    I'd like another glass of wine, please.

N Word order

The most important question to be answered when checking word order (because it arises in every sentence you write) is: Where does the verb go? In statements there are only two possibilities for this – see Study Point N1 below.

Two other rules govern:
- the order of adverbs (if there is more than one). See Study Point N3.
- the order of objects (if both direct and indirect objects appear in the same sentence). See Study Point N3.

N1 Position of the verb

A **clause** is a group of words relating to a verb: *Ich stehe um 7 Uhr auf.* A sentence consists of one or more clauses. (In contrast, a **phrase** is a group of words without a verb: *um sieben Uhr.*)

N1.1 Main clauses

A main clause is a clause which makes sense on its own.
- The finite verb (the verb which is in the past or present tense) is the second idea (not necessarily the second word).
- All other parts of the verb (infinitive/prefix/past participle) stand at the end of the clause.

First idea	Finite verb – 2nd idea		Other parts of the verb
Ich	stehe	um sieben Uhr	auf.
Um sieben Uhr	stehe	ich	auf.
Ich	muss	um sieben Uhr	aufstehen.
Um sieben Uhr	bin	ich	aufgestanden.

N1.2 *Vorfeld* (first idea)

In passages of written or spoken German, sentences often begin with an adverb or even the object of the verb. This is not done to add emphasis; instead, it tells us what the rest of the clause or sentence will be about, or relates the sentence to something already mentioned, so as to improve the flow of ideas.

Ich habe mit meinem Lehrer gesprochen. …

Der ist ein netter Typ! (subject)

Ihn habe ich in der Stadt gesehen. (object)

Ihm kann man alles sagen. (indirect object)

Bei ihm lernt man viel. (adverb)

N1.3 Subordinate clauses

A subordinate clause is a clause which does not make sense on its own, because of the first word, which is a conjunction, e.g. *wenn*, *weil*, etc. See Study Point J1.3.

The finite verb goes to the end of the clause and the subject must stand after the conjunction.

Subordinating conjunction	Subject		Verb to end
Weil	ich	um sieben Uhr	aufstehe, …
Obwohl	ich	um sieben Uhr	aufstehen muss, …
Nachdem	ich	um sieben Uhr	aufgestanden bin, …

N1.4 Word order in complex sentences

A simple sentence consists of one main clause. Very often, however, a sentence is made up of a main clause plus one or two subordinate clauses – more than two will lead to confusion.

Main clause + subordinate clause

Main clause	Comma	Subordinate clause
Ich muss um 7 Uhr aufstehen	,	weil der Zug um 7.40 abfährt.

Subordinate clause followed by main clause
The subordinate clause counts as the first idea and must be followed by the verb of the main clause. Note the verb–comma–verb pattern in the middle of the sentence.

Subordinate clause	Comma	Main clause
Weil der Zug um 7.40 abfährt	,	muss ich um 7 Uhr aufstehen.

N1.5 Word order in questions and commands

In questions, the verb stands before the subject:

Hast du Geld dabei?   Do you have any money with you?

Warum willst du hier bleiben?
          Why do you want to stay here?

In commands, the verb stands first:

Ruf mich mal an!   Give me a call some time!

Warten Sie bitte hier!   Please wait here!

N2 Conjunctions

Conjunctions are used to link one clause to another. They are always the first word in the clause.

N2.1 Subordinating conjunctions

Any clause which begins with one of these is a subordinate clause, and needs a main clause to complete its sense. As well as relative pronouns (see Study Point D3) they include:

als ob (as if), *als* (when/as/than), *bevor* (before), *bis* (until), *da* (as/because), *damit* (so that/in order that), *dass* (that), *falls* (in case/if), *nachdem* (after), *ob* (whether), *obwohl* (although), *ohne dass* (without), *seit/seitdem* (since), *sodass* (so that/with the result that), *sobald* (as soon as), *solange* (as long as), *während* (while), *weil* (because), *wenn* (if/when/whenever)

N2.2 'When' in German

als (once in the past)

Als ich aufgestanden bin, war es schon spät.
        When I got up, it was already late.

wann (questions, including indirect questions)

Wann fahren wir ab?   When are we leaving?

Ich weiß nicht, wann wir abfahren.
        I don't know when we're leaving.

wenn (everything else)
Present:

Wenn der Zug in Köln ankommt, müssen wir umsteigen.
    When the train arrives in Cologne, we have to change.

Future:

Wenn du ihn morgen siehst, gib ihm bitte dieses Buch.
    When you see him tomorrow, please give him this book.

'Whenever' (all tenses):

Jedesmal, wenn ich mit dem Computer arbeitete, gab es Probleme.
Whenever I worked on the computer, there were problems.

N2.3 Coordinating conjunctions

These join two clauses of the same type – usually main clauses, but occasionally subordinate clauses. The second clause will have the same word order as the first. There are five main coordinating conjunctions:

und (and), *aber* (but), *oder* (or), *denn* (because, for, as), *sondern* (but)

Main clause + main clause

Meine Eltern fahren nach Spanien, aber ich bleibe zu Hause.
My parents are going to Spain, but I am staying at home.

Ich stehe um sieben Uhr auf und gehe dann ins Badezimmer.
I get up at 7 and then go to the bathroom.

In the second example above, the subject *ich* is the same in both clauses, so there is no need to repeat it before *gehe*, or to separate the clauses with a comma.

Ich stehe um sieben Uhr auf und dann gehe ich ins Badezimmer.

In this sentence, the conjunction is now followed by adverb *dann*, so the subject *ich* must be restated. The clauses are separated by a comma.

Subordinate clause + subordinate clause
This type of sentence is much rarer!

Wenn meine Eltern nach Spanien fahren und ich kein Geld habe, …

This clause needs a main clause to complete the sentence and make sense:

… muss ich zu Hause bleiben.

N2.4 Adverbs as conjunctions

These can also be used as conjunctions, and are then followed by the verb. The commonest are:

also (so), *kaum* (hardly), *außerdem* (besides), *sonst* (otherwise/or else), *deshalb* (so/that's why), *trotzdem* (in spite of that)

Wir müssen gehen, sonst verpassen wir den Zug.
        We must go, or else we will miss the train.

Kaum war er angekommen, wollte er wieder nach Hause.
    Hardly had he arrived than he wanted to go home again.

N3 Position of adverbs

Where two or more adverbs occur together, the rule of thumb is: time – manner – place:

	Time	Manner		Place	
Wir wollen	heute	mit dem Zug		nach Köln	fahren.

If two adverbs of the same type occur together, the general adverb stands before the specific:

	General adverb	Specific adverb	
Wir wollen	heute	bis drei Uhr	zu Hause bleiben.

- Remember that the complement of the verb (the word or phrase required to complete its meaning) normally stands close to its verb, even if that changes the Time-Manner-Place rule – note the position of the adverb of manner *fleißig* here:
Man muss in der Schule fleißig arbeiten. You have to work hard in school.

Nicht and *nie* (never) usually stand:
- before a predicative adjective, an adverb of manner or place, or parts of the verb which are not the finite verb (infinitive, past participle, prefix):

Die Sprache ist nicht schwierig.   The language isn't difficult.

Wir haben den Film nicht gesehen.   We haven't seen the film.

Fährst du nicht mit?   Aren't you coming with us?

- at the end, if the above are absent:

Wir fahren heute nicht.   We are not driving today.

Ich sah ihn nicht.   I didn't see him.

- and may be placed elsewhere in the sentence to negate a particular idea:

Wir haben nicht den neuen Film gesehen, den letzten aber schon.
 We haven't seen the new film, but we did see the last one.

Ich ging nicht mit ihr ins Kino, sondern mit ihrer Schwester.
    I went to the cinema not with her, but with her sister.

Ich habe ihn nie wieder gesehen.   I never saw him again.

N4 Order of direct and indirect objects

Direct and indirect objects usually go in the same order as in English if the word 'to' is not used.

- If both objects are **nouns**, the indirect object (dative) appears before the direct object (accusative):

Ich schicke meinem Freund eine Postkarte. I'm sending my friend a postcard./I'm sending a postcard to my friend.

- If both objects are **pronouns**, the direct object appears before the indirect object:

Ich schicke sie ihm. I'm sending it (to) him.

- If one is a **noun**, and one is a **pronoun**, the pronoun comes first:

Ich schicke sie meinem Freund.   I'm sending it to my friend.

Ich schicke ihm eine Postkarte.   I'm sending him a postcard.

N5 Variations in word order

The rules of word order are not nearly as inflexible as they might first appear. Subtleties of meaning and emphasis can be introduced easily by changing the position of elements in the sentence.

*Ich habe dieses Fahrrad **zu Weihnachten** bekommen.*
    I got this bike for Christmas.

*Ich habe zu Weihnachten **dieses Fahrrad** bekommen.*
    This is the bike I got for Christmas.

In each case, the emphasis is on the element which comes later.

N6 Apposition

A noun in apposition explains the noun or pronoun which precedes it, and is therefore in the same case:

*Der Ausländer, **ein junger Deutscher**, suchte ein Hotel.*
    The foreigner, a young German, was looking for a hotel.

*Ich besuchte Richard, **meinen Freund** aus Berlin.*
    I visited Richard, my friend from Berlin.

*Sie wohnen in Freiburg, **einer schönen Stadt** im Südwesten.*
    They live in Freiburg, a pretty town in the southwest.

> **Note**
>
> With names and titles which include an article, the article doesn't change case:
>
> *... in der Zeitschrift **Der** Spiegel ...*
>   ... in the magazine *Der Spiegel*
>
> *... in seinem Roman **Der** Zauberberg ...*
>   ... in his novel *Der Zauberberg* ...

O Prepositions

A preposition often indicates the position of something or someone, as its name implies – on, under, by. Used properly, it indicates the relationship of one noun phrase or pronoun to another in terms of place, time, etc.

O1 Prepositions followed by the accusative

bis (till/by/as far as/approximately), *gegen* (against/towards/about), *durch* (through/by (means of)), *ohne* (without), *entlang* (along), *um* (round/at (time)/by), *für* (for)

bis is usually followed by another preposition before an article:

*Er bleibt bis Montag/bis **zu dem (zum)** Wochenende.*
    He's staying till Monday/till the weekend.

entlang usually follows the noun:

*Sie läuft die Straße **entlang**.*   She runs down the street.

O2 Prepositions followed by the dative

aus (out of/made of), *nach* (to/after/according to), *außer* (besides/except), *seit* (since/for (time)), *bei* (at/near/in), *von* (from/of/by (someone)), *gegenüber* (opposite), *zu* (to/on/for), *mit* (with/by)

The preposition *gegenüber* usually follows the noun/pronoun:

unserem Haus gegenüber/gegenüber unserem Haus
    opposite our house

The preposition *nach* follows the noun/pronoun when used to mean 'according to':

meiner Meinung nach   in my opinion

The preposition *seit* affects the tense usage:

*Ich **wohne** seit 1987 hier.*   I've been living here since 1987.

*Ich **kannte** sie seit sechs Wochen, als ....*
    I had known her for six weeks, when ...

... but in the following case the perfect tense is used because of the use of the negative:

*Wir **haben** sie seit langem nicht **gesehen**.*
    We haven't seen them for ages.

O3 Prepositions followed by the accusative or dative (dual case)

The *accusative* is used to indicate movement forward or towards. The *dative* is used to indicate where something is (happening).

an (at/to/by/on (up against)), *auf* (on (top of)), *hinter* (behind), *in* (in/into), *neben* (next to/near), *über* (above/via), *unter* (under/among), *vor* (in front of/before/ago), *zwischen* (between)

Ich gehe in **die** Stadt.   I'm going into town.

Ich arbeite in **der** Stadt.   I work in town.

> **Note**
>
> Er fuhr **an** mir **vorbei**.   He drove past me.
>
> Sie kam **auf** mich **zu**.   She came up to me.

O4 Prepositions followed by the genitive

trotz* (in spite of), *außerhalb*** (outside), *während** (during), *innerhalb*** (inside), *wegen** (because of), *diesseits*** (this side of), *statt/anstatt** (instead of), *jenseits*** (that side of, beyond)

The prepositions marked * are often used with the dative when followed by a pronoun:

Wegen **dir** *müssen wir zu Hause bleiben.*
  Because of you we have to stay in.

Wegen **des Wetters** *muss ich zu Hause bleiben.*
  Because of the weather I have to stay in.

The prepositions marked ** are often used with *von* + dative:

außerhalb von dem (vom) Dorf/außerhalb des Dorfs
  outside the village

O5 Prepositions with personal pronouns

When referring to people, use preposition + pronoun:

Fährst du **mit uns** *in den Urlaub?*
  Will you come on holiday with us?

When referring to things, use *da(r)* + preposition (the 'prepositional adverb'):

Wo ist mein Kuli? Ich will **damit** *schreiben.*
  Where's my pen? I want to write with it.

Siehst du den Tisch? Dein Kuli liegt **darauf**.
  Can you see that table? Your pen is on it.

(See also Verbs + prepositions, Study Point J8.)

P Word formation

German is a highly flexible language. Part of this flexibility lies in the ease with which new words may be formed. The ways of forming new words are too many and varied to cover in detail here – we list a few pointers.

P1 Nouns from verbs

Infinitives (always neuter)	*das Autofahren* (driving), *das Komasaufen* (binge-drinking)
Present participle	*der/die Vorsitzende* (chairman/woman), *der/die Auszubildende* (trainee/apprentice)
Past participle	*der/die Verwandte* (relative), *der/die Angeklagte* (accused)
Omitting -n from infinitive	*die Frage* (question), *die Liebe* (love)
The suffix -ung added to the stem	*die Hoffnung* (hope), *die Regierung* (government)

P2 Nouns from adjectives

Most adjectives may be used as nouns, though many still decline as adjectives (see Study Point E3):

der/die Deutsche   German (person)

das Gute daran, ist …   the good thing about it is …

Adding a suffix such as *-e* (and an umlaut) or *-heit /-keit*:

die Größe (size), *die Wärme* (warmth), *die Kindheit* (childhood), *die Schwierigkeit* (difficulty)

P3 Verbs from adjectives and nouns

These are often formed by the simple addition of *-n* to the base word, and sometimes a prefix:

öffnen (to open), *simsen* (to text), *teilen* (to share), *kämpfen* (to fight), *vergrößern* (to enlarge)

P3.1 Verbs with separable and inseparable prefixes

See Separable and inseparable verbs under Study Point J5.

P4 Compound nouns

Big German words are always made up from little German words. Note that the gender and plural of a compound noun are always those of the last noun element; the prefix simply tells you something extra about the noun:

- Adjective + noun:

die Fremdsprache   foreign language

die Kleinstadt   small town

- Noun + noun (often with a link element):

der Autoschlüssel   car key

der Geburtstag   birthday

die Studentenwohnung   student accommodation

- Preposition + noun:

der Eingang   entrance

der Mitarbeiter   colleague

List of strong and irregular verbs

Verbs marked with * are always intransitive, and so are conjugated with *sein* in the perfect tense. Verbs marked with ** are conjugated with *sein* in the perfect tense if intransitive, *haben* if transitive.

Infinitive	Present (er form)	Imperfect (er form)	Past participle	Meaning
backen	bäckt	backte	gebacken	to bake
befehlen	befiehlt	befahl	befohlen	to command/order
beginnen	beginnt	begann	begonnen	to begin
beißen	beißt	biss	gebissen	to bite
bergen	birgt	barg	geborgen	to save/shelter
betrügen	betrügt	betrog	betrogen	to deceive/cheat
biegen	biegt	bog	gebogen **	to bend/turn
bieten	bietet	bot	geboten	to offer
binden	bindet	band	gebunden	to tie/bind
bitten	bittet	bat	gebeten	to ask/request
blasen	bläst	blies	geblasen	to blow
bleiben	bleibt	blieb	geblieben *	to stay/remain
braten	brät	briet	gebraten	to roast
brechen	bricht	brach	gebrochen **	to break
brennen	brennt	brannte	gebrannt	to burn
bringen	bringt	brachte	gebracht	to bring
denken	denkt	dachte	gedacht	to think
dringen	dringt	drang	gedrungen **	to force one's way
dürfen	darf	durfte	gedurft/dürfen	to be allowed to
empfangen	empfängt	empfing	empfangen	to receive
empfehlen	empfiehlt	empfahl	empfohlen	to recommend
empfinden	empfindet	empfand	empfunden	to feel
erschrecken	erschrickt	erschrak	erschrocken *	to be frightened
essen	isst	aß	gegessen	to eat
fahren	fährt	fuhr	gefahren **	to go (by vehicle)/to drive
fallen	fällt	fiel	gefallen *	to fall
fangen	fängt	fing	gefangen	to catch
finden	findet	fand	gefunden	to find
fliegen	fliegt	flog	geflogen **	to fly
fliehen	flieht	floh	geflohen **	to flee
fließen	fließt	floss	geflossen *	to flow
fressen	frisst	fraß	gefressen	to eat (of animals)
frieren	friert	fror	gefroren **	to freeze/be cold
gebären	gebiert	gebar	geboren	to give birth to/bear
geben	gibt	gab	gegeben	to give
gedeihen	gedeiht	gedieh	gediehen *	to prosper/thrive
gehen	geht	ging	gegangen *	to go/walk
gelingen	gelingt	gelang	gelungen *	to succeed/manage
gelten	gilt	galt	gegolten	to be valid/worth
genießen	genießt	genoss	genossen	to enjoy/relish
geschehen	geschieht	geschah	geschehen *	to happen
gewinnen	gewinnt	gewann	gewonnen	to win/gain
gießen	gießt	goss	gegossen	to pour
gleichen	gleicht	glich	geglichen	to resemble
gleiten	gleitet	glitt	geglitten *	to glide/slide
graben	gräbt	grub	gegraben	to dig
greifen	greift	griff	gegriffen	to grasp/seize
haben	hat	hatte	gehabt	to have
halten	hält	hielt	gehalten	to hold/stop

Infinitive	Present	Imperfect	Past participle	Meaning
hängen	hängt	hing	gehangen	to hang (intrans.)
heben	hebt	hob	gehoben	to lift/raise
heißen	heißt	hieß	geheißen	to be called
helfen	hilft	half	geholfen	to help
kennen	kennt	kannte	gekannt	to know (person/place)
klingen	klingt	klang	geklungen	to sound
kommen	kommt	kam	gekommen *	to come
können	kann	konnte	gekonnt/können	to can/be able
kriechen	kriecht	kroch	gekrochen *	to creep/crawl
laden	lädt	lud	geladen	to load
lassen	lässt	ließ	gelassen	to let/leave
laufen	läuft	lief	gelaufen *	to run
leiden	leidet	litt	gelitten	to suffer
leihen	leiht	lieh	geliehen	to lend
lesen	liest	las	gelesen	to read
liegen	liegt	lag	gelegen	to lie
lügen	lügt	log	gelogen	to (tell a) lie
meiden	meidet	mied	gemieden	to avoid
messen	misst	maß	gemessen	to measure
mögen	mag	mochte	gemocht/mögen	to like
müssen	muss	musste	gemusst/müssen	to have to/must
nehmen	nimmt	nahm	genommen	to take
nennen	nennt	nannte	genannt	to name
pfeifen	pfeift	pfiff	gepfiffen	to whistle
quellen	quillt	quoll	gequollen *	to gush out/spring
raten	rät	riet	geraten	to advise
reiben	reibt	rieb	gerieben	to rub
reißen	reißt	riss	gerissen **	to tear
reiten	reitet	ritt	geritten **	to ride
rennen	rennt	rannte	gerannt *	to run/race
riechen	riecht	roch	gerochen	to smell
ringen	ringt	rang	gerungen	to wrestle/struggle
rufen	ruft	rief	gerufen	to call
saufen	säuft	soff	gesoffen	to drink/booze
schaffen	schafft	schuf	geschaffen	to create
scheiden	scheidet	schied	geschieden **	to part/separate
scheinen	scheint	schien	geschienen	to shine/seem
schieben	schiebt	schob	geschoben	to push/shove
schießen	schießt	schoss	geschossen **	to shoot/fire
schlafen	schläft	schlief	geschlafen	to sleep
schlagen	schlägt	schlug	geschlagen	to hit/strike/beat
schleichen	schleicht	schlich	geschlichen **	to creep
schließen	schließt	schloss	geschlossen	to shut
schmeißen	schmeißt	schmiss	geschmissen	to fling/throw
schmelzen	schmilzt	schmolz	geschmolzen **	to melt
schneiden	schneidet	schnitt	geschnitten	to cut
schreiben	schreibt	schrieb	geschrieben	to write
schreien	schreit	schrie	geschrie(e)n	to shout/scream
schreiten	schreitet	schritt	geschritten *	to stride/proceed
schweigen	schweigt	schwieg	geschwiegen	to be silent
schwimmen	schwimmt	schwamm	geschwommen **	to swim
schwören	schwört	schwor	geschworen	to swear (an oath)
sehen	sieht	sah	gesehen	to see
sein	ist	war	gewesen *	to be
senden	sendet	sandte/sendete	gesandt/gesendet	to send

Infinitive	Present	Imperfect	Past participle	Meaning
singen	singt	sang	gesungen	to sing
sinken	sinkt	sank	gesunken *	to sink
sitzen	sitzt	saß	gesessen	to sit/be seated
sollen	soll	sollte	gesollt/sollen	should
spalten	spaltet	spaltete	gespalten	to split
sprechen	spricht	sprach	gesprochen	to speak
springen	springt	sprang	gesprungen *	to jump
stechen	sticht	stach	gestochen	to sting/prick
stehen	steht	stand	gestanden	to stand
stehlen	stiehlt	stahl	gestohlen	to steal
steigen	steigt	stieg	gestiegen *	to climb/mount
sterben	stirbt	starb	gestorben *	to die
stinken	stinkt	stank	gestunken	to stink/smell bad
stoßen	stößt	stieß	gestoßen **	to push/knock/encounter
streichen	streicht	strich	gestrichen **	to stroke/roam
streiten	streitet	stritt	gestritten	to argue/quarrel
tragen	trägt	trug	getragen	to carry/wear
treffen	trifft	traf	getroffen	to meet/hit (target)
treiben	treibt	trieb	getrieben **	to drive/do/drift
treten	tritt	trat	getreten **	to step/go
trinken	trinkt	trank	getrunken	to drink
tun	tut	tat	getan	to do
verbergen	verbirgt	verbarg	verborgen	to hide
verderben	verdirbt	verdarb	verdorben **	to spoil/ruin/go bad
vergessen	vergisst	vergaß	vergessen	to forget
verlieren	verliert	verlor	verloren	to lose
vermeiden	vermeidet	vermied	vermieden	to avoid
verschwinden	verschwindet	verschwand	verschwunden *	to disappear
verzeihen	verzeiht	verzieh	verziehen	to pardon
wachsen	wächst	wuchs	gewachsen *	to grow
waschen	wäscht	wusch	gewaschen	to wash
weichen	weicht	wich	gewichen *	to give way/yield
weisen	weist	wies	gewiesen	to point/show
werben	wirbt	warb	geworben	to advertise
werden	wird	wurde	geworden *	to become
werfen	wirft	warf	geworfen	to throw
wiegen	wiegt	wog	gewogen	to weigh
wissen	weiß	wusste	gewusst	to know (fact)
wollen	will	wollte	gewollt/wollen	to want to/wish
ziehen	zieht	zog	gezogen **	to pull/move/move (away)
zwingen	zwingt	zwang	gezwungen	to force/compel

Glossary of grammatical terms

Grammatical term	Definition	Example
Adjective	Describes a characteristic of thing or person.	rot, neu, interessant
Adverb	Defines when, where, how or how much – usually with verb, sometimes with adjective. May be a word or adverbial phrase.	gestern, um 8 Uhr, oben, zu Hause, schnell, mit dem Bus, sehr (Ich spiele **gern** Fußball/ein **sehr** langes Buch)
Article - definite	the	der, die, das
Article - indefinite	a, an	ein, eine
Case	One of the four sets of words, or endings to words, used: • to show the relationship of nouns and pronouns to the verb in a sentence. **Nominative** – subject, **accusative** – direct object, **dative** – indirect object. The **genitive** is mostly used for possession • after prepositions	**Er** liebt **sie**. **Der** Mann kauft **den** Kuli in **dem** Supermarkt.
Clause	Group of words relating to a verb. A sentence consists of one or more clauses.	
Clause - main	A clause which makes sense on its own.	Ich sehe abends fern, und sie …
Clause - subordinate	A clause which does not make sense on its own because it starts with a subordinating conjunction (see Conjunction below).	**Wenn** ich abends fernsehe, …
Comparative	Form of adjective/adverb used when comparing.	Ich bin kleiner als du, aber ich kann schneller laufen.
Conjunction	Joins two clauses.	Ich stehe auf **und** gehe nach unten. **Als** ich aufstand, war sie schon weg.
Noun	Names thing, person, idea, place, etc.	Buch, Mann, Maria, Liebe, Berlin
Object: • Direct object • Indirect object	Thing or person on receiving end of action. • The object is usually direct. • If there are two, the direct object is the thing/person first affected by the action, the indirect object the second thing affected (and the object which could have 'to' in front of it in English).	Ich schreibe **einen Brief**. Ich schicke **ihm** einen Brief.
Participle	A non-finite part of the verb: • present participle (used as an adjective) • past participle (used to form, e.g. perfect tense; also used as an adjective)	ein lesender Schüler Ich habe es gelesen. ein oft gelesenes Buch
Passive	Form of verb in which the thing/person on the receiving end of the action becomes the 'subject'.	Dieses Buch wurde von Goethe geschrieben.
Preposition	Shows the relationship of one thing or person to another.	ein Geschenk **für** ihre Mutter/ein Geschenk **von** ihrer Mutter
Pronoun	Refers to noun or person which has been mentioned, or is understood.	Ich bin 18. Kennst du Anna? – Ich kenne sie gut.
Subject	The 'doer' of the action (verb).	Ich schreibe den Brief.
Subjunctive	Form of verb for action or condition which is seen as unlikely, or for reporting speech.	Er sagte, er sei krank. Wenn ich reich wäre, würde ich nach Amerika fahren.
Superlative	Form of adjective/adverb which indicates superiority.	Ich bin der **kleinste** in der Klasse, aber ich kann **am schnellsten** laufen.

Grammatical term	Definition	Example
Verb - auxiliary	Verb which helps to form other tenses and verb forms:	
	haben and *sein* – perfect tense	Ich **habe** ihn gesehen.
	werden – future tense	Meinst du, sie **wird** es schaffen?
	können, *müssen*, and other modals	Ich **will** nicht arbeiten, aber ich **muss** es!
Verb - stem	The stem of the verb contains the meaning.	**kauf** – en
Verb - ending	The ending indicates type of subject and tense.	du kauf – **st**
Verb - infinitive	Basic, dictionary form of the verb from which all tenses are formed.	*Lesen* is the infinitive of *lese, liest, las, hat gelesen*.
Verb – transitive/ intransitive	A verb which has a direct object is transitive.	Transitive: *Ich lese ein Buch im Wohnzimmer.*
	A verb which has no direct object is intransitive.	Intransitive: *Ich lese im Wohnzimmer.*
Verb – separable/ inseparable	A separable verb has a prefix which is usually separated from the verb.	Separable: *Der Zug kommt um 7 Uhr an.*
		Inseparable: *Ich bekomme eine Tasse Kaffee.*
Verb - irregular	One of a very few verbs which are 'one-offs'. The verb *sein* is the only truly irregular verb in German.	*ich bin, du bist*, etc.
Verb - modal	Verbs used to indicate something of the mode or manner of an action.	Ich **möchte** dich besuchen, aber ich **muss** zu Hause bleiben.
	müssen, können, dürfen, wollen, sollen, mögen	
Verb - strong	A strong verb indicates tense, etc. by predictable changes to both stem and ending.	*singen: singt, sang, hat gesungen*
		finden: findet, fand, hat gefunden
Verb - weak	A weak verb indicates tense, etc. by changes to ending but not to stem.	*wohnen: wohnt, wohnte, hat gewohnt*

Index of strategies

A
analogy, use of 129
antonyms 153
argument development 169

B
bilingual dictionaries 29
books
    background research 111
    character study 139
    historical context 119, 135
    popularity during different periods 137
    reviews of 121
    summarising plot 135
    synopsis of plot 113

C
collocations 247
conclusion(s)
    drawing 173
    presentations 192
    written work 143, 145
conversations
    participating fluently 35
    taking the initiative 255
    unpredictability of 201

D
dictionary use 29, 45, 117

E
essay writing 143–45
extracting information 103, 185

F
films
    character portrayal 125
    cinematographic techniques 131
    directors, comparing 127
    giving information about 115
    narrative style and structure 133
    reading synopsis and discussing 117

G
grammatical complexity 222

I
idioms 247
inference of meaning 68, 176
internet use 21, 29, 192
interviews and reports, analysing 214
irony, use of 129

L
listening 61, 88
    and answering questions in German 80
    to interviews 214
    to native speakers 158
    techniques 242

M
metaphor, use of 129, 141

N
note-taking 192

O
online materials 21
opinions
    expressing own 84
    weighing up 174
organisational skills
    notes for exam 24, 162
    time management 143, 251

P
plays
    settings in time and place 123
    use of analogy, irony and metaphor 129
poetry, literary devices 141
presentations 192
    polishing 194
    questions and answers 195

Q
questions
    answering in German 80
    anticipating and preparing answers to 195
    dealing with unpredictable 201
    inferring meaning of 68

R
reading skills 15, 50, 206
researching 192
    a famous German-speaking person 49
    event(s) 183
revision techniques 99, 229

S
sentences, making more interesting 77
simile in poetry 141
speaking exam, preparing for 107
statistics, interpreting 169
summarising skills 67, 185
synonyms 80, 153, 247

T
time management 143, 251
translation
    English to German 57, 219
    German to English 45, 203

V
vocabulary
    extending 153, 233
    tips for memorising 39

W
written work
    checking and editing 95
    drafting and redrafting 191
    essays 143–45

Acknowledgements

The publisher would like to thank Kirsty Thathapudi for her excellent work development editing this title, Paul Elliott for his work on the film and literature section, and Dorothea Evans for her hard work reviewing this book.

Louise Fenner would like to thank Ben and Uschi, with gratitude.

Every effort has been made to trace all copyright holders, but if any have been inadvertently overlooked, the publishers will be pleased to make the necessary arrangements at the first opportunity.

Photo credits:
The publishers would like to thank the following for permission to reproduce photographs:
p.14 (far left) gstockstudio/Fotolia; (2nd from left) Igor Mojzes/Fotolia; (3rd from left) Fotolia; (far right) dubova/Fotolia; **p.15** Gabriel Blaj/Fotolia; **p.16** iofoto/Fotolia; **p.19** (top left) pololia/Fotolia; (all others) daboost/Fotolia; **p.20** Sprinter81/Fotolia; **p.22** Andrey Popov/Fotolia; **p.23** Monkey Business/Fotolia; **p.25** Fotolia; **p.27**, **p.28** Syda Productions/Fotolia; **p.31** kebox/Fotolia; **p.32** gpointstudion/Fotolia; **p.34** Stuart Miles/Fotolia; **p.37** Antonionguillem/Fotolia; **p.38** Paolese/Fotolia; **p.41** benik.at/Fotolia; **p.43** Kzenon/Fotolia; **p.45** Tomasz Zajda/Fotolia; **p.46** Photographee.eu/Fotolia; **p.48** Konstantin Yuganov/Fotolia; **p.51** (top left) benik.at/Fotolia; (centre left) Andrey_Arkusha/Fotolia; (top right) Gino Santa Maria/Fotolia; (Lana) Anna Khomulo/Fotolia; (Emma) carlos perez gomez/Fotolia; (Monika) Martinan/Fotolia; **p.54**, **p57** Monkey Business/Fotolia; **p.59** © Michael Zimberov/Fotolia; **p.61** (left) © Visions-AD/Fotolia; (right) © blende40/Fotolia; **p.62** © sborisov/Fotolia; **p.65** (top left) © Guido Grochowski/Fotolia; (bottom left) © Jürgen Baur/Fotolia; (left) © Michael Zimberov/Fotolia; **p.70** Noppasinw/Fotolia; **p.73** Helen Kent; **p.75** (top left) Olaf Schulz/Fotolia; (bottom left) photo 5000/Fotolia; (top centre) mbpicture/Fotolia; (bottom centre) chaoss/Folotia; (top right) aro49/Fotolia; (centre right) true_view/Fotolia; (bottom right) stockWERK/Fotolia; **p.76** Helen Kent; **p.78** (top) © Heritage Image Partnership Ltd / Alamy; (bottom) © World History Archive / Alamy; **p.81** (top) Jannis Werner/Fotolia; (bottom) b.v. / Alamy; **p.82** (top) © PAINTING / Alamy; (bottom) Zechal/Fotolia; **p.83** (top) © FineArt / Alamy; (bottom) A_Lein/Fotolia; **p.85** (top) Robert Mayer/Fotolia; (bottom) ©etfoto/Fotolia; **p.86** (both) © INTERFOTO / Alamy; **p.88** © blickwinkel / Alamy; **p.91** flashpics/Fotolia; **p.92** ArTo/Fotolia; **p.94** JFL Photography/Fotolia; **p.97** flashpics/Fotolia; **p.98** ©Ullstein Bild / TopFoto; **p.100** © INTERFOTO / Alamy; **p.102** © Mary Evans Picture Library / Alamy; **p.103** © Photos 12 / Alamy; **p.104** Markus Mainka/Fotolia; **p.105** Yvonne Bogdanski/Fotolia; **p.106** powell83/Fotolia; **p.109** (top) © AF archive / Alamy; (centre) Courtesy Everett Collection/REX Shutterstock; (bottom) Moviestore collection Ltd / Alamy; **p.110** © dpa picture alliance / Alamy; **p.112** ©ullsteinbild / TopFoto; **p.114** © United Archives GmbH / Alamy; **p.116** © AF archive / Alamy; **p.118** © 2000 Topham Picturepoint **p.120** Bernhard Schlink: Der Vorleser. Copyright © 1995, 1997 Diogenes Verlag AG Zurich, Switzerland. All rights reserved; **p.122** Boosey and Hawkes / ArenaPAL/TopFoto; **p.124**, **p126** © Moviestore collection Ltd / Alamy; **p.128** Tenschert/ullstein bild /Getty Images; **p.130** © Agencja Fotograficzna Caro / Alamy; **p.132** © Photos 12 / Alamy; **p.134** © United Archives GmbH / Alamy; **p.136** © INTERFOTO / Alamy; **p.138** ullsteinbild / TopFoto; **p.140** (top) © FALKENSTEINFOTO / Alamy; **p.151** Roland Dahl/Fotolia; **p.152** © Bettmann/CORBIS; **p.154** Fotoluminate/Fotolia; **p.156** (top) Pekchar/Fotolia; (bottom) © 2013 DER SPIEGEL; **p.157**, **p.159** Roland Dahl/Fotolia; **p.161** (left) © Erik Tham / Alamy; (right) © MICHAEL BUHOLZER/AFP/Getty Images; **p.165** wwwebmeister/Fotolia; **p.167** (top left) Alen-D/Fotolia; (bottom left) Jasmin Merdan/Fotolia; (top right) grki/Fotolia; (bottom right) ellisia/Fotolia; **p.170** fotodo/Fotolia; **p.174** Vladislav Kochelaevs/Fotolia; **p.175** (top) Artco/Fotolia; (bottom) stockWERK/Fotolia; **p.176** wwwebmeister/Fotolia; **p.179** Marco2811/Fotolia; **p.181**, **p.182** FM2/Fotolia; **p.184** andrewmroland/Fotolia; **p.186** (top) mh90photo/Fotolia; (bottom) Blackosaka/Fotolia; **p.188** Zerbor/Fotolia; **p.190** zuchero/Fotolia; **p.192** K.C./Fotolia; **p.195** (top) f9photo/Fotolia; (centre) JFL Photography/Fotolia; (bottom) Zerbor/Fotolia; **p.196** (right) hanohiki/Fotolia; (left) stocktributor/Fotolia; **p.197** f9photos/Fotolia; **p.198** sangoiri/Fotolia; **p.201** Adam Gregor/Fotolia; **p.203** RVNW/Fotolia; **p.204** (top left) Rawpixel.com/Fotolia; (bottom left) topor/Fotolia; (right) RVNW/Fotolia; **p.208**, **p.210** © Fabrizio Bensch/Reuters/Corbis; **p.213** beugdesign/Fotolia; **p.214** JOHN THYS/AFP/Getty Images; **p.215** Romolo Tavani/Fotolia; **p.217** Robert Neschke/Fotolia; **p.218** z10e/Fotolia; **p.219** Robert Neschke/Fotolia; **p.220** PeJo/Fotolia; **p.222** (all) © Peter Probst / Alamy; **p.224** © Jim West / Alamy; **p.227** (top left) L.Klauser/Fotolia; (maps) daboost/Fotolia; **p.229** Heiner Witthake/Fotolia; **p.231** elxeneize/Fotolia; **p.232** (left) Artalis/Fotolia; (right) Increa/Fotolia; **p.233** ©ullsteinbild / TopFoto; **p.237** (top left) Denis Junker/Fotolia; (top right) cevahir87/Fotolia; (bottom right) elxeneize/Fotolia; **p.241**, **p.242** (top) fotodo/Fotolia; (bottom) K.C./Fotolia; **p.245** Rawpixel.com/Fotolia; **p.246** Olesia Bilkei/Fotolia; **p.248** BillionPhotos.com/Fotolia; **p.251** Rodenberg/Fotolia; **p.252** © Danita Delimont / Alamy; **p.254** ©ullsteinbild / TopFoto; **p.256** rook76/Fotolia; **p.258** (left) alice_photo/Fotolia; (centre and right) ullstein bild/ullstein bild/Getty Images; **p.259** (top left) itsmejust/Fotolia; (bottom left) © dpa picture alliance / Alamy; (centre top) BillionPhotos.com/Fotolia; (centre bottom) © Everett Collection Historical / Alamy; (top right) AP/Press Association Images; (bottom right) janoka82/Fotolia **p.261** janoka82.

Illustrations p.200 (both) Barking Dog Art; other illustrations by DC Graphic Design Limited

Acknowledgements:

p.65: **Author unknown**: adapted from *Deutsche Bräuche: Karneval* (Der Weg, www.derweg.org/feste/kultur/karneval2.html, 2016); **p.69**: adapted from *Wiesn-Wirtschaft – Das Oktoberfest als Wirtschaftsfaktor* (Landeshauptstadt München, Referat für Arbeit und Wirtschaft, 2015), Landeshauptstadt München/RAW; **p.71**: from *Duden Online-Wörterbuch*, www.duden.de (Duden, 2016); **p.80**: related audio adapted from www.kindernetz.de/infonetz/thema/architektur/bauhaus, *Architektur – Das Bauhaus: Kunst für den Alltag* (SWR Kindernetz, 2009); **p.81**: taken from *Richters 256-Millionen-Gemälde: Teuerster Künstler der Gegenwart* (Der Spiegel, 2012), Gerhard Richter - Teuerster Gegenwartskünstler im Neuen Museum Nürnberg; **p.86**: adapted from *Wiederaufbau nach 1945* (www.planet-wissen.de, 2015); **p.89**: adapted from **Clemens Schömann-Finck**: *Wohnen der Zukunft. So leben wir im Jahr 2025* (Online Focus, www.focus.de/immobilien/kaufen/wohnen-der-zukunft-so-leben-wir-im-jahr-2025_aid_942814,html, 2013); **p.110**: **Wladimir Kaminer**: from *Vorträge von Wladimir Kaminer* (RUSSENDISKO.DE, www.russendisko.de, 2015); **p.112**: **author: Stephanie Wurster**, title ‚*Jana Hensel: Zonenkinder – Ganz einfach?*', initial release on www.fluter.de, 26.8.2002, publisher: Budeszentrale für politische Bildung/pbp; **p.114**: from *Lola rennt, Deutschland 1997/1998, Spielfilm* (filmportal.de, www.filmportal.de/film/lola-rennt; **p.116**: **Cristina Moles Kaupp** from *Übersicht Februar 2003: Good bye, Lenin!* (www.kinofenster.de, February 2003); **p.124**: **Marianne Falck (Bernhard Wicki Gedächtnis Fonds e.V.)**: from *filmheft, Das Leben der Anderen, Florian Henckel von Donnersmarck, Deutschland 2005* (Bundeszentrale für politische Bildung bpb, March 2006); **p.132**: from ‚*Sophie war ein ganz normales Mädchen. Ein Gespräch mist der Sophie-Scholl-Darstellerin Julia Jentsch*' (Bundeszentrale für politische Bildung bpb, www.bhp.de/geschichte/nationalsozialismus/weisse-rose) April 2005); **p.157**: adapted from *Die neuen Gastarbeiter* (Der Spiegel, 2013), DER SPIEGEL, 9/2013; **p.163**: taken from *Ausländische Beschäftigte* https://www.usp.gv.at/Portal.Node/usp/public/content/mitarbeiter/auslaendische_beschaeftigte/au_pair/Seite.370101.html (Unternehmensservice Portal, 2016); **p.170**: adapted from *Integration in Deutschland bleibt schwierig*, http://www.dw.de/integration-in-deutschland-bleibt-schwierig/a-3976891 Deutschland (Deutsche Welle, 2015); **p.175**: adapted from *Migranten-Debatte. ‚Herr Sarrazin, sind Muslime dümmer?'* (Handelsblatt, www.handelsblatt.com; **p.176 (top item)**: adapted from *Ismail Tipi (CDU): ‚Keine positive Diskriminierung'* (www.hr-online.de, Politik in Hessen, 2013); **p.177 (2nd item)**: taken from www.lehrer-info.net/kompetenz-portal.php; **p.177 (3rd item)**: taken from *Einwanderungsmuseum wäre ‚ein politischer Willensakt'* (Deutschlandradio Kultur, 2014); **p177 (last item)**: **R. Preuß**: from *Viel Vertrauen, wenig Bildung* (Süddeutsche Zeitung, www.sueddeutsche.de, 2010); **p.182**: **Author: Sara Jabril**; Title: *Alltagsrassismus in Deutschland*, initial release on www.fluter.de, 10.03.2012, publisher: Bundeszentrale für politische Bildung/PBP; **p.204**: Qualitative Eurobarometer-Studie DAS VERSPRECHEN DER EU, http://ec.europa.eu/public_opinion/archives/quali/ql_6347_sum_de.pdf, © European Union, 1995-2015; **p.209**: Die Geschichte der Europäischen Union, http://europa.eu/about-eu/eu-history/index_de.htm; **p.213**: **Mark Rice-Oxley** *Arrogant, dominant, autoritär* (Süddeutsche Zeitung, 11. September 2013, http://www.sueddeutsche.de/politik/online-umfrage-zu-deutschlands-rolle-in-europa-arrogant-dominant-autoritaer-1.1767431); **p.214**: related audio adapted from *Video-Podcast der Bundeskanzlerin #01/2015* (Die Bundesregierung, 2015, http://www.bundesregierung.de/Content/DE/Podcast/2015/2015-01-10-Video-Podcast/2015-01-10-Video-Podcast.html); **p.232**: **Britta Pawlak** from *Berliner Mauer – Teil 2: Mauerbau und Wiedervereinigung* (www.Helles-Koepfchen.de/die-geschichte-der-berliner-mauer/teil2.html, 2015); **p.235**: **Heiko Burkhardt**: from *Mauerfall und Grenzöffnung am 09. November 1989* (Berliner Mauer Online, www.berlinermaueronline.de, 2009), Used by permission from Heiko Burkhardt. **p.237**: **Insa Lienemann**: from *Was ist eigentlich … der Solidaritätszuschlag?* (brand eins Wirschaftsmagazin, 2004), Copyright © Insa Lienemann. Reprinted by permission. **p.241**: **M. Iwanowski**: from *Berlin: 25 Jahre Mauerfall am 9.11.2014 – Reiseführer-Autor Michael Ivanowski über den Wandel* (IVANOWSKI'S i BLOG, 2014), ©Michael Iwanowski, Reiseführer – Autor; **p.254, p.255**: **Pfarrer Jost Mazuch**: from *Der Schwebende* (Deutschlandradio Kultur, www.deutschlandradiokultur.de/der-schwebende.1124.de.html?dram:article_id=176934, 2009); **p.258–259**: from *50 Erfindungen, die die Welt veränderten* (Die Welt, www.welt.de/wirtshaft/karriere/leadership/article12202607/50-Erfindungen-die-die-Welt-veraenderten.html, 2011).